Mutter zu werden ist ein Abenteuer, das Nervenzusammenbrüche und Glückstaumel gleichermaßen einschließt. Die Umstellung auf das neue Leben ist nicht immer einfach, denn das Ausmaß der Veränderungen ist so groß, daß alle Vorstellungen vom Muttersein von der Realität übertroffen werden. Zudem werden viele Schwierigkeiten, die mit dem Mutterwerden verbunden sind, verschwiegen oder in rosarotes Licht getaucht.

Kate Figes, selber Mutter von zwei Kindern, bricht mit Tabus und entlarvt Klischeevorstellungen. Einfühlsam geht sie auf Veränderungen ein, die Frauen zu erwarten haben, wenn sie Mütter werden. Sie untersucht die physischen, psychologischen, emotionalen, sozialen und sexuellen Konsequenzen der Geburt und erklärt die Hintergründe der extremen Gefühlsschwankungen, der Erschöpfungszustände und Highlights, die junge Mütter durchleben.

Mit diesem informativen und ermutigenden Buch erhalten werdende und gerade gewordene Mütter seelischen Beistand und praktische Tips. Endlich einmal kein Ratgeber, der sagt, wie junge Mütter alles richtig machen, sondern eine ehrliche und einfühlsame Auseinandersetzung mit allen Fragen zum Thema Mutterschaft.

Kate Figes, Jahrgang 1957, studierte Arabistik und Slawistik. Sie veröffentlichte bereits einige Bücher und arbeitet als Rezensentin u. a. für »You«, »Elle« und die BBC. Sie ist verheiratet und hat zwei Kinder.

Unsere Adresse im Internet: www.fischer-tb.de

Kate Figes

Babyblues

Was Ihnen selbst Ihre beste Freundin nie übers Muttersein verraten würde

Aus dem Englischen
von Ingrid Lebe

Fischer Taschenbuch Verlag

Veröffentlicht im Fischer Taschenbuch Verlag GmbH,
Frankfurt am Main, Dezember 2001

Lizenzausgabe mit Genehmigung des
Krüger Verlages, Frankfurt am Main
Die englische Originalausgabe erschien 1998
unter dem Titel ›Life After Birth‹
im Verlag Viking/Penguin Books Ltd., London

Druck und Bindung: Clausen & Bosse, Leck
Printed in Germany
ISBN 3-596-15161-9

Inhalt

Danksagungen

In der Regel bedanken sich Autoren erst am Ende ihrer Danksagungen bei der eigenen Familie. In diesem Fall jedoch müssen mein Mann Christopher und meine beiden Töchter Eleanor und Grace an erster Stelle genannt werden. Ihnen nämlich gebührt besonderer Dank, nicht nur weil sie mich ertragen haben, während ich dieses Buch schrieb, sondern weil es von ihnen auch inspiriert wurde. Es ist ihnen gewidmet und soll ihnen, wie unzureichend auch immer, sagen: »Danke für alles.«

Mein Dank gilt sodann den Bibliothekarinnen am Royal College of Midwives, ebenso Susan Bewley, der Leiterin der Entbindungsstation am St. Thomas' Hospital in London, und Christine MacArthur in der Abteilung für Volksgesundheit und Epidemiologie der University of Birmingham, die mich mit medizinischen Informationen versorgt haben. Cissia Kidron und Clair Goodwin Figes haben mir bei den Befragungen geholfen, wofür ich ihnen sehr verpflichtet bin. Den Hunderten von Frauen, die für dieses Buch interviewt wurden, danke ich für ihre Ehrlichkeit und die viele Zeit, die sie geopfert haben. Ihre Namen habe ich verändert, um ihre Anonymität zu wahren.

Dank gebührt auch Sarah Lutyens sowie Felicity Rubinstein, die mir während der Arbeit an diesem Buch als Agentin ein Schutzengel und eine gute Freundin war. Sie tat mir sogar den Gefallen, ihr erstes Kind zur Welt zu bringen, als ich eben die erste Fassung abgeschlossen hatte, und konnte deshalb als junge Mutter unverwechselbar eigene Erkenntnisse beisteuern. Fanny Blakes hervorragender Redaktion ist es zu verdanken, daß dieses Buch erheblich besser geworden ist, als es zunächst war; bedanken möchte ich mich ebenso bei Juliet Annan und allen anderen Mitarbeitern des Penguin Verlags, die dazu beigetragen haben, dieses Buch in viele Buchhandlungen zu bringen.

Zwei guten Freundinnen bin ich schließlich ganz besonders verbunden: Helen Simpson und Beeban Kidron haben mit mir über Jahre hinweg viele Gespräche über Mutterschaft, Berufstätigkeit, Kreativität und Schreiben geführt, und beiden danke ich für ihre Ermutigung und ihre Freundschaft. Sie haben mich mehr inspiriert, als sie sich selbst ausmalen können.

1
Die Entbindung ist nur der Anfang

Heute, da meine Kinder größer geworden sind und ich mich an meine Mutterrolle gewöhnt habe, kann ich mit Überzeugung sagen, daß ich Mutterschaft als das Beste empfinde, das mir je widerfahren ist. Ich lebe jetzt für und durch meine Kinder. Tag für Tag gebe ich in freudiger Demut ihren Bedürfnissen den Vorrang, und ich staune über ihre Entwicklung. Ich kann mir kaum vorstellen, daß zwei so vitale und unterschiedliche Individuen einmal winzige Föten in meinem Leib gewesen sind. Ich habe Kinder immer geliebt, mir aber nie ausmalen können, wieviel mehr ich meine eigenen Kinder lieben würde. Jetzt scheinen sie im Vergleich zu anderen Kindern etwas ganz Besonderes zu sein. In einem Raum voller Menschen sehe ich nur die Gesichter meiner beiden Töchter, und ich liebe sie so sehr, daß es beinahe weh tut. Sie haben meinem Leben so viel gegeben, daß es ohne sie arm und unvollständig wäre. Sie haben mich verändert, in mir das Beste und das Schlechteste zutage treten lassen, haben meine Prioritäten geändert und mein Gefühlsleben bereichert. Jetzt, da ich mich an die Veränderungen gewöhnt habe, die Mutterschaft mit sich bringt, liebe ich den tagtäglichen Trubel bedingungslos und freue mich daran, daß meine Kinder mich ständig dazu zwingen, mein Leben neu anzupassen. Aber das war nicht immer so.

Nach der Entbindung durchlebte ich Wochen und Monate voller Verstörung, Erschöpfung und Traurigkeit. Als mein erstes Kind geboren wurde, war ich auf den großen Erdrutsch physischer, sensorischer, emotionaler und psychischer Umstellung, den Mutterschaft auslöst, nicht vorbereitet, und ich hatte noch nie ein Neugeborenes gesehen, geschweige denn im Arm gehalten oder versorgt. Vorbereitungskurse während der Schwangerschaft, Handbücher, Ratschläge von Freundinnen und Verwandten konzentrierten sich auf die Geburt, doch auf das Danach wurde allenfalls mit vagen Umschreibungen hingewiesen. Ich hielt die Entbindung für das große Finale und die größte Hürde im physischen Fortpflanzungsprozeß, nach denen sich das Leben rasch wieder normalisieren würde. Mir war nicht klar, daß die Geburt eines Kindes eine völlig neue Definition des Normalen mit sich bringt.

Während meiner ersten Schwangerschaft war ich überzeugt, daß ich nach der Entbindung weiterhin arbeiten würde, daß ich denken, empfinden und mich sozial so verhalten würde, wie ich es immer getan hatte; und als ich dann feststellte, daß ich dies wegen meines Babys nicht konnte, fühlte ich mich als Mutter und als Frau inkompetent und unzulänglich. Die Entbindung ist nur der Beginn eines Prozesses und nicht das Ende. Die Geburt eines Kindes kann tiefgreifende Veränderungen in einer Frau hervorrufen. Das Leben gerät für eine Weile vollkommen aus den Fugen, und für jede Mutter eines Neugeborenen beginnt eine Übergangsphase, in der sie sich an ein völlig anderes Leben gewöhnen muß. Manche Frauen schaffen das in wenigen Wochen, andere brauchen weitaus länger, aber keine Frau kann sich über Nacht jedem Aspekt und jeder neuen Anforderung der Mutterschaft anpassen. All das wußte ich damals nicht. Dieses Buch soll darum Frauen helfen, den Übergang von der Kinderlosigkeit zur Mutterschaft zu bewältigen. Es soll das Buch sein, das ich in den Wochen und Monaten nach der Geburt meines ersten Kindes so dringend gebraucht hätte.

Meine engsten Freundinnen waren noch kinderlos und deshalb nicht imstande, meine mißliche Lage zu verstehen. Ich hatte zwar junge Mütter mit etwa gleichaltrigen Babys kennengelernt, doch sie schienen sich vor allem als vorbildliche Mütter präsentieren zu wollen und waren viel zu zurückhaltend, als daß ich mich ihnen hätte anvertrauen können. Meine Familie hatte ihre Kinder in einer anderen Zeit und unter anderen Zwängen großgezogen und lebte ohnehin viel zu weit entfernt, um meine Probleme wahrzunehmen oder mir auf konstruktive Weise helfen zu können. Und die Bücher, die ich zu Rate zog, waren kaum von Nutzen. Sie waren entweder inhaltlich unzulänglich oder unpersönlich und herablassend. Sie schilderten die Freuden der Mutterschaft in den rosigsten Farben, ohne auf ihre dunkleren, erschreckenderen Seiten einzugehen: auf den Schock der Entbindung und die plötzliche Verantwortung für ein hilfloses Kind; auf die Flut ungefilterter Gefühle der Liebe, der Angst, der Furcht, des Grolls und manchmal auch des Hasses; auf die Art, wie sich die Beziehungen zu Freundinnen und Freunden, Verwandten und zum Vater des Kindes so rasch und grundlegend verändern, und auf die Erschöpfung durch die Mutterschaft, die junge Mütter zutiefst zermürbt. Sie beantworteten die Fragen nicht, um die es mir mehr ging als um Babypflege: wie ich mit *mir* und *meinem Leben* zurechtkommen sollte. Das Wichtigste, das mir je widerfahren war, schien mir im Stil eines Do-it-yourself-Handbuchs abgehandelt zu sein.

Die Strapazen und das Chaos der Mutterschaft sind nach wie vor ein Tabu-Thema. Wir sprechen heute zwar offener über Schwangerschaft und Geburtsschmerz, aber niemand läßt sich auf das Danach ein. Eine Verschwörung des Schweigens scheint den Übergang in die Mutterschaft zu umgeben. Freunde mit kleinen Kindern, die auf dem Weg der Elternschaft schon ein Stück weiter sind, gehen darauf nur ungern ein, um uns nicht zu entmutigen, und die Eltern größerer Kinder haben oft vergessen, wie es war, als sie den Nebel jener ersten Wochen und Monate durchlebten. »Das Leben schien chaotischer zu sein als notwendig«, schreibt Iona Opie in der Einleitung zu ihrer Anthologie über Babys, »und eine Zeitlang fragten wir uns, ob wir nicht die richtigen Eltern waren oder nicht die richtigen Kinder hatten … Warum hatte uns niemand von dem Lärm und der Unordnung erzählt?«[1]

Daß man den Wirbelsturm der Veränderung, der mit der Mutterschaft hereinbricht, verschweigt, scheint mir eine unnötige Vorsichtsmaßnahme zu sein. Forschungen zeigen nämlich, daß Menschen mit Streßsituationen besser fertig werden, wenn sie sich von vornherein angemessen informiert und unterstützt fühlen. Deshalb hoffe ich, daß dieses Buch einige Lücken in der vorliegenden Literatur schließen wird. Ich mußte mich davon überzeugen, daß ich nicht die einzige war, die bestimmte Aspekte der Mutterschaft als sehr belastend empfand, daß meine Probleme normal waren und daß ich mit der Zeit mehr Erfüllung in meinen Kindern finden würde, als ich je für möglich gehalten hatte. Ich habe über hundert Frauen aus verschiedenen Gesellschaftsschichten befragt und einige persönliche Erfahrungen beschrieben, um zu zeigen, daß es ganz normal ist, wenn Mütter nach der Entbindung eine Phase des Umbruchs durchleben. Ich habe historisches Material herangezogen, um deutlich zu machen, wie sich die Erfahrung der Mutterschaft gewandelt hat, denn viele Anpassungsprobleme, unter denen Frauen heute leiden, sind von Zwängen unserer Zeit beeinflußt. Und obwohl ich nicht Medizinerin bin, habe ich mich, wo immer es möglich war, auf medizinische Literatur und Forschungsergebnisse gestützt, um der intelligenten, gebildeten modernen Mutter ein Optimum an Informationen zu vermitteln, damit sie in bezug auf ihre Gesundheit und ihr Wohlergehen fundierte Entscheidungen treffen kann.

Mutterschaft ist eine große Gleichmacherin. Die privilegierteste Mutter hat mit einer sozial und finanziell benachteiligten Mutter weit mehr gemeinsam als mit einer kinderlosen Frau aus ihrem eigenen gesellschaftlichen Milieu. Als ich nach Unterschieden zwischen Müttern suchte, wurde mir deutlich klar, daß sich die Erfahrungen von Müttern ungeheuer ähnelten. Vermögen, Bildung und Erwartungen beeinflussen natürlich die Art, wie Frauen mit der Mutterschaft umgehen, doch der Kern der Erfahrung ist im wesentlichen derselbe. Das Erlebnis der Entbindung unterscheidet sich von Frau zu Frau, denn es hängt von ihrer körperlichen Verfassung ab, von ihrem Gemütszustand, der Lage und Größe des Babys und der Umgebung, in der sie gebärt, doch der physische Übergangsritus des Gebärens ist für jede Frau derselbe. Er ist ein außergewöhnlich starkes Erlebnis, das beglückend oder beängstigend sein kann, doch im einen wie anderen Fall ist es in der Erinnerung ein bleibender Fixpunkt.

Jede junge Mutter gerät ins Staunen über das Wunder der Fortpflanzung, wenn sie auf die zappelnden Glieder ihres Neugeborenen herabblickt, dessen winzige Finger ihren Riesendaumen umschließen. Und jede junge Mutter fragt sich unweigerlich, ob sie der Aufgabe gewachsen ist, ihr Kind großzuziehen. Vielleicht liebt sie es noch nicht, denn die Liebe entwickelt sich erst, wenn der Schock und die körperliche Qual der Entbindung allmählich in Vergessenheit geraten und das Vertrauen in die eigene Fähigkeit, für das Baby zu sorgen, langsam zunimmt. Doch wenn diese Liebe wächst, ist sie größer als alles, was eine Frau je zuvor empfunden hat. Jede Mutter, die ich befragt habe, brachte ihre Verwunderung über die Intensität ihrer Gefühle zum Ausdruck. »Ich bin mir des Schreckens wie auch des Erhabenen meiner Sterblichkeit bewußt, doch die Sterblichkeit meiner Kinder läßt mich erschaudern.«[2]

Jede berufstätige Mutter, aus welchem Milieu auch immer, empfindet es als schwer, die widerstreitenden Anforderungen von Berufstätigkeit und Mutterschaft miteinander in Einklang zu bringen. Ein gutes Einkommen macht es natürlich leichter, für qualifizierte Kinderbetreuung zu sorgen, auf die Frauen sich verlassen können, aber es tilgt keineswegs die Schuldgefühle, die viele Frauen – auch wenn sie ihren Beruf lieben – empfinden, weil sie ihre Kinder anderen überlassen, um zur Arbeit zu gehen.

Psyche und Physis einer Frau sind durch Schwangerschaft und Entbindung einer schweren Belastung ausgesetzt, und die Erholung braucht Zeit – Zeit, auf die heute nur wenige Frauen einen Anspruch zu haben glauben. Zahlreiche Frauen leiden unter anhaltenden körperlichen Beschwerden wie Rückenschmerzen, Inkontinenz und Erschöpfung. Immerhin beschleunigt ein höherer Lebensstandard die Erholung, während schlechte Wohnverhältnisse, Feuchtigkeit, Enge, mangelhafte Ernährung und Armut die Gesundheitsprobleme nach der Entbindung zwangsläufig verschlimmern.

Alle jungen Mütter sind von der Belastung durch Schwangerschaft und Entbindung, von Schlafmangel und von der Betreuung des Babys erschöpft. Doch Frauen, deren Gesundheit obendrein durch die Folgen von Armut geschwächt ist, haben es naturgemäß noch schwerer, wieder zu Kräften zu kommen oder sich gegen Bezahlung eine Ruhepause von ihrem Baby zu gönnen.

Alle jungen Mütter stellen fest, daß sich ihre Beziehungen zu Erwachsenen verändern, oft in einer Weise, die sich unmöglich voraussagen läßt – Beziehungen zu Freundinnen, Freunden und Verwandten, besonders aber zum Vater ihres Kindes. Auch Männer verändern sich, wenn sie Väter werden, und auch für sie beginnt eine Übergangsphase. Da beide Partner von den neuen Verantwortungen und Pflichten betroffen sind, brauchen sie eine Weile, bis sie zu einem neuen Gleichgewicht finden. Dies ist zwar kein Buch über Vaterschaft, jedoch eines, das Männer lesen sollten, um zu begreifen, was Frauen und ihren Beziehungen zu anderen Menschen widerfährt, wenn sie Mütter werden. Männer können eine ebenso leidenschaftliche Liebe zu ihren Kindern entwickeln wie Frauen, und sie sorgen sich mit ihnen um das Wohl ihrer Kinder. Aber sie machen nicht dieselben physischen und psychischen Veränderungen durch – sie leben und arbeiten weiterhin in der Außenwelt, wie sie es immer getan haben, während Frauen sich plötzlich nach den gesellschaftlichen Ansprüchen an die Mutterschaft richten müssen. »Für Frauen können Konflikte im Zusammenhang mit der Mutterschaft, die sich oft als Spannungen zwischen Unabhängigkeit und Abhängigkeit, zwischen Selbstbehauptung und Selbstverleugnung, zwischen Liebe und Haß äußern, ein Hauptgrund sein, sich in therapeutische Behandlung zu begeben«, schreibt Rozsika Parker in ihrem Buch *Torn in Two*. »Ich glaube nicht, daß dies auch für Männer in bezug auf die Vaterschaft zutrifft.«[3]

Diese radikalen Veränderungen versuche ich in meinem Buch zu beschreiben, damit junge Mütter sich ermutigt und weniger allein fühlen, wenn sie mit den überwältigenden Unsicherheiten ringen, die von der Entbindung ausgelöst werden. Aus praktischen Gründen habe ich das Buch nach Themenkapiteln gegliedert, doch in mancher Hinsicht ist diese Gliederung unangemessen, weil alle behandelten Themen ineinandergreifen und unlösbar miteinander verbunden sind. Beispielsweise können Gesundheitsprobleme nach der Entbindung durch den psychischen Umbruch in der Frühphase der Mutterschaft verschlimmert oder sogar ausgelöst werden. Die Flut neuer Emotionen nach der Entbindung kann es schwerer machen, an den Arbeitsplatz zurückzukehren oder dem Partner auch nur die geringste emotionale Aufmerksamkeit zuzuwenden, und natürlich ist es äußerst belastend, Tag für Tag solchen extremen Gefühlen ausgesetzt zu sein. Die von schlaflosen Nächten und vom Stillen herrührende Erschöpfung, gar nicht zu reden von der ungeheuren Anstrengung, die es kostet, einen neuen Menschen in sich wachsen zu lassen und zur Welt zu bringen, beeinflußt alles – unsere Gesundheit und unsere Fähigkeit, uns körperlich zu erholen, unseren Gemütszustand, unsere Arbeitsfähigkeit, unsere Beziehungen zu anderen Menschen, unseren Sexualtrieb, unser soziales Leben. Doch im Lauf der Zeit, wenn sich die Bedürfnisse des Kindes wandeln, schwinden die Probleme, mit denen sich Frauen nach der Entbindung konfrontiert sehen, und geraten in Vergessenheit, weil sie stets von neuen abgelöst werden. Die Freude am Kind aber tritt in den Vordergrund, und das Leben wird unbeschreiblich reich und lohnend.

»Der Wechsel« ist ein Begriff, mit dem man in der Regel das Ende der Fortpflanzungsfähigkeit im Leben der Frau während des Klimakteriums bezeichnet; ein Kind zu bekommen aber verändert das Leben einer Frau mehr als alles andere. Die Geburt eines Kindes zwingt einer Frau plötzliche und unwiderrufliche physische, psychische und emotionale Wandlungen auf. Babys können nicht nur den Charakter unserer Beziehungen zu Verwandten, Freundinnen und Partnern, sondern auch unser Verhalten und unsere Prioritäten tiefgreifend verändern. Wir überqueren eine Einwegbrücke, wenn wir unser erstes Kind bekommen. Wir können dorthin zurückblicken, woher wir gekommen sind, aber niemals ans andere Ufer zurückkehren. Dieses Buch beschreibt den Weg über die Brücke von der Schwangerschaft zur Entbindung und zu jenen ersten Monaten und Jahren, bis eine Art Unbeirrbarkeit erreicht ist und das so ganz andere Leben als Mutter nahezu uneingeschränkt bejaht wird.

2
Gesundheit nach der Geburt

Als im nachhinein Klügere verblüfft mich die Naivität, mit der ich die zeitliche Dauer der Erholung von Schwangerschaft und Entbindung eingeschätzt habe. Ich nahm an, daß mein Körper nach der Geburt rasch wieder so sein würde, wie er zuvor gewesen war. Mir war nicht klar, daß Schwangerschaft und Entbindung nicht nur für den Bauch und den Genitalbereich eine immense Belastung bedeuten. Die gesamte Physis und der gesamte Stoffwechsel der Frau werden durch den Fortpflanzungsprozeß radikal verändert. Nun hatte ich zwar mein niedliches Baby, aber ich ahnte nicht einmal, wie schwer es mir in den Tagen nach der Geburt fallen würde, auch nur ein paar Schritte zu gehen. Noch Monate nach der Geburt hatte ich so gut wie keine Kraft. Offenkundig lag das an mir: Andere junge Mütter schienen – mit pfannkuchenflachen Bäuchen – schon wieder munter herumspringen zu können. Doch heute, nachdem ich zahlreiche Frauen befragt und medizinische Fachliteratur gelesen habe, weiß ich, daß es gute Gründe für meine Ahnungslosigkeit gab und daß mein Zustand typisch und nicht anomal war.

Wir hoffen, ja erwarten, daß wir uns gleich nach der Geburt großartig fühlen und uns sofort wieder in unsere Jeans zwängen können, doch tatsächlich kommen wir uns vor, als seien wir eben von einem Bus überfahren worden. Und der Bauch ist immer noch da. »Oh, mein Bauch – er fühlt sich an wie ein Wasserbett, das man mit Flanell zugedeckt hat«, schreibt Anne Lamott in ihrem Tagebuch über das erste Jahr ihrer Mutterschaft *Operating Instructions.* »Wenn ich im Bett auf der Seite liege, liegt mein Bauch wie ein braves Hündchen neben mir.«[1]

Caitlin S. ist 29 Jahre alt und arbeitete als Lehrerin, bevor sie vor drei Jahren ihr erstes Kind bekam. Das zweite gebar sie schon achtzehn Monate später; sie fühlte sich während beider Schwangerschaften körperlich wohl und fand auch den Wehenschmerz nicht so schlimm, wie sie ihn sich vorgestellt hatte. »Obwohl sich das jetzt, da alles vorbei ist, leicht sagen läßt, glaubte ich damals, daß sich meine Innereien rasch wieder normalisieren würden, aber so war es eben nicht. Ich konnte nicht rennen, und ich bin körperlich immer noch nicht wieder so fit wie vor meiner Schwangerschaft. Ich fühle mich irgendwie deutlich älter.« Die 37jährige Jill P. hat einen fünf Monate alten Sohn und gerade ihre Arbeit als Krankenschwester in Manchester wiederaufgenommen. »Ich habe meine Figur noch nicht wieder, und ich fühle mich körperlich noch immer nicht erholt. Als ich zwei Wochen nach seiner Geburt zur Bushaltestelle ging, hatte ich das Gefühl, der Weg nehme kein Ende. Ich war total kaputt. Ich versuchte zu rennen, noch bevor ich wieder richtig laufen konnte, weil ich nicht wußte, wie sehr ich aus dem Tritt geraten war. Ich bin immer noch nicht wieder so kräftig wie früher.«

Fast alle Frauen erwarten, nach der Entbindung rasch wieder in Schwung zu kommen, weil man heute Schwangerschaft und Geburt vor allem als natürliche und gesunde Vorgänge betrachtet und dabei den körperlichen Tribut außer acht läßt. Die Schwangerschaft bedeutet für jede Körperzelle, für jedes Organ eine große Belastung. Lunge und Herz vergrößern sich, um die zusätzliche Blutmenge und die erhöhte Sauerstoffzufuhr zu bewältigen. Große Hormonmengen durchfluten den Körper und nehmen Nährstoffe auf, die der Fötus für sein Wachstum braucht. Eisenvorräte werden abgebaut, und täglich müssen 100 bis 115 Milligramm Kalzium pro Kilogramm Körpergewicht des Fötus von der Mutter auf das Kind übertragen werden.[2] Das belastet den Kalziumvorrat der Mutter erheblich, und wenn der daraus resultierende Mangel nicht durch die Ernährung ausgeglichen werden kann, wird der Bedarf aus den mütterlichen Knochen gedeckt. Es gibt bislang freilich keinen medizinischen Beweis für die alte Spruchweisheit, daß Frauen »pro Kind einen Zahn verlieren«; werdende Mütter müssen jedoch damit rechnen, daß sie in der zweiten Hälfte der Schwangerschaft möglicherweise Zahnfüllungen brauchen, und es kann mehrere Monate dauern, bis die Knochen und Bänder einer Frau wieder so belastbar sind wie vor der Schwangerschaft.

Schwangerschaft ist etwas Natürliches, und schwangere Frauen sind selbstverständlich nicht eigentlich krank, aber die Schwangerschaft kann bestehende latente Gesundheitsstörungen wie Herpes oder Nahrungsmittelallergien verschlimmern beziehungsweise auslösen. Es ist bekannt, daß die Schwangerschaft bei vorher gesunden Frauen auch schwerere Erkrankungen wie myalgische Enzephalomyelitis oder multiple Sklerose ausbrechen läßt. Viele junge Mütter stellen in den Monaten nach der Entbindung fest, daß sie unter anhaltenden Symptomen leiden, die ihre Gesundheit beeinträchtigen, und daß sie weniger Widerstandskraft gegen Infektionen haben. Susan Bewley, Leiterin der Geburtshilfe im St. Thomas's Hospital in London, vergleicht das Kinderkriegen mit der Teilnahme an einem Marathonlauf oder mit dem Ersteigen eines Berges. »Solche Unternehmungen können für weniger Gesunde mit einem Herzanfall oder völliger Erschöpfung enden, auch wenn sie von ihrer Leistung beglückt sind. Es ist ganz natürlich, daß man an einem Wettkampf teilnimmt, aber die Sache kann durchaus auch schiefgehen.«

Große Fortschritte in der medizinischen Wissenschaft und Praxis, aber auch der Umstand, daß in entwickelten Ländern Frauen keine Angst mehr haben müssen, bei der Entbindung zu sterben, haben dazu beigetragen, die Gesundheitsschäden durch Schwangerschaft und Geburt zu verringern. In der Vergangenheit bezahlten Frauen die Niederkunft oft mit dem Leben, oder sie trugen bleibende Gesundheitsschäden davon, die viel schlimmer waren als die Entbindungsfolgen, unter denen wir heute in den westlichen Industrieländern leiden. Im allgemeinen waren die Frauen aufgrund mangelhafter Ernährung, schwächender Infektionen sowie durch schwere körperliche Arbeit und die Belastung durch häufige Schwangerschaften weit weniger gesund. Rachitis deformierte Wirbelsäule und Becken vieler Frauen und machte die natürliche Geburt eines gesunden Kindes unmöglich. Eine Frau konnte bei einem zu langen Geburtsverlauf sterben; wenn es zu Komplikationen kam, mußte das Kind im Mutterleib getötet und zerstückelt werden; dauerhafte Schäden für die Mutter waren die Folge. Wenn eine Frau ein ungewolltes Kind abzutreiben versuchte – etwa mit Stricknadeln oder im Hinterzimmer eines Kurpfuschers –, riskierte sie ihr Leben oder mußte mit bleibenden Gesundheitsschäden rechnen. Überlebten Frauen eine mehrtägige komplizierte und brutale Entbindung, bestand kaum Aussicht auf die Wiederherstellung ihrer Gesundheit. »Fachleute haben errechnet, daß 75 Prozent aller Krankheiten, an denen Frauen leiden, durch Schwängerung verursacht werden«, schrieb C. Berkeley 1929 in seinem Bericht über Müttersterblichkeit.[3] 1931 schätzte W. Blair Bell, der erste Präsident der Britischen Akademie für Geburtshilfe und Gynäkologie, daß etwa 10 Prozent aller Frauen in England und Wales »infolge der Niederkunft mehr oder weniger geschwächt« waren, und Untersuchungen der dreißiger Jahre ergaben, daß bis zu 70 Prozent aller jungen Mütter Läsionen durch die Entbindung aufwiesen, die 35 bis 40 Prozent dieser Frauen arbeitsunfähig machten.[4]

Wenn Frauen das Glück hatten, das Kindbettfieber zu überleben, das durch die offenen Geburtswunden übertragen wurde, hinterließ die Infektion doch lebenslange Gesundheitsprobleme. »Es ist eine seltene Ausnahme, wenn man bei der Untersuchung des Beckens einer Mehrfachgebärenden keine Spuren einer Zellgewebs- oder Bauchfellentzündung findet«, heißt es in einem gynäkologischen Lehrbuch aus den achtziger Jahren des 19. Jahrhunderts.[5] Diese Spuren rührten vermutlich von Abszessen, Adhäsionen oder hartnäckigen Eileiterentzündungen her, die durchaus auch andere Organe geschädigt und schwere Vereiterungen verursacht haben können. Für Frauen der Arbeiterschicht, die durch Armut unterernährt waren und in feuchten, überbelegten Slum-Behausungen wohnten, wo sich Krankheiten wie Tuberkulose, Scharlach, Diphtherie und Lungenentzündung rasch ausbreiteten, war das Leben ein täglicher Kampf um die Gesundheit und Ernährung der Familie, um Sauberkeit und Wärme. Um 1900 betrug die durchschnittliche Lebenserwartung einer zwanzigjährigen Frau der Arbeiterschicht 46 Jahre, und sie mußte damit rechnen, daß sie etwa ein Drittel dieser Zeit schwanger sein oder Kinder stillen würde.[6]

Welch unerhörten Tribut diese Fruchtbarkeit forderte, zeigen die in *Maternity* gesammelten Briefe von Frauen der Arbeiterschicht um 1900.

> Ich habe neun Kinder geboren. Zwischen den ersten drei Babys lagen jeweils zwei Jahre. Unter denen habe ich weniger gelitten ... nach meinen beiden letzten Entbindungen konnte ich drei oder vier Monate lang nicht die Treppe runterkommen – keine Kraft zum Laufen, kein Appetit, und wegen dem schlimmen Dammriß mußte ich lange auf den Hüften die Treppe runterrutschen. Als ich wieder herumgehen durfte, war ich in meinem Zustand kaum imstande, mich auf den Beinen zu halten.

> Meine kleine Tochter wurde geboren, kräftig und gesund, obwohl ich neun Monate lang nicht laufen oder meine Haushaltsarbeit tun konnte ... Ich bin nie wieder richtig gesund geworden, weil ich es mir nicht leisten konnte, mich nach der Entbindung auszuruhen, ich mußte ja arbeiten, um die Schulden mit abzutragen, die wir wegen meiner langen Krankheit machen mußten.[7]

Auch Margery Spring Rices Untersuchung *Working Class Wives* aus den dreißiger Jahren unseres Jahrhunderts, die Daten von 1250 Frauen erfaßte, enthüllt einen hohen Anteil von Gesundheitsschäden nach der Entbindung.[8] In Großbritannien hatten Arbeiter aufgrund des Allgemeinen Sozialversicherungsgesetzes in den dreißiger Jahren Anspruch auf kostenlose medizinische Behandlung, doch bis zur Gründung des Staatlichen Gesundheitsdienstes 1948 galt dies nicht für die Ehefrauen, sofern sie nicht schwanger waren oder gerade entbunden hatten.[9] Es überrascht nicht, daß Mütter der Arbeiterschicht Arztrechnungen nach Möglichkeit vermieden und sich lieber mit physischen Beeinträchtigungen abfanden, die man heute für unzumutbar halten würde. Eine 38jährige Mutter von acht Kindern in Cardiff sagte, sie fühle sich gesund, gab jedoch zu, kariöse Zähne zu haben, jeden Winter unter Bronchitis und außerdem seit ihrer zweiten Schwangerschaft an einem Gebärmuttervorfall zu leiden; in Behandlung hatte sie sich nicht begeben. »Eine andere Frau in Battersea«, schreibt Margery Spring Rice, »behauptet, sie fühle sich ganz wohl, habe aber ›innere Beschwerden‹, unter denen sie seit der Geburt ihres ersten Kindes, das mittlerweile zehn Jahre alt ist, leidet: Sie ist 31 und hat vier Kinder geboren. Trotz ›starker Schmerzen in den Eingeweiden‹ hat sie keinen Arzt konsultiert, und sie nimmt kein Medikament. Solche Fälle gibt es dutzendfach.«[10]

Margery Spring Rices Untersuchung ergab, daß zahlreiche Frauen unter Anämie, Kopfschmerzen, Verstopfung, Rheumatismus, Unterleibsbeschwerden, Zahnschmerzen, Krampfadern, Beingeschwüren, Asthma, Bronchitis, Nieren- und Blasenproblemen sowie Gallensteinen litten. Die wenigen Frauen, die einen Arzt konsultierten, brachen die Behandlung bald ab, wenn wiederholte Arztbesuche die Kosten in die Höhe trieben. Schlechte Wohnverhältnisse in feuchten, dunklen, verwanzten Kellergeschossen oder in überbelegten Mietshäusern mit einer täglichen Belastung durch Haushaltsarbeit, die sich heute keine von uns mehr aufhalsen lassen würde, verschlimmerten die Symptome, während Schonung völlig ausgeschlossen war – es sei denn, eine Frau konnte das Bett buchstäblich nicht mehr verlassen.

Der medizinische Fortschritt hat unsere Einstellung zu Geburt, Krankheit und Tod maßgeblich verändert. Frauen fürchteten früher die Entbindung wegen des hohen Risikos, sie nicht zu überleben oder schwere Schäden davonzutragen. Für Frauen im gebärfähigen Alter war bis ins 20. Jahrhundert hinein die Entbindung nach Tuberkulose die zweithäufigste Todesursache. »Derart hohe Risiken rufen ein kollektives Gefühl der Angst hervor.«[11] Die meisten Frauen kannten vermutlich eine Mutter, die bei der Entbindung gestorben war, oder hatten von einem solchen Fall gehört; mit Gesundheitsproblemen nach der Niederkunft mußte man sich eben abfinden. Heute verlassen wir uns darauf, daß die Entbindung ungefährlich ist, wir streben die natürliche Geburt ohne medizinische Intervention an und empfinden es als Zumutung, wenn wir auch nur einen Dammschnitt hatten. Die Vorstellung dessen, was bei der Entbindung normal ist, hat sich drastisch verändert. »Die moderne Schilderung der Geburt unterstellt heute, daß jede Frau, die sich auf eine Schwangerschaft einläßt, unbeschadet daraus hervorgeht«, sagt Christina McKenzie, Leiterin des Hebammendienstes im Londoner St. Thomas' Hospital. »Schuld an diesem Bild sind die Medien und die Vertreter des Gesundheitswesens. Die Frauen gehen davon aus, gleich nach der Entbindung wieder genauso zu sein wie vor der Schwangerschaft – doch wir können diesen Erwartungen nicht entsprechen.«

Da früher bei der Entbindung so viele Frauen starben oder große Qualen litten, konzentrierte sich die Aufmerksamkeit der Ärzte und Hebammen zwangsläufig mehr auf das Wohl der Mutter als auf das des Kindes. Diese Einstellung hielt sich bis zum Zweiten Weltkrieg, als die Müttersterblichkeit endlich zurückzugehen begann; eine Anekdote aus den dreißiger Jahren von James Waller, Professor an der Universität Dundee, veranschaulicht diesen Standpunkt. »Ich erinnere mich daran, daß ich einmal mitten in der Nacht eine Frau von einem Baby entband; es handelte sich um eine Steißgeburt, und das Baby kam mit gebrochenem Schlüsselbein zur Welt. Am nächsten Morgen sagte mein Chef zu mir: ›Wie ich höre, hatten Sie mitten in der Nacht eine Steißgeburt. Wie geht es der Mutter?‹ ›Gut‹, antwortete ich. Erst zwei Stunden später fragte er mich: ›Übrigens, wie ist es in dem Fall denn dem Baby ergangen?‹«[12] Heute, da nur sehr wenige Frauen bei der Entbindung sterben und unsere kostbaren Babys nicht mehr eine Laune Gottes, sondern Wunschkinder sind, ist eine solche Gleichgültigkeit von Ärzten kaum noch vorstellbar. Denn als die Müttersterblichkeit zurückging, verlagerte sich die medizinische Aufmerksamkeit von der Mutter auf das Baby, und man bemühte sich, die pränatale und neonatale Vorsorge zu verbessern, damit die Kinder gesünder und kräftiger in die Welt kamen. Zu Beginn des 20. Jahrhunderts befürchtete man in Großbritannien zeitweilig, daß das hohe Niveau der Säuglingssterblichkeit zu einem nationalen Selbstmord führen könne, und Mütter wurden zum Brennpunkt der Aufmerksamkeit, da ja nur über sie eine Verringerung der Todesraten und eine Verbesserung der Säuglingspflege zu erreichen war. Zentren der Säuglingsfürsorge und Gesundheitsinspektoren wurden im ganzen Land eingeführt; neue Gesetze sollten die Gesundheit und das Wohl der Kinder schützen. Einst nahmen Ärzte und Hebammen den Müttern sehr kranke oder behinderte Säuglinge fort, um sie sterben zu lassen. Heute werden gefährdete Säuglinge zur Wiederbelebung und Intensivpflege auf schnellstem Wege in spezielle Säuglingsstationen gebracht.

Die Aufmerksamkeit verlagerte sich damals so rasch von der Mutter auf das Kind, daß man Gesundheit und Wohl der Mütter vernachlässigte. »Zwar hat sich die Situation insgesamt verbessert, doch wird dem perinatalen Ergebnis mehr Gewicht beigemessen als dem Wohl der Mutter«, sagt Clive Spence Jones, fachärztlicher Berater für Geburtshilfe am Whittington Hospital in London. »Dabei gibt es immer noch soviel Müttersterblichkeit auf der Welt. In einigen afrikanischen Ländern stirbt eine von vierzig Frauen bei der Entbindung. Deshalb stößt man, wenn man das Wohl der Frauen in der westlichen Welt mit dem von Frauen weltweit vergleicht, nach wie vor auf den Standpunkt: ›Ja, was erwarten Sie denn, wenn Sie ein Kind kriegen?‹ Wie auch immer, ich bin jedenfalls der Meinung, daß man die Gesundheit der Mutter weitgehend vernachlässigt hat.«

Seit dem Zweiten Weltkrieg haben sich nur wenige Forschungsberichte mit Gesundheit und Ergehen der Frau nach der Entbindung befaßt, und das vorliegende Material ist weitgehend bruchstückhaft. Die umfangreichste in Großbritannien an 11 701 Frauen durchgeführte Untersuchung stellte fest, daß 47 Prozent noch Wochen nach der Entbindung mindestens ein Gesundheitsproblem wie Rückenschmerzen, häufige Kopfschmerzen und Migräne oder Blasenprobleme hatten und mindestens zwei Drittel dieser Frauen zur Zeit der Befragung noch dreizehn Monate bis neun Jahre nach der Entbindung unter körperlichen

Beschwerden litten.[13] Offiziell freilich werden Frauen bei ihrer Untersuchung sechs Wochen nach der Entbindung für gesund erklärt, ohne daß man ihnen spezifische Fragen in bezug auf ihre Gesundheit gestellt hat. Der Hämoglobingehalt ihres Blutes wird nicht immer geprüft, obwohl es bei einer anämischen Frau Monate dauern kann, bis sie wieder zu Kräften kommt.

»Frauen beklagen sich nicht, und das Interesse gilt immer dem Baby«, sagt Christine MacArthur, Mitautorin des oben zitierten Berichts.

> Nach der Entbindung hat sich das Leben beträchtlich verändert, doch viele Frauen haben Schuldgefühle, wenn sie auch nur einmal an sich selber denken. Die Gesundheitsinspektorin neigt dazu, sich auf das Baby zu konzentrieren, und ich glaube, Mütter sind oft nicht bereit, über ihr Befinden offen zu reden. Sie meinen, über ihr Kind sprechen zu müssen und nicht über sich selbst. Auch die Erschöpfung kann die Motivation einer Mutter beeinträchtigen, zum Arzt zu gehen und ihm von Rückenschmerzen oder Hämorrhoiden zu berichten. Sie hat einfach nicht die Energie dazu, und wenn sie schließlich wieder bei Kräften ist, hat sie die Beschwerden schon Ewigkeiten und auch mit ihrer Freundin darüber gesprochen, die ebenfalls unter ihnen leidet. Dann hält sie ihren Zustand für normal und geht überhaupt nicht zum Arzt. Und wenn ich mit praktischen Ärzten spreche, sagen sie, es sei ihnen bekannt, daß Frauen nach der Entbindung nicht selten kränklich sind, aber sie hätten keineswegs gewußt, wie oft das der Fall sei, bevor wir unsere Untersuchung durchführten, weil eben Frauen nie darüber gesprochen hätten.[14]

Eine Frau auf dem Höhepunkt ihrer körperlichen Fitneß, die sich keine Sorgen darüber machen muß, ob sie der normalen täglichen Hausarbeit, dem Beruf oder den emotionalen Ansprüchen anderer Familienmitglieder gewachsen ist, die eine leichte Geburt ohne jede medizinische Intervention und ohne Dammriß hatte, die dann zu Hause viel Unterstützung und zudem drei – von jemand anderem gekochte – nahrhafte Mahlzeiten am Tag erhält, kann sich am Ende der Sechs-Wochen-Frist, das von Ärzten als Abschluß des Wochenbetts oder der Erholungsphase definiert wird, durchaus wieder fit fühlen. Doch für die meisten von uns ist der Arzttermin sechs Wochen nach der Geburt nur

Routine und kein Schlußstrich, und wir plagen uns weiter ab, fühlen uns nicht auf der Höhe und genauso erschöpft wie vorher. Die wichtigsten Voraussetzungen der Erholung – Schonung, Schlaf, Stille und Alleinsein – bleiben uns in der Regel versagt, und obendrein haben wir mit der Betreuung des Neugeborenen zusätzliche Belastungen, die der Genesung nicht eben förderlich sind.

Die Hebamme kommt nur in den ersten zehn Tagen nach der Entbindung täglich ins Haus, und eine junge Mutter kann in Großbritannien nur zwölf bis vierzehn Wochen gesetzlichen Mutterschaftsurlaub beanspruchen, vorausgesetzt, sie hat bis kurz vor der Niederkunft gearbeitet. Die Gesellschaft erwartet heute von Frauen, daß sie sich von Schwangerschaft und Entbindung rasch erholen. Man hält eine Wöchnerin nicht für krank, sondern für »einen gesunden, vernünftigen Menschen, der gerade ein denkwürdiges Ereignis gemeistert hat«, heißt es in *Fundamentals of Obstetrics and Gynaecology*, dem gültigen modernen medizinischen Lehrbuch.[15] Sie wird ermutigt, möglichst bald aufzustehen und herumzugehen, um Blutgerinnsel zu vermeiden, und Hebamme, Familie und Freundinnen überlassen es ihr, das Baby von vornherein allein zu betreuen, auch wenn sie sich durch das Erlebnis der Entbindung physisch und emotional sehr mitgenommen fühlt.

In früheren Zeiten galten Wöchnerinnen als krank. Im England des 17. und 18. Jahrhunderts mußten Frauen bis zu drei Wochen nach der Geburt in dem Zimmer, in dem sie entbunden hatten, ohne Tageslicht und frische Luft im Bett verbringen, um sich zu erholen, während »Patinnen« (Frauen aus der Nachbarschaft) den Haushalt führten. Wöchnerinnen, so glaubte man, befänden sich in einem veränderten seelischen und sozialen Zustand und müßten von der Außenwelt abgeschirmt werden, um vor bösen Geistern geschützt zu sein. Nach drei Wochen durften sie Besuch empfangen und frische Luft atmen, doch die soziale und physische Übergangsphase galt als noch nicht abgeschlossen, und deshalb war es ihnen nicht erlaubt, das Haus zu verlassen. Ab der Mitte des 18. Jahrhunderts wurde dann die

Schonfrist nach und nach verkürzt: Wöchnerinnen aus der oberen Mittelschicht verbrachten sieben bis vierzehn Tage im Bett, während Frauen der Arbeiterschicht wesentlich früher wieder auf den Beinen sein mußten. Die Menschen glaubten an das Prinzip der Bettruhe für Wöchnerinnen, auch wenn viele Frauen sich nicht daran halten konnten.

Im frühen fabrikartigen Krankenhausbetrieb waren an der Entbindung noch keine Hebammen beteiligt, so wie wir es gegenwärtig gewöhnt sind, wenngleich auch heute nur wenige von ihnen Zeit haben, den Müttern zu zeigen, wie man ein Baby badet, oder ihnen zu helfen, die Schwierigkeiten beim Stillen zu überwinden. Einst aber konnten lokal zuständige Hebammen den Wöchnerinnen eine viel persönlichere und umfassendere Palette von Hilfen anbieten. Im frühen 18. Jahrhundert mußte beispielsweise die Hebamme des englischen Dorfes Oppin nicht nur »die Mutter entbinden, sondern auch nachts bei ihr wachen, bis der Säugling getauft war, die Binden und die Windeln waschen, die Gäste zur Taufe einladen und das Baby bis zur Aussegnung der Wöchnerin – mindestens drei Wochen lang – jeden Tag wickeln«.[16] Wenn Wöchnerinnen heutzutage derartige Hilfen in Anspruch nehmen wollen, müssen sie für teures Geld eine Wochenpflegerin engagieren.

Außer dem Schicken von Blumen und Glückwunschkarten pflegen wir heute kaum noch Traditionen und Rituale, mit denen wir die Ankunft eines Babys begrüßen und der Wöchnerin unsere Reverenz erweisen oder sie von täglichen Hausarbeiten und Pflichten entlasten. Immer noch sterben allzu viele Frauen der dritten Welt bei der Entbindung, und zahlreiche überlebende Mütter haben aufgrund schwerer Geburten, mangelhafter Geburtshilfe und Folgen der Armut lebenslange Gesundheitsprobleme ähnlich denen, die europäische Frauen der Vergangenheit erduldeten. Doch gilt in vielen Ländern der dritten Welt das Wochenbett nach wie vor als Zeit der Reinigung, des Ausruhens und der Erholung, während wir uns unzulänglich vorkommen, wenn wir nicht innerhalb weniger Tage fröhlich lächelnd wieder auf den Beinen sind.

In malayischen Dörfern werden Wöchnerinnen vierzig Tage der Abgeschiedenheit zugestanden, bis Mutter und Kind in einem Ritual wieder mit der Gemeinschaft vereint werden. In diesen Wochen erhält sie warme Bäder, die mit »heißen« wohlriechenden Blättern versetzt sind, weil man glaubt, Hitze trage zur Wiederherstellung der Gesundheit und des Gleichgewichts der jungen Mutter bei. Ihr Bauch wird mit einer Paste aus Ingwer, Knoblauch, Tamarindenfrucht und Limonelle eingerieben, damit sich die Gebärmutter zusammenzieht, und danach wird ihr eine lange Schärpe fest um die Taille gewickelt. Ferner wird ihr eine Massage vom Kopf bis zu den Zehen zuteil, und auch die Brüste werden massiert, um den Milchfluß anzuregen.[17] Im Hochland von Ecuador verbringen Wöchnerinnen bis zu vierzig Tage in Abgeschiedenheit; in dieser Zeit erhalten sie besonders nahrhafte Speisen, die von den anderen Frauen in der Familie zubereitet werden.[18] Beim Volk der Ibo im südöstlichen Nigeria werden Wöchnerinnen ab dem vierten Tag nach der Entbindung mindestens dreimal täglich mit sehr heißem Wasser gereinigt. Eine junge Mutter schläft mit ihrem Baby neben einem Feuer, das eigens für sie angezündet wird, und braucht mindestens 28 Tage nicht im Haushalt zu arbeiten. Als ab etwa 1960 die nigerianischen Frauen in Krankenhäusern zu entbinden begannen, wurden sie von ihren Männern begleitet, aber sobald das Paar wieder zu Hause war, übernahmen die weiblichen Familienmitglieder die postnatale Pflege, wie es immer der Brauch gewesen war.[19]

Das moderne China verhält sich gegenüber Frauen und ihrer Fruchtbarkeit aus bevölkerungspolitischen Gründen besonders diktatorisch: Der Staat erlaubt jeder Frau nur ein Kind und zwingt eine Mutter zur Abtreibung, wenn sie ein zweites Mal schwanger wird. Doch die überlieferte Praxis des »Monats« nach der Geburt lebt auf dem Land wie in der Stadt mit nur geringfügigen Veränderungen fort. Die traditionelle chinesische Medizin behauptet – wie zahlreiche andere Kulturen –, daß die »Hitze« einer Frau, ihr Yang, vom wachsenden Fötus aufgezehrt worden ist und im Monat der Erholung durch die Befolgung bestimmter Regeln wiederhergestellt werden muß. Man glaubt, daß sie unter anhaltenden Gesundheitsproblemen wie Asthma, Arthritis, allgemeinen Schmerzen und Beschwerden leiden wird, wenn sie diese Regeln nicht beachtet. Sie muß nahrhafte Speisen essen, beispielsweise Hühnersuppe oder Leber und Niere von anderen Tieren, um die eigene Leber und die eigenen Nieren zu kräftigen. Im Idealfall sollte sie täglich fünf- oder sechsmal essen und vor allem solche Nahrungsmittel zu sich nehmen, die das verunreinigte Blut auswaschen, etwa gegorenen Reis mit Ei, Ingwer und Reiswein. Außerdem braucht sie eine Kost, die die Milchproduktion fördert, und mit Süßspeisen soll sie ihr Verlangen nach Salz verringern, weil man glaubt, daß zuviel Salz in dieser Zeit künftige Beschwerden verursacht, besonders in der unteren Rückenpartie, sowie Nierenleiden.

Man ist der Ansicht, daß Wöchnerinnen während des »Monats« möglichst viel Zeit im Bett verbringen sollen, damit die Wirbelsäule nach den Belastungen und Verkrümmungen durch die Schwangerschaft wieder gerade wird, während zu vieles Herumlaufen zu einem Hängebauch führen kann. Weil die Gelenke einer Wöchnerin nach der Entbindung immer noch anfällig sind, soll sie sich weder Wind noch Zugluft aussetzen, um künftigem Rheumatismus vorzubeugen. Andere Vorschriften für den »Monat«, beispielsweise nicht zu lesen, laut zu rufen oder Wäsche zu waschen, sind für die moderne Chinesin schwerer zu erfüllen, doch werden sie individuell in einer Weise modifiziert, die Frauen das Gefühl gibt, den traditionellen wie den modernen Prinzipien der chinesischen Heilkunde gerecht zu werden.[20]

Angemerkt sei, daß viele der rituellen Tabus, von denen die Absonderung der Wöchnerin umgeben ist, sowohl auf eine tiefsitzende männliche Angst vor der weiblichen Anatomie und vor Ansteckung als natürlich auch auf die Erkenntnis zurückgehen, daß eine Wöchnerin besondere Pflege und besonderen Schutz braucht. Gesetze, die im Judaismus, im Islam und im Katholizismus die rituelle Reinigung der Frau nach der Geburt regeln, bestimmen beispielsweise, daß ein Mann nicht in Kontakt mit von der Wöchnerin gekochten Speisen oder ihren Körperflüssigkeiten kommen darf, weil ihre magischen Kräfte ihn schwächen könnten.[21] Indessen ist die Frage nach der Wirksamkeit oder der Entstehung dieser Rituale weniger wichtig als der Umstand, daß sie Wöchnerinnen das Gefühl vermitteln, in einer Phase besonderer körperlicher Anfälligkeit verwöhnt und umsorgt zu werden, was die Genesung zweifellos fördert. Man überläßt die Wöchnerin nicht sich selbst und dem Gefühl, schwach, allein und dem Neugeborenen nicht gewachsen zu sein. Überdies bestätigen diese Rituale öffentlich, daß Schwangerschaft und Entbindung schwere Belastungen für die Physis der Frau sind und daß sie Zeit braucht, um sich gut zu erholen.

Die Medizin und die Fachärzte für Geburtshilfe der westlichen Welt bezeichnen eine frisch entbundene Mutter in der Regel als gesund, obwohl ihre körperliche und seelische Verfassung sehr schlecht sein kann. Die chinesische medizinische Theorie dagegen definiert jeden Menschen als krank, dessen Lebenskräfte Yin und Yang sich nicht im Gleichgewicht befinden, und dies gilt auch für das Wochenbett.

Weniger Geburten, die erhebliche Verbesserung des allgemeinen Gesundheitszustands, Fortschritte in der medizinischen Versorgung und Wissenschaft haben dazu geführt, daß junge Mütter heute gesünder sind als je zuvor. Dennoch erzeugt der Entschluß, Kinder zu bekommen, in der modernen Welt für Mütter spezifische neue Zwänge. Junge Mütter meinen oft, sie dürften nicht darüber klagen, daß sie sich krank fühlen, weil alles ja auch viel schlechter hätte laufen können. Dem Feminismus ist es gelungen, zahlreiche Frauen davon zu überzeugen, daß sie ihre Berufstätigkeit und das Kinderkriegen miteinander vereinbaren können, und nun halten eben diese Frauen das Eingeständnis gesundheitlicher Probleme nach der Entbindung für ein schädliches Zeichen von Schwäche, das vor allem von Männern und besonders im Beruf mißdeutet werden könnte. Die Gleichheitsprinzipien wollen es, daß einer Frau keinerlei geschlechtsspezifische Entschuldigung zugestanden werden darf, nicht einmal, wenn sie gerade ein Kind bekommen hat.

Tatsache ist jedoch, daß es seine Zeit braucht, sich von der physischen Belastung durch Schwangerschaft und Entbindung zu erholen, sehr viel mehr Zeit, als wir uns zugestehen wollen. Spezifische Gesundheitsprobleme, die durch Komplikationen bei der Geburt ausgelöst werden, sind im Anhang I unseres Buches detaillierter beschrieben, aber auch ganz normale, problemlose Schwangerschaften und Entbindungen, gleichsam wie aus dem Lehrbuch, belasten den Körper der Frau erheblich; dabei wissen wir nach wie vor wenig über die Langzeitwirkungen. Wie, zum Beispiel, werden Frauen durch die Ausschüttung der ungeheuren Hormonmengen während der Schwangerschaft verändert? Und wie viele dieser Veränderungen sind irreversibel? Ärzte sagen, der hohe Hormonspiegel sinke sieben bis zehn Tage nach der Entbindung erheblich ab, und glauben zumeist, daß Frauen sich von dem hormonellen Chaos rasch erholen. Doch Aussagen von Frauen bestätigen dies nicht. Abdul Sultan ist Experte auf dem Gebiet der Geburtshilfe und widmet sich der wissenschaftlichen Erforschung der Gesundheit von Müttern nach der Entbindung. »Wenn Sie Wöchnerinnen befragen, werden Ihnen die meisten antworten, daß sie sich anders oder nicht mehr so gut fühlen wie vor der Entbindung. Ob das mit Schwangerschaft und Entbindung oder mit der Zusatzbelastung durch die Babypflege zu tun hat, ist schwer zu sagen, aber im einen wie im anderen Fall wird das Leben einer Frau durch die Geburt völlig verändert.«

Jüngste Forschungsergebnisse weisen darauf hin, daß die Organe während der Schwangerschaft einer erheblichen Belastung ausgesetzt sind. Östrogen beispielsweise hat eine leicht cholostatische – gallestauende – Wirkung, die den Druck auf Leber und Gallenblase der Mutter erhöht. Die Leber funktioniert weniger effektiv, und es kann bei der Mutter zu Juckreiz kommen, weil Gallensalze nicht aufgespalten und ausgeschieden, sondern unter der Haut abgelagert werden. Progesteron verlangsamt die Kontraktionen der Gallenblase, so daß Cholesterinkristalle in der Gallenblase zurückbleiben können, wenn sie sich in der späten Schwangerschaft nicht mehr vollständig entleert: 75 Prozent der Gallenblasen, die bei Kaiserschnitten untersucht wurden, erwiesen sich als zu groß und prall von eingedickter Galle. Ultraschalluntersuchungen haben überdies ergeben, daß während der Schwangerschaft die Kontraktionen der vergrößerten Gallenblase schwächer sind, was möglicherweise die Redensart bestätigt, »dick, weiblich und fruchtbar« seien Voraussetzungen für Gallensteine.[22]

Gegen Ende der Schwangerschaft ist der Östrogenspiegel bis zu tausendmal höher als bei nicht schwangeren Frauen. Die Gebärmutter ist ein unwillkürlicher Muskel, der sich wie Herz und Gedärm ständig zusammenzieht, und die Schwangerschaftshormone bewahren den Uterus davor, seinen Inhalt auszustoßen. Wenn der Uterus größer wird, muß der Hormonspiegel steigen, damit es nicht zu einer Frühgeburt kommt. Diese enormen Hormonmengen mögen acht bis zehn Tage nach der Entbindung im Blut nicht mehr vorhanden sein, doch ihre Wirkung auf den Körper der Frau ist noch Monate später nicht zu übersehen. Schwangerschaftshormone lassen das Haar der Frau dicker werden und die Haut wärmer und rosiger aussehen. Ihre Hände röten sich und werden feucht; auf ihren Wangen können bräunliche Hautflecken, sogenannte Chloasmen, erscheinen, und auf ihrem Bauch, ihren Schenkeln und Brüsten lagern sich größere Fettmengen an. Diese physischen Symptome verschwinden nicht über Nacht, sondern gehen im Lauf der Zeit allmählich zurück – Zeit, die sich freilich nur wenige Frauen zugestehen wollen. »Da leisten Frauen etwas so Erstaunliches, und dann erwarten sie, daß sie weitermachen können, als sei nichts geschehen«, äußerte Susan Bewley mir gegenüber. »Ich hatte neulich eine hier, die mir sagte, sie müsse sich rasch erholen, weil sie demnächst in einer Pantomime auftreten werde, und ich dachte: ›Meine Güte, was soll ich dieser Frau bloß sagen?‹ Sie hatte keine Ahnung, was es heißt, ein kleines Kind zu haben. Das wird immer wieder unterschätzt. Wöchnerinnen sollten umsorgt und als etwas Besonderes betrachtet werden.«

Ein Kind zu bekommen mag natürlich und gesund sein, aber es kann auch eine heftige physische Störung auslösen, die einem Trauma nahekommt. Wenn Frauen sich dieser elementaren Wahrheit verschließen und sich keine Zeit zur Erholung gönnen wollen, können sie psychisch zusätzliche und unnötige Hürden vor sich aufbauen. Die Störung ist um so größer, wenn ein chirurgischer Eingriff notwendig ist. Eine Frau, die Zeit hat, sich mit den Gründen für einen Kaiserschnitt auseinanderzusetzen, hat auch die Zeit, ihn zu akzeptieren, und ihre Wunden werden rascher heilen als die einer Frau, die immer noch unglücklich ist, weil sie glaubt, versagt zu haben und nicht auf natürliche Weise gebären zu können.

Jede Frau, die ein Kind zur Welt bringt, braucht eine lange Anpassungsphase, um sich mit den unwiderruflichen körperlichen Veränderungen abzufinden, damit sie ihre neue Mutterrolle leichter akzeptieren kann. Helfen wir uns mit einem Bild: In jeder jungen Frau leuchten gleichsam zahllose winzige Lichter, und die Anstrengung, ein Kind auszutragen und zu gebären, ist so groß, daß bei jedem Kind einige von ihnen für immer erlöschen. Wir können sehr gut ohne sie leben, doch das bedeutet nicht, daß wir nicht Zeit brauchten, um ihren Verlust zu betrauern.

Notwendig ist ein gesünderer Kompromiß, ein Ausgleich zwischen der rigiden Disziplin des westlichen Stoizismus, der die körperliche Gesundheit der Mutter vernachlässigt, und östlichen religiösen Vorschriften, nach denen die Wöchnerin unberührbar ist. Christina McKenzie glaubt, daß »der Weg zurück zur Mitte nur bedeuten kann, Frauen gegenüber absolut ehrlich zu sein und sie über die Folgen von Schwangerschaft und Entbindung aufzuklären. Frauen werden mit Schilderungen der Mutterschaft in den rosigsten Farben geradezu überflutet. Man befürchtet eben, ihnen angst zu machen und sie von einer Schwangerschaft abzuhalten, aber die Vermutung, sie seien der vollen Wahrheit nicht gewachsen, ist ziemlich anmaßend. Ich erlebe immer wieder Diskussionen, in denen die Meinung vorherrscht, man werde Frauen nur unnötig unsicher machen, wenn man ihnen zu viele Informationen gibt.«

Die Natur schenkt uns ja in der ersten Phase nach der Entbindung Zeit zur Erholung: Säuglinge können in den ersten Lebenswochen bis zu zwanzig Stunden am Tag schlafen, so daß die Mutter fest im Bett liegen kann, jeweils drei oder vier Stunden hintereinander schläft und nur aufsteht, um zu essen, zu stillen, zu baden und das Baby zu wickeln. Doch wenn die Babys größer werden, schlafen sie tagsüber immer weniger und zwingen ihre Mütter, sich immer mehr mit ihnen zu beschäftigen. Wenn die Natur ein Neugeborenes mit der Fähigkeit ausgestattet hätte, dieselben Ansprüche zu stellen wie ein zwölf Monate altes Kind, wäre das für die Mutter verheerend, und die Rate der Kindestötungen würde vermutlich in die Höhe schnellen. Babys gewähren ihren Müttern eine Schonfrist von einem Jahr, in dem sie körperlich und seelisch wieder zu Kräften kommen, bevor die Kleinen sie in Atem halten, wenn sie zu laufen anfangen und sich tapsig immer wieder in gefährliche Situationen bringen. Frauen, die sich in den ersten Wochen die Zeit nehmen können, viel zu ruhen und sich zu erholen, schaffen damit eine bessere Grundlage für die Zukunft und können vermutlich auch andere Probleme der Anpassung an die Mutterschaft (auf die ich noch eingehen werde) leichter bewältigen.

Lydia P. gab ihre Arbeit als Lehrerin auf, um ihre vier Söhne großzuziehen, die heute zwischen fünf und elf Jahre alt sind. Jede Geburt war kurz, doch ein sehr intensives Erlebnis, und sie fühlte sich nicht allzu erschöpft und geschwächt. »Ich habe immer das Gefühl gehabt, daß die besten acht Wochen meines ganzen Lebens die jeweils ersten beiden Lebenswochen meiner Kinder waren. Es war wunderbar, ich habe ganz lebhafte Erinnerungen daran, obwohl ich natürlich auch Beschwerden hatte. Ich habe immer dafür gesorgt, daß eine Hilfe im Haus war, die sich um die anderen und um mich kümmerte, und ich erinnere mich daran, daß ich es besonders genoß, wenn eine Freundin kam und mir ein schönes Mittagessen kochte. Ich blieb mit Unmengen von Zeitschriften und Süßigkeiten möglichst viel im Bett, eine einzige Schwelgerei. Ich frage mich, ob sich das darauf auswirkt, wie man dann das Muttersein insgesamt bewältigt. Auch wenn man eine leichte Geburt hatte, verlangt die körperliche Umstellung soviel Ruhe wie möglich, schon damit die Milch fließt.«

Mutterschaft ist vor allem eine körperliche Leistung, und je größer das Kind wird, desto größer wird die körperliche Anstrengung. Einen Buggy zu schieben oder die Treppe hinaufzutragen wird eben mühsamer, wenn das Baby schwerer wird. Ein Säugling, der noch nicht laufen kann, belastet den Bizeps der Mutter nicht so sehr wie ein eben herumwatschelndes Kleinkind, das immer wieder Treppen hinauf- und hinuntergetragen werden muß, damit es nicht stürzt, oder nach dem Schrecken des Hinfallens zum Trost auf den Arm genommen werden muß. Kinder zwingen uns, wieder fit zu werden: Sie treten nach Bällen und Büchsen, klettern auf Gerüsten herum und rennen grundsätzlich in die entgegengesetzte Richtung des Weges, den ihre Mütter mit ihnen gehen wollen. Man muß ihnen immer einen Schritt voraus sein. Es ist wesentlich leichter, einen widerspenstigen Zweijährigen in seinen Mantel und dann in seinen Buggy zu zwängen oder seinen zappelnden Körper niederzuhalten, während man seine Windel wechselt, wenn man dafür wieder die entsprechenden Muskeln entwickelt hat. Und der Wettlauf mit einem Vierjährigen im Park macht mehr Spaß, wenn man weiß, daß man ihn gewinnen wird.

Bestimmte Körperteile freilich werden nie wieder ganz so, wie sie einmal waren. Die Brustwarzen können dunkler und größer werden, und die Brüste hängen nach dem Abstillen herab, verändern ihre Form oder verschwinden gar völlig. Die Bauchdeckenmuskulatur normalisiert sich nach und nach wie der ganze Körper, aber die Bauchdecke wird nie mehr konkav sein, es sei denn, man verbringt den Tag weitgehend damit, Bauchwellen zu machen – und wer will sich das schon antun? Und was die Vagina betrifft – nun, niemand hat das drastischer ausgedrückt als Charlotte S., die für Greenpeace arbeitet und eine acht Monate alte Tochter hat: »Ich fühle mich da jetzt völlig anders, so offen. Ich nehme ein Bad, und die Hälfte des Wassers verschwindet da drin.«

Wenn eine Frau ein Kind bekommt, rückt sie eine Generation vor und büßt das Gefühl ein, ihr Körper sei physisch intakt und unversehrt, wie es das Privileg der Kinderlosen ist. Sie kann ihren neuen Zustand ablehnen und versuchen, ihn durch Gymnastik und Sport zu verändern, oder sie kann sich entschließen, die Defekte als Zeugnis dafür zu akzeptieren, daß sie Mutter ist. Es gibt nur sehr wenige Mütter ohne eine einzige bleibende physische Veränderung oder Narbe als Folge des Kinderkriegens. Gerichtsmediziner können beim bloßen Anblick einer weiblichen Leiche sagen, ob die Frau ein Kind geboren hat oder nicht. Unsere Schwangerschaftsstreifen erinnern uns daran, daß wir eine große, außergewöhnliche, überwältigende und kräftezehrende Erfahrung durchlebt haben und daß Babys ihre Mütter körperlich schwächen, manchmal für immer. Es mag nur eine Sache von Wochen sein – obwohl es wahrscheinlich eher Monate oder gar Jahre dauert –, bis der Körper zu einem neuen Gleichgewicht findet, in dem sich die Trauer der Mutter um den Verlust der physischen Jugendlichkeit in ein neues und überzeugtes Annehmen des Tempels verwandelt, den ihr kleines Kind anbetet.

3
Anpassung an die Mutterschaft

Wenn eine Mutter behauptet, sie habe sich nie vom Chaos der jungen Mutterschaft schockiert oder überwältigt gefühlt, sagt sie vermutlich kaum die Wahrheit. »Normale« Mütter stellen jedenfalls fest, daß der Alltag nach der Entbindung von heillosem Durcheinander und Verwirrung geprägt ist, weil allzuviel zur gleichen Zeit geschieht. Plötzlich wird der Tag von den Details der Babypflege und den unaufschiebbaren Bedürfnissen des Neugeborenen bestimmt. Die Mutter muß ihre Bedürfnisse denen ihres Kindes unterordnen, und die Zeit will nicht einmal für ein Bad oder auch nur für einen kurzen Tagtraum reichen. Alles im Umkreis von einem Meter um das Baby scheint in entsetzlicher Unordnung zu sein, und viele Frauen machen sich Vorwürfe, weil sie nicht instinktiv wissen, wie sie ihr Kind betreuen sollen, oder sich nicht imstande fühlen, nebenher auch nur die simpelsten Haushaltsarbeiten zu bewältigen.

Hinzu kommen die anhaltenden körperlichen Beschwerden nach der Entbindung. Durch das Absinken des Hormonspiegels und die drastische Verringerung der Blutmenge gerät eine Zeitlang alles außer Kontrolle, und der ständige Schlafmangel raubt uns den letzten Nerv. Obendrein wirkt der Entbindungsschock nach und läßt das unglaubliche Video des Ereignisses immer wieder, Minute für Minute, in unseren Köpfen laufen. All dies geschieht zur gleichen Zeit, einer Zeit sensorischer und psychischer Überbeanspruchung, einer Zeit großer Belastung, aber auch großer Euphorie – und so überrascht es kaum, daß »auch psychisch ausgeglichene Frauen, die Mutter werden wollten, während der Schwangerschaft und der Anpassung an das Neugeborene unter beträchtlichen psychischen Störungen leiden können«.[1]

Die Entbindung kann jedoch auch das Gefühl großer Traurigkeit auslösen – und das ist vielleicht das Schwerste, womit wir fertig werden müssen, zumal wir uns ja sagen, daß wir eigentlich nur Freude zu empfinden haben. Wir halten die postnatale Depression für ein unseliges Leiden, eine Krankheit, die das Leben einiger weniger Wöchnerinnen verdunkelt, und nicht für ein Syndrom, das uns alle mehr oder weniger stark beeinträchtigt, weil wir in dieser kurzen Zeitspanne so viele Veränderungen durchmachen. Die medizinisch definierten Symptome der postnatalen Depression sind zahlreich: Traurigkeit, Gereiztheit, das Gefühl der Mutlosigkeit und Unzulänglichkeit, Selbstanklagen, übertriebene Ängstlichkeit und Schlafstörungen.[2] Man findet kaum eine Wöchnerin, die nicht an einigen dieser Symptome oder gar an allen leidet. Schwangerschaft, Entbindung und Mutterschaft sind von Natur aus eine große Belastung, und jede belastende Situation kann sowohl diese Symptome als auch körperliche Beschwerden wie Kopfschmerzen, Magenverstimmungen, verminderte Widerstandskraft gegen Infektionen und eine Verzögerung der Wundheilung hervorrufen. Eine Definition in der Fachliteratur schließt auch »die Unfähigkeit, alltägliche Dinge zu meistern«, mit ein[3], womit unterstellt wird, daß »normale« Mütter allen Anforderungen gewachsen sind. Die Königin Viktoria war mit der Realität vertrauter, als sie einer ihrer Töchter schrieb, die gerade entbunden hatte: »Du mußt damit rechnen, daß Du gelegentlich niedergeschlagen bist und Dir nach Weinen zumute ist. Auch Du wirst dazu neigen ... denn daran leidet jede Frau mehr oder weniger, und auch ich habe während meiner beiden ersten Wochenbetten furchtbar darunter gelitten.«[4]

Die Mutterschaft ist voller Widersprüche. Genießen wir in einem Augenblick unsere Häuslichkeit, haben wir schon im nächsten das Gefühl, in einer Falle zu sitzen. Eine Mutter ist mit ihrem Kind nie allein und kann sich trotzdem zutiefst einsam fühlen. Sie hat eine neue Identität, doch paradoxerweise trauert sie zuzeiten ihrem früheren Leben nach. Sie muß wieder lernen, wie man spielt und das Chaos der Kindheit genießt, doch ist sie jetzt zugleich die maßgebende und verantwortliche Person, die den Tag strukturiert. Solche Widersprüche verringern sich nicht unbedingt, während unsere Kinder größer werden; wir gewöhnen uns nur an sie. Aber in den Tagen und Wochen nach der Entbindung, wenn wir allein zu Hause sitzen und das Gefühl haben, weder unser eigenes Leben noch das winzige, schreiende, zappelnde Baby unter Kontrolle zu haben, das nun ständig an unserer Seite ist, können wir uns manchmal dem Wahnsinn erschreckend nahe fühlen. Clare J. arbeitet in einem Londoner Verlag und hat zwei Kinder: »Man ist so daran gewöhnt, Dinge zu organisieren und unter Kontrolle zu haben«, sagt sie, »und dann ist plötzlich etwas da, was man nicht unter Kontrolle hat und einen beherrscht, und man ist völlig fertig. Ich muß vorausschicken, daß meine Niedergeschlagenheit meine Freude wohl bei weitem überwog. Ich wünschte mir, daß mein Sohn für ein Weilchen verschwände, damit ich einmal durchatmen könnte, um dann besser mit ihm zurechtzukommen. Ich suchte ständig nach einem Patentrezept, und erst jetzt, da ich zwei Kinder habe, weiß ich, daß es kein Patentrezept gibt.«

Dieser Einschnitt, nun niemals mehr allein zu sein, ist in der Tat sehr tief. Man kann nicht ausgehen, ohne das Baby mitzunehmen, und oft ist die ganze Prozedur so umständlich und anstrengend, daß man es vorzieht, wie eine müde alte Dame zu Hause zu bleiben. Die Erkenntnis, daß man den unwiderruflichen Schritt getan hat, daß man nun ein Elternteil und für ein Kind verantwortlich ist, kann zutiefst erschreckend sein, denn Eltern haben ja per definitionem ernsthafte, vernünftige Autoritätspersonen zu sein. Die kommenden Monate scheinen plötzlich im voraus verplant und von Füttern, Windelwechsel und Phasen kindlicher Entwicklung bestimmt zu sein. Die normale Zeit teilt sich auf in »Mutterzeit«, in der die Bedürfnisse des Kindes Vorrang haben, und »Vaterzeit«, in der man wenigstens ein Weilchen von den Mutterpflichten befreit ist und sich auf sich selbst konzentrieren kann.

Das alles sind für jede Frau ganz natürliche Erfahrungen bei der Anpassung an die Mutterschaft. Doch wenn eine junge

Mutter obendrein noch Probleme beim Stillen bekommt, wenn ihr Baby ständig schreit, weil es Koliken hat, und sie selbst stark unter anderen potentiellen Schwierigkeiten der Mutterschaft leidet (auf die ich noch eingehen werde), beispielsweise Eheproblemen oder chronischer Müdigkeit, können ihre Abwehrkräfte leicht zusammenbrechen. Frauen mit niedrigem Einkommen spüren bitter, daß viele ihrer Anpassungsprobleme durch schlechte Wohnverhältnisse und Geldsorgen noch verschlimmert werden. Wenn Wöchnerinnen etwa in Hochhäusern wohnen, in denen die Lifte immer wieder außer Betrieb sind, wird es noch schwieriger und anstrengender, mit dem Baby das Haus zu verlassen, um ganz alltägliche Besorgungen zu machen. Eine Wöchnerin, die ich am Tag nach ihrer Entbindung im Krankenhaus kennenlernte, drängte bei der Stadtverwaltung auf eine neue Bleibe, weil es in ihrer Wohnung Ratten gab. Eine andere junge Mutter war praktisch obdachlos und wohnte mit ihrem zweijährigen Sohn in einem engen Einzelzimmer in einer Frühstückspension, wo sie nicht einmal die Küche benutzen durfte, um für ihr Kind zu kochen.

Irene B. stammt aus einer Arbeiterfamilie in Nordengland und hatte in verschiedenen Berufen gearbeitet, unter anderem als Putzfrau und als Rechercheurin beim Fernsehen, bevor sie im Alter von 32 Jahren ihr erstes Kind bekam. »Ich glaubte, mein Schicksal im Griff zu haben«, gestand sie, »ich ließ es zu, daß ich schwanger wurde, und als es dann soweit war, erlitt ich den größten Schock meines Lebens. Alles ging eine Zeitlang drunter und drüber. Ich wußte überhaupt nicht mehr, wie es weitergehen sollte, und fühlte mich plötzlich wie auf einer Berg-und-Tal-Bahn, ohne viel Selbstvertrauen. Ich brauchte zehn Monate, und ich kann fast auf die Minute genau sagen, wann sich bei mir endlich das Gefühl einzustellen begann, daß ich mein Leben wieder in den Griff kriegen würde. Jedesmal wenn ich ausging, hatte ich entweder meine Schlüssel vergessen oder die Windeln fürs Baby, und nie konnte ich abschätzen, was in den nächsten Stunden passieren würde. Dann aber – das Baby war zehn Monate alt – ging ich eines Tages die Church Street entlang, und ich erinnere mich daran, wie ich auf einmal dachte: Ich habe alles bei mir, das Baby ist okay, und das ist mein Leben! Plötzlich war es für mich nicht mehr mein chaotisches neues Leben, sondern mein ganz normaler Alltag.«

Das Gefühl, die Kontrolle zu verlieren, stellt sich in gewissem Grade schon mit der Schwangerschaft ein. Der Fötus scheint von uns Besitz zu ergreifen, und wir verlieren die Kontrolle über die Form unseres Körpers. Es wird uns immer klarer, daß wir nur vermuten können, wie unsere Existenz als Mutter sein wird, planen können wir sie nicht. Eine werdende Mutter hat nur begrenzte Möglichkeiten, die Gesundheit und das Wohl ihres Kindes zu sichern – durch vernünftige Ernährung, Bewegung und Verzicht auf Nikotin und Alkohol –, denn unbekannte erbliche oder umweltbedingte Faktoren könnten die Entwicklung des Fötus beeinflussen. Das Gebären dann ist das unwillkürliche Geschehen schlechthin. Wir haben keine andere Wahl, als unserem Körper nachzugeben. Wir hoffen, daß wir uns in der Gewalt haben werden und ein Auge darauf haben können, was das medizinische Personal tut, doch wir verlieren jede Selbstkontrolle, während wir hin und her schaukeln und stöhnen und schreien und Verwünschungen ausstoßen. Wir verlieren jedes Gefühl für Verhältnismäßigkeit und Zeit, während die Wehen unsere letzten Kraft- und Widerstandsreserven aufzehren. Vor Schmerz oder unter dem Einfluß von Medikamenten werden wir immer wieder bewußtlos. Die ungeheuren Empfindungen der Austreibungsperiode lassen uns alle Vernunft verlieren, und wir sind kaum imstande, der Hebamme zu gehorchen und dem Drang, zu pressen, zu widerstehen, da es doch das einzige zu sein scheint, was unser Körper will.

Es gibt freilich Frauen, die diesen Verlust der Selbstkontrolle als erregend empfinden wie das Reiten auf einem Pferd, das jeden Augenblick durchgehen kann. Anne T., eine in London lebende Literaturagentin, hat zwei medikamentenfreie »natürliche« Geburten erlebt und sie genossen. »Ich hatte mich nich[t] in der Gewalt, aber ich kam mir vor, als sei ich Teil e[ines] außergewöhnlichen Geschehens. Es kann etwas Wun[...]

sein, sich nicht unter Kontrolle zu haben, wenn man fast sein ganzes Leben lang zur Selbstkontrolle gezwungen ist.« Andere Frauen jedoch empfinden dies und die Unmöglichkeit, den Verlauf der Geburt nach ihren eigenen Vorstellungen zu steuern, als äußerst quälend, ja schockierend. Man kann sich auf die Entbindung gründlich vorbereiten, ihren Verlauf jedoch nie voraussagen, und keine Geburt gleicht der anderen. Schwangerschaftshandbücher und vorgeburtliche Kurse konzentrieren sich in der Regel auf die Phasen der Geburt und gehen leider kaum auf die zahllosen unterschiedlichen Entwicklungen ein, die jede einzelne Entbindung nehmen kann. Percivall Willughby, ein Geburtshelfer des 17. Jahrhunderts, war einer der ersten, der ausführliche Fallgeschichten überliefert hat. »Jede Niederkunft hat mich etwas gelehrt oder zumindest meine Praxis bestätigt. Denn obwohl viel praktische Erfahrung den Verstand erleuchtet, sind dennoch ... nicht alle Körper gleich, und ... mit der Mutter oder mit dem Kind kann etwas unvorhergesehen Neues oder ein Unglück geschehen, auch bei den Wehen, oder es kommt alles zusammen, wie ich es gelegentlich erlebt habe.«[5]

Der menschliche Geburtsvorgang kann unglaublich schwierig sein, weil uns die Evolution nun einmal Nachkommen mit großen Köpfen beschert hat. Zahlreiche andere Arten bringen jährlich einen Wurf Nachkommen hervor, um das Überleben von wenigstens einem oder zwei Jungen bis zum Erwachsenenalter zu sichern, aber seit Menschen durch Empfängnisverhütung die Wahl haben, sind sie nicht bereit, die Erfahrung der Fortpflanzung allzuoft durchzumachen. »Unsere Erhebungen weisen darauf hin, daß ein gewisses Maß an Schwierigkeiten [beim Gebären] ›normal‹ ist«, urteilen amerikanische Wissenschaftler in ihrem Buch *Pregnancy, Birth and Parenthood.*[6] Fledermäuse haben es da gewiß leichter: Sie gebären senkrecht an der Decke einer Höhle hängend und fangen ihr Junges mit dem Schwanz auf, damit es nicht auf den Boden platscht.

Der Entbindungsschock kann auch die Probleme der Anpassung an die Mutterschaft verschlimmern, denn er bleibt in der

Erinnerung der Frauen ein dramatischer Fixpunkt. Jede Frau, die ein Kind geboren hat, kann das Geburtsgeschehen noch Monate später Minute für Minute rekapitulieren, und nur wenige Mütter vergessen dieses Erlebnis, solange ihre Kinder klein sind. Einige Frauen genießen es wahrhaftig. Doch andere, und dabei handelt es sich um die Mehrzahl aller jungen Mütter, reagieren mit Entsetzen auf die Intensität des Schmerzes oder erleiden einen Schock, wenn sie in der Austreibungsperiode das Gefühl haben, zerrissen zu werden. Frauen, die nie zuvor im Krankenhaus gewesen sind, fühlen sich zudem fremd in dieser Umgebung und von der akuten Dramatik der Situation verängstigt. Mancherlei Kleinigkeiten können schiefgehen, denn gebärende Frauen sind ganz und gar abhängig von der Erfahrung und dem Urteil des sie umgebenden medizinischen Personals, das in einem oft fabrikartigen Krankenhausbetrieb zugleich auch mit anderen Gebärenden beschäftigt ist. Die Realität des Gebärens kann auf unterschiedlichste Weise von der Theorie abweichen, weil jede Frau – je nach physischer Kondition, psychischer Verfassung, Erziehung und früheren Erfahrungen – anders auf die Belastung durch die Geburt reagiert.

Alle von mir befragten Frauen hatten von negativen Vorfällen zu berichten. Darunter waren Mütter, die man allein ihren Wehen überlassen hatte, weil Frauen medizinisch erst dann als Gebärende gelten, wenn der Muttermund drei Zentimeter geöffnet ist. Andere erzählten beispielsweise von Tropfinfusionen, die nicht funktionierten oder die Wehen zu rasch zu heftig werden ließen, von Wehen, die kein Ende, keine Mitte und keinen Anfang zu haben schienen, von regelmäßigen Abständen zwischen ihnen gar nicht zu reden, von wiederholt fehlgeschlagenen Versuchen der Anästhesisten, eine Epiduralanästhesie vorzunehmen, von schnittfreudigen Ärzten, rücksichtslosen Hebammen und immer wieder qualvollen Schmerzen. Andere fanden die postnatale Pflege miserabel: Niemand zeigte ihnen, wie sie ihr Baby stillen oder baden sollten, es gab keine Gelegenheit, sich auszuruhen oder zu entspannen, weil die Babys anderer Frauen ständig schrien. Ob nun eine junge Mutter die

Geburt positiv oder negativ erlebt, sie ist stets etwas so Außergewöhnliches, daß – wie Mütter bereitwillig zugeben – kein Buch und kein Kurs sie darauf hätte hinlänglich vorbereiten können. Die Mutter muß das Gebären durchleben, um seine physische und emotionale Intensität zu verstehen – und dann über die Geburt des eigenen Kindes zu staunen.

Jean Ball stellt in ihrer umfassenden Untersuchung *Reactions to Motherhood* fest, daß die Art der postnatalen Pflege, die einer Wöchnerin zuteil wird, für ihr späteres Wohlbefinden weitaus schädlicher sein kann als das Erlebnis des Gebärens selbst. Sobald die Geburt vorbei ist, können Mütter die Gründe für einen Kaiserschnitt oder eine Zangenentbindung leichter verstehen und das Ereignis im Rückblick positiver einschätzen, wenn sie sich vom medizinischen Personal unterstützt und ermutigt fühlen. Doch Mangel an Verständnis und unzulängliche Betreuung können das ganze Erlebnis in schlechtem Licht erscheinen lassen.[7]

Ein Kaiserschnitt kann besondere psychische Probleme wie das Gefühl des Versagens oder der Unzulänglichkeit hervorrufen, und manche Frauen sorgen sich um die Folgen der nicht vaginalen Geburt für die Entwicklung ihres Kindes. Die Psychologin Joan Raphael Leff behauptet, es sei bei Frauen, die durch Kaiserschnitt entbunden haben, keineswegs ungewöhnlich, »daß sie sich über die Maßen schuldig fühlen, weil sie ihrem Baby den Antrieb des Geburtskanals und die spontane Geburt vorenthalten haben, und glauben, sie hätten die Persönlichkeit ihres Kindes dahingehend prädeterminiert, daß es Konflikten ausweicht, arbeitsscheu wird und/oder rasche Befriedigung sucht«.[8] Jede Frau kann freilich die medizinischen Gründe für ihren Kaiserschnitt einsehen und akzeptieren, vorausgesetzt, ihre restliche psychische Stabilität wird nicht durch das Gefühl der Isolierung und des Versagens untergraben, das sich in der durchschnittlichen Geburtenabteilung leider so leicht einstellen kann. »Ich wurde in die Geburtenstation verlegt und lag unbeweglich im Bett, am Arm einen Tropf, in der Blase einen Katheter und im Bauch einen Schlauch, der Blut aus meiner Wunde in eine Flasche neben meinem Bett dränierte. Es war das Gegenteil all meiner Vorstellungen von Mutterschaft«, schreibt Sarah Clement, Autorin des *Caesarean Handbook*, in einem Zeitschriftenartikel. »Es war bitter, den Müttern ohne Kaiserschnitt zuzuschauen, wie sie mit ihren Babys spielten, sie wickelten und ganz selbstverständlich mit ihnen umgingen, während ich dagegen in diesen ersten Tagen nicht ohne Hilfe aufstehen und natürlich auch Joe nicht hochheben konnte.«[9]

Die meisten Frauen erholen sich in den Monaten nach der Geburt rasch von den psychischen Belastungen der Entbindung. Aber oft berichten Frauen auch von quälenden, erschreckenden Träumen in den ersten Wochen, und viele haben das Gefühl, unter anhaltendem Schock zu stehen, selbst wenn die Geburt erfreulich und wie nach dem Lehrbuch verlaufen war, so wie sie es sich erhofft hatten. Gemma S. arbeitet beim Fernsehen und interessiert sich lebhaft für Gesundheit und Fitneß. Sie bereitete sich in Yoga-Kursen mit körperlichem und psychologischem Training auf die Entbindung vor und empfand den Verlauf der Geburt ohne Betäubungsmittel und ohne medizinische Intervention weitgehend als positiv. Aber trotzdem erlebte sie während der Austreibungsperiode das Gefühl des Zerreißens und dann den Dammriß als zutiefst traumatisch.

»Ich glaube, es war die absolute Gewißheit, daß meine Haut reißen würde, die so schockierend war. Erstaunlich finde ich, daß der Drang zu pressen irgendwie stärker ist als der Schmerz des Zerreißens, daß der Körper sich mit diesem Drang selbst zerreißt. Wie kommt es, daß der Körper nicht sagt: ›Halt! Sonst zerreißt du mich!‹ Man hat es nicht unter Kontrolle, es geschieht einfach. Wochenlang konnte ich mich nicht richtig hinsetzen. Es war, als säße ich auf Stacheldraht. Ich mußte mich hinlegen, um die Kleine zu stillen – und dann die Angst vor dem Stuhlgang! Immer wieder spulte sich der Geburtsvorgang in meinem Kopf ab, wie ein Amateurfilm im Heimkino, und er war so deutlich wie ein richtiger Film. Ich konnte diesen Projektor, der da in meinem Hirn lief, einfach nicht abschalten obwohl ich die Geburt positiv erlebt hatte, war sie trotzd

Schock. Man zittert am ganzen Leibe, nachdem man entbunden hat, und dafür gibt es einen Grund – das Gebären *ist* für den Körper ein Schock.«

Die Entbindung kann als so verheerend erlebt werden wie ein Unfall, bei dem es zu schweren Verletzungen kommt, und Frauen stellen oft fest, daß sie noch lange, nachdem ihre physischen Wunden verheilt sind, an diesem Trauma kranken. »Das Gebären ist wie ein Autounfall mit beinahe tödlichem Ausgang, bei dem es einem gerade noch gelingt, aus dem Wrack zu kriechen«, bemerkt Grace P., eine nigerianische alleinerziehende Mutter, die eine zwölfstündige Geburt ohne Komplikationen hatte. »Der Schock, noch am Leben zu sein, war so groß, daß ich eine halbe Stunde geweint habe.« Das Gebären erinnert eine Frau an ihre Sterblichkeit. Viele Frauen fühlen sich während der Geburt dem Tode nahe, und es kommt sogar vor, daß sie die Hebamme anflehen, sie zu töten, statt ihr Kind auf die Welt zu bringen.

Die posttraumatische Streßreaktion ist mittlerweile als krankhafter Zustand erkannt worden, der behandelt werden muß. Sie kann sich nach bedrohlichen Ereignissen wie Autounfällen, Gewaltverbrechen, Kriegserlebnissen oder Erdbeben einstellen, und zu den Symptomen gehören Alpträume, Schlaflosigkeit, übermäßige Reizbarkeit, Angst und täglich mehrmaliges Erinnern an das Ereignis. Die Betroffenen können aber auch jede Erinnerung an das Erlebnis verdrängen oder sich die größte Mühe geben, jeder Gelegenheit einer gedanklichen Wiederholung auszuweichen, und wenn sie mitunter doch daran erinnert werden, fühlen sie sich zutiefst unglücklich. Viele Frauen haben nach der Geburt ähnliche Symptome: Häufige Rückblenden und die Erinnerung an jeden Augenblick, jede Bewegung und jedes Wort der Hebamme und des Arztes sind weit verbreitet, ebenso Schlaflosigkeit, Reizbarkeit und Angstzustände. Doch Traumenexperten schließen Wöchnerinnen nur selten in ihre Untersuchungen ein, weil die Geburt ja als etwas ganz Normales und als natürliches, freudiges Ereignis gilt.

Rachel T. ist Lesbierin und alleinerziehende Mutter, die ihr erstes Kind mit siebenunddreißig bekam. Noch sieben Monate nach der Entbindung stellten sich immer wieder Rückblenden ein, nicht nur auf den Geburtsvorgang, sondern auch auf einen schweren Autounfall, den sie als Neunzehnjährige erlitten hatte. »Er war plötzlich wieder da, ganz deutlich, und ich fühlte mich wieder genauso wie damals. Ich weiß, daß die Geburt ein physisches Trauma ist, und auch für den Autounfall gilt ja, daß man lange braucht, um sich davon zu erholen.« Während der Geburt büßt die Frau das Empfinden für die Funktionen und die Unversehrtheit ihres Körpers ein, und ihr Widerstand gegen Tod und Verletzung bricht in etwa derselben Weise zusammen wie bei Überlebenden von Verkehrsunfällen. Der Umstand, daß sich die Frau während der Schwangerschaft auf die Entbindung vorbereitet und weiß, daß sie kommen wird, verringert die Belastung durch die Geburt ein wenig, wahrlich nur ein wenig, da sich ja keine Frau wirklich darüber klar ist, was ihr bevorsteht, bevor es soweit ist. Es ist bekannt, daß Mütter sich von der Geburt ihres zweiten Kindes allein aufgrund ihrer vorausgegangenen Erfahrungen physisch und psychisch rascher erholen.

Eine – seltene – Untersuchung über posttraumatische Streßreaktionen an 500 Frauen, die kürzlich entbunden hatten, ergab, daß 100 von ihnen ihr Geburtserlebnis als »sehr qualvoll« oder »fürchterlich« empfanden, und als man diese Mütter eingehender befragte, stellte sich heraus, daß 30 von ihnen unter posttraumatischen Streßreaktionen litten und ihre Werte denen von 89 Vietnam-Veteranen ähnelten, die den gleichen Fragebogen ausgefüllt hatten.[10] Manche Frauen lehnen später Scheidenabstriche oder weitere Schwangerschaften ab. Vereinzelt beschwört die Geburt Erinnerungen an frühere Erfahrungen sexuellen Mißbrauchs oder eine Vergewaltigung herauf. Einige wenige Frauen erleben die vaginale Entbindung als so traumatisch, daß sie sich buchstäblich von ihrer unteren Körperhälfte lossagen und in der Folge unter sexuellen Problemen und Inkontinenz leiden. »Sie wollen einfach nicht mehr daran denken«, sagt Dr. Abdul Sultan, der die nachgeburtliche Stuhlinkontinenz erforscht. »Es kann mit ihnen so weit kommen, daß sie eine Biofeedback-Therapie brauchen – wir fordern sie auf, ihre Gesäßmuskeln zusammenzuziehen, und sie können es nicht. Sie müssen es durch Training wieder lernen, um das Trauma zu überwinden. Sie haben den ganzen Bereich ausgesperrt, weil sie eine Zangengeburt, starke Schmerzen oder einen Dammriß hatten. Meines Erachtens können Frauen durch eine traumatische Entbindung dauerhaften psychischen Schaden erleiden.«

Das Gebären eines Kindes ist eine viel zu bedeutsame Initiation, als daß man sie leicht vergessen könnte. Wenn jedoch diese Bilder des Geburtsvorgangs nicht verblassen wollen, wenn sie Ihren Alltag durchdringen, Ihre Beziehungen zu Ihrem Baby oder anderen Familienmitgliedern beeinträchtigen, dann brauchen Sie einen Menschen, bei dem Sie sich aussprechen können. Das kann eine Freundin sein, aber es ist oft leichter, mit einem Fremden zu reden. Ihr Hausarzt wird Sie an eine Beratungsstelle überweisen – bestehen Sie darauf, falls notwendig –, und Krankenhäuser bieten oft Gruppentherapien für Frauen an, die durch Kaiserschnitt entbunden haben. Homöopathische Heilmittel wie beispielsweise Arnika in der richtigen Dosierung können bei Schock besonders hilfreich sein.

Meine beiden Töchter wurden nach langdauernden, wirkungslosen Wehen durch Kaiserschnitt entbunden. Ich erholte mich von der zweiten Geburt viel schneller, obwohl sie eigentlich schlimmer war als die erste, und die Erinnerungen an stundenlange Schmerzen und die sich drehende Zange verblaßten schnell. Doch in den achtzehn Monaten nach der Geburt meines ersten Kindes wurde ich von einer schmerzhaften Narbe geplagt, die nicht richtig zu verheilen schien, und von immer wiederkehrenden Erinnerungen an das Geburtserlebnis heimgesucht, das ich als zutiefst schockierend empfunden hatte. Schließlich konsultierte ich eine Homöopathin, weil ich mich einfach nicht wohl fühlte, und als ich ihr von meiner Entbindung erzählte, brach ich in Tränen aus, weil ich alles noch einmal durchlebte, als ob es gestern gewesen wäre. Sie erklärte mir, daß ich noch immer in einem Schockzustand sei, und meinte, das Morphium, das mir während der Epiduralanästhesie verabreicht worden war, hätte den Schock unmittelbar nach der Geburt in einer Art Zeitverschiebung eingefroren. Sie verschrieb mir homöopathisches Opium, und innerhalb weniger Tage fühlte ich mich wesentlich besser. Die Erinnerungen an die Entbindung begannen zu verblassen, und die Narbe verheilte nun rasch. Heute gibt man in Großbritannien vielen Frauen nach einem Kaiserschnitt routinemäßig Morphium zur Linderung der postoperativen Schmerzen, damit die Mütter sich eine Zeitlang uneingeschränkt glücklich fühlen können. Aber wenn Sie feststellen, daß Sie nicht imstande sind, sich psychisch zu erholen, kann es durchaus an den Opiaten liegen, die Ihnen als schmerzstillende Mittel gegeben worden sind.

Manche Frauen entdecken, daß das Niederschreiben ihres Geburtserlebnisses dazu beiträgt, das Trauma zu bannen. Andere müssen sich einfach alles von der Seele reden. Wenn Sie die Verbindung zu Frauen aus Ihrem Vorbereitungskurs aufrechterhalten, haben Sie ein Forum für solche Gespräche. Nehmen Sie ärztliche Hilfe in Anspruch, wenn Sie sie brauchen, und lassen Sie sich von niemand damit abspeisen, daß Ihre Symptome eben zur jungen Mutterschaft gehören. In der Vergangenheit blieb zahllosen Frauen gar nichts anderes übrig, als mit dem psychischen Entbindungstrauma zu leben. Uns steht heute die wissenschaftliche Psychologie zur Verfügung, die wir nach der Entbindung in Anspruch nehmen sollten, damit wir uns rascher erholen und uns imstande fühlen, unsere Babys zu versorgen. Eine psychische Veränderung bleibt jedoch bestehen: Das Gebären eines Kindes, wie immer wir es bewältigen, zwingt uns dazu, reifer zu werden und unsere Sterblichkeit und Verletzlichkeit ebenso selbstverständlich hinzunehmen wie unsere Stärken.

Es war ein regelrechter Schock für mich, daß ich mein Baby nach der Geburt von vornherein selbst betreuen mußte – die ganze Zeit und ganz allein. Dabei konnte ich mich wegen des Kaiserschnitts kaum auf den Beinen halten und ohne fremde Hilfe nicht aus dem Bett aufstehen – und neben mir lag dieses Wunderbündel, schlief, trank und schrie. Immerhin hatte die

BBC meinem Mann einen großzügigen Vaterschaftsurlaub gewährt, so daß er bei mir sein und mir helfen konnte, aber auch er war erschöpft, überwältigt und erschüttert vom Erlebnis der Geburt und des Vaterwerdens. So taumelten wir gemeinsam durch diese frühen Tage, starrten ängstlich auf unser kostbares Neugeborenes und fragten uns, ob mit unserer Tochter wirklich alles in Ordnung sei und wie in aller Welt wir sie eigentlich versorgen sollten.

Als mein Mann dann wieder ins Büro mußte, blieb ich mir selbst überlassen. Die Hebamme kam nicht mehr. Wir waren gerade erst umgezogen, und ich hatte keine Zeit mehr gehabt, mich mit unseren neuen Nachbarn anzufreunden. Meine Familie versuchte, mir telefonisch beizustehen, wohnte jedoch zu weit entfernt, um mir wirklich helfen zu können. Wegen der Wunde konnte ich immer noch nicht gut laufen. Es war mir unmöglich, mit dem Baby aus dem Haus zu gehen, um einzukaufen oder ganz alltägliche Dinge zu tun, weil ich den Kinderwagen nicht die Treppe zu unserem Haus hinunter- und wieder hinauftragen konnte. Die Kleine schlief fast den ganzen Tag, und ich versuchte, mich auszuruhen, aber die meiste Zeit fühlte ich mich einfach nur unfähig, fast wie eine Invalidin, weil ich nicht imstande war, klar zu denken, zu arbeiten oder etwas Nützliches zu tun, und ich konnte mein Baby nur mit meinen Brüsten beruhigen oder zufriedenstellen, und die taten mir weh – in einer hatte ich eine Brustdrüsenentzündung.

Wenn die Kleine schrie und sich nicht beruhigen ließ, hörte sich ihr Weinen so anklagend und so gequält an, daß ich überzeugt war, sie habe etwas Ernstes, und ich spürte Zorn und Scham in mir aufsteigen, weil ich nicht fähig war, sie zu beruhigen. Meine Tochter im Arm, tigerte ich mit klopfendem Herzen und einem Knoten im Magen rastlos auf und ab, machte unaufhörlich »Sch-sch-sch«, während ich ihren Rücken tätschelte. »Ich wünsche Buonaparte ein krankes Kind«, schrieb Melisina Trench (1768–1837), die vier ihrer neun Kinder verlor, »weil ich glaube, daß das Schreien eines Kindes, dessen Schmerzen wir nicht kennen oder lindern können, ihn seine Machtlosigkeit spüren lassen würde, wenn ihn schon sonst nichts dazu bringt.«[11]

Die Belastungen der ganz normalen jungen Mutterschaft können auch die stärkste Frau zeitweilig verrückt machen. »Die erste Zeit kann eine Fallgrube oder ein behagliches Nest sein«, sagt Wendy R., eine Hochschuldozentin mit zwei Kindern im Alter von sechs und drei Jahren. »Ich erinnere mich daran, daß ich mich mit dem Stillen ganz verrückt machte. Ich dachte, wenn ich der Kleinen die Flasche gebe, ist es aus und vorbei, dann geht es nur noch bergab; ich wachte also zwei- bis dreimal nachts auf, um zu stillen, und plagte mich stundenlang mit der Brustpumpe. Wirklich total verrückt. Das ist die schlimme Seite, die Fallgrube. Aber die behagliche Seite, das Beglückende, ist die Erfüllung, die man in einem so winzigen Baby findet. Ich weiß heute gar nicht mehr genau, was wir, ich und das Baby, damals mit der vielen Zeit eigentlich angefangen haben. Es war jedenfalls sehr befriedigend und bereichernd, obwohl ich mich auf diese Weise auch ziemlich isoliert habe.«

Daß man ein und dieselbe Erfahrung zugleich als so positiv und so negativ empfindet, ist in dieser Phase vielleicht der größte Widerspruch von allen. Babys können uns ein so starkes Gefühl der Sinnhaftigkeit geben, das Gefühl, gebraucht zu werden, zu nähren, zu wärmen. Doch büßen wir durch diesen großen Gewinn für eine Weile auch die Wahrnehmung unserer selbst als eigenständige, autonome Wesen ein. Der Mythos lautet, daß die Existenz eines Babys die Mutter für alles entschädige. Zweifellos gleichen Babys viele Verluste aus, aber sie können sie niemals vollständig kompensieren. Sie sind auf ganz gegensätzliche Weise Mittelpunkt unseres Seins: Wir können sie als Quelle großer Freude und Befriedigung empfinden, zugleich aber auch über anderes – etwa über die radikale Veränderung unserer Identität – zutiefst unglücklich sein. »Mitunter frage ich mich, ob ich überhaupt genug gelebt habe, bevor ich Isaac bekam«, sagte Rachel T. traurig, als ich sie fragte, ob sie irgend etwas bereue; dabei liebte sie ihren sieben Monate alten Sohn innig und hatte ihn immer gern um sich. Auf die Vergnügungen früherer Zeiten mußte sie nun freilich verzichten.

»Man verliert sein Selbstverständnis«, sagt Suzanne K., die in einem Schuhgeschäft in Chippenham arbeitet und zwei Töchter hat. »Ich wußte genau, wer ich war, und dann brauchte ich ein ganzes Jahr, bis ich mich daran gewöhnt hatte, Mutter zu sein. Wie soll ich mich benehmen? Wer soll ich eigentlich sein?« Mutter zu sein ist so alltäglich, daß es einer Frau nach der Geburt schwerfallen muß, sich für etwas Besonderes oder gar für einzigartig zu halten. Wenn alle damit zurechtkommen, müßte es doch eigentlich leicht sein. »Und doch ist das Muttersein so sonderbar und schwierig und anstrengend und so unglaublich, daß man sich einfach nicht vorstellen kann, genauso zu sein wie alle anderen. Es besteht eine Dichotomie: Als Mutter ist man etwas Besonderes, und als Mutter wird man besonders gefordert. Das verändert einen mehr, als man sich überhaupt vorstellen kann. Daß Mutterschaft ganz normal sein soll, finde ich sehr problematisch – es bedeutet, daß man gar nicht zugeben darf, Schwierigkeiten zu haben.«

»Die elf Wochen nach der Geburt meines ersten Kindes gehören zu den schlimmsten meines Lebens«, sagt die Schriftstellerin und Journalistin Imogen A., die mit 37 Jahren zum erstenmal Mutter wurde. »Ich glaube, ich hatte wirklich große Erwartungen und war dann sehr schockiert, als ich feststellte, daß man mich immer wieder belogen hatte. Jahrelang hatte ich die Leute gefragt: ›Gibt es ein Leben nach dem Kinderkriegen?‹, und sie antworteten: ›Natürlich, man nimmt das Baby halt überallhin mit.‹ Aber niemand sagte mir: ›Eine Zeitlang ist es ein ganz beschissener Alptraum, aber man steht ihn eben durch, weil er ja irgendwann ein Ende hat.‹ Ich konnte einfach nicht glauben, in welchem Maße mein Kind und ich voneinander abhängig waren, daß ich nichts ohne dieses Baby unternehmen konnte, und ich fühlte mich völlig inkompetent. Ich erinnere mich daran, daß mir die Kleine in der Nacht nach ihrer Geburt, als wir noch in der Klinik waren, völlig fremd vorkam, als sie aufwachte. Ich dachte, was hat das mit mir zu tun? *Ich* soll mich damit befassen? Ich fühlte mich der Verantwortung nicht gewachsen. Ich war eine sorglose Person gewesen, die sich einzig um sich selber hatte kümmern müssen, und plötzlich kam mir diese Verantwortung erdrückend vor. Ich wußte, daß ich die Kleine nicht im Stich lassen konnte und ihr alles geben mußte, und zugleich schreckte ich davor zurück, sie auch nur zu berühren, sie zu versorgen. Aber ich wußte auch, daß ich nur im Umgang mit ihr, durch die Nähe zu meiner Tochter, Selbstvertrauen gewinnen und meine Aufgabe bewältigen würde. Ich beobachtete andere Frauen, die dieser Situation gewachsen zu sein schienen, und schämte mich. Ich hatte das Gefühl, mein Leben sei vorbei, und war zornig, weil mir das vorher niemand gesagt hatte; ich sah mir auf der Straße Frauen mit mehreren Kindern an und konnte nicht begreifen, daß sich jemand freiwillig mehr als ein Kind zulegte.« Natürlich bekam Imogen, wie so viele von uns, dann doch noch ein zweites Kind und hält heute die Mutterschaft für das Beste, das ihr je widerfahren ist. Ihre Probleme aber waren typisch, denn die meisten Frauen leiden in der Phase nach der Entbindung – einer Zeit der Anpassung und des Übergangs in ein neues Leben als Mutter – mehr oder weniger heftig unter ihnen.

Die postnatale Depression galt in der Geschichte stets als Geisteskrankheit, als eine Abnormität, an der manche bedauernswerte Frauen leiden, und nicht als ein Zustand, für den alle Wöchnerinnen anfällig sind. Man hat immer geglaubt, daß Frauen aufgrund ihres Geschlechts besonders zum Wahnsinn neigen. Hippokrates hat im 4. Jahrhundert v. Chr. in seinem *Dritten Buch der Epidemien* (Krankenberichte) als erster die postnatale Geisteskrankheit beschrieben. »Wenn sich in den Brüsten einer Frau Blut sammelt«, so Hippokrates, »ist das ein Anzeichen für Wahnsinn.« Im Jahr 1600 führte der Arzt und Chemiker Daniel Sennert Depressionen nach der Entbindung auf »Dämpfe« zurück, die von der Gebärmutter ins Gehirn steigen. Man glaubte, Frauen würden eher von ihren Fortpflanzungsorganen gesteuert als von ihrem Gehirn, und noch in der

Mitte des 19. Jahrhunderts empfahlen Ärzte zur Behandlung »schwieriger« Frauen in der Regel die Entfernung der Eierstöcke.

Heute werden schwere Fälle postnataler Depression in psychiatrischen Krankenhäusern nach wie vor mit starken Medikamenten und Elektroschocks behandelt; dabei geht es den Medizinern in erster Linie darum, die Mutter davor zu bewahren, daß sie sich selbst oder ihrem Kind etwas antut, und weniger um die intensive therapeutische Betreuung, die sich schwer depressive junge Mütter erhoffen. Fiona Shaw begab sich nach der Geburt ihres zweiten Kindes freiwillig in die Mutter-und-Kind-Abteilung eines psychiatrischen Krankenhauses: »Ich wünschte mir, daß Frauen den Arm um mich legten, mich mit solchen kleinen Gesten ermutigten. Aber die Schwestern rührten mich nie an, es sei denn, um mich an etwas zu hindern«, schreibt sie in ihren bemerkenswerten Erinnerungen *Zeit der Dunkelheit.*[12] Sie wurde mit Psychopharmaka und 16 Elektroschocks behandelt, die zeitweilig ihr Kurzzeitgedächtnis lahmlegten und sie in einen bleichen Zombie verwandelten. Geheilt wurde sie davon nicht, sondern nur ruhiggestellt, so daß sie halbwegs funktionierte, bis die Depression verschwand. »Der Elektroschock schien selbst eine Art Zusammenbruch zu sein. Mein Identitätsgefühl wurde dermaßen bombardiert, daß es mir unmöglich war, überhaupt noch ein dauerhaftes Selbstverständnis zu bewahren.«

Die einschneidenden, durch Schwangerschaft und Entbindung hervorgerufenen biologischen und hormonellen Veränderungen können bei manchen Frauen durchaus eine postnatale Depression auslösen, doch hat sich trotz umfangreicher Forschung nach der möglichen Ursache noch kein überzeugender Zusammenhang nachweisen lassen. Einige Ärzte und Wissenschaftler wie beispielsweise Katherina Dalton nehmen an, daß das jähe Absinken des Hormonspiegels, besonders des Progesterons, bei Frauen, die auf hormonelle Veränderungen empfindlicher reagieren, eine postnatale Depression hervorrufen kann. Andere wie etwa John Studd, Beratender Gynäkologe am

Chelsea and Westminster Hospital in London, vermuten, daß Östrogen eine Rolle spielt, weil Östrogen die Stimmung aufhellt, während Progesteron dämpfend wirkt. Sowohl Dalton als auch Studd haben festgestellt, daß Frauen mit einer postnatalen Depression auf entsprechende Versuche jeweils positiv reagierten. Andere Wissenschaftler haben einen Zusammenhang zwischen einem hohen Prolactin- oder Cortisolspiegel und Depressionen bei Wöchnerinnen nachgewiesen.[13]

Auch die Schilddrüse ist von der Forschung mit der postnatalen Depression in Verbindung gebracht worden. Während der Schwangerschaft vergrößern sich die Schilddrüse und die Hypophyse, doch in den Wochen nach der Entbindung nimmt die Ausschüttung der Schilddrüsenhormone langsam ab und kann auf ein niedrigeres Niveau als vor der Schwangerschaft absinken: ein Zustand, der ein Jahr oder länger anhalten kann. Zu den Symptomen einer Schilddrüsenunterfunktion gehören geistige Trägheit, Energiemangel, Schwermut, Kopfschmerzen, Kälteempfindlichkeit, verlangsamtes Sprechen, starke Emotionalität, Ausbleiben der Periode und Haarausfall. Eine Behandlung mit Thyroxin scheint die Stimmung einer Frau in der Regel rasch aufzuhellen und die physischen Symptome abklingen zu lassen.

Die postnatale Depression kann jede Frau nach der Geburt ihres ersten, zweiten oder dritten Kindes befallen, doch ist das Risiko für Erstgebärende erfahrungsgemäß größer.[14] Es gibt keinen schlüssigen Beweis für die gelegentlich vorgetragene Annahme, daß Bildung oder gesellschaftlicher Hintergrund, Vermögenslage, Alter, Familienstand oder geburtshilfliche und gynäkologische Faktoren für das Auftreten einer postnatalen Depression ausschlaggebend sind. Die Erforschung der Depression nach der Entbindung hat sich so sehr auf die entscheidenden physischen und hormonellen Belastungen durch Schwangerschaft und Entbindung konzentriert, daß sich nur überraschend wenige Wissenschaftler die Mühe gemacht haben, die Wöchnerinnen selbst zu fragen, *warum* sie sich deprimiert fühlen. Wenn man sie befragt, weisen ihre Antworten auf die Verknüpfung jäher Umbrüche im physischen, emotionalen und persönlichen Lebensbereich hin, die die Mutterschaft in einer Phase mit sich bringt, in der Frauen so gut wie keine Kraft haben, mit der Fülle der neu an sie gestellten Anforderungen fertig zu werden. Sie fühlen sich isoliert, gelangweilt, nicht unterstützt. Sie hätten nie gedacht, daß sie jemals so erschöpft und in so schlechter gesundheitlicher Verfassung sein könnten. Sie klagen darüber, nicht genug Zeit für sich selbst zu haben, und sorgen sich häufig auch um ihre finanzielle Sicherheit oder ihren Arbeitsplatz.

Es gibt zahlreiche triftige Gründe dafür, daß sich eine Frau nach der Entbindung depressiv oder unglücklich fühlt. Das ist durchaus normal, vielleicht ein notwendiger natürlicher Schutz vor allzu starken Emotionen in einer Phase, in der die Frau lernen muß, große Teile ihres früheren Lebenszuschnitts für immer aufzugeben. Die Depression läßt sich im Grunde als eine Zeit des Trauerns und nicht unbedingt als eine Krankheit begreifen, die der Behandlung bedarf, wenngleich die Symptome medizinisch gelindert werden können. Wenn wir sie als eine Phase des Innehaltens oder des Reifens betrachten, oder, wie Louise Erdrich schreibt, »als eine in sich geschlossene Zeit, eine abgeschiedene Lichtlosigkeit, in der wir ungestört und ohne Zwang wachsen«[15], wird es leichter, die postnatale Depression in positiverem, produktiverem Licht zu sehen.

»Bei der Depression geht es um Zorn, um Angst, es geht um Charakter und Vererbung«, schreibt Tim Lott in *The Scent of Dried Roses*. »Es geht aber auch um etwas auf seine Weise ganz Einzigartiges: Es ist die Krankheit der *Identität*, es ist die Krankheit jener, die nicht wissen, wohin sie gehören, die den Glauben an die Mythen verlieren, die sie so sorgsam für sich selbst ersonnen haben.«[16] Wenn Frauen Mütter werden, sind sie für eine Identitätskrise vermutlich anfälliger als in jeder anderen Lebensphase.

Man versucht, sich vor dem unerträglichen Verlust des Selbstverständnisses zu schützen, das man sich aufgebaut hat: wer man zu sein glaubt und wie man sich den Lauf der Welt erklärt. Es ist die Angst vor der Vernichtung, vor dem Zweifel, vor der Bedeutungslosigkeit. Es ist die Reaktion auf eine ganz besondere Art von Streß, der die Welt in Frage stellt, von der man aufgrund der menschlichen Natur seine eigenen Vorstellungen hat, die man tagtäglich erneuert, aufrechterhält und verteidigt, um das Chaos in Schach zu halten.[17]

»Ich hatte das Gefühl, als hätte man mich molekular neu zusammengesetzt«, sagt Judith A., die erfolgreich als Chefredakteurin und Journalistin in New York arbeitete, bevor sie ihre beiden Kinder bekam. »Ich interessierte mich sehr für das öffentliche Leben, für Literatur und arbeitete gern in diesem Bereich – und dann veränderte ich mich. Ich hatte mich immer als in sich gefestigte Einheit gefühlt, die sich mit deutlichen Konturen in der Welt bewegte, und dieses Gefühl kam mir abhanden, weil man – auf ganz unbegreifliche Weise – nicht weiß, wo man selbst aufhört und das Baby anfängt. Es ging nicht nur um das Berufliche; ich kam mir vor, als stünden plötzlich alle Fenster offen, als sei meine Schutzhülle sehr porös geworden, und es fiel mir unendlich schwer, mich ins Leben hinauszuwagen.«

Judith gab ihren Beruf auf, widmete sich ganz ihrem Sohn und genoß die Innigkeit dieser Beziehung. Erst als sie nach zwanzig Monaten mit dem Stillen aufhörte, bekam sie Depressionen und mußte Prozac nehmen. »Ich glaube, es lag daran, daß ich meine alte Identität aufgegeben hatte, die mich nicht mehr trug, als ich das Kind bekam, und daß ich mich ganz dem Baby widmete, dabei glücklich war – und als mich das Baby nun nicht mehr so sehr brauchte, hatte ich das Gefühl, mir sei überhaupt nichts geblieben. Durch dieses erste Kind wurde alles von mir abgeschüttelt. Dinge ohne zentrale Bedeutung zerstoben in alle Richtungen, und dann stand ich da mit der Frage, was denn im Kern geblieben ist, was ich eigentlich bin, und ich habe immer noch keine Antwort darauf.«

Judiths Depression dauerte ungefähr ein Jahr und begann nachzulassen, als sie wieder nach London zog, wo sie sich heimischer fühlte, und überdies die Bedingungen ihrer Ehe änderte, um von ihrem Mann weniger abhängig zu sein. Sie begriff, daß sie an einer Depression litt, akzeptierte es und tat etwas dagegen, indem sie Antidepressiva nahm und ihr neues Leben als Mutter anders einrichtete. Doch zahlreiche Frauen kämpfen sich nach wie vor ohne jede Hilfe durch den Nebel der jungen Mutterschaft, weil sie Angst haben, als »krank« oder »unfähig« abgestempelt zu werden.

Laut Statistik leiden etwa 20 Prozent aller Frauen im ersten Jahr nach der Entbindung unter irgendeiner Form der Depression, doch ist die Verbreitung des Phänomens in Wirklichkeit wohl weit höher. Die postnatale Depression wird nämlich häufig übersehen oder falsch diagnostiziert, weil sie von unvermeidlichen Aspekten der Mutterschaft wie Erschöpfung, Kränklichkeit und Veränderungen der ehelichen Beziehungen hervorgerufen oder überdeckt werden kann. Viele Frauen konsultieren nur ungern Ärzte oder sind einfach zu erschöpft dazu. Daß sie an einer Depression gelitten haben, begreifen sie mitunter erst, wenn sie aus dem Nebel wieder auftauchen und auf die grauen Tage zurückblicken.

Die postnatale Depression befällt keineswegs nur eine kleine Gruppe bedauernswerter Frauen am unteren Ende des Depressionen-Spektrums, die mit ihrer Situation nicht fertig werden. Es handelt sich vielmehr um eine gleitende Skala depressiver Zustände, die mit dem leichteren »Babyblues« beginnt, von dem etwa 80 Prozent aller Wöchnerinnen betroffen sind, und mit der schweren Wochenbettpsychose endet, an der eine von 500 Müttern leidet. Die große Mehrheit der Mütter mit einer postnatalen Depression befindet sich irgendwo dazwischen, und das Ausmaß des Leidens einer Frau hängt von ihrer individuellen Psyche, von ihrer Belastbarkeit und der emotionalen Unterstützung ab, die ihr zuteil wird.

Vom »Babyblues« befallene Wöchnerinnen können äußerst empfindlich sein, an Erschöpfung und Konzentrationsschwäche leiden und plötzlich von Gefühlen der Hilflosigkeit und unkontrollierbarem Weinen überwältigt werden. Es kommt vor, daß sie auf das Krankenhaus, den Arzt oder den Vater des Kindes – oder auch auf alle drei – gereizt oder feindselig reagieren. Dabei handelt es sich oft nur um das unwillkürliche Nachlassen der Spannung nach der Zerreißprobe des Gebärens, denn Frauen, die eine Operation hinter sich haben, sind für den »Blues« ebenso anfällig wie Frauen nach der Entbindung, und Ärzte wie Krankenschwestern wissen sehr gut, daß alle frisch operierten Patienten ein paar Tage lang nah am Wasser gebaut haben. Andere Untersuchungen haben ergeben, daß Menschen, die eine Phase extremer Belastung durchgemacht haben, unter Symptomen leiden, die denen des »Babyblues« ganz ähnlich sind. Auch bei Männern, die die Entbindung ihrer Frauen miterlebt haben, kommt es häufig zu einer »blues«-artigen Reaktion.[18]

Wahrscheinlich ist auch, daß die Bedingungen auf den Entbindungsstationen ihren Teil zum »Babyblues« beitragen. Wenn Wöchnerinnen Schmerzen haben, vom Erlebnis des Gebärens mitgenommen sind und tiefen Schlaf brauchen, ist das Krankenhaus meist der denkbar schlechteste Ort für die so notwendige Entspannung. Entbindungsstationen sind oft unerträglich warm und laut. Wenn man nicht vom Baby einer anderen Frau geweckt wird, dann ganz gewiß vom Frühstückswagen um 6 Uhr 30, gerade wenn man nach dem Stillen des eigenen Kindes endlich wieder eingenickt ist. Im Krankenhaus ist man kaum jemals ungestört, das Essen ist nicht eben appetitanregend, und Frauen können sich in der Krankenhausroutine wie in einer Falle fühlen, wenn die Pflege unzureichend und das nächste Klo meilenweit entfernt am anderen Ende des Korridors liegt. Junge Mütter sind von der Behaglichkeit ihrer häuslichen Umgebung und dem Vater ihres Kindes getrennt – und das in einer Phase, in der die Partner eigentlich beieinander sein sollten. Solche Bedingungen also sind kaum dazu geeignet, Frauen das Wochenbett positiv erleben zu lassen, und können nach dem Trauma der Geburt als zusätzliche Belastung empfunden werden.

Die Symptome der Wochenbettpsychose am anderen Ende der Skala sind ungleich schwerer. Sie treten in der Regel innerhalb von sechs Wochen nach der Entbindung auf und umfassen Halluzinationen, Wahnvorstellungen, Selbstmordgedanken oder Impulse, das Kind zu töten. Oft entsteht die Überzeugung, daß mit dem Baby etwas nicht in Ordnung sei. 15 bis 20 Prozent der Frauen, die nach der Entbindung eine Psychose entwickeln, haben schon früher eine psychotische Phase gehabt.[19] Fiona Shaw hat in der Mutter-und-Kind-Abteilung eines psychiatrischen Krankenhauses erlebt, wie unterschiedlich die Manifestationen extremer postnataler Depression sein können.

> Einige waren von ganz absonderlichen Wahnvorstellungen heimgesucht worden, hatten Leichen fressende Dämonen, Kobolde, Ungeheuer und Engel gesehen. Sie hatten ihre Welt bizarr umgestaltet, alltägliche Gegenstände wie Betten, Geschirr, Pillen und Nahrungsmittel zum Leben erweckt oder ihnen eine weit hergeholte tiefere Bedeutung verliehen. Andere, deren Zustand dem meinen ähnelte, wurden von furchtbarer Selbstverachtung gepeinigt und wollten ihrem eigenen Leben entfliehen.[20]

Frauen, die gerade entbunden haben, wittern ständig und überall Gefahren, die ihrem Kind drohen könnten. Neugeborene wirken ja so klein, so schwach und verletzlich, daß uns die Verantwortung, sie vor Unheil zu bewahren, allesamt ein bißchen verrückt macht. Als meine beiden Töchter jeweils ein paar Wochen alt waren, sah ich überall Bedrohungen: Ein Küchenmesser könnte ihnen nur zu leicht eine schwere Verletzung zufügen, ein zu festes Zupacken ihnen das Genick brechen, ein Kissen sie ersticken. Ich wußte natürlich, daß ich meine Kinder nie ernstlich gefährden würde, aber diese Vorstellungen waren so lebhaft und überfielen mich so oft, daß sie mich erschreckten und mir ein Unbehagen bereiteten, das mitunter an Wahnsinn grenzte, weil ich sie nicht kontrollieren und mich nicht gegen sie wehren konnte. Ein Psychiater hätte dies wohl als verdrängte Wut und als Verlangen interpretiert, mich von den ständigen Ansprüchen des Säuglings zu befreien, doch ich bin sicher, daß es für diese überwältigenden Vorstellungen auch einen tieferen, mütterlichen Grund gab. Alle Sinne mußten für potentielle Gefahren geschärft werden. Nichts durfte meinen Kindern schaden, und der Drang, sie zu beschützen, war so stark, daß ich jeder potentiellen Gefahr nur dann gewachsen war, wenn ich sie mir vorstellte, und auf diese Weise dem Unheil vorbeugte.

Die ungeheure Bandbreite der postnatalen Depression schwankt zwischen den beiden Extremen des leichten »Babyblues« und der schweren Psychose. Sie kann erträglich sein, aber auch an die Substanz gehen, und wenn Frauen stark depressiv sind, empfinden sie die Selbstanklagen als den schlimmsten Aspekt. Lady Tebbit sagte in einem Interview mit Sue Lawley in *Desert Island Discs*, ihre postnatale Depression sei viel schwerer zu ertragen gewesen als die Verletzungen, die sie erlitt, als die IRA in Brighton das Hotel in die Luft sprengte, in dem sie sich während der Konferenz der Konservativen Partei aufhielt.

»Gleichgültig, wie stark ein körperlicher Schmerz ist, haben wir doch immer die Möglichkeit, uns von ihm zu lösen und uns geistig anderswohin zu versetzen«, schreibt Dorothy Rowe, Klinikpsychologin und Expertin für Depressionen, in ihrem Bestseller *The Experience of Depression.* »Doch wenn wir depressiv sind, haben wir keine Möglichkeit, uns von unserem Leiden zu lösen.«[21] Freunde und Angehörige können uns trösten, wenn wir körperliche Schmerzen haben, doch in der Depression kann uns niemand erreichen, und wir quälen uns eher selbst, statt uns trösten zu lassen.

»Ich habe keine sozialen Probleme, keine finanziellen Probleme, mein Partner ist wunderbar, und trotzdem finde ich alles so ungeheuer schwierig«, sagt Catherine A., die als Sozialarbeiterin in der Psychiatrie arbeitet und ihr erstes Kind im Alter von dreißig Jahren bekam. Auch mir fiel es schwer, mich nach den Geburten meiner beiden Kinder darüber zu freuen, daß ich es doch eigentlich gut hatte – ich fühlte mich so zermürbt und negativ. Wenn ich heute an diese Zeiten zurückdenke, wird mir klar, daß ich nach meiner ersten Entbindung unter Symptomen litt, die man klinisch als postnatale Depression klassifizieren würde, doch nach der zweiten war ich nur unendlich erschöpft und niedergeschlagen, nicht aber depressiv. Dabei sagte ich mir immer wieder, daß ich doch die glücklichste Frau der Welt sein müßte. Meine Kinder waren gesund, hübsch und intelligent. Geld war bei uns zwar knapp, aber ich mußte nicht – wie andere Mütter – in aller Herrgottsfrühe aufstehen, um Bürotoiletten zu putzen, damit wir zurechtkamen, oder mir Sorgen machen, ob meine Barschaft noch für den Einkauf im Supermarkt reichte. Der Vater meiner Kinder mißhandelte mich nicht und ließ mich nicht im Stich, und er erwartete auch nicht, von mir bedient zu werden, wenn er von der Arbeit nach Hause kam – während ich durchaus eine ganze Menge von ihm verlangte. Wenn ich mir damals also klarzumachen versuchte, daß ich doch gar keinen Grund zur Klage hatte, fühlte ich mich keineswegs besser, sondern noch schlechter, weil ich fand, daß ich dann auch imstande sein müßte, meine Niedergeschlagenheit zu überwinden.

Eine Hormonbehandlung, Beruhigungsmittel und Antidepressiva können wirksam sein und die Symptome der postnatalen Depression lindern; zudem empfehle ich jeder Frau, die mehr Informationen wünscht, das Buch *Eigentlich sollte ich glücklich sein. Hilfe und Selbsthilfe für überforderte Mütter* von Carol Dix.[22] Nach der Geburt eines Kindes zeitweilig depressive Mütter betonen, wie wichtig es ist, wenigstens einmal am Tag aus dem Haus zu gehen und jemanden zu haben, mit dem man sprechen kann. Fiona Shaw stellte fest, daß die Depression vor allem auch durch das Alleinsein zu Hause ausgelöst werde, »nicht weil ich den Kleinen etwas hätte antun können oder sie mir, sondern weil ich der Einsicht nicht entrinnen konnte, daß dies jetzt mein Leben war und daß es kein Entkommen gab«.

Der Kontakt zu anderen jungen Müttern etwa aus dem Vorbereitungskurs für Schwangere kann in den ersten Monaten nach der Entbindung ein wichtiger Rettungsanker sein. Diese Frauen mögen nicht so sein wie Sie und müssen auch nicht unbedingt zu lebenslangen Busenfreundinnen werden, aber immerhin können Sie sich mit ihnen über Aspekte der Mutterschaft austauschen und so auch einen kleinen Ausgleich für die Stunden des Alleinseins finden. Babys tragen viel dazu bei, daß ihre Eltern in der Nachbarschaft Wurzeln schlagen. Wenn Sie mit dem Kinderwagen unterwegs sind, können Sie damit rechnen, daß Passanten, Ladenbesitzer und Nachbarn irgendeine Bemerkung über das Kind machen und Sie in ein Gespräch ziehen, so daß Sie sich ermutigt fühlen, mit Leuten zu reden, die Sie zuvor nie bemerkt haben. Wenn Babys zu Kleinkindern werden, brauchen sie Anregungen aus der Außenwelt und zwingen Sie, mit ihnen auf Spielplätze zu gehen und sich Mutter-Kind-Gruppen anzuschließen, und wenn Sie dort eine Freundin mit einem etwas älteren Kleinkind finden, können Sie von ihr profitieren, weil sie bereits weiß, in welcher Weise sich die Belastungen der Mutterschaft nach und nach verringern, wenn das Kind heranwächst und seine Bedürfnisse sich verändern.

Junge Mütter berichten auch, daß der Druck ein wenig nachläßt, wenn man sich gelegentlich für kurze Zeit von den Mutterpflichten beurlaubt. Nur eine Stunde ohne das Baby, um spazierenzugehen, zu schwimmen oder ein Buch zu lesen, ohne eine Unterbrechung befürchten zu müssen, kann den ganzen übrigen Tag leichter und erfreulicher machen. Wenn Sie feststellen, daß Ihnen das allgemeine Chaos in Ihrem Haus oder im Garten auf die Nerven geht, beseitigen Sie es halt. »Der Rat, man solle die Dinge eine Weile schleifen lassen und sich ganz auf das Baby konzentrieren, ist Quatsch. Wenn man sich schon innerlich völlig chaotisch vorkommt, ist eine desolate Umgebung das letzte, was man gebrauchen kann«, sagt Imogen A. »Ich mußte einfach das Gefühl haben, meine Umgebung wenigstens einer gewissen Ordnung unterwerfen zu können, und legte mir deshalb eine Geschirrspülmaschine zu, als das Baby elf Wochen alt war – und das veränderte mein Leben.« Eine bezahlte Putzhilfe mag durchaus eine Lösung des Problems sein, aber manche finden, daß das Gefühl, die Arbeit selbst bewältigen zu können, therapeutisch von Nutzen sei. Wenn Sie sich also anstrengen und es schaffen, Ihre unmittelbare Umgebung in Ordnung zu halten, fühlen Sie sich besser und selbstsicherer.

Einer Situation Ordnung aufzuzwingen, ist eine der positiveren Methoden, mit Streß fertig zu werden. Eine Mutter, die den Tageslauf ihres Babys streng regelt, »attackiert« die Quelle des Stresses, bevor er sie überwältigen kann. Doch wenn Frauen sich nicht imstande fühlen, eine Streßsituation zu meistern oder sich aus ihr zu befreien (und nichts ist unwiderruflicher als die Mutterschaft), können sie rasch in einer Form der Apathie versinken, die von Psychologen als »gelernte Hilflosigkeit« bezeichnet wird. Fay Weldon hat das sehr bildhaft ausgedrückt: »Wenn Männer in ein Loch geraten, klettern sie wieder raus. Wenn Frauen in ein Loch geraten, pflanzen sie Blumen darin.«

Ein wesentlicher Streßfaktor der jungen Mutterschaft ist, daß es an einem Tag so viel mehr zu tun gibt als früher, Tag für Tag, und man nie das Gefühl hat, fertig zu sein. »Wenn Sie feststellen, daß Sie alles auf einmal zu erledigen versuchen, halten Sie inne, hören Sie zu denken auf und sagen Sie zu Ihrem Körper: Halt, und Ihr Körper hält inne«, rät Betty Parsons. »Beenden Sie eine Arbeit, bevor Sie mit der nächsten anfangen. Nichts ist nervtötender und zermürbender, als abends halb erledigte Arbeiten liegen lassen zu müssen. Während der Entbindung müssen Frauen lernen, wie sie mit jeweils einer Wehe fertig werden – doch wenn eine Gebärende vorausblickt und sich fragt, wie viele bloß noch kommen werden, verliert sie rasch den Mut. Ähnliches gilt für das alltägliche Leben.« Wenn ihre Kinder größer werden, entdecken Mütter auch, daß von ihnen erwartet wird, alle Aufgaben gleichermaßen gut und mit Freuden bewältigen zu können. Aber wenn Sie versuchen, für Ihre Kinder alles zugleich zu sein – eine hervorragende Köchin, eine Expertin beim Malen und Basteln, eine glänzende Sportlerin, eine einfallsreiche Animateurin bei Langeweile und obendrein eine umwerfende Imitatorin der Stimmen in *Pu der Bär* –, dann sind Sie möglicherweise auf dem besten Wege, sich zu verschleißen. »Man muß sich nach seinen Stärken richten, nicht nach seinen Schwächen«, sagt Charlotte S., Mutter dreier Kinder. »Wenn man alles können will, wird aus allem nur Mist.«

Da es zu diesem Thema keine historischen Untersuchungen

gibt, können wir nicht sagen, ob sich der Anteil postnataler Depressionen und die Probleme der Frauen bei der Anpassung an die Mutterschaft im Lauf der Zeiten verändert haben. Wir können nur vermuten, daß bestimmte Aspekte des *modernen* Lebens den Übergang in die Mutterschaft erschweren. Frauen, die mit Freuden ihrem Beruf und ihren Interessen nachgehen, haben mehr zu verlieren, wenn sie Mütter werden, als einst ihre Großmütter. Der Verlust ist für die meisten Frauen zwar nur vorübergehend, doch er wird akut als so plötzlich und endgültig empfunden, daß er das Gefühl des Verzichts und der Aufopferung verstärkt. Die Großfamilie in umittelbarer Nähe, die bei der Betreuung des Babys helfen könnte, gibt es kaum mehr, so daß sich die Isolation, unter der eine junge Mutter leiden kann, noch verstärkt und es ihr noch schwerer macht, Zeit für sich selbst zu finden. Unsere Mütter haben die Mutterschaft ganz anders erlebt und können uns nur bedingt helfen, weil heute höhere Ansprüche an Mütter gestellt werden als je zuvor. Einander widersprechende Ratschläge aus Handbüchern, in der Mütterberatung und von Freundinnen sind dem Selbstvertrauen junger Mütter nicht eben förderlich, und das Fehlen nachgeburtlicher Rituale in weiten Teilen der westlichen Welt läßt die Initiation in die Mutterschaft unvollendet. Frauen werden ermutigt, allzu früh zur »Normalität« zurückzukehren, wobei »Normalität« einen ganzen Katalog neuer Regeln umfaßt. Rituale der dritten Welt, wo man Frauen darin bestärkt, nach der Geburt eine Zeitlang in Abgeschiedenheit zu verbringen, während die Haushaltsarbeiten von anderen weiblichen Familienmitgliedern übernommen werden, können einer jungen Mutter durchaus helfen, sich ihrem neuen Leben anzupassen. Dieser Phase der Zurückgezogenheit folgen dann Feste und Feiern, wenn die Frau wieder imstande ist, sie zu genießen.

Aber vielleicht ist es auch der moderne Irrglaube, wir könnten unser Leben – ohne Schmerz, ohne Mißgeschicke und ohne die umfassende Kraft einer höheren, schicksalbestimmenden religiösen Macht – selbst planen und lenken, der es den Frauen so schwermacht, sich der Mutterschaft anzupassen. Leben ist, wie

John Lennon es einmal ausgedrückt hat, was uns widerfährt, während wir bereits andere Pläne machen. Mit der Mutterschaft müssen wir das unberechenbare alltägliche Chaos akzeptieren. Mutterschaft bedeutet, die gesunde organische Veränderung zu bejahen, die Kinder in unser Leben bringen.

Was Sie durch das Kinderkriegen verloren haben, werden Sie niemals wieder ganz zurückgewinnen, doch Sie können lernen, an der Bereicherung Ihres Lebens auch zu wachsen. »Eines Morgens spülte ich verklebten Orangensaft aus Benjamins Fläschchen und dachte an meine alte Freiheit«, schreibt Jane Lazarre in *The Mother Knot.* »Die übliche Vorstellung von Freiheit aber kam mir immer weniger verlockend vor. Denn die Freiheit, alles zu tun, was ich wollte, bedeutete ja, auf Benjamin zu verzichten. Und das war einfach ein unerträglicher Gedanke.«[23]

Sue P. bekam ihr erstes Kind mit 35 Jahren und gab eine erfolgreiche Karriere in einem Zeitungsverlag auf, bevor sie schwanger wurde, damit sie sich ganz auf die Mutterschaft konzentrieren konnte. Sie wiegt heute zwölf Kilo mehr als vor der Schwangerschaft und hat hinsichtlich ihres Aussehens und ihrer Sexualität jedes Selbstvertrauen eingebüßt. Und doch überrascht es sie, wieviel positiver sie ihre Umwelt beurteilt. »Ich habe meine Umwelt immer sehr zynisch betrachtet. Ich wohnte hier schon zwölf Jahre, und was ich vor allem wahrnahm, war die Luftverschmutzung draußen vor der Tür. Heute weiß ich die kleinen Dinge des Lebens zu schätzen und gehe alles viel gemächlicher an. Wenn wir zusammen die Wohnung verlassen, müssen wir den Riegel hochschieben, und draußen finden wir vielleicht ein oder zwei zerknüllte Knuspertüten, die aufgehoben und weggeworfen werden müssen, und dann müssen wir am Tor rütteln, und vielleicht fährt draußen gerade ein großer roter Bus vorbei. Das erste Jahr meiner Mutterschaft war das glücklichste und erfüllteste Jahr meines Lebens.«

Wenn wir feststellen, daß bestimmte Aspekte der Mutterschaft schwer zu bewältigen sind, hilft es sicher, die Mutterschaft als eine Folge von Phasen zu sehen, die uns nicht unbedingt *alle* behagen müssen. Wenn Sie das Gefühl haben, daß Ihr schreiendes zahnendes Baby Sie einer Psychose bedenklich nahe bringt, kann Ihnen der Gedanke, daß dies ja nur eine vorübergehende Phase ist, die nicht wiederkehren wird, für eine Weile Erleichterung verschaffen. »Ich erinnere mich daran, als Polly drei Monate alt war und ständig Koliken hatte«, erzählt Anne T., »an die vielen schlaflosen Nächte und die schreckliche Vorstellung, daß meine Welt hundert Meter von meiner Haustür entfernt endete, aber ich sagte mir: Eigentlich macht es doch nichts, ich bin zwanzig Jahre lang in die Oper und auf Partys gegangen, und das hier ist ja bald vorüber. Der Gedanke, es ist doch nur eine Phase, und die geht rasch vorbei, wirkte Wunder.«

Manche Frauen finden kleine Babys langweilig, andere sind ganz vernarrt in sie und kommen mit ihrer Pflege bewundernswert zurecht, aber wenn dann ihre achtzehn Monate alten Kleinen nicht in Buggys, Kinderstühlen oder Einkaufswagen zu halten und auch sonst nicht zur Räson zu bringen sind, finden sie das Leben beschwerlich und fühlen sich ihrer Aufgabe nicht mehr gewachsen. Das Schreien eines Neugeborenen nimmt sich im Vergleich zu dem Gebrüll eines zweijährigen Kindes, das einen Wutanfall hat, oder eines dreijährigen, das man im Kindergarten abliefert, etwa so bedrohlich aus wie ein friedlich blökendes Schaf. Kinder lernen rasch, ihren Willen mit Schreien durchzusetzen, und wir müssen ebenso rasch lernen, die Kraft zum Neinsagen aufzubringen.

Andere Frauen hassen die Turbulenzen und die Unordnung der unter Fünfjährigen und sehnen das verständige siebenjährige Kind herbei. Doch die Unordnung nimmt mit dem Alter des Kindes eher zu. Sie verringert sich zumindest nicht – wir gewöhnen uns nur daran und akzeptieren die überall herumliegenden Habseligkeiten unserer Kinder, so wie wir sie selbst akzeptieren. »Wenn ich in eine Wohnung kam, in der nicht ein heilloses Durcheinander herrschte, kam sie mir nüchtern und kalt vor«, erzählt Anne T., »obwohl mich die Unordnung, die Kinder machen, manchmal zum Wahnsinn bringt. Zuerst dachte ich natürlich: Wie schön, diese Wohnung wird immer so bleiben, sofern die Leute nicht umräumen. Aber eigentlich ist Unordnung sehr gesund, denn wenn man Ordnung durchzusetzen versucht, denkt man ja doch nur an sich selbst. Kinder entscheiden viele Dinge für ihre Eltern, zum Beispiel immer in denselben Ferienort zu fahren.«

Wenn die Kinder größer werden, treiben sie uns noch öfter an den Rand des Wahnsinns. Da man ständig mit ihnen zusammen ist, können sie mit ihren permanenten Unterbrechungen und Fragen, über die man einen Moment nachdenken muß, bevor man antwortet, jeden vernünftigen Gedanken und jede Konzentration zunichte machen. Der Lärm nimmt zu, je größer die Kinder werden, und wenn man mehr als eines hat, streiten sie miteinander und mit der Mutter um die schwindenden Reserven ihrer Aufmerksamkeit und ihres Einfallsreichtums. »Ich habe nie das Gefühl, sie zu hassen, wohl aber, daß sie mich wahnsinnig machen – schon das Geräusch eines Stuhls, der über den Boden scharrt, läßt mich zusammenfahren.« Maggie M. arbeitet in Teilzeit bei einer lokalen Behörde und hat zwei Kinder im Alter von zwei und drei Jahren. »Ich höre mich ständig herunterleiern ›Tu dies‹, ›Tu das‹ oder ›Tu dies nicht‹, ›Tu das nicht‹, und dann denke ich: So sollte eine nette, liebevolle Mutter doch nicht sein. Man erwartet von mir: ›Hallo, mein Schatz!‹ und ›Ist das aber schön!‹«

Wenn ich nicht gerade das ganze Haus nach einem Stirnband, der Haarbürste, nach Tesafilm oder dem Bleistiftspitzer absuche oder verbummeltes Spielzeug unter dem Sofa hervorkrame, denke ich über eine Hausaufgabe meiner Großen nach, wie man eine altägyptische Bewässerungsanlage konstruiert, oder ich gebe meiner widerspenstigen Zweitgeborenen mit dem Löffel etwas zu essen, das sich in Hubschrauber und Kühe verwandelt, oder, noch verrückter, in T-Shirts und Türen. Wenn ich sie frage, wie man aus Essen ein T-Shirt macht, kann sie's mir sagen. Doch wenn man sich dabei ertappt, wie man für erwachsene Gäste die Rinde von Toastscheiben abschneidet oder im Auto die einzige ist, die lauthals ein Kinderlied aus dem Radio mitsingt, während der Nachwuchs gelangweilt aus dem Fenster guckt, wird einem klar, daß man wirklich nicht mehr ganz richtig im Kopf ist.

Allmählich entwickelt sich mit den neuen Prioritäten schließlich doch ein neues Selbstverständnis, und dann rückt unser frühereres Leben ohne Kinder in weitere Ferne, bleibt zwar ein Teil von uns, wird aber weniger wichtig. »Ich habe früher immer geglaubt, mich zu kennen«, so Maggie M., »aber heute ist mir klar, daß es nicht so war. Das Muttersein ist ein solcher Lebenseinschnitt, ein so massiver Meilenstein, daß man Abstand gewinnt zum früheren Leben und jetzt darauf zurückblicken und es analysieren kann.«

Der persönliche Gewinn durch die Mutterschaft kann ganz immens sein. Sue P. meint, sie habe immerhin den Mut aufgebracht, ein Kind zu bekommen und sich diesem »endgültigen, unkontrollierbaren Vorgang zu unterwerfen. Ich bin jetzt in allem viel stärker. Nicht daß ich nie mehr Angst haben werde, doch habe ich im Unterschied zu früher keine Angst mehr, etwas Neues anzufangen.« Sie hat sich entschlossen, Bildhauerin zu werden, was sie sich immer gewünscht, aber nicht gewagt hatte, weil sie zu scheitern fürchtete. »Jetzt fühle ich mich eher dazu imstande, in einem Atelier zu stehen, Dinge zu schaffen, Fehler zu machen und herumzuprobieren. Es mag ja durchaus sein, daß gereifte Frauen glauben, die Mutterschaft hindere sie an allem, was sie tun wollen, aber mir hat die Mutterschaft die Möglichkeit eröffnet, mich in ganz neue Richtungen zu entwikkeln.«

Kate L. war medizinisch-technische Assistentin und unglaublich schüchtern, bevor sie ihre Kinder bekam. Die nicht mehr berufstätige Mutter zweier Söhne im Alter von fünf Jahren und gerade sieben Wochen sagt heute, der Umstand, mit anderen Müttern reden zu müssen, die sie kennenlernte, als sie ihren ersten Sohn großzog, habe sie im Umgang mit anderen Leuten viel selbstbewußter gemacht. Sie hält es für unwahrscheinlich, daß sie ihre Arbeit als Röntgenassistentin jemals wiederaufnehmen wird; dafür hat sie eine Musikgruppe für kleine Kinder gegründet, die einmal wöchentlich in ihrem Haus zusammenkommt und ihr viel Freude macht.

»Einerseits ist man diejenige, die Klopapier und allen anderen alltäglichen Kram einkaufen muß, und das macht einen gereizt«, sagt Charlotte S., die nach der Geburt ihres dritten Kindes an einer postnatalen Depression litt, »doch andererseits auch diejenige, die fröhlich hinter den Kleinen auf einer Mauer balanciert, mit den Füßen Laub vor sich herschiebt oder alle möglichen albernen Dinge tut. Ich kümmere mich immer weniger darum, was andere Leute wohl von mir denken, und mein Leben ist sehr viel spontaner geworden, obwohl es paradoxerweise weitaus geregelter verläuft.«

Die Historikerin Clara B. hat eine vierjährige Tochter und meint, ihr Verhalten habe sich durch die Mutterschaft enorm verändert. »Ich gehe heute mit sehr viel mehr Selbstvertrauen an meine Arbeit heran, und ich kümmere mich auch nicht mehr sonderlich darum, wie ich aussehe, wenn ich aus dem Hause gehe. Ich nehme meinen Körper positiver wahr, was eigentlich komisch ist, weil meine Figur nicht mehr so gut ist wie vor der Schwangerschaft. Ich weiß auch nicht, ob die Schmerzen und das Erlebnis der Entbindung oder das Aufziehen des Kindes mich so viel toleranter gemacht haben. Aber wenn wir durch das Kinderkriegen nicht toleranter würden, müßte man ja befürchten, daß immer wieder Babys aus dem Fenster geworfen werden.«

Frauen, die sich in ihrem Beruf nicht wirklich zu Hause oder nicht anerkannt fühlen, können in der Mutterschaft Selbstverständnis gewinnen, nicht verlieren. Wer seine berufliche Arbeit langweilig und öde findet, wird den Alltag der Mutterschaft als sehr viel lohnender empfinden. Doch es gibt Zeiten, in denen alle Mütter, unabhängig davon, in welchem Alter ihre Kinder sind, das Gefühl haben, in einer Falle zu sitzen und von ihren Pflichten erdrückt zu werden. Diese Zustände werden jedoch von unserem wachsenden Selbstvertrauen, unserer Freude an den Kindern und unseren Erfolgen ausgeglichen. Wir werden so sehr Teil des Lebens unserer Kinder, der Art, wie sie die Welt sehen, wir sind so wichtig für die häusliche Atmosphäre, daß es schließlich unmöglich ist, sich ein Leben ohne sie vorzustellen, sosehr wir uns auch danach sehnen mögen, uns allein auf eine Kreuzfahrt durch die Karibik zu begeben, wenn der Alltag zu aufreibend wird. Doch diese Widersprüche, die zur Mutterschaft gehören, bedrücken uns nicht mehr und lösen keine Schuldgefühle mehr aus, weil wir begriffen haben, daß es durchaus möglich ist, zwei so gegensätzliche Bedürfnisse wie Zusammengehörigkeit und Getrenntsein zu empfinden.

Die Anpassung an die Mutterschaft braucht Zeit. Oft ist sich eine Frau erst bei der Ankunft eines zweiten Kindes ihrer mütterlichen Fähigkeiten sicher und deshalb entspannt genug, diese ersten Wochen und Monate zu genießen, wie Kate L. festgestellt hat: »Diesmal bin ich insofern entspannter, als ich einfach tue, was ich tun muß, ohne mir darüber Sorgen zu machen, ob ich es richtig oder falsch mache. Beim ersten Kind war ich furchtbar ängstlich, wenn es auch nur mal anders schrie. Mittlerweile habe ich gelernt, daß Babys halt so sind, und deshalb ignoriere ich viele Dinge, über die ich früher fast in Panik geriet. Alles, was einen beim ersten Kind überwältigt hat, ist wie eine Lehre, und beim zweiten ist man daher seiner Sache sicherer.«

Die Belastungen durch Schwangerschaft, Entbindung und die Veränderung des Lebens der jungen Mutter können immens sein. Wir brauchen Zeit, um ganz zu realisieren, was geschehen ist, und uns dem neuen Leben anzupassen. Wenn Sie glauben, die Kontrolle über Ihr Leben verloren zu haben, mag das durchaus zutreffen, aber Sie sind wahrhaftig nicht die einzige, und wenn das Baby dann größer wird, tritt Ihr Leben in eine neue Phase. Wenn Sie bei der Betreuung des Kindes Schwierigkeiten haben und wenn Ihr Selbstvertrauen schwindet, denken Sie daran, daß Muttersein eine *erworbene* Fähigkeit ist, daß Sie ein Recht auf eine Lehrzeit haben und niemand von Ihnen erwartet, über Nacht Expertin zu werden. Und wenn Sie sich mitunter bis zur Verzweiflung unglücklich fühlen, machen Sie sich immer wieder klar, daß dies zu der radikalen Veränderung gehört, der Sie ausgesetzt sind, und vergehen wird, wenn Sie imstande sind, die neue Ordnung zu akzeptieren. Imogen A.s postnatale Depression nach der Geburt ihrer Tochter war so schwer, daß sie ihrem Partner allen Ernstes vorschlug, das Kind zur Adoption freizugeben. »Ich glaube, nur durch Leiden kann man am Ende gewinnen. Ich habe lange mit mir ringen müssen, bis ich mich schließlich mit dem Muttersein anfreunden konnte – dabei ist es doch so schön. Es ist heute der Sinn meines Lebens. Ich mußte einfach Kinder haben und wäre sehr unglücklich gewesen, wenn ich keine bekommen hätte.«

4
Berufstätigkeit und die »gute« Mutter

Im Verlauf der Geschichte haben Mütter stets gearbeitet. Erst im 20. Jahrhundert gelangte man zu der Ansicht, daß sie es nicht tun sollten, daß die »gute« Mutter zu Hause bleiben müsse, statt ihre Kinder der vermeintlich »schlechteren« Betreuung durch andere zu »überlassen«. Berufstätigkeit und Mutterschaft gelten heute weitgehend als einander widersprechende Werte. Man hält es für schwer, wenn nicht unmöglich, beides gleich gut zu bewältigen. Deshalb fühlen sich zahlreiche Frauen emotional gespalten, demoralisiert oder sogar zutiefst schuldig, wenn sie in den Beruf zurückkehren, solange ihre Kinder noch klein sind. Doch wenn wir in die Geschichte zurückblicken, wird uns vielleicht die Tatsache ermutigen, daß der angebliche Widerspruch zwischen Berufstätigkeit und Mutterschaft eine Fiktion, ein modernes kulturelles Konstrukt ist. Früher blieb Müttern kaum eine Wahl: Sie konnten Mutterschaft und bezahlte Arbeit nur als ineinandergreifend und nicht als einander ausschließend betrachten. Und wenn neuere Forschungen so übereinstimmend belegen, daß Kinder durch die Berufstätigkeit ihrer Mütter weit mehr gewinnen, als sie verlieren, sollten wir den unnötigen Selbstanklagen widerstehen und uns darüber freuen, daß wir heute beiden Rollen gerecht werden können.

Mütter haben zu allen Zeiten gearbeitet. Mütter aus Oberschicht und Mittelschicht hatten es früher zwar nicht nötig, bezahlter Arbeit nachzugehen, doch war ihre Zahl klein im Vergleich zu der Unmenge jener Frauen, denen gar nichts anderes übrigblieb, als Geld zu verdienen. Dienst in privaten Haushalten war bis nach dem Ersten Weltkrieg der größte Bereich weiblicher Beschäftigung. Zahlreiche Frauen arbeiteten auch auf Bauernhöfen, wo sie das Vieh, vor allem Geflügel und Schweine, versorgten, Kartoffeln und Rüben ausgruben, sich um Bienen kümmerten, Kühe molken, Produkte für den Verkauf vorbereiteten, sie auf Packpferde luden und zum Markt schafften. Bauern hielten es für selbstverständlich, daß ihre Frauen nach der Geburt ihrer Kinder wieder arbeiteten. »Während dieser Zeit, ob im York des 15. Jahrhunderts, im Rom des 16., im Amsterdam, Venedig, Sevilla, London oder Paris des 17. oder in den zahlreichen aufstrebenden Städten des 18. Jahrhunderts, führten Frauen Wirtshäuser, Schenken, *bettole* (Straßen-Kioske, in denen sie Erfrischungen verkauften), *guingettes* (kleine Ausflugslokale, die besonders an Feiertagen Getränke anboten), oder sie lieferten Pasteten, Würste und warme Mahlzeiten«, schreibt Olwen Hufton in ihrem hervorragenden Buch *Frauenleben. Eine europäische Geschichte 1500–1800.*[1] Frauen arbeiteten auch im industriellen Handwerk als Spitzenmacherinnen, Strohflechterinnen, Näherinnen und Stickerinnen – und natürlich waren viele von ihnen zugleich Mütter.

Diese Frauen quälten sich nicht ständig mit der Frage, ob es moralisch zu verantworten sei, daß sie arbeiteten, wenn sie auch Kinder zu betreuen hatten. Kinder gingen früh ihre eigenen Wege, und die Mütter wußten, daß sie auf deren Tagesablauf kaum Einfluß hatten. Kinder mußten so früh wie möglich arbeiten, um zum Familieneinkommen beizutragen. Auch als im Jahr 1881 in Großbritannien die allgemeine Schulpflicht eingeführt wurde, arbeiteten zahllose Kinder weiterhin sowohl während der Schulstunden als auch danach: Sie verkauften Zeitungen, wurden in Fabriken für Arbeiten eingesetzt, die kleine Finger erforderten, wie beispielsweise das Annähen von Knöpfen auf Karten, oder reinigten Kamine. Für die Armen war keine Arbeit zu schmutzig oder zu niedrig. Beispielsweise wurden Pferdeäpfel gesammelt und als Dünger verkauft. Um die Jahrhundertwende arbeiteten schätzungsweise 2,25 Millionen amerikanische Kinder unter 15 Jahren ganztags in Kohlebergwerken, Glasfabriken, Spinnereien, Konservenfabriken, in der Zigarrenindustrie und in den Häusern der Wohlhabenden.[2]

Von einem kleinen Kind wurde weit mehr verlangt als heute.

»Wenn sich heute ein vierjähriges Kind die Schuhe zuschnüren kann, ist man beeindruckt. In Kolonialzeiten strickten vierjährige Mädchen Strümpfe und Fausthandschuhe und konnten komplizierte Stickereien anfertigen; mit sechs Jahren spannen sie Wolle«, schreiben Barbara Ehrenreich und Deirdre English in ihrem Buch *For Her Own Good.*[3] Natürlich wurden Kinder geliebt, doch waren sie nicht die verwöhnten Wunschkinder, die wir heute haben. Eine frühe Integration in die Erwachsenenwelt galt als normal, und deshalb schlossen die Anforderungen der Mutterschaft und des Broterwerbs einander nicht aus; sie standen nicht im Gegensatz zueinander, sondern waren eine Grundtatsache des Lebens, weil arme Familien nur durch die Arbeit aller Familienmitglieder überlebten. Berufstätigkeit ist auch heute für Millionen Mütter unverzichtbar, und dennoch scheinen wir die Fähigkeit eingebüßt zu haben, die beiden Rollen ohne Schuldgefühle miteinander zu vereinbaren. Das ist vor allem auf die Art und Weise zurückzuführen, in der man in wenig mehr als einem Jahrhundert Mutterschaft und Kindheit kulturell neu definiert hat.

Bis zur Mitte des 19. Jahrhunderts lag die Verantwortung für die Kinder beim gesamten Haushalt, einem ganzen Netzwerk von Familienmitgliedern und Dienstboten, und nicht nur bei Mutter und Vater allein. Die intensive Bindung zwischen Mutter und Kind, wie wir sie heute kennen, da ausschließlich die leibliche Mutter für jeden Aspekt der Kinderbetreuung zuständig ist, war früher nicht die Voraussetzung für das Großziehen eines Durchschnittskindes. Die Kinder mischten sich nämlich unter die Erwachsenen, sobald sie entwöhnt waren und von jeder anderen Frau des Haushalts gefüttert, angekleidet und erzogen werden konnten. Mutterschaft wurde eher mit dem Gebären als mit dem Aufziehen von Kindern in Verbindung gebracht und war deshalb episodisch und vorübergehend, wenngleich sich das Gebären bis zur Menopause hinzog – ein Ehepaar hatte durchschnittlich sechs Kinder.

Einige Historiker vertreten die Meinung, der Begriff »Kindheit«, als deutliche Abgrenzung zum Erwachsensein, habe sich erst gegen Ende des 18. Jahrhunderts zu entwickeln begonnen. Kinderärzte beispielsweise traten als medizinische Spezialisten zum erstenmal im 18. Jahrhundert in Erscheinung. Die Säuglingssterblichkeit sank, und eine neue Wissenschaft der Kinderbetreuung entwickelte sich, die vor allem von Jean-Jacques Rousseaus Buch *Émile* beeinflußt wurde, das 1762 in Frankreich erschienen war. *Émile* war vermutlich der damals in der französischen Ober- und Mittelschicht meistgelesene Leitfaden über das Aufziehen von Kindern, und seine Wirkung erfaßte auch die Ober- und Mittelschicht Englands. Rousseau trat für das Stillen ein, und zwar durch die Mutter, nicht durch eine Amme, und wandte sich gegen die allgemein übliche Praxis des Bandagierens von Kleinkindern. Am Ende des 18. Jahrhunderts begann die bis dahin stets hohe Zahl der Internatsschüler zurückzugehen, und immer mehr Oberschichtmütter übernahmen selbst die Verantwortung für die Erziehung ihrer Kinder. Zur biologischen Aufgabe der Mutter trat nun auch eine sittliche, denn es war ihre Pflicht, gute christliche Bürger aufzuziehen.

Rousseau vertrat auch als erster die Ansicht, daß die Mutterschaft eine Quelle der Freude und Erfüllung für die Frau sein sollte. Nun haben Frauen schon immer Freude an ihren Kindern gehabt, doch das Neue an Rousseaus Forderung war das Element der Selbstaufopferung, die mit der Freude einherzugehen habe. »Aber die wahre Familienmutter, alles andere als eine Frau von Welt, ist in ihrem Haus nicht weniger eingeschlossen als eine Nonne in ihrem Kloster«, schrieb er. Eine »gute« Mutter »opfert sich in ihrem Bemühen auf, ihrem Kind Freude zu bereiten«, heißt es bei Balzac in *Mémoires de deux jeunes mariées*. Rousseaus unmittelbarer Einfluß beschränkte sich jedoch auf die Ober- und Mittelschicht. Die Armen plagten sich weiterhin, wie sie es schon immer getan hatten. Immerhin war es Rousseau gelungen, neue Gebote für Mütter zu formulieren, denen sie folgen zu müssen glaubten. »Frauen fühlten sich mehr und mehr für ihre Kinder verantwortlich«, schreibt Elisabeth Badinter in *Die Mutterliebe*. »Wenn sie ihren Pflichten nicht nachkommen konnten, hielten sie sich für schuldig. In diesem Sinne hatte Rousseau eine sehr bedeutsame Schlacht gewonnen. Schuldgefühle hatten sich in den Herzen der Frauen eingenistet.«[4]

Eine ständig wachsende Zahl von Mittelschichtfrauen begann die Mutterpflichten zur Vollzeitbeschäftigung zu machen, und um die Mitte des 19. Jahrhunderts hatten die zunehmenden Kenntnisse in der Gesundheitspflege und auch Darwins Evolutionstheorie dazu geführt, daß einer Mutter sehr viel mehr abverlangt wurde: Kinder mußten nun erforscht und geformt werden, weil sich »Wissenschaft und Religion mittlerweile zusammengetan hatten, um das Aufziehen von Kindern zu einer Sache fortwährenden Hegens und Zurechtstutzens, Abstützens und Zurückschneidens zu machen«, schreibt Christina Hardyment in *Perfect Parents*, einer verdienstvollen Untersuchung der Geschichte der Handbücher zur Kinderbetreuung. In ganz Amerika fanden sich am Ende des 19. Jahrhunderts Gruppen von Mittelschichtmüttern zusammen, um das Aufziehen von Kindern gründlich zu diskutieren, als sei dies ein Beruf. »Welcher Beruf in der Welt verlangt denn einen solchen Weitblick, eine so vollkommene Balance, soviel Verständnis für die individuelle Entwicklung, soviel Ausdauer und geistigen Horizont, nicht zuletzt soviel praktische Lebensweisheit wie der als leicht geltende Beruf des Mutterseins?« fragte 1897 eine Mutter in einer Rede vor dem Nationalkongreß des Mütterkonvents.[5]

In Europa und den Vereinigten Staaten wurden mehr und mehr Gesellschaften und Zeitschriften gegründet, die sich dem Studium des Kindes widmeten. Deren Untersuchungen lieferten den Autoren von Ratgebern zur Kindererziehung statistische Daten, die ihnen die Einführung von »Normen« und Richtlinien ermöglichten, an denen sich die Eltern orientieren sollten. Das bedeutete, daß zahllose Eltern sich zunehmend bemühten, ihr Kind einem durchschnittlichen Verhaltensmuster anzupassen. Als sich dann gegen Ende des 19. Jahrhunderts auch der Staat in die Kinderfürsorge einzuschalten begann, wurde die Mutterschaft, unabhängig von Schicht und gesellschaftlichem

Rang, schließlich als anspruchsvolle Vollzeitbeschäftigung für alle Mütter definiert.

Lebensbedingungen und Volksgesundheit aber lagen im letzten Jahrzehnt des 19. Jahrhunderts noch so im argen, daß die Säuglingssterblichkeit anstieg. Die Fortpflanzungsraten gingen zurück, und in Großbritannien befürchtete man, besonders nach dem großen Verlust an Menschenleben während des Burenkriegs, den »nationalen Selbstmord«. Kinder starben an Bronchitis, Lungenentzündung, Keuchhusten und Durchfall, und die rasche Ausbreitung dieser Krankheiten lag nicht an mangelhafter mütterlicher Betreuung, sondern an elenden Wohnverhältnissen, räumlicher Enge, unzulänglicher Ernährung, mangelnder Hygiene und verunreinigtem Wasser.

Als die internationalen Spannungen anwuchsen, empfanden es die Politiker als immer dringlicher, die Gesundheit der Kinder – das heißt auch der zukünftigen Soldaten – nachhaltig zu verbessern. Deshalb setzte man bei den Müttern an, um der Volksgesundheit aufzuhelfen. »Der wahre Grund für Säuglingssterblichkeit, ob hoch oder niedrig, ist gute oder schlechte mütterliche Betreuung«, sagte John Burns, Präsident der Zentralbehörde zur Kontrolle des Gesundheitswesens, 1906 auf der ersten Nationalen Konferenz über Säuglingssterblichkeit. »Wenn für gute mütterliche Betreuung und gute pränatale Bedingungen gesorgt wird, habe ich keine Angst um die Zukunft unseres oder jedes anderen Landes.«[6] Mit einer Fülle von Maßnahmen versuchte man vor allem Frauen der Arbeiterschicht mütterliche Fertigkeiten beizubringen. In ganz Großbritannien entstanden Fürsorgezentren für Mütter. Bis zum Ende der dreißiger Jahre waren es über 3500. Gesundheitsinspektorinnen machten Hausbesuche bei den Frauen der Arbeiterschicht, um zu inspizieren und zu instruieren, und die Handbücher über Babypflege, die zuvor nur in den Haushalten der Ober- und Mittelschicht gelesen worden waren, wurden nun an die Armen verteilt. In den Zeitungen erschienen beratende Artikelserien über Kinderbetreuung; Fachzeitschriften und -bücher über das Aufziehen von Kindern wurden erfolgreich veröffentlicht. All diese Ratschläge zur Kinderbetreuung schlossen jedoch eine unausgesprochene Drohung ein: Wenn du das ignorierst, gefährdest du das Leben deines Kindes. Dieses Prinzip übrigens, an die Schuldgefühle von Müttern zu appellieren, damit sie mehr für ihre Kinder tun, wird bis heute intensiv in der Werbung für Babypflege-Produkte eingesetzt.

In den ersten zehn Jahren des 20. Jahrhunderts wurden neue Gesetze erlassen, um die Interessen von Kindern zu schützen: Sie sahen Schulspeisung und regelmäßige medizinische Untersuchungen in der Schule vor und verpflichteten die örtlichen Behörden, Lebendgeburten innerhalb von 36 Stunden dem Bezirksamtsarzt zu melden. Das britische Kinderschutzgesetz von 1906 verbot Kindern den Besuch von Wirtshäusern und sah Geld- oder Gefängnisstrafen für Eltern vor, deren Kinder beispielsweise wegen fehlender Kamingitter oder durch direktes oder indirektes Verschulden eines alkoholisierten Elternteils ums Leben kamen. Diese Gesetzgebung signalisierte eine grundlegende Veränderung der staatlichen Einstellung zu Kindern. Der Staat zog die Verantwortung für den Schutz der Interessen des Kindes an sich, und Eltern konnten wegen Vernachlässigung ihrer Kinder belangt werden. Ein Vater etwa, der seinen Sohn zur Arbeit statt zur Schule schickte, konnte ebenso mit Gefängnis bestraft werden wie eine berufstätige Mutter, deren Kinder nicht ausreichend betreut wurden. In den dreißiger Jahren übernahm der Nationale Kinderschutzbund die neue Rolle, nachlässigen Eltern nachzuspüren und ihnen mit Anzeigen zu drohen, wenn sie den Anordnungen der Gesundheitsberatungsstellen nicht folgten.

Diese Maßnahmen mögen durchaus der Gesundheit und dem Wohl der Kinder gedient haben, mehr noch aber wirkten sich die im Lauf des 20. Jahrhunderts verbesserten sozialen Bedingungen und der medizinische Fortschritt aus. Hier wuchs auch der ganz spezifische Einfluß darauf, wie Mütter ihre Rolle auszufüllen hätten: Das Vertrauen in ihre mütterlichen Instinkte wurde zurückgedrängt und ihnen viel mehr Arbeit aufgebürdet. Das regelmäßige Messen und Wiegen von Babys ergab Durchschnittswerte und setzte Meilensteine der Kindesentwicklung, deren Verlauf viele Frauen ehrgeizig und stolz machte, andere aber auch entmutigte, wenn ihr Kind den Durchschnitt nicht erreichte. Freilich ist der Durchschnitt nur eine Linie, über und unter der zahlreiche Kinder problemlos liegen können.

Die neue Wissenschaft der Psychologie entdeckte eine ganze Welt von Einflüssen, für die sie die Mütter verantwortlich machte, so daß deren Schuldgefühle zunehmend genährt wurden. 1914 begründete der amerikanische Psychologe John B. Watson die Theorie des »Behaviorismus«, in der er den Standpunkt vertrat, Kinder glichen im Grunde Maschinen, die man von der Geburt an programmieren könne; die Sentimentalität der Mütter trübe ihr Urteilsvermögen, wenn es darum gehe, das starke, unerschütterliche Individuum aufzuziehen, das nun in der modernen industriellen Welt gebraucht werde (»Individuum« bedeutet hier natürlich »Mann«). »Wenn Sie einen Hund aufziehen, der als Wachhund, Hühnerhund oder Fuchshund dienen und zu allem zu gebrauchen sein soll, bloß nicht als Schoßhündchen, würden Sie es nicht wagen, ihn so zu behandeln, wie Sie Ihr Kind behandeln«, polemisierte er in seinem 1928 veröffentlichten Bestseller *Psychological Care of the Infant and Child.* »Wenn ich höre, wie eine Mutter ihr Kind begöscht: ›Ach, mein armes Schätzchen‹, bloß weil es hingefallen ist, sich den Zeh gestoßen oder ein anderes Wehwehchen hat, muß ich einmal ums Karree laufen, um Dampf abzulassen.«

Der Kinderpsychologe Bruno Bettelheim glaubte zeitweilig, die kalte und emotional indifferente Mutter erzeuge bei ihrem Kind Autismus. Männliche Homosexualität galt als das Nebenprodukt der verweichlichenden und verzärtelnden Erziehung durch eine Mutter, die eigentlich ein Mädchen haben wollte. In den zwanziger Jahren beeinflußte der Kinder-»Experte« Dr. Frederick Truby King zahlreiche Mütter mit seinen strengen Grundsätzen: Er empfahl nicht zu häufiges Stillen, nicht zuviel Zärtlichkeit, aber viel frische Luft – Ratschläge, die in direktem Widerspruch zu den Methoden standen, die Mütter jahrhundertelang angewendet hatten und nun viele Frauen ihren eigenen Instinkten mißtrauen ließen. Kathleen Davey beispielsweise zog ihre beiden Töchter, geboren 1942 und 1944, nach dem Truby-King-System auf: Ihr zweites Baby erkrankte mit 18 Monaten an Lungenentzündung – eine direkte Folge der Praxis, das Kind bei jedem Wetter der frischen Luft auszusetzen – und mußte ins Krankenhaus eingeliefert werden.

> Sie war vierzehn Tage im Krankenhaus, und ich durfte nicht bei ihr sein. Wenn ich zu Besuch kam, erlaubte man mir nur, sie durch die Glastür zu sehen. Und sie weinte sich fast die Augen aus. Ich hätte alles dafür gegeben, hineingelassen zu werden, um sie zu trösten, aber man erlaubte es mir nicht und behauptete, die Kinder würden sich nur aufregen, wenn sie ihre Eltern sähen. Als ob sie nicht aufgeregt genug gewesen wäre ... Ich führte das alles darauf zurück, daß ich sie bei der Kälte draußen gelassen und sie sich diese Lungenentzündung zugezogen hatte. Ich glaube, wenn ich vernünftig und nicht so pflichtbewußt gewesen wäre, hätte ich sie bei der Kälte nicht draußen gelassen. Aber ich hatte ein schlechtes Gewissen, wenn ich es nicht tat. Ich dachte immer: »Sie muß einmal am Tag nach draußen.« Es hieß ja, alle Kleinkinder müssen einmal am Tag nach draußen. »Wenn man sie im Haus behält und sie dann doch einmal draußen sind, erkälten sie sich.«[7]

Diese Welle des Interesses am Wohl des Kindes um die Jahrhundertwende steigerte natürlich die Anforderungen an die Mutter. Die von ihr früher nur zeitweilig übernommene Verantwortung, ein Kind zu ernähren, für seine Sauberkeit und seine Erziehung zu sorgen, die sie mit Dienstboten und anderen Familienmitgliedern oder auch Nachbarn teilte, reichte nun nicht mehr aus. Der großen Wirkung Sigmund Freuds war ein neues Verständnis des psychischen Traumas zu verdanken, das schon mit der Geburt beginnt; der Einfluß der Mütter wurde jetzt rasch als primär für die psychische Stabilität des Kindes bewertet und für die Psyche des späterhin Erwachsenen verantwortlich gemacht. Mit dem Bild der »guten« Mutter entstand auch das der »schlechten« Mutter, und als direkter Beweis galt das Kind – ein untröstlich schreiendes Baby, ein verschlossenes oder aggressives Kind oder sodann ein Erwachsener, der stiehlt, vergewaltigt oder Schwierigkeiten hat, dauerhafte Bindungen einzugehen. Der Psychoanalytiker René Spitz (1887–1974) befaßte sich in einem langen Abschnitt seines Buches *Vom Säugling zum Kleinkind* mit Krankheiten des Kleinkindes, die vom Verhalten der Mutter verursacht werden: Die Dreimonatskolik werde, so meinte er, von »primärer überängstlicher Besorgnis« verursacht; »Feindseligkeit in Form von Ängstlichkeit« führe zu Neurodermitis, und »Oszillieren zwischen Verwöhnung und Feindseligkeit« rufe Hypermotilität (Schaukeln) hervor.[8]

Der psychologische Einfluß des mütterlichen Verhaltens und die Zweifel, wirklich eine »gute« oder aber eine »schlechte« Mutter zu sein, sind heute stärker als je zuvor. Die Erkenntnis, daß sexueller Mißbrauch und Gewalt von einer Generation an die andere weitergegeben werden und daß traumatische Beziehungen zu unseren Eltern in unseren Kindern wiederkehren können, hat zur Folge, daß Mütter heute auf alle negativen Einflüsse oder Gedanken, die der Entwicklung ihres Kindes schaden könnten, höchst sensibel reagieren. Wir alle sind den Traumen unserer Kindheit ausgeliefert; einige sind schmerzlicher als andere; und wenn sie auf elterliche Vernachlässigung oder Gleichgültigkeit oder selbst auf ganz beiläufige abfällige Äußerungen zurückgehen, die unser Vertrauen in die eigenen Fähigkeiten zerstört haben, wissen wir, welche Macht Eltern haben und welchen Schaden sie anrichten können.

Eine überbesorgte Mutter kann die Neugier eines Kindes ebenso ersticken wie eine gefühlsarme Mutter. Tagtäglich tauchen Fragen auf, die nicht zu beantworten sind: Bereite ich etwa den Boden für Magersucht, wenn ich sie jetzt dazu zwinge, ihr Mittagessen aufzuessen? Wie kann ich mein Interesse an seinem Leben so gewichten, daß ich seinen Individualismus nicht erdrücke? Wie ermutige ich sie, sie selbst zu sein, die großen Unterschiede zwischen ihr und mir als positiv zu empfinden, ohne mir später von ihr vorwerfen lassen zu müssen, ich hätte ihre Bedürfnisse vernachlässigt, hätte mich nicht für sie interessiert oder wäre für sie nicht dagewesen? Wird er später von seinen Klassenkameraden als Memme verspottet, wenn ich ihn darin bestärke, friedlich und freundlich zu sein?

Das Ergebnis sind quälende Zweifel an der eigenen instinktiven Fähigkeit, Kinder aufzuziehen, und der nagende Verdacht: Was immer ich auch tue, es wird ebenso viele potentiell schlechte wie gute Auswirkungen auf mein Kind haben. »Ich wäre nie eine gute Mutter«, schreibt Jane Lazarre in *The Mother Knot*.

> Hatte ich nicht mit meiner verräterischen Ängstlichkeit schon seine Koliken verursacht? Die Experten haben recht, dachte ich. Babys werden geboren und sind von sich aus ruhige, zufriedene Geschöpfe. Es liegt stets nur an der Mutter, die ihren ungerechten Groll unterdrückt und das Baby zu fest oder nicht fest genug, zu oft, zu selten im Arm hält, es schreien läßt, es zu früh aus dem Bettchen nimmt, ihm zu viel zu essen gibt oder zu wenig, es mit ihrer Liebe erstickt oder es nicht genug liebt – einzig die schlechte Mutter ist an allem schuld.[9]

»Ich denke nicht nur darüber nach, was ich tun muß, um die beiden auf den richtigen Weg zu bringen, sondern auch darüber, was ich selber für ein Mensch sein muß, um ihnen ein Rollenvorbild zu sein.« Maggie M. arbeitet halbtags bei der Stadtverwaltung und hat zwei Kinder unter fünf Jahren; sie wurde in Irland geboren und lebt jetzt im Norden Londons. »Ich glaube, man respektiert von Kind auf in seinen Eltern die Menschen, die sie sind, und man lernt eher, indem man sie beobachtet, als durch das, was sie einem sagen. Deshalb meine ich: Ich muß ein starker Mensch sein, ich muß dies und ich muß jenes überzeugend sein – und ich habe immer das Gefühl, eine große Verantwortung zu tragen. Man muß nicht nur das Richtige für die Kinder tun, sondern man muß auch immer der richtige Mensch für sie sein, und wenn man doch mal Fehler macht, muß man sich das eingestehen können und noch mal von vorne anfangen.«

Wie zahlreiche andere Mütter hat Maggie also begriffen, daß sie sich ein viel zu hohes Ziel steckt, wenn sie erwartet, stets das Richtige tun zu können und die »gute« Mutter schlechthin zu sein. Die mütterliche Fehlbarkeit zu akzeptieren heißt in Kauf zu nehmen, daß alle Menschen fehlbar sind und daß Kinder in der Tat – mitunter irreparablen – Schaden nehmen können. Unsere Kinder müssen in der realen Welt aufwachsen, in der es Gefahr, Streß und Verwirrung gibt, in der nicht nur Kinder, sondern auch Erwachsene Fehler machen. Die Mütter können nur versuchen, den Schaden möglichst zu begrenzen, der Kindern zugefügt wird, damit er sich auf lange Sicht nicht allzu nachteilig auswirkt.

Sue P., die sich selbst als Perfektionistin bezeichnet und eine erfolgreiche Karriere im Journalismus aufgab, um sich nur ihrem Kind zu widmen, begriff dies beim ersten Halloween-Erlebnis ihres Sohnes. Die Nachbarskinder kamen, um Schabernack zu treiben, und als Sue, ihren Sohn auf der Hüfte, die Tür öffnete, erblickten sie beide unter den Kindern eines, das eine Teufelsmaske trug. »Er schrie, wie ich ihn noch nie hatte schreien hören, und machte sich ganz steif. Er war zu Tode erschrocken, ich spürte es auf meiner Hüfte. Ich versuchte, ihn zu beruhigen, und überlegte, wie ich den schrecklichen Eindruck für ihn wiedergutmachen könnte, damit er begriff, daß durch diese Tür ebenso auch etwas Schönes kommen konnte. Mein früheres Ich hätte gesagt, das ist leider endgültig, hat ihm geschadet, und nichts wird mehr so sein wie zuvor. Jetzt aber, da es schon ein paar Tage her ist, habe ich begriffen, daß er damit fertig geworden ist und es ihn sicherlich nicht dauerhaft beunruhigt, wenn auch mal schreckliche Dinge geschehen.«

Da eine Mutter im Licht des neuen Anspruchs soviel mehr zu tun hatte, um sich als »gut« zu qualifizieren, gelangte eine Fülle von Büchern über Kinderpflege auf den Markt, die ihre Wissenslücken schließen sollten. Freilich zeigt die Geschichte, daß es nicht unbedingt ratsam ist, einem »Experten« mehr zu vertrauen als dem eigenen Instinkt, denn die klugen Theorien über das Aufziehen von Kindern kommen rasch in Mode und werden ebenso rasch von anderen abgelöst. Das strenge System von Truby King wurde nach dem Zweiten Weltkrieg verworfen, und »gute« Mutterschaft konzentrierte sich nun mehr auf das Kind, so daß der Mutter noch größere Anstrengungen abverlangt wurden. Truby King hatte Müttern ja beispielsweise empfohlen, ihr Baby stundenlang im Kinderwagen im Garten zu lassen, damit sie in Ruhe ihre Haushaltsarbeit erledigen konnten, während das Kind lernte, sich mit sich selbst zu beschäftigen. Ohnehin hätte, so Truby King, »das Ausgefahrenwerden seine Wirbelsäule erschüttert und sein Gehirn mit zu vielen ungefilterten Eindrücken überreizt«.[10]

Diese Theorie wurde dann von Dr. Benjamin Spock verworfen, der eine solche Behandlung für emotional und intellektuell schädlich erklärte. Babys, befand er, brauchten Anregung, Ermutigung und Abwechslung, damit sie kluge und fröhliche Kinder werden. Jean Piagets Werk über die Entwicklung des Kindes, Maria Montessoris Theorien über die Erziehung im frühen Kindesalter und Einrichtungen wie das »Better Baby Institute« in Philadelphia haben in der Tat gezeigt, daß es schon in sehr frühem Alter möglich ist, den Verstand eines Kindes zu schärfen und geistige Leistungen anzuregen. Es genügte nun nicht mehr, daß ein Spielzeug unterhaltsam war, es mußte auch belehrend sein, und die Spielwarenindustrie lieferte den Müttern prompt eine Fülle neuen pädagogischen Spielzeugs für das tägliche Spielen mit ihren Kindern. Spielen gilt heute nicht nur als Quelle des Lernens, sondern auch als Quelle der Therapie, als eine Gelegenheit für das Kind, seine Wut oder seine Eifersucht zum Ausdruck zu bringen. Spielzeug muß dem Alter eines Kindes angemessen sein, damit es nicht überfordert und Frustrationen auslöst. Mütter halten es heute für wichtig, mit ihren Kindern möglichst viel zu spielen und zu sprechen, damit sie sich nie vernachlässigt fühlen. Mitunter führt das sogar zu Bedenken, ob wir sie nicht mit den Kleinkinder-Musikgruppen, den Massagen, dem Fernsehen, dem vielen Spielzeug, den Spielgruppen und Spielplätzen am Ende überreizen.

In den fünfziger Jahren vertrat der amerikanische Psychologe Carl Rogers den neuen Standpunkt, daß Kinder »bedingungslose positive Zuwendung« brauchen, das heißt, daß sie sich auch dann akzeptiert fühlen müssen, wenn sie ungezogen sind. Eine »gute« Mutter soll ihrem Kind das Gefühl geben, geliebt und geschätzt zu werden, auch wenn das Kleine sie mit seinem

Verhalten so in Wut versetzt hat, daß sie es am liebsten loswerden würde. Mit Rogers' Thesen werden problematische und teils sogar unmögliche Forderungen an die Mutter gestellt, wenn es – etwa – darum geht, dem Kind beizubringen, daß Schmatzen nun nicht mehr in Frage kommt. Mitunter bleibt einer Mutter gar nichts anderes übrig, als ihr Kind in ein anderes Zimmer zu schicken oder es auf der Treppe sitzen zu lassen, bis es begriffen hat, daß sein Verhalten nicht akzeptabel war – und das ist zweifellos eine unverhüllte Ablehnung, eine deutliche Erklärung, daß das Kind unerwünscht ist; auch unter Aufbietung aller Phantasie kann da von »bedingungsloser positiver Zuwendung« nicht die Rede sein.

Psychologen wie beispielsweise Bruno Bettelheim halten es sogar für notwendig, Kleinkindern eine positive Einstellung zu ihren Exkrementen zu vermitteln, damit sie nicht unter Ablehnung ihres eigenen Körpers oder unter Stuhlverhaltung aufwachsen – aber Kacke riecht nun mal gräßlich, auch für ein Kind, und es fällt einem schwer, seinen Ekel zu verbergen. Die kindliche Sexualität soll eher ermutigt als unterdrückt werden, auch wenn die Mutter in Gegenwart der Oma mal in akute Verlegenheit gerät. Die – kinderlose – Anthropologin Jean Liedloff hat ein einflußreiches Buch mit dem Titel *Auf der Suche nach dem verlorenen Glück* geschrieben, das von jenen Müttern verschlungen wird, die stets unbedingt das Richtige tun wollen.[11] Darin vertritt sie den Standpunkt, alle psychischen Leiden der Menschheit seien darauf zurückzuführen, daß Babys nicht im Körperkontakt mit ihren Müttern bleiben, bis sie von sich aus fortstreben – was beispielsweise bedeutet, daß Sie Ihr sieben Kilo schweres Kleinkind ständig mit sich herumschleppen müssen, wohin Sie auch immer gehen. Frauen, die diese Theorie für einleuchtend halten, stellen nur allzuoft fest, daß deren Verwirklichung physisch wie emotional viel zu anstrengend ist, und fürchten dann, an ihrem Kind versagt zu haben, weil sie nicht tun, was für sie beide als das Beste proklamiert wird.

Das moderne psychologische Verständnis und die heutigen Prinzipien guter Kindererziehung gehen davon aus, daß rücksichtsvolle, tolerante und emotional bereichernde Eltern die Voraussetzung für das Heranwachsen glücklicher, gesunder Kinder sind. Frauen, die »gute« oder »halbwegs gute« Mütter sein wollen, müssen mehr und immer mehr leisten. Mutterschaft ist zu einer regelrechten Vollzeitbeschäftigung geworden, und wenn sich eine Frau zu einem Kind entschließt, fühlt sie sich verpflichtet, alles in ihrem Leben dem Wohl des Kindes zu opfern, um eine »gute« Mutter zu sein. Koexistenz und Überleben in einer harten, gefährlichen Welt sind nicht mehr genug. Eine »gute« Mutter ist Lehrerin, Beschäftigungstherapeutin, Kinderschwester, Köchin und Chauffeurin. Sie muß – ohne die drohende Strafe Gottes oder die Zuchtrute – ausgeglichene Menschen aufziehen, für die soziales Verhalten selbstverständlich ist. Niemals darf sie ihre Depression oder ihren Zorn zeigen, weil sich das negativ auf ihr Kind auswirken könnte. Sie muß die Rechte ihres Kindes respektieren, die Dinge aus dessen Perspektive sehen und stets Rücksicht auf seine Gefühle nehmen. Sie soll immer darauf achten, daß sie ihre Handlungen und Anweisungen in einer Weise erklärt, die ein Kind verstehen kann. »Das ist alles gut und schön, aber wenn man sich strikt danach richtet, gibt es Probleme«, schreibt Maureen Freely in ihrem Buch über Feminismus und Mutterschaft *What About Us?*

> Kinder, die solche Erster-Klasse-Bürger sind, befolgen keinerlei Anweisungen, nicht einmal in einem Notfall. Sie bleiben einfach stehen, sie fragen, warum, und rühren sich nicht vom Fleck, bevor sie geruhen, Ihre Anweisung als annehmbar zu akzeptieren ... Wenn Sie einem solchen Kind eine Strafpredigt halten, weil es sich weigert, seine Hausaufgaben zu machen, werden Sie von ihm zu hören bekommen, wie hoch die Selbstmordrate bei den überarbeiteten Schülern in Japan ist.[12]

Zentralheizung und moderne Haushaltsgeräte haben die Mütter von einem großen Teil der groben, schweren Arbeit befreit, die früher unerläßlich war, um für die körperlichen Grundbedürfnisse von Kindern zu sorgen. Empfängnisverhütung und weniger Geburten haben den allgemeinen Gesundheitszustand von Müttern und die Lebensqualität verbessert. Doch die im Verlauf des 20. Jahrhunderts entwickelte Theorie der »guten Mutter« hat den Müttern jedes Gefühl der Befreiung vorenthalten, das ihnen diese radikalen Veränderungen hätten schenken können – weil ja die gesparte Zeit für neue Pflichten draufging.

Ohne diese neuen Anforderungen an die Zeit der Mutter hätten es Frauen gewiß leichter gehabt, Beruf und Mutterpflichten miteinander zu vereinbaren. Doch ein weiterer »Experte« lieferte den letzten Nagel zum Sarg der berufstätigen Mutter. John Bowlby wurde zusammen mit fünf Geschwistern, darunter ein konkurrierender älterer Bruder, in einem Elternhaus der oberen Mittelschicht in Cambridge von einem Kindermädchen aufgezogen. Er machte sich als Psychiater einen Namen und wurde nach dem Ende des Zweiten Weltkriegs von der Weltgesundheitsorganisation beauftragt, die psychische Gesundheit von Waisen und von Kindern zu untersuchen, die während des Krieges von ihren Eltern getrennt worden waren. Sein Bericht *Maternal Care and Mental Health* erschien 1951 und hatte beträchtlichen Einfluß, obwohl Bowlbys Untersuchungsmethoden später scharf kritisiert wurden. Seine »Theorie der Mutterbindung« besagte, daß Kinder unter drei Jahren zutiefst unglücklich werden, wenn sie nicht ständig in unmittelbarer Nähe ihrer Mütter seien, und daß eine solche Ungeborgenheit ihre künftige Entwicklung beeinträchtigen könne. In seinem Bericht empfahl er »fortwährende Zuwendung Tag und Nacht, sieben Tage in der Woche und 365 im Jahr«. Er vertrat den Standpunkt, daß Mütter nicht außer Haus arbeiten sollten, und wies warnend darauf hin, daß es »in der Tat gute Beweise für die Annahme gibt, daß die längere Trennung eines Kindes von seiner Mutter (oder der Ersatzmutter) in den ersten fünf Lebensjahren unter den Ursachen für eine kriminelle Charakterentwicklung an erster Stelle steht«.[13]

Spätere Forschungen ergaben freilich, daß die von Bowlby ausgewählten Gruppen extrem klein waren und daß er atypische Kinder – aus Heimen, in denen geschlagen wurde – untersucht hatte. Außerdem waren sie von ihren Familien vollständig und für immer getrennt und nicht nur für einen Teil des Tages von ihren Müttern. Während er die Bedeutung der Bindung an die Mutter überbetont, übersieht er andere, ebenso wichtige Bedürfnisse des Kindes wie Spielen, Anregung, Abwechslung und eine *glückliche* Mutter – und nicht nur eine Mutter, die bloß da ist. Untersuchungen haben überdies gezeigt, daß kleine Kinder auch an mehr als einer Person hängen können, nicht nur an der Mutter, und daß die Qualität der Betreuung, die ein Kind erfährt, wichtiger ist als die betreuende Person. Wenn ein kleines Kind eine stabile Bindung an eine andere Person entwickeln soll, während die Mutter ihrem Beruf nachgeht, kommt es entscheidend darauf an, daß die Ersatzperson dem Kind vertraut ist, daß sie auf die Bedürfnisse des Kindes eingeht und daß sie nicht ständig wechselt.

Bowlby behauptete später, seine Theorie sei von seinen Kritikern falsch dargestellt worden, und er sei keineswegs der Meinung, daß allein die Mutter das Bedürfnis des Kindes nach Bindung befriedigen könne. Wie auch immer, Autoren von Handbüchern über Kinderbetreuung bedienten sich seiner Befunde gründlich. Nun, nach dem Leid, den Kinderevakuierungen und den kriegsbedingten sozialen Umwälzungen galt es, die Bedeutung des Familienlebens und des Familienverbandes wieder zu stärken. Bis zu dieser Zeit hatten nur wenige Kinder eine Rund-um-die-Uhr-Betreuung allein durch ihre Mütter erfahren. Die Kinder der Ober- und Mittelschicht waren von ihren Kindermädchen aufgezogen worden, und in der Arbeiterklasse wurde die Betreuung der Kinder konsequent auf die ganze Familie und die unmittelbare Nachbarschaft verteilt. Es war natürlich leicht zu glauben, daß mehr Betreuung und mehr Mutterliebe der Schlüssel für das Heranwachsen gesünderer und ausgeglichenerer Menschen sein sollte, da die meisten Frauen und Männer diesen Luxus als Kinder nicht gekannt hatten. Von nun an, so wollte es die Ideologie, sollte nur die Mutter für die Kinderbetreuung zuständig sein. Dennoch strebten immer mehr Mütter in den Beruf zurück, sei es aus finanziellen Gründen, sei es aufgrund ihres höheren Ausbildungsniveaus und beruflichen

Ehrgeizes oder wegen der zunehmenden Furcht vor der Isolation in Häusern, in denen es keine Dienstboten und keine anderen Familienmitglieder mehr gab. Das Ergebnis ist ein beispielloses Anwachsen von Schuldgefühlen und Ängsten bei berufstätigen Müttern.

Manche ganztags arbeitende Mütter zweifeln, ob es ihnen gelingen kann, sowohl im Beruf als auch bei der Betreuung ihrer Kinder ihr Bestes zu geben; es fällt ihnen schwer, die beiden so unterschiedlichen Bereiche unter einen Hut zu bringen. Wenn Mütter in den Beruf zurückkehren, wissen sie oft nicht genau, was sie wirklich wollen: Sie können während der Arbeit das starke emotionale Bedürfnis haben, bei ihren Kindern zu sein, andererseits ein überwältigendes Verlangen, zur Arbeit zu gehen, wenn sie zu Hause sind. Natürlich machen wir uns am Arbeitsplatz Gedanken über die Qualität der Betreuung unserer Kinder und über die emotionale Zuwendung, die sie von Tagesmüttern oder in Kindergärten erfahren. Wir quälen uns auch mit dem Gedanken, daß unsere Kinder eines Tages ihre Betreuerinnen mehr lieben könnten als uns, und sind eifersüchtig auf die Zeit, die sie miteinander verbringen – obwohl wir uns darüber klar sind, daß wir manche Aspekte der Ganztags-Mutterschaft deprimierend finden würden. Die berufstätige Mutter, die sich unbehaglich fühlt, weil sie ihre Kinder anderen überläßt, ist oft unzufrieden mit der Betreuung, für die sie sich entschieden hat. Kindermädchen können nun mal unsere Kinder nicht so gut aufziehen, wie wir es selbst zu können glauben (ohne allerdings den Versuch je recht gewagt zu haben), und wir werden von fixen Ideen geplagt, ob das engagierte Mädchen auch sauber genug ist oder wie viele Vorräte während unserer Abwesenheit wohl aus dem Kühlschrank verschwinden. Und das alles nur, weil wir glauben, nicht genug Zeit mit unseren Kindern zu verbringen – Zeit rund um die Uhr, soviel Zeit, wie »gute« Mütter halt mit ihren Kindern zusammen sind. Tatsächlich aber haben Mütter, einschließlich der ganztags arbeitenden Mütter, noch nie soviel Zeit mit ihren Kindern verbracht wie in der Gegenwart.

Einst trennte der Tod zahllose Kinder von ihren Müttern. Vor 1800 endeten 1 bis 1,5 Prozent aller Geburten mit dem Tod der Mutter.[14] Diese Zahl mag zwar niedrig erscheinen, doch hatten Frauen im Durchschnitt sechs Kinder, so daß sich die Wahrscheinlichkeit, im Kindbett zu sterben, während der Gesamtdauer der Fruchtbarkeit einer Frau auf erschreckende 8 bis 10 Prozent erhöhte; die Entbindung war bei Frauen im gebärfähigen Alter eine der Haupttodesursachen. Die 1867 von Joseph Lister eingeführte Antisepsis verringerte die Zahl der am Kindbettfieber sterbenden Mütter, weil nun Ärzte und Hebammen die Art der Infektion durch die offenen Wunden einer frisch Entbundenen zu verstehen begannen. Doch die Müttersterblichkeit blieb auch im frühen 20. Jahrhundert weiterhin hoch. 1918 kam auf 264 Lebendgeburten der Tod einer Mutter.[15] Hinter jeder kalten statistischen Zahl steht mindestens ein Kind ohne Mutter.

Wenn eine Mutter das Kindbett überlebte, hatte sie bis etwa 1900 aufgrund ihres schlechten allgemeinen Gesundheitszustands eine durchschnittliche Lebenserwartung von 40 Jahren.[16] Kinder erfreuten sich nicht einer bis zu zwanzigjährigen ununterbrochenen mütterlichen Betreuung, wie das heute viele Mütter für normal halten. Mütter starben oft jung, und wenn Kinder – blicken wir ins Mittelalter – das Säuglingsalter überlebten, wurden sie meist frühzeitig zur Betreuung fortgegeben. Das Stillen durch Ammen war für König Heinrich III. von England eine ganz alltägliche Praxis, denn er erließ im Jahr 1235 ein Gesetz, das christlichen Ammen verbot, jüdische Kinder zu stillen; Ammen gab es noch bis zum Ende des 19. Jahrhunderts, und manche Familien schickten ihre Babys bis zu zwei Jahren in ländliche Obhut, um sie von Ammen betreuen zu lassen. Das Stillen durch eine Amme war für die Ernährung eines Kindes unentbehrlich, wenn die leibliche Mutter es nicht stillen konnte, und für viele ärmere Frauen war der Ammendienst eine wichtige Einkommensquelle. In manchen ländlichen Gebieten gaben arme Frauen ihr eigenes Kind zum Stillen fort, damit sie einen Säugling aufnehmen konnten, für dessen Betreuung sie mehr Geld bekamen, als sie selber zahlen mußten.

In der Geschichte ist es eine durchgehende Tradition, daß Mütter ihre Kinder von anderen großziehen ließen. In Frankreich beispielsweise verließen bis zur Mitte des 19. Jahrhunderts die Kinder ärmerer Familien im Alter von sieben oder acht Jahren das Elternhaus, um als Dienstboten, Schaf- und Kuhhirten oder als Lehrlinge im Handwerk zu arbeiten. Im ländlichen England wurden Jungen im Alter von zehn Jahren zur Arbeit auf Bauernhöfe geschickt, während die Töchter aus überwiegend armen Familien als Dienstmädchen in reichere Haushalte gegeben wurden – oder wenn nicht in reichere, zumindest in kultiviertere. Zu lernen, wie man dient, galt als besonders wichtig für die Erziehung eines Kindes, und Dienstbarkeit war in einem Haus, zu dem man sonst keine Beziehungen pflegte, leichter zu akzeptieren; außerdem bestand immer die Hoffnung, daß sich die allgemeinen Aussichten eines Kindes verbesserten, wenn es in einen gutsituierten Haushalt wechselte. Wohlhabende Familien wiederum schickten ihre Söhne in Internate, und so manche Tochter wurde in ein Nonnenkloster gesperrt, bis sie ins Heiratsalter kam. Im viktorianischen Großbritannien zählte man nicht zur Mittelschicht, wenn man nicht wenigstens ein Kindermädchen beschäftigte, und die Zimmer für Kinder und Kindermädchen waren vom übrigen Wohnbereich des Hauses getrennt; die Eltern hatten nur gelegentlich, von Tag zu Tag, Kontakt zu ihren Kindern. Die Mutter war im Leben ihrer Kinder eine ferne, oft idealisierte Gestalt.

Berufstätige Frauen waren früher häufig den ganzen Tag von ihren Kindern getrennt. Im Oktober 1843 erwähnt der Bericht eines Fabrikinspektors über eine große Spinnerei in Manchester Frauen, die »von 5 Uhr 30 morgens bis 8 Uhr abends weitgehend ohne Unterbrechung arbeiten, wenn man von einer Viertelstunde Frühstückspause und einer Dreiviertelstunde Mittagspause absieht; man kann also sagen, daß diese Menschen, die morgens um fünf Uhr aufstehen müssen und nicht vor halb neun Uhr abends nach Hause kommen, von vierundzwanzig Stunden fünfzehneinhalb arbeiten«. Ein anderer Fabrikinspektor berichtete 1844 von Frauen, die mit weniger als zwei Stunden Essenspausen von sechs Uhr morgens bis zwölf Uhr nachts arbeiteten. Das bedeutete »eine knappe halbe Stunde, um ihr Baby zu wickeln und zu stillen und es zur Betreuung fortzubringen, eine Stunde für Haushaltsarbeiten, bevor sie das Haus verließen ...«[17]

Dies waren keine Einzelfälle. Zahllosen Frauen der Unterschicht blieb gar nichts anderes übrig, als arbeiten zu gehen, weil ihre Männer arbeitslos oder arbeitsunfähig waren oder weil sie zum Familieneinkommen beitragen mußten. Im einen wie im anderen Fall bewahrte die mütterliche Berufstätigkeit Frauen und ihre Kinder vor dem Armenhaus. Wie die Volkszählung von 1901 ausweist, waren in England und Wales über vier Millionen Frauen berufstätig, und die überwältigende Mehrheit ihrer Arbeitsplätze wurde der »Arbeiterklasse« zugerechnet: Stellungen im Haushalt oder in der Landwirtschaft oder neue Jobs in den Fabriken, denn die industrielle Revolution brachte Frauen wie Männern neue Arbeit unterschiedlichster Art.[18] Viele dieser Frauen arbeiteten weiter, nachdem sie Mutter geworden waren. Eine Untersuchung, die ein Dr. Robertson in einem Arbeiterbezirk von Birmingham durchführte, ergab, daß von 1212 Müttern, die 1908 ein Kind geboren hatten, im selben Jahr 50 Prozent gearbeitet hatten; 70 Prozent dieser Frauen arbeiteten in Fabriken und Werkstätten, wo die höchsten Löhne gezahlt wurden, und 9 Prozent anderswo (»anderswo« ist nicht näher bestimmt, doch handelt es sich höchstwahrscheinlich um private Haushalte).[19]

Bei immer noch hoher Säuglingssterblichkeit – in England und Wales starben zwischen 1865 und 1874 von 100 lebend registrierten Babys 14 bis 16, bevor sie zwölf Monate alt waren[20] – galt die Hauptsorge einer Mutter ihren jüngsten Kindern. Über die psychologischen Auswirkungen der mütterlichen Berufstätigkeit auf heranwachsende Kinder hätten sich Frauen früher nicht den Kopf zerbrochen, da es oft ihr eigener Verdienst war, der die Kinder vor dem Verhungern bewahrte. Lily Felstead, 1907 in Cheshire geboren, nahm jede Arbeit an, nachdem ihr Mann bald nach der Hochzeit arbeitslos geworden war: Im Lauf der Jahre hatte sie vier Kinder zu ernähren.

Wir hatten kein Geld für Kohlen, also gingen wir ausgeglühte Kohle hakken. Nachdem wir sie gehackt hatten, mußten wir sie einen Kilometer nach Hause schleppen. Kleider kauften wir in einem Gebrauchtwarenladen, und ich habe alles selbst gestrickt. Ich habe für zwei Familien gewaschen, für das Waschen und Bügeln bekam ich vielleicht einen Shilling und Sixpence, und dann gab es noch Gelegenheitsarbeiten. Ich habe für jemanden gestrickt, ein bißchen genäht, für zwei Shilling, aber es reichte, um Brot zu kaufen. Ich war diejenige, die hungrig ins Bett ging, nie die Kinder, mir war manchmal so elend, daß ich gar nicht essen mochte – o nein, wenn zwei Stücke Brot da waren, wurden sie durch vier geteilt, und die Kinder hatten zu essen.

Esther Peel wurde ebenfalls 1907 geboren; ihre drei jüngeren Brüder starben als Säuglinge an Unterernährung.

Wir lebten in großer Armut. Wirklich, meine kleinen Brüder sind als Babys verhungert. Ich erinnere mich daran, wie mein letzter Bruder starb, der, auf den ich immer aufpassen mußte. Ich glaube, ich betrachtete ihn als Puppe, weil ich nie eine Puppe hatte – ich hatte überhaupt nie ein Spielzeug. Und eines Tages hieß es, er sei gestorben. Als ich abends ins Bett ging, lag er in einem Sarg in dem Zimmer, in dem ich schlief. Meine Mutter sagte zu mir: »Sagst du ihm bitte gute Nacht?« Ich tat es.[21]

Erst heute, da wir den Luxus der nahezu uneingeschränkten Gewißheit genießen, daß unsere Kinder überleben werden, auch wenn sie als Neugeborene so zerbrechlich wirken, können wir uns die Diskussion darüber leisten, ob Berufstätigkeit von Müttern moralisch vertretbar ist und ob sie Kindern psychisch oder emotional schadet. Erst heute, da wir selbst entscheiden können, ob wir Kinder haben wollen oder nicht, droht uns tagtäglich die ärgerliche Frage: »Warum setzt sie überhaupt Kinder in die Welt, wenn sie sich nicht um sie kümmern will?«

Nicht anders als heute bedeutete mütterliche Berufstätigkeit um die Jahrhundertwende, daß Babys anderen Frauen zur Betreuung anvertraut werden mußten. In den Jahren 1894 und 1906 durchgeführte Untersuchungen zeigen, daß die große Mehrheit dieser Kinder in die Obhut von Verwandten und Nachbarn gegeben wurden; eine kleinere Anzahl wurde älteren

Geschwistern anvertraut, von denen manche erst sieben Jahre alt waren, oder Töchter anderer Familien kamen gegen Bezahlung ins Haus und kümmerten sich um die Kleineren.[22] Damals wie heute wurden Fälle von Vernachlässigung ausführlich publik gemacht und aus der Perspektive der Ober- und Mittelschicht stark übertrieben dargestellt, denn diese Gesellschaftsschichten waren bereits von der Welle jener Literatur über Kinderbetreuung beeinflußt, die von der Mutter im Interesse des Kindeswohls mehr Leistung verlangte. Damals wie heute ging es solcher Berichterstattung darum, auf die Gefahren mütterlicher Berufstätigkeit hinzuweisen.

Aus Berichten der Königlichen Kommission für Arbeiterfragen von 1873 geht hervor, daß Mütter, die in Mittelengland in Werkstätten zur Herstellung von Nägeln und Ketten arbeiteten, ihre Babys entweder in der Obhut kleiner Mädchen ließen – »oder sie werden auf einen warmen Haufen Brennmaterial gesetzt oder baumeln in Eierkisten an der Decke der Werkstatt. Sobald sie laufen können, spielen sie in der Gosse und stecken ihre Arme in die Löcher der Kanalgitter, durch die das Wasser abgeleitet wird.«[23] In der zweiten Hälfte des 19. Jahrhunderts wurden in Großbritannien etliche Untersuchungen über die Sterblichkeitsziffern von Kindern durchgeführt, deren Mütter in der Textilindustrie arbeiteten. Sie stellten fest, daß die Sterblichkeitsziffer bei Kindern unter zwölf Monaten, deren Mütter arbeiteten, höher war als die allgemeine Sterblichkeitsziffer; freilich waren die herangezogenen Gruppen sehr klein, und die Ergebnisse kamen den Sterblichkeitsziffern in einigen ländlichen Gebieten nahe. Dennoch wurden diese Ergebnisse von Politikern und meinungsbildenden Kreisen als Begründung für die Forderung benutzt, daß Mütter nicht arbeiten sollten – ungeachtet der Tatsache, daß Kinder weniger unter der Berufstätigkeit ihrer Mütter litten als unter den schlechten sozialen und gesundheitlichen Verhältnissen der Zeit.

In früheren Jahrhunderten waren Kinder stets auch von Vernachlässigung durch ihre Betreuerinnen bedroht. Die Ernährung durch eine Amme verringerte die Überlebenschance eines

Babys beträchtlich, denn »die schreckliche Armut, die die ländliche Familie überhaupt erst dazu motivierte, einen Säugling aufzunehmen, schuf eine Umgebung, die guter mütterlicher Betreuung, ja sogar dem physischen Überleben feindlich war«, schreibt der Historiker Edward Shorter in seinem Buch *Die Geburt der modernen Familie.*[24] Die Behausungen waren oft überbelegt und schmutzig, die Babys wurden häufig zu früh entwöhnt und mit Brei – einer Mischung aus Mehl, Wasser und Zucker – gefüttert, damit die Amme einen weiteren Säugling zum Stillen annehmen konnte. Manche Ammen nährten die eigenen Kinder zuerst, so daß für ihre Pfleglinge kaum etwas übrigblieb, andere hatten überhaupt keine Milch mehr. In der zweiten Hälfte des 19. Jahrhunderts waren Kinder von Fabrikarbeiterinnen häufig schlechter Betreuung ausgesetzt – die Ernährung mit Brei muß Bauchschmerzen und ein ständiges Wehgeschrei des Säuglings verursacht haben, so daß ihre Betreuerinnen zu Drogen griffen, um die Kinder ruhigzustellen und zum Schlafen zu bringen, besonders wenn sie mehrere in ihrer Obhut hatten. Einschlägige Mittel wie »Mrs. Wilkinson's Soothing Syrup« wurden im Laden verkauft, und alle waren mit einem Narkotikum – Laudanum oder Morphium – versetzt.

Eine solche Behandlung kommt einer Mutter von heute gewiß schockierend vor, doch muß man sie im Kontext einer allgemein hohen Sterblichkeitsziffer und erbärmlicher sozialer Verhältnisse sehen. »Daß die Kinder der Armen unter mangelnder Zuwendung und unzulänglicher Betreuung leiden, liegt nicht daran, daß die Mütter faul und am Wohl ihrer Kinder nicht interessiert wären«, schreibt Maud Pember Reeves in ihrem hervorragenden Buch über das Familienleben der Arbeiterschicht im Jahr 1913.

> Es liegt vielmehr daran, daß die Mutter nur ein Paar Hände und nur ein – überlastetes – Gehirn hat. Sie kann den Tag nur bestehen, wenn sie alles, was sie zu tun hat, unzulänglich tut. Bei sechs Kindern bleibt ihr zwischen dem Austragen und dem Aufziehen der Schar kaum genug Ener-

gie zu vernünftigem Kochen, selbst wenn sie die erforderliche Zeit und die Mittel dafür aufbringen könnte.[25]

Die absichtliche Vernachlässigung durch Betreuerinnen war, wie heute auch, zweifellos eine Ausnahme und nicht die Regel. Einschlägige Beispiele stellen möglicherweise historische Entsprechungen der Kinderbetreuerin von heute dar, die ein Kind schlägt, oder des Kindergartens, der nicht genug auf Sicherheit achtet oder in dem die Kinder machen können, was sie wollen, während die Kindergärtnerinnen schwatzend und rauchend im Personalzimmer herumsitzen. Enorme Verbesserungen in der Gesundheitspflege und der Ernährung, in den Lebensbedingungen und der Bildung, verbunden mit großen Fortschritten im Verständnis der psychischen Bedürfnisse von Kindern haben dazu geführt, daß wir unsere Kinder in bester Betreuung wissen, wenn wir zur Arbeit gehen. Wir sorgen uns ja eher darum, ob sie zuviel fernsehen oder zu viele Kartoffelchips knabbern, während wir unserer Arbeit nachgehen, als um die Frage, ob sie überhaupt etwas zu essen bekommen.

Kinder haben es noch nie so gut gehabt wie heute, doch als Mütter machen wir uns noch immer Vorwürfe, weil wir nicht mehr für sie tun, nicht ständig bei ihnen sind und ihnen pürierte Hühnerbrust einlöffeln und jedes aufgeschrammte Knie bemitleiden. Unsere Kinder sind alles in allem gesünder und werden mehr gefördert als je zuvor, weil Mütter heute soviel mehr für ihre Kinder tun. Wir respektieren heute die Kindheit als eine vom Erwachsensein abgegrenzte Lebensphase; Kinder müssen längst nicht mehr durch Arbeit zu ihrem Lebensunterhalt beitragen, benehmen sich aber ab etwa zehn Jahren schon wie kleine Erwachsene. Die idyllische Vergangenheit, in der die große Mehrzahl der Frauen, vom Ehemann ernährt, sich von morgens bis abends um ihre Kinder kümmerte, hat es nie gegeben. Doch trotz aller Veränderungen, trotz all der zusätzlichen Arbeit, die wir als Mütter leisten, um unsere Kinder gut zu erziehen, glauben viele von uns weiterhin, daß wir noch sehr viel bessere Mütter wären, wenn wir nur unseren Beruf aufgeben könnten.

Die Ideologie der »guten« Mutter und die heutigen sozioökonomischen Zwänge, unter denen Frauen ihren Lebensunterhalt verdienen und mit Männern konkurrieren müssen, haben eine ganze Palette neuer Probleme für Frauen geschaffen, wenn sie Mütter werden. Immer mehr Frauen gehen davon aus, daß sie ihrem Beruf nachgehen, ihre Karriereambitionen verfolgen und dennoch Kinder haben können. Indessen sind nur wenige von uns darauf vorbereitet, welcher Logistik es bedarf, um beide Verpflichtungen unter einen Hut zu bringen, oder in welcher Weise sich unsere Prioritäten und unsere Einstellung zum Beruf nach der Geburt eines Kindes verändern können. Wie zahllose andere Frauen nahm ich an, daß ich meinem Beruf fast genauso nachgehen würde, wie ich es vorher getan hatte. Ich würde eben mein Baby mit ins Büro nehmen und später, nach dem Abstillen, zu einer Tagesmutter geben. Ich hatte keine Ahnung, wie schwer beides zu verwirklichen war oder wie sich meine Ansprüche an den Beruf verändern würden. Ich wollte unbedingt an meinen Arbeitsplatz zurückkehren, um mich wieder mit der realen Welt verbunden zu fühlen, einer Welt, die ja beruflichen Status und Erfolg so viel höher bewertet als Mutterschaft, aber ich empfand es dann als nahezu unmöglich, mich von meinem Baby zu trennen. Dabei fühlte ich mich ehrgeiziger als je zuvor. Ich wollte für mein Kind erfolgreich sein, nicht so sehr für mich, doch ich hätte es für sinnlos gehalten, eine Arbeit zu verrichten, die mich von meiner Tochter trennte, wenn diese Arbeit die Mühe nicht lohnte.

Wenn eine Frau Mutter wird, stehen ihr in bezug auf ihre Berufstätigkeit drei verschiedene Möglichkeiten offen. Sie kann in ihren Beruf zurückkehren und ganztags arbeiten, vorausgesetzt sie findet eine erschwingliche und zuverlässige Betreuerin für ihr Kind. Verdient ihr Partner genug, um die Familie zu ernähren, kann sie den Beruf ganz aufgeben, wenn sie denn feststellt, daß ihre Karriereambitionen mit der Mutterschaft verflogen sind. Oder sie kann versuchen, das Beste beider Bereiche miteinander zu vereinbaren und halbtags oder selbständig zu arbeiten. Jede Variante hat ihr Für und Wider.

Den Beruf einstweilen ganz aufzugeben, um ausschließlich Mutter zu sein, mag nach wie vor der Traum vieler Frauen sein, doch diese Entscheidung fordert erhebliche Opfer. Sie bedeutet völlige finanzielle Abhängigkeit vom Vater Ihres Kindes, die das emotionale Gleichgewicht in Ihrer Beziehung beeinträchtigen kann. Sie bedeutet, daß Sie auf spätere Leistungen aus der gesetzlichen Sozialversicherung – beispielsweise Arbeitslosengeld – verzichten müssen und geringere Rentenansprüche haben; nicht zuletzt deshalb sind Frauen eher von Armut bedroht, besonders im Alter. Und es ist wahrscheinlich schwerer, auf demselben Niveau ins Berufsleben zurückzukehren, das Sie bis zur Mutterschaft erreicht hatten. Untersuchungen zeigen, daß viele Frauen, die ihre Berufstätigkeit wiederaufnehmen, sobald ihre Kinder das Schulalter erreicht haben, eine erhebliche Herabstufung in Kauf nehmen müssen.

Immer mehr ganztags berufstätige Frauen in Großbritannien stellen fest, daß ihnen schon wegen des Mutterschaftsgeldes gar nichts anderes übrigbleibt, als nach dem Ende des Mutterschaftsurlaubs ihre Arbeit wiederaufzunehmen. Gemma S. arbeitet für das Fernsehen der BBC: »Ich war vertraglich verpflichtet, wieder zu arbeiten, und das ist, wie ich mittlerweile begriffen habe, ein zweischneidiges Schwert. Einerseits mußte ich nach der Entbindung nicht befürchten, daß mich niemand mehr einstellen würde, andererseits tickte in meinem Kopf ständig eine Uhr und zählte die Tage, die mir mit meinem Kind noch blieben. Ich dachte, die Welt sei geteilt in jene, die wieder arbeiten gingen, und die anderen, die es nicht taten. Ich hatte nicht geahnt, daß es Tag für Tag so schwierig sein würde und daß Frauen, die sich für die Ganztagsarbeit entschieden haben, ihr Leben sogar noch Jahre später überaus schwer finden.« Gemma fühlt sich an beiden Fronten schuldig und unzulänglich, außerstande, für ihre Kinder und in ihrem Beruf das Beste zu leisten, weil sie ständig erschöpft und emotional gespalten ist.

Andere ganztags arbeitende Mütter entwickeln wegen der Auswirkungen eines langen Arbeitstags auf ihr Kind Schuldgefühle. Grace P. arbeitet als Verwaltungsangestellte in einem Gesundheitsamt. Ihr Sohn Malcolm ist sechs Jahre alt. »Sein Tag kommt mir so lang vor. Wenn er wenigstens erst um acht aufstehen müßte, statt um sieben, damit ich ihn rasch zur Tagesmutter bringen kann – und wenn ich ihn dort nach der Schule schon um halb vier abholen und ihm dann beim Lesenlernen helfen könnte, wäre es wahrscheinlich anders. Wenn er von der Tagesmutter nach Hause kommt, ist er immer so müde, und ich bin es auch, und ich habe nicht genug Zeit für ihn und höre ihm nicht richtig zu. Ich sage bloß: ›Okay, Malcolm, das reicht jetzt‹, und dann fühle ich mich schuldig. Ich glaube also nicht, daß ich meine Sache als Mutter besonders gut mache. Wenn es dafür Punkte gäbe, würde ich mir höchstens drei von zehn geben.«

Für Frauen, die bei geringem Verdienst ganztags arbeiten, wird die Entscheidung über die Berufstätigkeit besonders durch wirtschaftliche Faktoren bestimmt. Wenn zuviel vom Einkommen der Frau für die bezahlte Kinderbetreuung draufgeht, ist es sinnvoll, sich für einen der ja ständig zunehmenden Teilzeitjobs oder für flexibles Arbeiten zu entscheiden; die Arbeitszeit kann den Schulstunden angepaßt oder in die Zeit gelegt werden, in der andere Familienmitglieder zur Verfügung stehen, die sich kostenlos um die Kinder kümmern. Die überwältigende Mehrheit der Teilzeitjobs in Großbritannien wird von Frauen wahrgenommen, und die meisten von ihnen wiederum sind Mütter. Zwar treffen Frauen diese Entscheidung meist ganz bewußt, weil sie mehr Zeit mit ihren Kindern verbringen wollen, doch sie führt natürlich zu beträchtlichen finanziellen Einbußen. Teilzeitarbeit wird im Verhältnis zur Ganztagsarbeit allgemein schlechter bezahlt, und im Management wie in den meisten akademischen Berufen gibt es so gut wie keine Teilzeitarbeitsplätze, was bedeutet, daß Frauen oft eine Degradierung akzeptieren, um überhaupt eine Stellung zu bekommen. Mutterschaft kostet mehr als den bloßen Lebensunterhalt für ein heranwachsendes Kind. Die Möglichkeit der Frau, Geld zu verdienen, ist gerade dann besonders eingeschränkt, wenn es am meisten gebraucht wird.

Müssen wir uns wegen unserer Berufstätigkeit wirklich so schuldig fühlen, obwohl doch nahezu alle vorliegenden Untersuchungen zeigen, daß es Kinder berufstätiger Mütter in der Regel besser haben? Betreuung durch andere schadet Kindern nicht, vorausgesetzt, sie sind in guter und beständiger Obhut, erhalten emotionale Zuwendung und viel Anregung. Bringt man ein Kind aus dem bescheidenen Haushalt einer deprimierten Ganztagsmutter, in dem es nur wenig Spielzeug gibt, in eine Kindertagesstätte mit vielen anregenden Spielzeugen und Aktivitäten, anderen Kindern und fachkundigen Erzieherinnen (die wissen, wie man das Selbstwertgefühl und das Selbstvertrauen eines Kindes stärkt), wird es sich aller Wahrscheinlichkeit nach besser entwickeln, als wenn es ohne solche Anregungen in einer Hochhauswohnung eingesperrt bliebe. Das eben laufende Kleinkind einer berufstätigen Mutter ist zumeist gemeinschaftsfähiger, emotional entwickelter, selbständiger und geistig unabhängiger als gleichaltrige Kinder von nicht arbeitenden Müttern.[26] Ein Überblick über neuere Forschungsergebnisse von 1983 ergab, daß die Berufstätigkeit einer Mutter keine negativen Auswirkungen auf die schulischen Leistungen, den IQ oder die soziale und emotionale Entwicklung ihres Kindes hat, und andere Untersuchungen haben gezeigt, daß vor allem Mädchen von einem günstigen Rollenvorbild profitieren, wenn die Mutter eine positive Einstellung zu ihrer Doppelrolle als berufstätige Mutter hat.[27] Kinder brauchen ihre Mütter, aber sie müssen nicht ständig mit ihnen zusammensein, nicht einmal als Babys. Die Behauptung, nur die Mutter könne ihr Kind am besten betreuen, hat etwas durchaus Arrogantes. Kinderpsychologen wissen, daß Kinder durch das Zusammensein mit anderen Kindern Fortschritte machen und durch das Spielen lernen. Sie kommen mit einer größeren Welt und unterschiedlichen Erwachsenen und Charakteren in Kontakt, wenn sie in den Kindergarten gehen; und wenn sie außerhalb der Kernfamilie eine verläßliche betreuende Bezugsperson haben, sind sie eher privilegiert als benachteiligt. Wenn ein Kind liebevollen Umgang sowohl mit seiner Mutter und seinem Vater als auch mit seiner

Tagesmutter oder seinem Kindermädchen hat, wird ihm höchstwahrscheinlich eine bessere Betreuung und mehr Verständnis zuteil, denn, so schreibt Louise Erdrich:

> Kinderlose Frauen sind oft auch die besten Mütter, weil sie über die Geduld, das Interesse und die Versöhnlichkeit verfügen, die das ständige Zusammensein mit den eigenen Kindern nicht immer zuläßt. Ich suche das Gespräch mit ihnen, und unsere Töchter gewinnen in ihnen wertvolle Bezugspersonen. Frauen, die keine eigenen Kinder betreuen, haben oft den klaren, unvoreingenommenen Blick, um tief in den Charakter eines Kindes hineinzusehen, das im Netz seiner Familie gefangen ist. Es ist ein Glück für ein Kind, wenn es sich außerhalb der Beziehungen zu seinen Eltern von einem Erwachsenen als Individuum zur Kenntnis genommen fühlt.[28]

Ein möglicher Preis für die Berufstätigkeit der Mutter scheint ein höherer Anteil an Bindungsverlust zu sein, der bis zu 15 Prozent über dem einer Familie liegt, in der die Mutter zu Hause bleibt. Bindungsverlust bedeutet: Ein Kind spürt, daß seine Mutter zwar einfühlsam reagieren will, seine Bedürfnisse oder Probleme aber nicht wirklich versteht, so daß es sich weniger sicher fühlt. Bedenken Sie jedoch, daß sich auch das Kind einer Mutter, die zu Hause bleibt, mißverstanden fühlen kann, besonders wenn die Mutter depressiv und unaufmerksam ist; aber dieser Zustand ist keineswegs irreparabel. Eltern haben viele Möglichkeiten, ihrem Kind die starke Gewißheit »Mama und Papa kennen und verstehen mich« einzuprägen, die auch dann wirksam bleibt, wenn die Eltern zur Arbeit fort sind. Die Mutter wird vom Kind als eine so große und omnipotente Kraft empfunden, daß manche Kinderpsychologen glauben, Mütter übten als »heraufbeschworene Begleiterin« diesen Einfluß auch dann aus, wenn sie nicht bei ihrem Kind sind. Dr. Daniel Stern vom Cornell Medical Center in New York ist der Meinung, die Vorstellung, die ein kleines Kind von seiner Mutter habe, sei fast zum Greifen lebendig, als ob sie neben ihm stehe und seine Hand halte, und diese Vorstellung reiche gewiß aus, ihm über die Abwesenheit der Mutter hinwegzuhelfen.[29]

Dr. Sirgay Sanger, der Begründer des Eltern-Kind-Interaktionsprogramms am St. Luke's-Roosevelt Hospital in New York, vertritt den Standpunkt, daß Eltern schon bei sehr kleinen Kindern aktiv ein Gefühl der Bindung aufbauen können. Ein Kind, dem man Zeit und Geduld widmet, so daß es seine Bedürfnisse und Wünsche zum Ausdruck bringen kann, fühlt sich erwünscht und verstanden. Für Ein- und Zweijährige ist es oft schmerzlich, wenn ihre Mütter morgens das Haus verlassen, weil sie ihre Mutter immer noch als Teil ihrer selbst empfinden und nicht als von ihnen getrennte Person. Doch wenn das Kind auch eine starke Beziehung zu seiner Betreuerin entwickelt, wird es durch das Fortgehen der Mutter keinen Schaden erleiden. Mütter können hilfreiche Verbindungen zwischen Morgen und Abend herstellen, etwa mit dem Malen eines Bildes oder dem Vorlesen eines Buches anfangen und abends damit fortfahren. Gegenstände, die das Kind überallhin mitnimmt, beispielsweise ein Teddy oder ein Tuch, können einem Kleinkind ebenso ein Gefühl der Sicherheit geben wie die Tasche mit seinen Windeln und der Wäsche zum Wechseln. Die Einführung von kleinen Routineprozeduren und Ritualen – etwa dasselbe Lied oder Spiel beim Füttern oder Baden – wird auch dem kleinsten Kind Fixpunkte und Beruhigung vermitteln.

Die Angst und der Kummer, morgens ein weinendes Kleinkind zurückzulassen, können äußerst quälend sein, doch das geht vorbei, und Sie gewöhnen sich beide daran, vorausgesetzt, Sie widerstehen dem Zwang, sich schuldig zu fühlen, und sind in bezug auf Ihre Motive absolut ehrlich. Wie jede andere berufstätige Mutter stehe auch ich morgens auf der Türschwelle und lausche dem Schreien meines kleinen Kindes, wenn ich zur Arbeit aufbreche. Abhängig von meiner eigenen psychischen Verfassung verstärkt sich der Schmerz, oder er läßt nach. Wenn wir einen wunderschönen Morgen miteinander verbracht haben, höre ich das Schreien und ärgere mich über alles, was mich zum Fortgehen zwingt. Wenn ich aber übernächtigt bin, weil ich mehrmals aus dem Schlaf gerissen wurde, wenn beide Kinder quengeln und meine Geduld aufs äußerste strapazieren, wird jeder Protest – die eine will nicht in die Schule, die andere nicht bei der Tagesmutter bleiben – rasch erstickt, indem ich ihn nicht zur Kenntnis nehme, bevor ich mich dann mit dem überwältigenden Gefühl der Befreiung auf den Weg zur Arbeit mache. Wenn ich an solchen Tagen noch ein bißchen auf der Schwelle verweile, kriege ich manchmal mit, wie das Schluchzen von Gelächter abgelöst wird, weil die Tagesmutter einen Scherz macht oder die Pläne für den Tag verkündet.

Auch nichtberufstätige Mütter wollen nicht ständig mit ihren Kindern zusammensein. Schuldgefühle wegen jeder Trennung provozieren und verlängern den Kummer Ihres Kindes, weil es sich durch Ihre Reaktionen verunsichert und ohne Sie schutzlos fühlt. Wie Untersuchungen belegen, wird sich Ihr Kind, wenn Sie es bei einem Babysitter oder in einem Kindergarten abliefern, rasch und problemlos anpassen, sofern Sie dies als etwas ganz Selbstverständliches angehen und sich entschieden so verhalten, als sei die Betreuung durch eine andere Person oder den Kindergarten das einzig Richtige. Nach einem selbstsicheren und fröhlichen Abschiedsgruß, bei dem Sie Ihrem Kind direkt in die Augen sehen sollten, müssen Sie sofort gehen. Halten Sie sich nicht zögernd in der Nähe auf, und versuchen Sie nicht, Ihr Kind durch irgend etwas abzulenken, bevor Sie sich davonstehlen; hüten Sie sich auch vor ausführlichen Erklärungen, warum Sie jetzt gehen müssen, denn Sie würden damit Ihrem Kind nur Ihre eigene Unsicherheit und Ihren Kummer verraten und es unnötig beunruhigen. Doch wenn sich das Kind aufregt, sollten Sie seine Klagen nicht ignorieren oder einfach abtun. Wenn das Kleine spürt, daß Sie verstehen, wie es sich fühlt, fangen Sie unwillkürlich jede Unsicherheit ab.

Auch das Abholen Ihres Kindes am Abend kann mit Schwierigkeiten verbunden sein, wenn Sie erschöpft und mit dem Kopf noch ganz woanders sind. Gemma S. hat zwei kleine Töchter im Alter von vier und eins. »Ich empfinde es als besonders schwer, von der Arbeit abzuschalten und mich den Kindern ganz zuzuwenden. Es hat Zeiten gegeben, da habe ich abends noch zehn Minuten allein draußen im Auto gesessen und eine

Zigarette geraucht, weil ich wußte, daß ich dieses Intervall einfach brauchte. Und es gab Phasen, da habe ich mir erst mal einen Drink genehmigt, bevor ich zu den beiden Schreihälsen im Bad hinaufging, weil ich irgendwoher ein bißchen Kraft nehmen mußte. Manche Leute glauben, man könne wunderbar abschalten, wenn man nach Hause kommt und die Kinder ins Bett bringt, aber bei mir ist das nicht so.«

Sie sollten sich in der Tat ein bißchen Zeit zum Abschalten gönnen, damit Sie einen klaren Kopf haben, bevor Sie den Kontakt zu Ihrem Kind wiederaufnehmen. Es wird helfen, das Wiedersehen heiterer zu machen. Wenn Sie dann Ihrem Kind erlauben, für zehn oder fünfzehn Minuten das Tempo zu bestimmen, damit es Ihnen beispielsweise seine neu gemalten Bilder zeigen und Sie in seine Welt einbeziehen kann, deren Wichtigkeit Sie ihm ja vermittelt haben, ist es unwahrscheinlich, daß es zu Konflikten, Widerstand oder Tränen kommt. Sie brauchen mit Ihrem Kind gar nichts Besonderes anzustellen. Sie müssen es nicht zu einem Dutzend verschiedener Aktivitäten animieren, sobald Sie zur Tür hereinkommen, bloß um Ihre Schuldgefühle zu beschwichtigen. Ihr Kind will ja nur, daß Sie sich ihm eine Weile konzentriert zuwenden, bevor Sie sich eine Tasse Kaffee machen oder die Post durchsehen. Das wird die Bindung zu Ihrem Kind rasch wieder festigen, so daß es vergißt, daß Sie je fort gewesen sind. Folgen Sie ihm in seinen Aktivitäten, statt sie selbst zu bestimmen. Es kommt nicht darauf an, ob es ein Buch aufschlägt, dann ein anderes hervorholt und Ihnen schließlich ein Spielzeug zeigt – Hauptsache, Sie sind da und reagieren mit Lächeln und Ermutigung auf seine Versuche, mit Ihnen zu kommunizieren. Bei kleinen Kindern wechseln fortwährend Phasen von Energieausbrüchen mit Phasen der Ruhe. Ihr Heimkommen löst natürlich erst einmal einen Energieausbruch aus.

Dr. Ellen Hock von der Ohio State University hat in einer Untersuchung nachgewiesen, daß eine Frau sich während der Arbeit sehr viel weniger Sorgen um das Wohl ihres Kindes macht, wenn sie sich grundsätzlich darüber im klaren ist, daß eine gute Mutter auch berufstätig sein kann.[30] Eine berufstätige Mutter hingegen, die sich wegen ihrer Arbeit schuldig und unsicher fühlt, überträgt diese Unsicherheit auf das Kind und verlängert dessen Kummer bei der Trennung. Ihre Unruhe läßt die Mutter auch weniger sensibel auf die Bedürfnisse ihres Kindes reagieren, so daß es sich vermutlich unbehaglich fühlen wird. Nicht die Berufstätigkeit an sich also kann Kindern schaden, sondern das Schuldgefühl der Mütter, weil sie arbeiten wollen oder müssen.

Mütter breiten einen weiten Flügel der Liebe und Fürsorge über das ganze Leben ihres Kindes aus, nicht nur über ein paar festgesetzte Stunden am Tag. Wir fühlen uns beklommen und traurig, wenn wir Augenblicke eines wichtigen Durchbruchs im Leben eines kleinen Kindes verpassen, doch in der Perspektive des Kindes zählt weniger der Augenblick, in dem es eine neue Fähigkeit erworben hat, als der, in dem es Ihnen vorführt, was es kann; denn es fühlt sich durch Ihre Reaktion bestätigt. Die Intimität, die ein Kind im Umgang mit seiner Mutter oder seinem Vater erlebt, ist unersetzlich, und Eltern nähren den Geist eines Kindes auf unmerkliche, unbegreifliche Weise. Diese Liebe wird durch die Zuneigung und die liebevolle Zuwendung eines Kindermädchens oder einer Kindergärtnerin ergänzt, jedoch nie ersetzt. Mütter bestimmen die gesamte Kultur eines Kinderlebens, gleichgültig, ob sie ständig mit ihrem Kind zusammen sind oder öfter fortmüssen.

»Zur Mutterschaft gehört das ständige Aufgeben des eigenen Ichs«, schreibt Anne Roiphe in ihrem Buch *Fruitful*, »und nur wenige von uns nehmen das ohne Groll hin, was allein schon einen ganzen Strom von Schuldgefühlen auslöst.«[31] Selbstaufopferung und Selbstverleugnung scheinen feste Bestandteile der Mutterschaft zu sein, weil die Ansprüche und Bedürfnisse eines Kindes schrankenlos sind. Doch wir müssen diesen Ansprüchen Grenzen setzen. Ein Baby empfindet seine Mutter als eine Verlängerung seiner selbst, als ein »außergewöhnlich bewegliches Glied«, so der Psychologe Robin Skynner, bis die Mutter bestimmte Ansprüche nicht mehr erfüllt und das Kind sie als eigenständiges Wesen zu sehen beginnt, das nicht immer zu steuern ist. Das ist wesentlich für seine Entwicklung: Es muß lernen, wo seine Grenzen sind. Wenn Mütter vollkommen und imstande wären, jeden Anspruch des Kindes stets im richtigen Augenblick zu erfüllen, hätten es ihre heranwachsenden Kinder schwer, in der Außenwelt zurechtzukommen, wo sie ja niemals der wichtigste Aspekt sein können. Wenn Mütter nie von ihren Kindern getrennt wären und jede neueste Theorie »guter« Mutterschaft befolgen würden, hätten ihre Kinder kaum je Gelegenheit zu Spontaneität, phantasievollem Spiel und gesundem Chaos. Es ist weder möglich noch vernünftig, eine perfekte, konfliktfreie Welt zu schaffen, in der die Bedürfnisse unserer Kinder stets an erster Stelle stehen, weil sie in der realen Welt aufwachsen und leben, in einer Welt, in der Konflikte an der Tagesordnung sind und in der ihre Mütter arbeiten. Auch Mütter haben als Menschen Bedürfnisse, und die Trennung von ihren Kindern für einen Teil des Tages ist ein nicht mehr wegzudenkender Aspekt des modernen Lebens: Unsere Kinder können leicht damit zu leben lernen, ohne Schaden zu nehmen.

Vielleicht müssen »gute« Mütter im Grunde ihres Herzens die Großmut aufbringen, ihren Kindern eine eigenständige Individualität zuzugestehen, die auch ein Recht auf Liebe und Anregung von möglichst vielen anderen Menschen bedingt, statt sie selbstsüchtig an sich zu binden, indem sie auf den Beruf verzichten. Heute, da meine Kinder groß genug sind, um mit Vernunft und Intelligenz, weit über ihr Alter hinaus, zu kommunizieren, weiß ich, daß sie durch meine Berufstätigkeit viel gewonnen und nichts verloren haben. Ein sportliches Kindermädchen hat ihnen Vertrauen in ihre körperlichen Fähigkeiten vermittelt, indem es sie zum Klettern, Schwimmen und Radfahren ermunterte. Sie wissen mehr über irische Kultur und Karate als ich, und sie haben eine weitere zuverlässige Vertraute, an die sie sich in kritischen Augenblicken wenden können. Die einzige Person, die möglicherweise etwas verloren hat, bin ich selbst, denn ich weiß, daß mit jedem Tag, der vergeht, während meine Kinder heranwachsen, kostbare Augenblicke dahinschwinden.

Wenn wir beruflich arbeiten müssen, aber auch das Beste für unsere Kinder tun wollen, ist ein hohes Maß an Toleranz und Großzügigkeit beim Auswählen und Engagieren der Betreuerin unerläßlich, die sich tagsüber um unsere kleinen Kinder kümmert. Das heißt, Sie müssen akzeptieren, daß Ihre Tagesmutter oder Ihre Kinderfrau Ihren Kindern andere, aber ebenso wertvolle Eigenschaften vermitteln kann, gerade weil sie nicht Sie ist. Es könnte heißen, daß Sie sich mit einer unordentlichen Wohnung abfinden müssen, wenn nur Ihr Kind dabei fröhlich ist; es bedeutet, daß Sie die eigenständige Beziehung Ihres Kindes zu seiner Betreuerin respektieren müssen, ohne Eifersucht zu empfinden. Wenn ich Mittelschichteltern darüber klagen höre, wie schwierig es sei, ein gutes Kindermädchen zu finden, und sie nahezu damit prahlen, wie viele Reinfälle sie schon erlebt haben, dann frage ich mich, wie es wohl sein mag, für solche Leute zu arbeiten. Womit haben sie die Betreuerinnen aus dem Haus getrieben? Kindermädchen, Tagesmütter und Kindergärtnerinnen empfinden bald Zuneigung zu den ihnen anvertrauten Kindern, und wir müssen diese Zuneigung pflegen, denn sie schützt und fördert unsere Kinder. Die Mutter, die ihr Kindermädchen immer wieder mit unsinnigen Forderungen und Ansprüchen plagt, sollte in sich gehen und sich fragen, warum sie das nicht unterläßt. Das Wohlergehen, das Vertrauen eines Kindes ist doch von vorrangiger Bedeutung, nicht die Frage, ob die Mutter die Betreuerin mag oder ob sie mit deren Leistungen beim Abwaschen zufrieden ist. Wenn wir verantwortungsbewußte berufstätige Mütter sein wollen, müssen wir das Bedürfnis unseres Kindes nach beständiger Betreuung über unsere eigenen Wünsche stellen.

Während eine Phase der Kindheit nach der anderen vorübergeht, werden Mütter an die Vergänglichkeit der Mutterschaft erinnert: Sie ist nur ein Lebensabschnitt, der eines Tages ein Ende hat. Meinen Kindern die Mutter zu sein, ist heute das Wichtigste in meinem Leben, aber eben doch nur ein Teil davon, nicht sein einziger Zweck. Mein Geist verlangt nach Anregung durch Arbeit und nach Umgang mit Erwachsenen, so daß ich meinen Kindern eine bessere, anregendere Mutter sein und sie lehren kann, in der Welt zurechtzukommen. Die Phasen der Mutterschaft haben meinen Blick für Lebensphasen geschärft: Ich weiß, daß meine Töchter mich eines Tages nicht mehr brauchen werden und daß ich dann mehr denn je auf die Befriedigung angewiesen sein werde, die mir meine berufliche Arbeit schenkt. Die Mutterschaft hat in mir einen Ehrgeiz geweckt, der mir früher völlig fremd war. Wenn ich arbeiten soll, muß es wirklich der Mühe wert sein; heute brauche ich den beruflichen Erfolg für meine Kinder, während ich ihn früher für mich selbst nicht unbedingt gebraucht habe. Die Mutterschaft hat mich – wie viele andere Mütter – im Beruf mutiger gemacht; ich habe festgestellt, daß die allgegenwärtige geistige Präsenz des eigenen Kindes all die personalpolitischen, betrieblichen, hierarchischen Belange und erst recht die Wichtigtuerei von Kollegen stark relativiert.

»Ich glaube, es hat etwas mit der Einsicht zu tun, daß es Wichtigeres im Leben gibt als die berufliche Karriere, und das macht einen produktiver und selbstsicherer«, sagt Clara B., eine in London lebende amerikanische Historikerin. »Erstens bin ich heute in vier Stunden produktiver als früher in drei Tagen, weil ich weiß, daß ich nicht mehr Zeit habe, und zweitens überschattet die Wichtigkeit meines Kindes alles andere. Sie rückt alles in eine gemeinsame Perspektive, macht auch andere Dinge erfreulicher, weil ich heute mit mehr Gelassenheit an sie herangehe.«

Andere Frauen stellen fest, daß ihre Kinder sie zu einer radikalen beruflichen Veränderung zwingen, oder sie gehen das Risiko der Selbständigkeit ein, damit sie sich ihre Arbeitszeit besser einteilen können. Sarah T. hatte eine hochbezahlte leitende Stellung in der Werbebranche, als sie ihr erstes Kind bekam, und war in ihrer Firma erst die zweite Frau in einer solchen Position, die Mutter wurde. Sie stürzte sich in den folgenden neun Monaten wieder in die Arbeit und wurde sich schließlich darüber klar, daß ihre Wertvorstellungen nicht mehr mit denen ihrer Firma übereinstimmten. »Wenn ich eine Bewertung bekam, hieß es, ich ließe mich in der Firma nicht genug sehen, es komme auf den persönlichen Einsatz an, während ich dachte, daß vor allem die Ergebnisse zählen – und meine waren gut. Das ging neun Monate so, bis ich zu dem Schluß kam: Ich sehe mein Baby viel zu selten, ich bin total erschöpft. Ja, ich verdiene gutes Geld, aber wo bleibt es eigentlich? Mir liegt gar nichts daran, Vorstandsmitglied dieser Gesellschaft zu sein, und meine Arbeitsweise wird ja auch nicht geschätzt.« Sie kündigte also, bekam bald ein zweites Kind und gründete eine eigene Werbeagentur.

Auch Hannah B. machte sich nach der Geburt ihrer Tochter als Managementberaterin selbständig. »Die Kleine zwang mich dazu, eine Entscheidung zu treffen und das Risiko einzugehen. Es ist interessant, wie viele Risiken im Leben einer Frau auftauchen, sobald sie ein Kind hat. Ich kann mir heute nicht mehr vorstellen, daß ich irgend etwas sehr lange tue, weil ich mich daran gewöhnt habe, daß sich ständig alles verändert. Ein Baby zu haben bedeutet, daß vieles möglich ist, es bedeutet nicht, daß man alle Überlegungen in die Tat umsetzt, aber es schafft immerhin eine Welt von Möglichkeiten.«

Die Vorstellung, Frauen könnten nach der Geburt eines Kindes wirklich frei entscheiden, ob sie wieder arbeiten wollen oder nicht, ist weitgehend überholt. Nur wenige Familien können mit dem Gehalt des Ehemannes einen angemessenen Lebensstandard aufrechterhalten, während für die Mehrzahl der Verdienst der Frau unverzichtbar ist. Zudem stellen immer mehr Frauen fest, daß sie ihren Beruf aus denselben Gründen benötigen wie die Männer: Sie brauchen die aus der Arbeit erwachsende Selbstbestätigung, die Leistung, die Befriedigung, die wertvollen Freundschaften, den sozialen Kontext – und natürlich auch das Gehalt. Unsere Gesellschaft ist auf die Arbeitsleistung von Frauen angewiesen, und wenn sie die Chancengleichheit ernst nimmt, muß sie akzeptieren, daß Mütter Seite an Seite mit Vätern arbeiten. Dennoch stellen Frauen immer wieder fest, daß sie als Mütter im Beruf benachteiligt werden. Manche werden in Großbritannien auch heute noch wegen Schwangerschaft einfach entlassen, andere, die sich für Teilzeitarbeit entscheiden, bei Beförderungen übergangen oder in niedrigere Positionen abgeschoben und enden so beruflich in einer Sackgasse. Viele Frauen haben Schwierigkeiten, eine Betreuung für ihr Kind zu finden, auf die sie sich verlassen oder die sie sich leisten können, und müssen zudem registrieren, daß ihre Chancen für ein berufliches Vorankommen eingeschränkt sind, weil sie ihren Arbeitsplatz zu festgesetzten Zeiten verlassen müssen, um ihr Kind abzuholen.

Isis T. strebt eigentlich eine Ausbildung als Rechtsberaterin an. Sie war Justizangestellte, bis sie vor 16 Monaten ihr erstes Kind bekam, und erwartet nun das zweite. »Wenn es mir gelingt, den juristischen Abschluß zu machen, könnte ich es schaffen, aber der Kurs kostet 8000 Pfund, und die Idee, ein Darlehen in dieser Höhe aufzunehmen, um mein Examen zu machen, scheint mir bei zwei Kindern ziemlich unrealistisch zu sein. Wenn man sich nur um sich selbst zu kümmern hat, denkt man anders. Aber bei zwei Kindern muß ich absolut sicher sein, daß ich das Darlehen zurückzahlen kann. Außerdem, dieser Beruf kostet sehr viel Zeit, und ich weiß nicht, wozu ich eigentlich Kinder habe, wenn ich sie kaum zu sehen bekomme.«

Die Mutterpflichten mit der finanziellen Verantwortung für ein Kind vereinbaren zu müssen bedeutet für viele Frauen, auf schlecht bezahlte Teilzeitarbeit angewiesen zu sein. Nach der Geburt ihres ersten Kindes nahm Irene B. Putzstellen an, weil sie ihr Baby dorthin mitnehmen konnte. »Ich brauchte das Geld nicht für mich, sondern für die Kleine. Man hat das Gefühl, in ein Loch zu fallen, wenn es einzig und allein darum geht: Kann ich sie ernähren? Kann ich ihr etwas zum Anziehen kaufen? Kann ich dafür sorgen, daß sie nicht frieren muß? Es ist schrecklich, wenn man nichts verdient. Heute weiß ich, daß ich alles tun würde, um Geld für sie zu verdienen, und ich fühle mich nun sicher in der Gewißheit, für sie sorgen zu können, wenn mein Partner mich verlassen würde.«

Anderen Frauen bleibt nicht die geringste Wahl, weil ihre Männer arbeitslos oder arbeitsunfähig sind. Kate R. arbeitet in der Verwaltung eines Londoner Krankenhauses, und ihre Schwangerschaft war eine Zeit voller Streß. Ihr Mann verlor eine gutbezahlte Stellung in der City, und dann erfuhr sie, daß auch ihr Arbeitsvertrag nicht erneuert werden sollte. Sie fand eine neue Stellung, verschwieg aber, daß sie schwanger war, weil sie eine Fehlgeburt befürchtete. Dann erlitt ihr Selbstwertgefühl einen schweren Schlag, als bei ihr ein Notkaiserschnitt vorgenommen werden mußte. Ihr Mann kümmert sich zwar um das Baby, während sie arbeiten geht, doch Kate hat das Gefühl, eine doppelte Last tragen zu müssen. »Zu den häuslichen Pflichten kommt noch die Unterhaltspflicht für unseren Sohn und John. Ich sage nicht, daß ich seinen Beitrag nicht zu schätzen wüßte, doch meine ich, wenn er arbeiten und das Geld verdienen würde, könnte ich in der Zeit daheim viel mehr schaffen als er.« Kate täte nichts lieber, als zu Hause bei ihrem Sohn zu bleiben, aber sie hat keine andere Wahl: Sie muß arbeiten, um für ihn sorgen zu können. »Ich glaube, ich habe mir wohl meine Mutter zum Vorbild genommen, die erst nach dem Tod meines Vaters wieder zu arbeiten anfing, als ich zwölf Jahre alt war. Es fällt mir schwer, dies als Status quo zu akzeptieren und mich damit abzufinden, daß ich noch x Jahre arbeiten muß, um mein Kind durchzubringen. Ich komme mir manchmal wie eine alleinstehende Mutter vor.«

Alleinerziehenden Müttern bleibt erst recht keine Wahl, da sie im Unterschied zu Kate nicht einmal den Vorteil kostenloser Kinderbetreuung haben. Sie müssen entweder eine Stellung finden, die so gut bezahlt wird, daß davon die Kosten für Kinderbetreuung und der Lebensunterhalt für Mutter und Kind bestritten werden können, oder von Sozialhilfe leben. »Es ist ein ständiger Kampf«, sagt die zwanzigjährige Kelly C., die mit ihrem drei Jahre alten Sohn in Essex von 50 Pfund Sozialhilfe in der Woche lebt. »Ich würde gern jeden Tag arbeiten gehen. Ich fühle mich zu Hause oft richtig eingesperrt. Ich war mitten in der Ausbildung in einem Reisebüro, als ich schwanger wurde. Wenn Jason in die Schule kommt, möchte ich mich beruflich neu orientieren, aber bis dahin kann ich mich nicht vom Fleck rühren. Ich will mehr Kinder haben, aber auch berufstätig sein, und ich werde einen Weg suchen und finden müssen, beides zugleich tun zu können, statt dem einen oder dem anderen den Vorzug zu geben, auch wenn ich noch nicht weiß, wie.«

Die Mutterschaft verändert also in fast allen Fällen das Berufsleben der Frau. Vielen bringt sie eine willkommene Atempause in einem langweiligen Job oder die Gelegenheit, die Arbeit für eine Weile ganz aufzugeben. Bei anderen berufstätigen Frauen löst die Mutterschaft heftige, gelegentlich überwältigende innere Konflikte und starke Schuldgefühle aus. Viele möchten mehr Zeit mit ihren Kindern verbringen und können es sich aus finanziellen Gründen nicht leisten. Andere glauben, daß sie sieben Tage in der Woche zu Hause sein sollten, wenn sie »gute« Mütter sein wollen, doch sie ertragen es nicht, auf ihre Arbeit, die sie lieben, und eine berufliche Karriere zu verzichten.

Dabei gibt es so etwas wie eine »gute« Mutter überhaupt nicht, sondern nur eine hinlänglich gute Mutter – eine, die ihr Bestes für das Kind tut, es liebt und als Individuum mit individuellen Bedürfnissen respektiert, ohne dabei die eigenen Bedürfnisse völlig zu verleugnen. Eine »halbwegs gute« Mutter findet einen Kompromiß zwischen den Bedürfnissen beider, der Mutter wie des Kindes als zusammengehörende Einheit, statt den Bedürfnissen kleiner Tyrannen ergeben Vorschub zu leisten. Wir können nur dann selbstsichere, unabhängige, sozial verantwortliche Kinder aufziehen, wenn wir ihnen diese Eigenschaften selbst vorleben. Und indem wir uns mit der Meinung, daß nur die »schlechte« Mutter arbeitet, selbst ins Unrecht setzen, wählen wir die falsche Ausgangsposition. Eine Mutter, die Vertrauen in die Welt hat, überträgt dieses Vertrauen auch auf ihre Kinder.

Berufstätige Mütter hat es immer gegeben. Das ist wahrlich kein neues Phänomen. Neu ist vielmehr die Vorstellung, daß Mütter nicht außerhalb des Hauses arbeiten sollten und daß man von ihnen erwartet, allein im Aufziehen von Kindern ein beispielloses Maß an Freude und Befriedigung zu finden.

Große, kulturell bedingte Veränderungen in den Ansprüchen an die Mütter und im Charakter ihrer Pflichten haben dazu geführt, daß es Frauen immer schwerer fällt, sich als »gute« Mütter zu fühlen, obgleich sie paradoxerweise wohl nie bessere Arbeit geleistet haben als heutzutage.

5
Emotionen

Wenn wir ein Kind bekommen haben, leben die Emotionen unserer eigenen Kindheit unverfälscht wieder in uns auf. Wir empfinden heftige Liebe, ungefilterten Haß und Zorn, aber auch große Angst und Sorge und schwanken innerhalb von Minuten zwischen diesen extremen Gefühlen hin und her – genauso wie ein Kind. Doch im Unterschied zum Kind müssen wir unsere Gefühle beherrschen, obwohl deren plötzliche Intensität überwältigend sein kann. Wenn unsere Kinder in uns ungeahnte Abgründe der Wut und der Feindseligkeit aufreißen, müssen wir unsere letzten Reserven an Selbstbeherrschung mobilisieren, damit wir nicht am Ende noch des Totschlags für schuldig befunden werden. Wenn wir uns hingegen die Sorge um ihr Wohlergehen allzu deutlich anmerken lassen, werden unsere heranwachsenden Kinder auf die Welt und ihre Gefahren ängstlich und gehemmt reagieren. Auch unsere Liebe, die treibende Kraft für alles, was wir für unsere Kinder tun, kann schädlich sein, wenn wir nicht lernen, sie so zu dosieren, daß wir unsere Kinder eines Tages auch loslassen können. Clare J. arbeitet im Verlagswesen und hat zwei Kinder. »Niemand verrät einem vorher, wieviel Wunderbares das Familienleben mit sich bringt, wie unglaublich das Leben bereichert wird und wie sich gerade das Ausbalancieren all dieser Dinge auf einem großen, dichtgewebten Teppich von Emotionen vollzieht; es ist so schön, all diese Gefühle zu erleben.«

Die Mutterliebe gilt als absolut, als natürliche Folge der Geburt eines Kindes. Man hält die umbilikale (Umbilicus ist der lateinische Begriff für Nabel), hormonelle und biologische Verbindung zwischen Mutter und Kind für so stark, die Leistung des Gebärens für so überwältigend, daß man folgert, Frauen müßten sofort große Liebe zu ihrem Kind empfinden, wenn sie es zum erstenmal sehen. Doch unmittelbar nach der Entbindung sind Schock, Schmerz, Erleichterung, Abscheu, Staunen, Freude und Überschwang weit häufigere Gefühle als Liebe. Eine Befragung von 120 frisch entbundenen Frauen in einem Londoner Lehrkrankenhaus ergab, daß 40 Prozent ihre emotionale Reaktion auf das eben geborene Kind in ihrem Arm als Gleichgültigkeit einstuften.[1] »Wer hat dieses Kind geboren?« wundert sich Nisa in Marjorie Shostaks Untersuchung über das Leben des Kung-Volks, während sie auf das zappelnde, an ihrem Finger saugende Baby starrt, das sie unter einem Baum allein zur Welt gebracht hat. »Dann dachte ich: Ein so großes Geschöpf? Es kann doch nicht aus meinen Genitalien herausgekommen sein. Ich saß da und sah es an. Ich sah es an und sah es an und sah es an.«[2]

Ich kann mich noch lebhaft daran erinnern, wie ich meine beiden Töchter jeweils das erste Mal sah. Jetzt, da sie größer geworden und die Erinnerungen an ihre Geburt verblaßt sind, ist für mich der erste Blickkontakt mit jedem Kind zur wichtigsten und bleibenden Erinnerung geworden. Nach beiden Geburten empfand ich Erleichterung, Verwunderung, Staunen, Zufriedenheit und Faszination, als ich zum erstenmal ihre charakteristischen Gesichtszüge erforschte – aber ob sich diese Gefühle zu Liebe addierten, weiß ich nicht. Doch während meine Babys größer wurden, begann ich sie mit einer Leidenschaft zu lieben, die ich nie für möglich gehalten hätte. Meine Liebe konnte schon damals kaum größer sein, und dennoch scheine ich meine Kinder jeden Tag noch mehr zu lieben. Die Freude, die aus dieser Liebe erwächst, ist nahezu unbeschreiblich. Louise Erdrich versucht, sie dennoch in Worte zu fassen: »Die Welt versinkt, wenn wir in die Gesichter unserer Kinder blicken.«[3]

Manche Frauen verlieben sich auf den ersten Blick in ihr Baby, doch bei anderen, und das ist die Mehrheit, wächst die Liebe erst mit dem Kind und dem Vertrauen in die eigene Fähigkeit, es großzuziehen. Doch wenn dieses Gefühl schließlich erwacht, ist es stärker als alles andere, was eine Frau zuvor je empfunden hat, so daß es sie in den ersten Monaten der Mutterschaft durch wahre Stürme der Verwirrung treiben kann. Penny W. hat eine sechs Monate alte Tochter: »Früher habe ich natürlich immer angenommen, daß es in Liebesliedern um Mann und Frau geht. Jetzt aber glaube ich, daß sie eher für eine Mutter und ihr Baby bestimmt sind. Ich kann die Kleine stundenlang ansehen, ich kenne jedes Detail, die Löckchen an ihrem Hinterkopf, die Fältchen unter ihren Augen ...« Melisina Trench schreibt 1787 in ihr Tagebuch: »Nicht lange nach meinem neunzehnten Geburtstag wurde ich Mutter. Die Freude dieses Augenblicks wog den Kummer von Jahren auf. Wenn ich in das Gesicht meines Jungen blickte, wenn ich ihn atmen hörte, wenn ich den Druck seiner Fingerchen spürte, verstand ich den eigentlichen Sinn des Worts von Voltaire: ›Le chef-d'œuvre d'amour est le cœur d'une mère.‹«[4]

Wir brauchen übrigens nicht unbedingt leibliche Kinder in die Welt zu setzen, um so zu empfinden. Frauen, die ein Kind adoptieren, bekommen es erst nach einem umständlichen Prüfungsverfahren, das länger als neun Monate dauern kann. Juliet R. adoptierte nach drei fehlgeschlagenen In-vitro-Fertilisationen ein drei Monate altes Baby. »Ich war an einem Montag zwei Stunden mit der Kleinen zusammen und dabei so gespannt und aufgeregt, daß ich kaum sprechen konnte. Sie schlief in meinen Armen ein, als ich sie das erste Mal sah, und ich war froh, als ich dann wieder fortgehen konnte, weil es emotional so überwältigend war. Das nächste Mal habe ich mich den ganzen Nachmittag um sie gekümmert, und als ich sie zum Schlafen in ihr Bettchen legte und mir bewußt wurde, daß ich sie noch nicht mit nach Hause nehmen durfte, brach ich in Tränen aus. Nach zwei Tagen – länger dauerte es nicht – liebte ich sie voll und ganz; dabei hatte ich geglaubt, es würde Wochen dauern. Als ich eines Tages nach Hause kam und sie in den Arm nahm, wurde mir ganz spontan klar, warum viele Menschen behaupten, sie würden lieber sterben als zulassen, daß ihren Kindern etwas geschieht. Wenn man immer allein gewesen ist, kennt man dieses Gefühl nicht, weil man sich ja selbst der wichtigste Mensch ist; heute aber weiß ich: Wenn wir beide in Gefahr gerieten, würde ich zuerst an sie und dann erst an mich denken. Meine Liebe zu ihr könnte nicht größer sein, wenn ich sie selbst geboren hätte.«

Vielleicht ist uns allen ein starkes, instinktives Bedürfnis eigen, jemanden mehr zu lieben als uns selbst; ein Wesen, das schwächer und verletzlicher ist als wir, an die erste Stelle zu setzen und bedingungslos lieben zu lernen. Aber oft kann sich die Liebe erst dann entfalten, wenn die eher negativen, problematischen Gefühle abklingen und wir die Mutterschaft akzeptieren und uns an sie gewöhnen. Die Geburt eines Kindes verursacht eine ganze Reihe von Emotionen in bezug auf die eigene Identität, die Beziehungen zu den eigenen Eltern und zum Vater des Kindes, auf die Welt im allgemeinen. Und Frauen, die von vornherein einzig und allein uneingeschränkte, innige Liebe zu ihrem Kind empfinden, können sich glücklich schätzen. »Ich weinte eine halbe Stunde lang, als sie ihn mir gegeben hatten, und ich dachte: O Gott, ist der häßlich!« sagt Grace P. Der Vater ihres Kindes befand sich noch in Jamaika, weil er für den Zeitpunkt der Geburt kein Einreisevisum nach Großbritannien hatte erwirken können. »Ich wollte den Mann, nicht das Baby. Und ich wollte den Jungen gar nicht im Arm halten, ich guckte ihn mir bloß an, um sicherzugehen, daß er okay war. Ich war regelrecht enttäuscht von ihm. Er sabberte, und ich hätte ihn am liebsten fallen gelassen. Er kam mir fremd vor, und als er sich bewegte, dachte ich: Oh, er lebt ... Ich hatte mir einen kleinen Engel gewünscht, der meinem Mann ähnelte. Statt dessen hatte ich das da bekommen, das eher aussah wie ich.«

»Ich war eher distanziert als emotional, und die Mutter-Kind-Bindung hat sich bei mir tatsächlich nicht so schnell entwickelt. Ich war zu verstört, und es dauerte bestimmt ein paar Wochen, bis es Klick machte und dieses ganz starke Gefühl in mir aufkam, das Mütter empfinden.« Natasha S. ist Rechtsanwältin und lebt in London. »Wenn die Leute mich fragten: ›Liebst du ihn mehr als alles auf der Welt?‹ dachte ich: Soll ich jetzt lügen und einfach mit ›Ja‹ antworten, weil das leichter ist, oder soll ich sagen: ›Nein, eigentlich nicht, und ich fühle mich ziemlich sonderbar‹? Ich erinnere mich daran, daß ich zu jemandem gesagt habe, ich käme mir vor, als hütete ich das besonders niedliche Baby anderer Leute. Immerhin empfand ich unglaubliche Fürsorglichkeit, bevor ich begriff, daß ich ihn wirklich so liebte wie jetzt.«

Die Theorie über das Entstehen der Mutter-Kind-Bindung bei der Geburt, die in den siebziger Jahren von den beiden australischen Wissenschaftlern Marshall Klaus und John Kennell aufgestellt wurde, erschwerte es vielen Frauen, ihre Distanziertheit oder Gleichgültigkeit gegenüber ihren neugeborenen Kindern als normal, als natürlich zu akzeptieren. Die Autoren studierten das Verhalten von Elchen, Ziegen und guatemaltekischen Frauen und kamen zu dem Ergebnis, daß Mütter sich in einer kurzen Zeitspanne nach der Geburt »in einem besonders empfänglichen Zustand dafür befinden, sich in ihr Baby zu ›verlieben‹«[5], vorausgesetzt, es kommt unmittelbar nach der Entbindung zu einem Hautkontakt. Babys sind in den ersten 45 bis 90 Minuten nach der Geburt besonders rege, und deshalb kann der erste Blickkontakt mit dem Kind auch so beeindrukkend sein. Doch Klaus und Kennell behaupteten: Wenn es zu diesem Zeitpunkt keinen Hautkontakt gebe, bestehe die Gefahr, daß die Mutter ihr Kind emotional ablehnen und es vielleicht sogar mißhandeln könne.

Die Notwendigkeit der frühen Mutter-Kind-Bindung fand Eingang in die Handbücher über Kinderbetreuung und in die Praxis der Entbindungsstationen. Der National Childbirth Trust beharrte auf dem Erfordernis einer frühen Mutter-Kind-Bindung – und tilgte sie erst 1994 aus seinem Leitfaden, nachdem die Theorie der beiden Australier suspekt geworden war. Jüngst wiederholte Untersuchungen haben nämlich keinen wissenschaftlichen Beweis für die Theorie der frühen Mutter-Kind-Bindung erbracht, aber es war schon zu spät, um den Mythos auszurotten, daß die Liebesfähigkeit einer Mutter von einem frühen Hautkontakt, von einem einzigen Augenblick, abhänge. Mütter, die keine Gelegenheit zu sofortigem Kontakt hatten, weil sie etwa nach einem Kaiserschnitt bewußtlos waren, weitere medizinische Versorgung brauchten oder weil ihre Babys auf die Intensivstation verlegt werden mußten, konnten dieses frühe Defizit leicht für alle Schwierigkeiten verantwortlich machen, die sie dann im Umgang mit ihrem Kind bekamen. Mütter mußten nun – gemäß dem Mythos – sofort nach der Entbindung wieder präsent sein und sich lebhaft für ihr Baby interessieren, um es vor künftiger emotionaler Vernachlässigung zu bewahren, obwohl doch die meisten frisch Entbundenen zunächst viel zu erschöpft sind und allenfalls Lust auf eine Tasse Tee haben. »Diese Superklebstoff-Bindungstheorie halte ich für alles andere als normal, und ich verstehe nicht, warum Frauen glauben, daß sie sich danach richten müssen«, urteilt Christina McKenzie, die seit 1978 Hebamme ist.

Ständiger früher Körperkontakt zwischen Mutter und Baby mag wohltuend sein, aber er ist für eine spätere gesunde Beziehung keineswegs unerläßlich. Beziehungen entwickeln sich mit der Zeit. Das kann Wochen, Monate oder sogar Jahre dauern, doch die überwältigende Mehrzahl der Mütter empfindet eine große und leidenschaftliche Liebe zu ihrem Kind, sobald die Erinnerung an die Entbindung verblaßt, Gesundheit und körperliche Kraft allmählich zurückkehren und das Vertrauen in die eigenen mütterlichen Fähigkeiten wächst. Da Babys uns während der Schwangerschaft und der Entbindung körperlich soviel abverlangen, zu Anfang mit ihren Ansprüchen so rücksichtslos anstrengend oder mühsam erscheinen und ein paar Stunden Schlaf der ersehnteste Luxus für uns sind, kann es uns zunächst schwerfallen, ein kleines Baby zu lieben, das uns so sehr strapaziert.

Erst als ihr Sohn im Alter von vier Jahren an einer Salmonelleninfektion erkrankte, erkannte Grace P., wie sehr sie ihn liebte. »Ich spürte, wie mir dieses Kind entglitt. Ich glaubte, er würde sterben, in meinen Armen sterben. Und in diesem Augenblick wurde mir klar, daß ich seinen Vater nicht wirklich liebte, sondern nur dieses Kind. Er ist heute so sehr ein Teil von mir.« Bei anderen Frauen entwickelt sich die Liebe erst, wenn ihr Baby »interessanter« wird und auf ihre Liebe reagieren kann. »Zuerst war er nur ein Bündel von Bedürfnissen und Möglichkeiten«, erinnert sich Kate R., die ihr Kind durch Kaiserschnitt zur Welt gebracht hat. »Aber jetzt, mit neun Monaten, fängt er an, so vielerlei zu tun. Ein kleines Kind ist so anschmiegsam und zugänglich.« Jane Lazarre schreibt in ihrem Buch *The Mother Knot*, sie habe die große Liebe zu ihrem Sohn erst sehr spät wirklich empfunden: am Abend bevor sie ihn mit zweieinhalb Jahren in eine Kinderkrippe bringen mußte und ihr klar wurde, daß er nun nicht mehr allein von ihr abhängig sein würde.

> Da ist es, denke ich und seufze vor Erleichterung. Da ist es endlich, das Muttergefühl, von dem alle reden. Es stellt sich ein, wenn dein Kind groß genug ist, um deine Liebe zu erwidern, wenn es dir schon eine ganze Weile eng vertraut ist, wenn du nicht mehr körperlich leidest, wenn du dich an die Veränderungen in deinem Leben gewöhnt hast, wenn du gar nicht anders kannst, als es zu lieben.[6]

Während wir uns immer mehr in unsere Kinder verlieben, gewinnen die winzigsten Details unserer Erinnerung höchste Bedeutung. »Wenn ich ihn heute aus der Badewanne hebe, mache ich das immer noch ganz genauso, wie die Hebamme es getan hat, als sie ihn mir nach der Geburt zeigte, denn er sieht immer noch genauso aus wie damals, als er so nackt und so niedlich aus der Wanne kam«, sagt Natasha S. »Ich erinnere mich an wunderbare Augenblicke des Wiedersehens mit ihm in den ersten Nächten im Krankenhaus, wenn es wirklich still war, und an schöne Gespräche mit den Hebammen bis spät in die Nacht«, erzählt Sue P. Es ist das Leben mit unseren Kindern, das Reagieren auf ihre winzigsten, intimsten Bedürfnisse, das die große Liebe nährt, die wir empfinden. Ich kann die Haut meiner Töchter riechen und spüren, auch wenn sie nicht bei mir sind. Ihr Spielzeug und ihre Kleider haben etwas von ihrem Wesen angenommen und kommen mir fast ein bißchen beseelt vor. Ich liebe die Art, wie sie mein Leben beherrschen, und die starken Gefühle, die sie in mir geweckt haben. Ich liebe die Art, wie sie mir, nicht einmal halb so groß wie ich, befehlen, mich mit ihnen in einer Reihe aufzustellen und bis auf weiteres ein Rosinenbrötchen zu sein, die Art, in der sich ein ganz normales langweiliges kleines Haus, ein Auto, ein Garten, ein Bett, ein Paar Schuhe mit Erinnerungen an die Vitalität meiner Kinder füllen. Denn diese Schuhe werden riesig, wenn eine Zweijährige, die Erwachsene spielend, in ihnen durch das Schlafzimmer poltert, das Bett verwandelt sich in ein Boot oder in ein Trampolin, und im Garten faszinieren ausgerechnet Asseln und Regenwürmer.

Mit der Liebe wächst natürlich auch die Sorge um das Wohl des geliebten Kindes. Ein Gefühl der »Dünnhäutigkeit« und erhöhter Gefährdung durch Bedrohungen von außen stellt sich bereits in der Schwangerschaft ein. Oft brechen wir beim geringsten Anlaß in Tränen aus. Wir sorgen uns um die Gesundheit unseres Babys, um die Auswirkungen, die Streß, Ernährung oder auch unsere ambivalente Einstellung zur Mutterschaft auf den in uns wachsenden Fötus haben können. Die Schwangerschaft öffnet eine Pandorabüchse von Gefahren, die sich weit über die Geburt hinaus in das Leben des heranwachsenden Kindes erstrecken. Doch darüber sind wir uns nicht klar, wenn wir unser erstes Kind erwarten. Wir glauben, wenn wir die jeweils nächste Etappe, die Gefahr einer Fehlgeburt, die Amniozentese, hinter uns haben, sei alles gut. Aber jeder Bedrohung folgt eine neue und dann wieder eine, weil wir Gesundheit und Wohl unserer Kinder ja nur teilweise unter Kontrolle haben. Als ich für dieses Buch recherchierte, habe ich so manchen Mittwochnachmittag im St. Thomas' Hospital in London verbracht und mit Frauen gesprochen, die gerade entbunden hatten. Schock und emotionale Erschöpfung sprachen aus ihren blassen Gesichtern. Auf einer Entbindungsstation gibt es nicht nur glückliche Mütter, sondern auch Frauen, die Schweres ertragen müssen. Fast bei jedem meiner Besuche hörte ich von einer Frau, die beispiellose Qualen und seelische Erschütterungen durchlitten hatte – eine Totgeburt, die Geburt eines Kindes mit Gehirnlähmung oder, wie mir eine Hebamme zuflüsterte: »Ich würde Bett 27 in Ruhe lassen, ihr Baby macht nicht richtig mit.« Belinda A.

hatte zunächst eine Totgeburt und brachte ihr erstes Kind im Alter von vierzig Jahren zur Welt. »Ich bin mir heute der Sterblichkeit allen Lebens sehr viel bewußter. Es ist die Angst, daß jeden Augenblick etwas Schreckliches passieren kann, und dieses Gefühl hatte ich vor der Entbindung nicht.«

Wenn wir dann mit diesen winzigen Geschöpfen nach Hause zurückkehren, steigt der Sorgenpegel noch weiter an. Die Neugeborenen wirken so zerbrechlich und hilflos, daß Eltern sogar verzweifelt im Krankenhaus angerufen haben sollen, als ihr Baby daheim zum erstenmal schrie. Wir fühlen uns mit der plötzlichen Verantwortung so überfordert, daß wir uns über alles, über die Ernährung, das Schlafen, den wunden Po und das Zahnen, Sorgen machen. Die Gefahr des Krippentodes oder einer plötzlichen Krankheit scheint ständig zu drohen, solange ihre Körper so klein und wehrlos wirken. Mitunter vermag man kaum zu glauben, daß Säuglinge überhaupt von allein atmen können. Nur wenige Mütter kommen durch das erste Jahr, ohne sich immer und immer wieder davon zu überzeugen, daß ihr schlafendes Baby noch lebt. Besorgt mühen wir uns ab, unsere Kinder zum Schlafen zu bringen, wenn sie müde sind – und dann fragen wir uns beunruhigt, wann sie wohl aufwachen werden oder warum sie nicht aufwachen. Wir machen uns Sorgen, wenn sie schreien, und dann wieder, wenn sie nicht schreien. Warum schreit es nicht? Ist es nur passiv, oder hat es etwas ganz Schlimmes?

Fixpunkte der kindlichen Entwicklung wachsen sich zu Obsessionen aus: das erste Lächeln, der erste feste Stuhlgang und die erste feste Nahrung, das erste Gurren, und wenn sich Babys nicht zu dem Zeitpunkt aufsetzen, stehen oder nach dem Löffel greifen, der in den Handbüchern über Kinderbetreuung jeweils angegeben ist, geraten Mütter sogleich in Sorge. Gedanken an den Nährwert des Essens, an die Zusätze und Farbstoffe in Lebensmitteln, an die Hormone in der Milch, an versteckten Zucker im Joghurt lösen ebenso eine leichte Panik aus wie die Überlegung, ob das Kind zu wenig oder genug ißt, ob es jetzt entwöhnt werden kann oder – später – im richtigen Alter für

Klavierstunden ist. Jeder simple Haushaltsgegenstand wird zur potentiellen Bedrohung, und die Gefahren der Außenwelt rükken überdimensional ins Blickfeld. Autos, Luftverschmutzung, Meningitis, bissige Hunde, BSE-verseuchte Hamburger, Drogen, Entführung und Pädophilie werden zu furchterregenden Bedrohungen, an die eine Frau zuvor wohl kaum einen Gedanken verschwendet hat. Nun aber, da sie ein Kind hat, das sie beschützen muß, »sind Haustiere Überträger von Krankheiten, Pflanzen giftig oder potentielle Allergene, Sonnenschein löst Krebs aus, Sandkisten starren vor Hundekot, und Spielplätze werden von Kinderschändern heimgesucht«[7].

Früher habe ich mir nichts dabei gedacht, wenn ich mal eine Straße verkehrswidrig überquerte oder einem anfahrenden Bus nachsetzte. Heute laufe ich meilenweit in der Gegenrichtung, bloß um einen Zebrastreifen zu finden. Wenn ich mit meinen Kindern auf der Straße unterwegs bin, kann ich mir kaum vorstellen, daß sie auch auf dem Bürgersteig bleiben, wenn sie allein unterwegs sind. (»Ich sag dir, sie tun's nicht«, lautete der Kommentar einer Freundin.) Wir gehen davon aus, daß wir unsere Kinder vielfältig beschützen können. Wir kaufen Kindersicherungen für Steckdosen, Polsterungen für Tischecken, Vorhängeschlösser für den Kühlschrank und den Geschirrschrank, Laufställchen, Laufleinen, Treppensperren und Kindersitze fürs Auto, um die Gefahren zu begrenzen. Doch wir können unsere Kinder nicht ständig bewachen, und selbst die geringe Wahrscheinlichkeit, daß ihnen trotz aller Vorsichtsmaßnahmen etwas zustoßen könnte, mögen wir uns gar nicht ausmalen. Da uns aber mitunter gar nichts anderes übrigbleibt, als sie einer gewissen Gefährdung auszusetzen, fühlen wir uns um so unfähiger und schuldiger. Wir alle haben schon mal mit einem schreienden hungrigen Baby auf der Hüfte zu nah an kochendem Wasser gestanden, während wir uns abmühten, Kartoffeln für das Mittagessen abzugießen, zu kühlen und zu zerstampfen. Wir alle mußten schon mal ein Kleinkind aus den Augen lassen, während wir uns um sein Brüderchen oder Schwesterchen kümmerten.

»In den ersten Monaten kam mir dieses Gefühl der Dünnhäutigkeit natürlich unerträglich vor, denn wie konnte ich um dieses kleine Wesen, das so viele Möglichkeiten in sich barg, nur so ängstlich besorgt sein?« sagt Sue P. »Aber heute glaube ich wirklich, daß es besser ist, dünnhäutig zu sein. Ich frage mich zum Beispiel, wie es die Leute ertragen können, auch nur in die Zeitung mit den täglichen Unglücksnachrichten aus aller Welt zu gucken. Daß wir nicht mehr imstande sind, uns von irgend etwas anrühren zu lassen, ist doch nicht in Ordnung. In meiner neuen Haut fühle ich mich jedenfalls viel wohler. Ich empfinde sie in gewisser Weise sogar als eine Art Wiederherstellung, weil diese Sensibilität einen Zweck und ein Ziel hat.«

Familien mit sehr niedrigem Einkommen haben natürlich ganz andere, sehr materielle Sorgen: ihre Kinder zu ernähren und zu kleiden, sie im Winter warm zu halten, in heruntergekommenen Wohnquartieren der Innenstadt einen sicheren Platz zum Spielen für sie zu finden oder ihnen ein halbwegs schönes Weihnachtsfest zu bereiten. »Es ist unerträglich, nicht zu wissen, woher man's nehmen soll, wenn die Kinder einen Wunsch haben«, sagt ein arbeitsloser Vater. »In einer solchen Zeit möchte man sich am liebsten die Kehle durchschneiden ... Manchmal wünsche ich mir, ich hätte keine Kinder ... dabei liebe ich sie über alles.«[8]

Alle von mir befragten Frauen erzählten, seit sie ein Kind geboren hätten, falle es ihnen schwer, die häufigen Schreckensnachrichten im Fernsehen zu ertragen. Gefahren von außen wie Massenkarambolagen auf der Autobahn, Morde, auch Kriege werden als potentielle Bedrohungen des geliebten Geschöpfs empfunden, das die Eltern um jeden Preis schützen wollen. »Wann immer ich von einem vermißten Kind höre, geht mir das sehr nahe, es könnte ja mein eigenes sein. Noch mindestens ein Jahr nach der Geburt meiner Tochter brach ich bei einer solchen Nachricht abends in Tränen aus«, erinnert sich Sheila T. Ihre Ängstlichkeit begann erst nachzulassen, als ihre Tochter in den Kindergarten ging und Sheila sich daran gewöhnte, daß sie und das Kind getrennt genauso fröhlich sein konnten wie zu zweit. »Als wir ständig zusammen waren, schien mir die Bedrohung durch die Außenwelt viel präsenter zu sein, weil ich mir die Kleine allein da draußen nicht vorstellen konnte. Aber jetzt kann ich es endlich, auch wenn wir zu zweit sind.«

Die neuen Emotionen, die eine Frau wie konzentrische Kreise umgeben, sobald sie ein Kind bekommen hat, verändern sich natürlich und werden komplexer, während das Kind heranwächst; sie verschwinden jedoch nie. Die plötzlichen Wechsel zwischen Depression und Überschwang werden milder, doch die Besorgnis und die Angst vor Unfällen, vor dem Tod oder einer unvorhergesehenen Trennung von diesem Kind verfolgen uns immer mehr. Denn wenn ein Kind eben geboren ist, existiert die Möglichkeit der Liebe und des Verlustes zunächst nur in unserer Phantasie. Doch wenn das Kind heranwächst, lieben wir in ihm nach und nach den Menschen – und seinen Verlust betrauern zu müssen wird undenkbar. Werdende Eltern antizipieren häufig den Kummer um das Kind, weil es ihnen widerstrebt, emotional zuviel in ein Geschöpf zu investieren, das vielleicht nicht lebend geboren wird oder nach einer Frühgeburt oder wegen einer Behinderung nicht überlebt. »Erst im Alter von etwa einem Jahr ist ein Kind wirklich das eigene Kind«, pflegte meine Großmutter zu sagen.

Eine neuere Untersuchung ärztlicher Prognosen gegenüber Müttern von Neugeborenen in kritischem Gesundheitszustand ergab, daß die Ärzte die Überlebenschancen eines Säuglings stets sehr zurückhaltend einschätzten, um die Mutter darauf vorzubereiten, daß ihr Kind möglicherweise sterben könnte. Man hat auch festgestellt, daß Eltern von kranken Frühgeburten die Zuneigung zu ihrem Kind eher unterdrücken, um sich für den Fall, daß es sterben sollte, vor zu großem Schmerz zu bewahren.[9] Eine 1985 durchgeführte Untersuchung von Müttern, die in einem brasilianischen Elendsviertel in extremer Armut lebten, ergab, daß hier die schwächeren, passiveren Babys deutlich vernachlässigt wurden und daß die Gemeinschaft eine Art Ideologie entwickelt hatte, um diese Vernachlässigung zu legitimieren, indem sie nämlich das Leben als ein Ringen zwischen Stark und Schwach betrachtete. Passiven Säuglingen, so glaubte man, fehle der Lebensdrang, und deshalb sei es letztlich in ihrem eigenen Interesse, wenn man sie sterben lasse.[10]

Die Emotionen, von denen die Mutterschaft gesteuert wird, unterscheiden sich nach Maßgabe der in der Umwelt der Frau vorherrschenden kulturellen Zwänge. Im 18. Jahrhundert starb in Frankreich und in Großbritannien eines von drei Kindern vor der Vollendung des ersten Lebensjahrs, und nur die Hälfte aller lebend geborenen Kinder erreichte das 21. Lebensjahr, so daß die Eltern Gesundheit und Überleben ihrer Kinder zwar erhoffen, jedoch nicht erwarten konnten. Jahrhundertelang waren in Westeuropa Sexualität und Fortpflanzung untrennbar miteinander verbunden, und Frauen trugen bis zur Menopause immer wieder Kinder aus. Nur wenige Frauen wußten, daß es während ihres Menstruationszyklus Zeiten hoher und geringer Wahrscheinlichkeit gab, schwanger zu werden. Kinder galten als »Gottes Wille«, waren bei den Armen von frühauf unverzichtbare Miternährer der Familie und bei den Reichen die Garanten für das Fortbestehen des Geschlechts.

In Zeiten hoher Säuglingssterblichkeit brauchten Familien zahlreiche Geburten, um am Ende genug überlebende Kinder zu haben. Und wenn ihnen Kinder wegstarben, waren sie in ihrem Schmerz nie allein, denn der Verlust mindestens eines Kindes in jeder Familie war bis in unser Jahrhundert hinein die Norm. Die Menschen waren noch tief im religiösen Glauben verwurzelt und fanden Trost in Gott, denn man glaubte, Gott habe den Eltern die Kinder nur geliehen und sie wieder »zu sich gerufen«. Seit den siebziger Jahren des 19. Jahrhunderts begann dann die stillschweigende gesellschaftliche Revolution der Familienplanung. Zwischen 1890 und 1920 erlebte in den Staaten Europas die Hälfte von rund 600 Verwaltungsbezirken einen Geburtenrückgang von 10 Prozent. Paare, die in den späten sechziger Jahren des 19. Jahrhunderts heirateten, hatten durchschnittlich sechs Kinder, doch bis 1924 war der Durchschnitt auf 2,3 gesunken.[11] Medizinische Kunst begann die Säuglingssterblichkeit zu verringern und die Lebenserwartung zu verlängern. Kinder kosteten allmählich mehr, als sie mit ihrem frühen Hinzuverdienst zum Familieneinkommen beitrugen, weil der Staat nun darauf bestand, daß sie die Schule besuchten. Zum erstenmal in der Geschichte der Menschheit überhaupt spielte in der Fortpflanzung der Entscheidungsfaktor eine Rolle. Das Konzept der »Familienplanung«, das heißt die Entscheidung, eine bestimmte Zahl von Kindern haben zu wollen, statt – oft erfolgloser Versuche – ihre Zahl durch sexuelle Enthaltsamkeit oder Coitus interruptus zu begrenzen, entwickelte sich erst im 20. Jahrhundert. Dieser neue Entscheidungsfaktor hat die elterlichen Gefühle zwangsläufig intensiviert.

Mütter haben ihre Kinder zu allen Zeiten geliebt und ihren Verlust tief betrauert. Doch wenn sie in einer Zeit lebten, in der Tod und schwere Krankheiten an der Tagesordnung waren und zum Leben der Gemeinschaft gehörten, mußte die Intensität dieser emotionalen Investition eine andere sein. Die Historikerin Linda Pollock, die fast alle zugänglichen Quellen herangezogen hat, widerlegt in ihrem Buch *Forgotten Children* überzeugend die Ansicht, Kinder seien in der Vergangenheit weniger geliebt worden – so eine Theorie, die von anderen Historikern wie Philippe Ariès und Edward Shorter vertreten wird. Doch sie akzeptiert bereitwillig, daß der Tod eines Säuglings früher nicht so tief betrauert wurde wie der eines kleinen Kindes. »Der Verlust meiner Tochter im Säuglingsalter, der mir damals sehr schwer erschien, ist nichts im Vergleich zu diesem«, schrieb Melisina Trench nach dem Tod ihres zweijährigen Sohnes. »Sie war nur eine kleine Knospe, er aber eine wunderschöne Blüte, die alle frühesten Gefahren überstanden hatte und eine köstliche Frucht verhieß.«[12]

Mütter in der modernen westlichen Welt können sich kaum vorstellen, daß sie ihr Kind lieber töten würden, als mit anzusehen, daß es in die Sklaverei gerät, wie Sethe es in Toni Morrisons Roman *Beloved* tut; wir haben ja die Demütigung und Hoffnungslosigkeit der Versklavung nie kennengelernt.

Für eine ehemalige Sklavin war es gefährlich, irgend etwas so sehr zu lieben, besonders wenn diese Liebe ihren Kindern galt. Sie wußte, daß es am besten war, nur ein bißchen zu lieben; alles nur ein bißchen, denn wenn sie dem Kind das Genick brachen oder es mit einem Kissen erstickten, blieb ihr vielleicht immer noch ein bißchen Liebe für das nächste.[13]

Wir können uns auch nicht vorstellen, daß wir aus Liebe zum Mord an unseren Kindern getrieben werden, denn »obwohl Sethe und andere Frauen die Sklaverei ertragen und überstanden hatten, konnte sie es nicht zulassen, daß ihren eigenen Kindern dasselbe widerfuhr. Das Beste an ihr waren ihre Kinder.« Doch wir können ohne weiteres die rasende Angst nachempfinden, die Stephen in Ian McEwans *Ein Kind zur Zeit* durchleidet, als er in einem überfüllten Supermarkt seine kleine Tochter verliert und sie nie wiedersieht.[14]

Die Emotionen und die Erfahrungen der Mutter- und Vaterschaft sind stark von den gesellschaftlichen und kulturellen Bedingungen beeinflußt, unter denen wir leben. Heute entscheiden sich Eltern bewußt für Kinder und investieren emotional, materiell, physisch und psychisch mehr in ihr Wohlergehen als frühere Generationen, um diese Entscheidung zu rechtfertigen. Heute, da die Überlebensstatistiken für Kinder weitaus günstiger sind – in Großbritannien sterben von 1000 Lebendgeburten nur noch neun vor Vollendung des ersten Lebensjahres[15] –, ist uns der Luxus vergönnt, mit ihrem Überleben fest rechnen zu können. Die geringere Kinderzahl in jeder Familie bedeutet eine höhere emotionale Investition in jedes einzelne, und die Liebe zu einem Einzelkind ist wohl mit der größten emotionalen Belastung von allen verbunden, denn wenn wir dieses eine Kind durch Entführung oder den Tod verlieren würden, gäbe es kaum noch etwas, wofür es sich zu leben lohnte.

Die große Liebe, die wir empfinden, verstärkt jede andere Emotion; wir sorgen uns mehr um das Wohl unserer Kinder, es fällt uns schwer, uns von ihnen zu trennen und darauf zu vertrauen, daß sie auch ohne uns zurechtkommen. Wir empfinden Schuldgefühle, wenn in uns negative Emotionen gegenüber unseren Kindern aufsteigen: Sie sind ja nicht gefragt worden, ob sie geboren werden wollten, und wir haben uns schließlich für sie entschieden. Bevor sich im 20. Jahrhundert die Erkenntnisse der Psychologie durchsetzten und man, nicht ohne Sentimentalität, die Kindheit als eine abgegrenzte magische Lebensphase zu sehen begann, wurden Wut und Feindseligkeit gegenüber Kindern oft offen, teils auch brutal zum Ausdruck gebracht. Auch heute noch werden Kinder hier und da schlecht behandelt, doch das gilt längst nicht mehr als akzeptabel. Auch in uns steigen diese feindseligen Gefühle immer noch auf, doch versteht es sich von selbst, daß wir sie zügeln und unterdrücken.

Mütter verlangen heute sehr viel von sich. Wir erwarten, daß wir unsere Kinder in jeder Minute des Tages bedingungslos lieben, und fühlen uns dann als Mütter unzulänglich, wenn wir gegen die Selbstaufopferung aufbegehren. »Ich wollte bei ihr sein, und ich wollte nicht bei ihr sein«, sagt Imogen A. über ihre Erstgeborene. »Ich erinnere mich daran, wie sie eines Nachts zu schreien anfing, und als ich zu ihrem Bettchen ging, dachte ich: Nein! Ich will nichts mit dir zu tun haben. Ich will dich nicht auf den Arm nehmen, ich will es nicht. Es war ein Gefühl totaler Ablehnung ihr gegenüber. Es war erschreckend.«

Wenn die Babys größer werden und ihre Ansprüche sich vervielfältigen, nehmen solche Gefühle der Feindseligkeit, der Zwiespältigkeit und des Ausgeliefertseins noch zu. Sie intensivieren und komplizieren sich und können innerhalb von Minuten zwischen äußerstem Haß und großer Liebe schwanken. Es gibt Zeiten, in denen ich einfach genug davon habe, das ganze Haus nach einem Bleistiftspitzer abzusuchen oder zum hundertstenmal den lieben kleinen Pinguin zu zeichnen. Es gibt Zeiten, in denen ich mich maßlos ärgere, wenn ich schon wieder einen halben Teller Abendessen in den Mülleimer kippen muß, Zeiten, in denen ich nicht die geringste Begeisterung für ein weiteres selbstgekritzeltes Bild aufbringe oder über den soundsovielten blöden Witz wirklich nicht mehr lachen kann. Aber das bedeutet nicht, daß ich meine beiden Töchter hasse, sondern nur, daß ich »es« hasse. Es gibt keinen Grund dafür, daß eine Mutter jeden Aspekt der Mutterschaft – ausnahmslos – lieben sollte, und es ist auch keineswegs neu, daß Mütter solche gemischten Gefühle haben. »Ich fühle mich manchmal wegen meiner geliebten Kinder zutiefst niedergeschlagen«, schrieb Elizabeth Fry (1780–1845), Mutter von elf Kindern, in ihr Tagebuch. »Ihr unsteter Geist stellt meine Geduld auf eine harte Probe.« Neu ist lediglich unsere Annahme, diese Gefühle seien unnatürlich oder mit der Mutterschaft unvereinbar und ein Zeichen dafür, daß wir alles andere als taugliche Mütter sind.

Wenn die Kinder größer werden und uns für unsere Bemühungen immer häufiger entschädigen, fühlen wir uns durch ihren Charme besänftigt und versöhnt. Wenn sie clever genug sind, zu lernen, wie sie uns zum Lachen bringen, wie sie durch körperliche Zärtlichkeit um Entschuldigung bitten können, oder wenn ihr verletzter Gesichtsausdruck Schuldgefühle oder Liebe weckt, die den Zorn ersticken, finden wir uns plötzlich am anderen Ende des Gefühlsspektrums wieder und würden zum Wohl unserer Kinder mit Freuden Berge versetzen. »Man fragt sich, wie man in einer so kurzen Zeitspanne so widersprüchlichen Gefühlen ausgeliefert sein kann«, grübelt Maggie M. »Sie können gerade etwas ganz Wunderschönes machen, wie Engelchen in irgend etwas vertieft sein, so daß mir bei ihrem Anblick das Herz aufgeht – und dann werfen sie zwei Minuten später absichtlich das Kinderbett um, und ich denke: Ich könnte ihnen den Hals umdrehen. Ich habe nicht den geringsten Zweifel, daß die eine Emotion die andere völlig aufwiegt, die Freude entschädigt für alles Ärgerliche, nicht zuletzt die Gewißheit, daß sich die Kinder ja ändern werden – was einen monatelang irritiert, ist plötzlich vorbei, und dann tun sie doch wieder etwas, was einen genauso ärgert.«

Das heftige Verlangen eines Kindes nach seiner Mutter ist für sie entweder ein ganz besonderes Privileg oder eine klettenhafte Belästigung, je nachdem, in welcher Stimmung sie ist, wie erschöpft sie sich fühlt, ob sie Zeit für sich selbst gehabt hat oder nicht. Die ehemalige Lehrerin Laura P. hat vier Söhne und ihretwegen den Beruf ganz aufgegeben. »Ich erinnere mich daran, daß sie nachts zu mir ins Bett kamen, als sie noch klein waren, und mich in den Bauch traten. Ich hatte es ja gern, wenn sie bei mir waren, aber morgens weckten sie mich in aller Frühe und fingen an, mich zu knuffen. Einer meiner Jungens streichelte mir immer die Wange, und das war auch sehr schön, aber manchmal machte es mich wahnsinnig, weil er mich einfach nicht in Ruhe ließ. Wenn man es selbst will, ist es wunderschön, aber wenn man's nicht will, ist es bloß gräßlich. Mir kommt es beinahe so vor, als wollten sie einen auffressen, solange sie klein sind, man glaubt, von ihnen regelrecht verschlungen zu werden. Ständig sammelt man im ganzen Haus die Wäsche ein und hat das Gefühl, daß das ganze Leben im Staubsauger verschwindet. Es gibt Frauen, die an der Mutterschaft keinen Gefallen finden, und das muß wirklich schwer für sie sein. Ich bin gerne Mutter, aber an kalten, düsteren Samstagnachmittagen stehe ich immer noch in Parks und beobachte Leute ohne Kinder, die auf dem Weg zum Shopping oder in eine Kneipe sind, und beneide sie rundherum. Aber dann denke ich wieder: Wie hätte ich je auf Kinder verzichten können?«

Ambivalente Gefühle in bezug auf die Mutterschaft stellen sich schon in der Schwangerschaft ein. Sosehr ein Baby auch gewünscht sein mag, gibt es doch Phasen, in denen sich Frauen von der Unwiderruflichkeit der Situation überwältigt fühlen. »Jedesmal, wenn ich meine Periode bekam, war ich unendlich enttäuscht, aber ich empfand zugleich auch Erleichterung darüber, daß wir in diese große Veränderung unseres Lebens noch nicht eintreten mußten«, kommentiert Sue P. Der Entschluß, ein Kind in die Welt zu setzen, ist heute für Frauen oft genauso mit Unsicherheit und Zwiespältigkeit behaftet wie für Männer. Unabhängiger als je zuvor, haben sie beruflich, finanziell und sozial sehr viel zu verlieren. Hannah B. ist Management-Beraterin und Mutter einer sechsjährigen Tochter. »Es ist wie ein Treibhaus, in dem Ungeheuer heranwachsen«, erinnert sie sich drastisch. »Ich wußte nicht, was es für ein Ungeheuer war oder ob das Ungeheuer das Treibhaus zertrümmern würde. Ich fragte mich: Was wird es mir antun?«

Der ständige Konflikt zwischen den Interessen der Mutter und denen des Kindes ist ein ganz natürliches Phänomen. Neue wissenschaftliche Forschungen lassen darauf schließen, daß Mutter und Fötus während der Schwangerschaft um Nahrung konkurrieren und gleichsam ein kompliziertes Schachspiel miteinander spielen, in dem sichergestellt wird, daß keine Partei die andere mattsetzt. Die Plazenta dringt in die Arterien der Mutter ein, um den Blutkreislauf der Mutter anzuzapfen und so den wachsenden Fötus zu ernähren. Doch wenn sie zu tief eindringt, würde dies die Mutter das Leben kosten; deshalb produziert die Mutter natürliche »Killerzellen«, die ein zu starkes Eindringen registrieren und überaggressive Zellen vernichten. Untersuchungen haben auch Hinweise darauf geliefert, daß während der Schwangerschaft Erkrankungen wie Diabetes oder Präeklampsie dann auftreten, wenn der Fötus das Gleichgewicht zwischen Mutter und Kind stört, um sein Überleben zu sichern, obwohl eine solche Strategie beide das Leben kosten kann.[16]

Mutter und Kind gelten traditionell als harmonische, glückselige Einheit, wie sie in der Madonna mit dem Kind dargestellt wird: Sie verkörpert Selbstaufopferung, Liebe, Verständnis, Hingabe, Ermutigung und Verläßlichkeit. Aber auch Mütter haben Bedürfnisse. Sosehr wir unsere Kinder und das Muttersein auch lieben mögen, diese Ambivalenz, dieses Bedürfnis, unser Ichgefühl und unser eigenes Wohl als deutlich von ihren Bedürfnissen abgegrenzt zu bewahren, ist normal und stets vorhanden. Mütter nähren die Kinder in ihrem Schoß großzügig und tun dies auch nach ihrer Geburt. Freilich nicht bis zur Selbstzerstörung. Wir koexistieren mit Bedürfnissen, die einander häufig zu widersprechen scheinen, denn die Ansprüche unserer Kinder sind grenzenlos. Sie würden uns aussaugen, wenn wir es zuließen.

Kinder sind so anspruchsvoll und so leicht zu verletzen, daß uns nichts anderes übrigbleibt, als ihnen stets den Vorrang zu geben. Wenn wir dann spüren, daß sich eigene Bedürfnisse in den Vordergrund drängen und mit den ihren in Konflikt geraten, fühlen wir uns schuldig und machen uns zum Vorwurf, daß wir uns überhaupt solche Bedürfnisse gestatten. Als meine zweite Tochter, die schon eine Weile laufen konnte, kopfüber die Treppe hinunterfiel und sich eindeutig eine Gehirnerschütterung zugezogen hatte, brachte ich sie in die Notfallstation eines Krankenhauses, und man behielt uns zur Beobachtung für 24 Stunden dort. Als sie schließlich in ihrem Krankenhausbett eingeschlafen war und ich neben ihr auf einer Pritsche lag, dankbar dafür, daß uns schwerere Verletzungen erspart geblieben waren und sie nun ärztlich betreut wurde, begannen Selbstvorwürfe das Vakuum zu füllen, das die Erleichterung hinterlassen hatte. Wir waren zusammen oben im Bad nahe der Treppe gewesen. Sie stand vom Töpfchen auf, zog sich die Strumpfhose hoch und machte sich in Richtung Treppe davon. Ich wandte mich ab, um den Topf auszuleeren, rief ihr nach, sie solle warten, hörte sie sagen: »Ich tu bloß einen Fuß hierhin und den anderen dahin«, und da verlor sie auch schon das Gleichgewicht und stürzte hinunter. Wenn ich den Topf losgelassen und sie bei der Hand genommen hätte, wäre das nicht passiert. Es war also meine Schuld, obwohl ich doch wußte, daß sie die Treppe vorher schon x-mal allein hinauf- und wieder hinuntergetapst war, ohne zu fallen. Überdies war mir ja ohnehin klar, daß unsere Kinder stets nur ein paar Zentimeter von irgendwelchen Gefahren entfernt sind.

Als sich die Kleine allmählich erholte, sich aufsetzte, nach Essen fragte und sich für ihre Umgebung interessierte, regte sich ein neues, selbstsüchtiges und zu einer »guten« Mutter nicht eben passendes Gefühl in mir: Nach acht Stunden des Fastens begann ich nach einer Tasse Tee zu lechzen. Wenn man mit einem kleinen Kind im Krankenhaus ist, hat nur das Kind Bedürfnisse, man selbst nicht. Die kleine Mahlzeit war für meine Tochter, für mich gab's nichts. Sie schlief gesund die ganze Nacht durch in einem großen, frisch bezogenen Krankenhausbett. Ich aber döste vollständig angezogen neben ihr auf einem unbequemen Feldbett unter einer Wolldecke. Das Stationsklo war für Kinder, nicht für Eltern bestimmt, und ich brachte es nicht über mich, meine Tochter schutzlos an einem fremden Ort allein zu lassen, um mich auf die Suche nach einem Besucherklo oder der Kantine zu machen. Die Kleine war noch nicht groß genug, um verstehen zu können, daß ich bald wieder da sein würde, wenn ich das Zimmer verließ. Mitnehmen durfte ich sie nicht, und sie klammerte sich an mich, sobald ich versuchte, mich zu entfernen. Die einzige Gelegenheit, mich um mich selbst zu kümmern, bot sich, als mein Mann kam, um mich für eine Weile abzulösen. Als es unserer Tochter wieder besserging, wurde ich selbst krank – erschöpft durch Schlafmangel, äußerste Besorgnis, Vernachlässigung aller meiner persönlichen Belange und die völlige Preisgabe jeden Eigenlebens. Außer meinen Selbstanklagen, daß ich meine Tochter nicht vor dem Unfall bewahrt hatte, bedrückten mich Schuldgefühle, weil ich als Mutter eines so kostbaren, geliebten und gefährdeten Kindes überhaupt Bedürfnisse hatte verspüren können.

Verärgerung kann rasch in Wut umschlagen. Meine Kinder rufen mitunter ungeahnten, erschreckenden Zorn in mir hervor, nicht nur sichtbare Verärgerung. Ich meine den stets glimmenden Zorn, wenn ich daran denke, was ich alles Gescheites tun könnte, wenn ich sie nicht betreuen müßte. Ich meine das heftige Auflodern mörderischer Wut, wenn mich die irrationale Widerspenstigkeit eines Kindes halb wahnsinnig macht. Ich meine freilich auch den Zorn über mich selbst, wenn ich nicht stark genug bin, dem Drang zu widerstehen, ein bockiges kleines Kind anzuschreien und grob anzufassen, wenn es sich beispielsweise bei Temperaturen unter Null partout nicht den Mantel anziehen lassen will. Ich meine den mit Enttäuschung gemischten Zorn, wenn ein Kind nicht imstande ist, bei seinen Rechenaufgaben das Prinzip der Bruchrechnung zu kapieren oder mich anschreit: »Ich hasse dich, du bist so gemein«, wenn ich ihm bloß beizubringen versuche, wie man den Kassettenrekorder schadlos bedient. Da hinein mischt sich archaischer Zorn unterschiedlichster Art aus unserer eigenen Kindheit, der wieder aufbricht, wenn wir unsere eigenen Kinder aufziehen. Zorn über die Mutter oder den Vater, weil wir uns von ihr oder ihm emotional und seelisch nie genug unterstützt gefühlt haben. Zorn über den Vater, der uns verlassen oder nie sein Versprechen gehalten hat, mit uns in den Zirkus zu gehen. »Einer der schlimmsten Aspekte, Mutter zu sein«, schreibt Anne Lamott, »ist für mich die Entdeckung meiner selbst, die Konfrontation mit meinem heimlichen Wahn, meiner Gebrochenheit und meinem Zorn ... dieser Weg tief hinab, dorthin, wo man nicht mehr gut, nicht mehr fromm, nicht mehr bereit ist, sich um irgend jemanden zu kümmern. Er brodelt in mir. Jetzt ist er dicht unter der Oberfläche. Ich spüre, wie er aus meinen Eingeweiden hinauf in meine Arme und hinab in meine Hände jagt, und vor Angst dreht sich mir der Magen um.«[17]

Wir wissen nicht, wie stark wir sind, bis wir unsere Babys aus uns herauspressen. Als Mütter müssen wir dann beispiellose Kräfte entwickeln, um einer Fülle extremer Emotionen gewachsen zu sein, während wir herausfinden, was wir tolerieren können und welches Verhalten uns an den Rand des Totschlags treiben könnte. Der Zorn eines Kindes ist unverfälschter Haß. Wenn meine zweijährige Tochter einen Wutanfall austobt, beobachte ich mit Staunen und Neid ihre Fähigkeit, eine so ungeheure Wut zum Ausdruck zu bringen. Imogen A. ist Journalistin und bekam mit Ende Dreißig ihr erstes Kind, eine Tochter. »Kurz nach ihrer Geburt malte ich mir zwanghaft aus, sie an die Wand zu werfen und zu Boden fallen zu sehen. Damals begriff ich, daß es sich dabei um eine Reflexion meiner Wut auf sie handelte. Ich war in den ersten Wochen über die Maßen wütend auf sie, wütend auf das, was ihre Existenz mir angetan hatte.«

Peggy T. hat sechs Kinder und einen Ehemann, der genug verdient, um die ganze Familie unterhalten zu können, und das macht das Leben immerhin leichter. Sie sagt, es habe Zeiten gegeben, in denen sie so wütend gewesen sei, daß sie verstehen könne, wie Menschen, die mit viel weniger Geld auskommen müssen und unter schlechteren Lebensbedingungen in Hochhäusern wohnen, zur Mißhandlung ihrer Kinder gebracht werden. »Ja, ich gebe ihnen einen Klaps, wenn sie etwas Schlimmes angestellt haben, wenn sie einfach auf die Fahrbahn rennen oder ein anderes Kind geschlagen haben. Aber wenn es ganz schlimm kommt, schließe ich die Eingangstür und die Hintertür ab, gehe nach oben und lasse sie unten eine Weile allein schmoren, bis ich mich wieder beruhigt habe.« Wenn Kinder größer werden, nehmen die Streitpunkte zu: Kleidung und Essen, was sie dürfen und was sie nicht dürfen, Spielzeug und Süßigkeiten, die bei jedem Einkauf ihre Begehrlichkeit wecken, nicht in die Schule gehen und die Hausaufgaben nicht machen wollen. »Jeden Tag gehen mindestens fünf Minuten für Auseinandersetzungen drauf«, sagt Suzanne K. über ihre beiden Töchter im Alter von sieben und vier Jahren. »Und wenn es bloß darum geht, die Ältere dazu zu bewegen, daß sie sich die Haare wäscht. ›Ja, gleich‹ kriegt man von ihr nie zu hören, aber nach einem lautstarken Wortwechsel tut sie dann doch, was ich ihr gesagt habe. Sie probieren halt, wie weit sie gehen können, die Gören, lassen es drauf ankommen, und wenn man nur ein bißchen mehr gestreßt ist, versteht man gut, daß Mütter ihre Kinder auch mal verdreschen.«

Viele Frauen vermögen sich nicht vorzustellen, daß solche negativen Emotionen mit guter Mutterschaft einhergehen können, denn »gute« Mütter müssen ja immer verständnisvoll sein. »Ich glaube, ich wäre eine gute Mutter«, sagt Kate L., die zwei Söhne im Alter von fünf Jahren und sieben Wochen hat, »wenn ich nur nicht so oft in Wut geriete.« Charlotte S. hat drei Söhne: »Ja, ich bin immer wieder mal wütend auf sie. Aber mittlerweile gebe ich mir Mühe, sie nicht anzuschreien, weil ich glaube, daß sie bloß mein Geschrei hören und nicht das, was ich sage.« Hannah B., Mutter einer Sechsjährigen, sagt: »Manchmal würde ich sie am liebsten durchrütteln, und hinterher bin ich dann wütend auf mich, weil ich zornig auf sie war, denn meistens liegt es ja daran, daß ich völlig erledigt bin und sie mehr Aufmerksamkeit von mir verlangt, während ich dafür einfach keine Kraft mehr habe.«

Das Muttersein ist Tag für Tag mit sehr viel Streß verbunden, und wenn der Druck zunimmt, kann es mitunter unerläßlich sein, Dampf abzulassen. Mütter, die behaupten, daß sie ihre Kinder niemals anschreien und nie wütend auf sie sind, bringen ihren Zorn vielleicht auf subtilere, aber auch schädlichere Weise zum Ausdruck: Sie schrubben das Kind in der Badewanne fast schmerzhaft heftig ab, wenn es sich nicht selbst waschen will, bürsten ihm grob die Haare, loben es nie, machen auf Kosten des Kindes sarkastische Bemerkungen oder »vergessen«, Versprechungen einzuhalten – all das sind kaschierte Feindseligkeiten. Auf Situationen nicht angemessen zu reagieren, beispielsweise im Verkehr oder im Gedränge nicht auf Sicherheit zu achten, richtet sich natürlich gegen die Interessen des Kindes. Das gilt auch für die allzu strenge Kontrolle der Kleidung oder der Aktivitäten eines Kindes. Kinder spüren die Feindseligkeit solcher Handlungen, aber sie sind für sie schwerer zu verstehen als andere, offenere Äußerungen des Zorns, den sie ja selbst auch oft empfinden.

Wenn Sie wütend werden, weil Ihre Geduld aufs äußerste strapaziert worden ist, können Sie sich hinterher bei Ihrem Kind entschuldigen und ihm Ihre Gründe in einer Weise erklären, die es versteht: Vergleichen Sie Ihre Gefühle mit seinen, wenn ihm ein anderes Kind ein Spielzeug wegnimmt oder wenn es nicht tun oder haben kann, was es will. Die widersprüchlichen Gefühle einer Mutter sind positive Gefühle. Wenn wir in Wut geraten, machen uns die nachträglichen Schuldgefühle zu besseren Müttern, denen das Wohl der Kinder noch mehr am Herzen liegt, und unsere Kinder lernen, uns als von ihnen unabhängige Wesen zu sehen, die genauso wie sie selbst hin und wieder die Fassung verlieren und wütend werden können. Die Ansprüche eines Kindes kennen keine Grenzen, denn Kinder sind von Natur aus selbstsüchtig, und sie werden zwangsläufig erleben, daß ihre Mütter ihre Bedürfnisse zuzeiten befriedigen, zuzeiten aber auch nicht, weil nicht alle ihre Ansprüche erfüllt werden können und sollen. Wenn die »perfekte« Mutter sich dadurch auszeichnen würde, daß sie alle Bedürfnisse ihrer Kinder befriedigt, würden sie nie lernen, für sich selbst verantwortlich zu sein. Die Zusammenstöße jedoch, die sich daraus ergeben, daß die Mutter ihnen etwas abschlägt, weil sie erschöpft oder mit ihrem Latein am Ende ist, tragen dazu bei, daß ihre Kinder eine eigenständige Identität entwickeln. Sie lernen, daß wir alle fehlbar sind, daß wir wütend werden und Fehler machen können und daß alles vergeben und vergessen ist, wenn man sich entschuldigt. Nach und nach begreifen sie, daß wir andere Bedürfnisse und eine andere Identität haben, die sie respektieren müssen. Der wichtigste Aspekt jedoch ist folgender: Sowohl die Mutter als auch das Kind müssen wissen, daß sie einander Feindseligkeit zeigen können, ohne grundsätzlich ihre Liebe zu verlieren. Der Kinderpsychologe Donald Winnicott meint, daß es zumindest einen Trost gibt, wenn ein Baby aus Wut schreit: »Das wütende Schreien bedeutet möglicherweise, daß es an Sie glaubt. Es hofft, Sie beeinflussen zu können. Ein Baby aber, das diesen Glauben verloren hat, wird nicht mehr wütend, es hört auf, überhaupt irgend etwas zu wollen.«[18] Das gilt auch für Wutanfälle von Kleinkindern, wenn sie nach uns schlagen und uns ihren Haß ins Gesicht schreien, denn Wut ist eine wesentliche Komponente der Liebe, deren wahrer Gegensatz Gleichgültigkeit ist.

Als Mütter werden wir oft in die starken, ungefilterten Emotionen der Kindheit zurückgeschleudert. Meine Empfindungen verschmelzen mit denen meiner Kinder, ihr Fleisch fühlt sich wie eine Erweiterung meines eigenen an. Wenn sie traurig sind, bin ich es auch. Wenn meine Älteste Angst hat, sich ihre Verse für das Krippenspiel in der Schule nicht merken zu können, oder wegen ihres bevorstehenden Geburtstags ganz aufgeregt ist, habe auch ich Angst oder bin aufgeregt. Doch es gibt einen großen Unterschied zwischen diesen Emotionen der Kindheit und der Flut gemischter Gefühle, von der Mütter plötzlich überwältigt werden können. Erwachsene haben im Lauf der Zeit gelernt, sich vor dem Schaden, den so extreme Emotionen verursachen, zu schützen. Wir wissen, daß jede Veränderung mit Streß verbunden ist, und können Traurigkeit oder Angst antizipieren, wenn wir beispielsweise umziehen, das Kind in den Kindergarten kommt oder uns Beziehungsprobleme belasten. Kinder aber können das nicht. Sie haben noch nicht gelernt, sich vor extremen Gefühlen zu schützen.

Kinder müssen erfahren, daß die sie umgebenden Grenzen stark genug sind, um sie zu halten, wenn sie diese Extreme erreichen, daß die Wände, gegen die sie in heftiger Wut anrennen, nicht nachgeben und daß wir da sind und sie trösten, wenn sie wegen eines kaputtgegangenen Spielzeugs todunglücklich sind. Tag für Tag muß ich dem Drang widerstehen, meinen Töchtern zu sagen, sie sollten sich doch nicht so anstellen. Ich muß mir immer wieder klarmachen, daß mir die Gründe für ihre Wut oder ihre Verzweiflung belanglos vorkommen mögen, für sie aber die Welt bedeuten. »Jedes vierjährige Kind ist zugleich auch das Drei-, Zwei- oder Einjährige, es ist auch das Brustkind, das entwöhnt wird, oder das Neugeborene, sogar das Kind im Mutterleib«, schreibt Winnicott in *Kind, Familie und Umwelt*. »Kinder gehen in ihrem emotionalen Alter vor und zurück.«[19] Als Mütter reißen wir durch unsere bedingungslose Liebe Barrieren ein, wir müssen lernen, uns in unsere Kinder einzufühlen und die Dinge aus ihrer Perspektive zu sehen, doch wir müssen sie auch vor unseren eigenen ungefilterten Emotionen schützen. Nichts bringt ein Kind mehr aus der Fassung, als seine Mutter weinen zu sehen. Eine überbesorgte Mutter unterdrückt das grundlegende instinktive Bedürfnis ihres Kindes, Gefahrengrenzen selbst ausfindig zu machen und zu erkunden.

Doch vielleicht besteht die emotional schwerste Aufgabe darin, mit dem täglichen Verlust unseres Mutterseins zu leben, wenn sich unsere Kinder, die unser Leben so vollkommen ausfüllen und bereichern, allmählich aus unserem Einfluß lösen. »Die Frau hat die beiden großen Aufgaben, eine harmonische Einheit mit dem Kind herzustellen und sie später harmonisch zu lösen«, schreibt die Psychoanalytikerin Helen Deutsch in *The Psychology of Women*.[20] Schon dieser elementare Widerspruch liefert eine Fülle von Gründen für die Problematik der Mutterschaft. Denn wir geben unseren Kindern so viel und müssen dann die Kraft aufbringen, sie loszulassen.

»Müssen Sie die Nabelschnur wirklich durchschneiden?« fragte eine frisch Entbundene ihre Geburtshelferin, während sie, der Trennung widerstrebend, auf ihr Baby blickte. »Nur im wörtlichen Sinne«, antwortete die Ärztin. Doch die Wahrheit ist, daß Mutter und Kind von der Geburt an langsam und unerbittlich auseinandertreiben und jedes Stadium der kindlichen Entwicklung eine Etappe zur Auflösung dieser Verbindung markiert. Nach der Geburt ist das Sehvermögen eines Babys noch schwach, und es ist ganz auf den engen Körperkontakt mit der Mutter angewiesen, der ihm Trost, Wärme und Nahrung schenkt. Doch nach einigen Wochen beginnt das Baby weiter zu sehen, über das Gesicht der Mutter hinaus, und lernt, wo sein Körper beginnt und die Mutter endet, es saugt an seinen Fingern und findet seine Zehen.

Wenn Babys lernen, sich aufzusetzen und dann zu krabbeln, sind sie erpicht darauf, die neue, größere Welt, die nun in ihr Blickfeld geraten ist, zu erkunden, doch sie haben stets das Bedürfnis, in regelmäßigen Abständen zu ihrer Mutter oder der Mutterfigur zurückzukehren, um sich davon zu überzeugen, daß sie noch da ist. Kleinkinder zwischen sechs Monaten und drei Jahren haben große Angst, ihre Mutterfigur zu verlieren, doch sie sind ebenso programmiert, durch Wagemut zu lernen. Sie brauchen die Liebe der Mutter, um sich von ihr trennen zu können und durch die Erkundung ihrer Welt Selbstvertrauen zu gewinnen. Amerikanische Experimente mit Affenbabys haben gezeigt, daß die Mutterfigur für eine gesunde Entwicklung und die Trennung unentbehrlich ist. Einige Affenkinder wurden normal von ihren Müttern aufgezogen, andere von ihren Müttern getrennt in Käfigen gehalten. Eine dritte Gruppe erhielt ihre Nahrung von einer aus Draht geformten Mutter-Attrappe mit Zitzen, die Milch gaben, wenn an ihnen gesaugt wurde. Eine vierte Gruppe hatte ähnliche Attrappen, die mit einem pelzigen Tuch bezogen waren. Die Affenbabys, die mit ihren Müttern zusammenlebten, erkundeten ihre Umgebung und kehrten dann zu ihren Müttern zurück, doch die Affenkinder mit Drahtmüttern und die allein in Käfigen gehaltenen waren introvertiert und gehemmt und hockten zusammengekauert in der Ecke. Die Affen mit den tuchbedeckten Drahtmüttern entwikkelten sich allerdings besser als die mit den Draht-Attrappen, weil sie ihre Umgebung erkunden und sich nach ihrer Rückkehr an das weiche Tuch schmiegen konnten.

Babys und Kleinkinder wenden sich immer wieder ihren Müttern zu, um Körperkontakt zu suchen, damit sie nach allzuviel Anregung oder Abwechslung ein Gefühl ruhiger Beständigkeit zurückgewinnen. Wenn Mütter ihren Kindern soviel Liebe geben, wie sie brauchen, sobald sie danach verlangen, bauen sie Vertrauen in ihnen auf – vorausgesetzt, sie entlassen die Kleinen dann aus ihrer Umarmung, wenn sie wieder fortstreben. Wenn die Kinder größer werden, verlängern sich die Phasen physischer Distanz zwischen Mutter und Kind.

Mütter empfinden eine starke körperliche Bindung an ihr Kind. Vielen Frauen ist es fast unmöglich, ihr Baby allein zu lassen, wenn es noch sehr klein ist. Eine unsichtbare Nabelschnur scheint sie immer noch miteinander zu verbinden. Wenn sie sich schließlich löst, wenn Babys entwöhnt und vom körperlichen Kontakt mit der Mutterbrust unabhängig werden, wenn sie krabbeln und laufen können, statt überallhin getragen zu werden, erfüllt uns der Verlust dieser ersten Phase der Kindheit, die nun hinter uns liegt, mit einer gewissen sehnsüchtigen Trauer. »Einen der größten Verluste, die einem im Leben widerfahren, erleidet man, wenn man sehr kleine Kinder hat. Es ist der Verlust unwiederbringlicher Zeiten, über den man eigentlich gar nicht spricht. Als das Baby geboren war, fühlte ich mich völlig durcheinander, weil die Schwangerschaft, die ich regelrecht genossen hatte, nun zu Ende war. Ich war entzückt, das Baby zu haben, aber ich vermißte das Strampeln in meinem Bauch. Und wenn das Kind dann fünf Jahre alt ist, mag man sich überhaupt nicht vorstellen, daß man nie mehr ein kleines Kind haben, nie mehr stillen wird«, erzählt Hannah B. Nur wenn wir ein zweites Baby, ein zweites Kleinkind im Arm halten, werden die Erinnerungen wieder lebendig. »Im Heranwachsen der Kinder ..., im Älterwerden geliebter Eltern«, schreibt Louise Erdrich in *The Blue Jay's Dance*, »wird das Zeitdiagramm vergrößert, zeigt sich deutlich in seiner Besonderheit, so daß jedes Fest der Reife auch mit dem Schmerz des Verlustes verbunden ist.«[21]

Die bereits beschriebenen zunehmenden Konflikte und Auseinandersetzungen zwischen Mutter und Kind sind Teil dieses Trennungsprozesses. Konflikte stehen am Anfang der Trennung, wenn das Kind sein eigenständiges Ich zu entwickeln strebt und die Mutter ihre eigenen Bedürfnisse geltend macht und allmählich die Kontrolle über ihr Leben zurückgewinnt. Dr. Robert Trivers, Professor für Anthropologie und Biologie an der Rutgers University in New Jersey, berichtet von Parallelen zwischen menschlichem und tierischem Verhalten. Er beobachtete Stadttauben in Boston: »Solange die Jungvögel sehr klein waren und im Nest von beiden Eltern äußerst fürsorglich behandelt wurden, gab es keine Anzeichen für Konflikte, doch als der Nachwuchs größer wurde, konnte man immer wieder beobachten, daß ein Elternteil die Jungen vollständig mied und zu einem benachbarten Sims flog, um nicht von ihnen bedrängt zu werden.« Trivers beobachtete auch einige verblüffende Beispiele für Konflikte zwischen Mutter und Nachwuchs bei Pavianen und Languren, besonders zur Zeit der Entwöhnung. »Die Mutter läßt die Jungen nicht mehr an ihre Brustwarzen heran. Der Jungaffe stößt immer wieder Laute aus und versucht so, die Mutter dazu zu bewegen, ihn zu nähren, und das ist immerhin verblüffend, weil diese Affen gelernt haben, ganz still zu sein, um Raubtiere fernzuhalten.«[22]

Die Geburt eines zweiten Kindes zwingt Mütter, sich von ihrem Erstgeborenen zu trennen. Fiona Shaw beschreibt dies in *Zeit der Dunkelheit*. Bevor sie ins Krankenhaus ging, um ihr zweites Kind zur Welt zu bringen, brachte sie »Eliza zu Freunden, wo sie weiterschlafen sollte, und als ich sie küßte, dachte ich, daß ich etwas für immer fortküßte, etwas, das sie niemals wieder haben würde«.[23]

Der Verlust der Intensität dieser ausschließlichen Beziehung zu unserem bislang einzigen Kind tut weh. Imogen A. empfand dies sehr stark: »Nachdem ich so lange nur mit ihr beschäftigt gewesen war, hatte ich nun keinen Augenblick mehr allein für sie. Es fiel mir schwer, ihr abends etwas vorzulesen, während mich das Baby wegen seiner Koliken dringend brauchte, so daß ich in den ersten Wochen ganz unglücklich war. Ich dachte, ich habe meine Kleine verloren, ich habe meine Beatrice verloren – aber natürlich war es nicht so.«

Andere Frauen stellen fest, daß sie nichts lieber tun, als sich irgendwo allein mit dem Neugeborenen zusammenzukauern, und das Hinzukommen des größeren Kindes als störend empfinden. Man hatte Gemma S. gesagt, sie solle »darauf vorbereitet sein, daß sich die Gefühle für dein erstes Kind ändern, wenn das zweite geboren ist. Diese Gefühle werden dir eine Zeitlang überhaupt nicht behagen, und als das dann wirklich eintrat, dachte ich: Okay, das ist vielen so gegangen. Ich habe mir keine Vorwürfe gemacht, obwohl ich ziemlich bestürzt darüber war, wie verändert meine Gefühle diesem Kind gegenüber waren, das ich sechs Stunden zuvor noch uneingeschränkt geliebt und angebetet hatte.«

Wenn wir zwei oder mehr Kinder haben, verteilt sich unsere emotionale Energie gleichmäßiger, und unsere Kinder werden von unserer Aufmerksamkeit weniger erdrückt, weil wir ihnen weniger Zeit und weniger Kraft widmen können. Wir geben ihnen Raum für eigene Entdeckungen, während wir uns um die Bedürfnisse eines kleineren Kindes kümmern, und auch unser Zorn oder Groll über die ständige Selbstaufopferung verteilt sich gleichmäßig auf sie. Wenn ein Kind einen Krach heraufbeschwört, weil es sein Geschwister geschlagen oder seine Initialen in das Holz Ihres Lieblingssessels gekratzt hat, versteht das andere Kind, daß Ihr Zorn dem schlechten Benehmen gilt, nicht dem Geschwister, das nun plötzlich den Unschuldsengel spielt. Wenn wir zwei oder mehr Kinder haben, müssen wir sie als Individuen betrachten, die sich selbst bestimmen, die vorwärts- und von uns fortstreben – und nicht als genetische Kopien, die von jeder unserer Handlungen beeinflußt worden sind und durch unsere Fehler Schaden genommen haben.

Die Geburt eines zweiten Kindes ermöglicht einer Frau, viele Ängste zu begraben, die sie um ihr erstgeborenes ausgestanden hat. Wendy R. empfand beispielsweise die Entwöhnung ihres ersten Babys als emotional schwierig: »Ich war völlig fertig, weil ich mit dem Stillen einfach nicht aufhören konnte. Ich dachte, ich wäre eine schlechte Mutter, wenn ich aufhörte, und mein Baby mich nicht mehr lieben könne, wenn wir einander nicht mehr so nahe wären. Doch beim zweiten Kind wußte ich, daß es ihm trotzdem gutgehen und ich mich vernünftiger verhalten würde.«

Ich konnte mir zunächst nicht vorstellen, daß ich in meinem Herzen Platz finden würde, um ein zweites Kind genauso lieben zu können wie mein erstes. Doch mit jedem Kind erschließt sich ein neues Reservoir, und unsere Liebesfähigkeit scheint wahrhaft unbegrenzt zu sein. Falls freilich das zweite Kind das letzte sein soll, ist das Gefühl des Verlustes noch stärker, wenn es heranwächst. »Beim zweiten Kind wird alles schrecklich, schrecklich quälend«, sagt Anne T. »Man weiß genau, was man eigentlich tun sollte, und wenn man in Zorn gerät oder keine Zeit hat, die Eisenbahn aufzubauen, oder um Mitternacht nicht eben bester Laune ist, meint man, alles verpfuscht zu haben. Dann wünscht man sich ein bißchen mehr Geduld, ein bißchen mehr Zeit und ein bißchen mehr Gelassenheit, weil man ja keine Chance mehr hat, es noch einmal besser zu machen.«

Die Ankunft eines zweiten Kindes zeigt uns, daß es unmöglich ist, jemals vollkommen gerecht zu sein. Die Kinder werden in unterschiedliche Verhältnisse hineingeboren: Eines genießt eine Zeitlang den Luxus, das einzige Kind zu sein, das andere den Vorzug, von vornherein in einer bereits gefestigten Familie aufzuwachsen. Als Mütter verhalten wir uns unweigerlich jedem Kind gegenüber anders. Bis Anne T. ihr zweites Kind bekam, hatte sich ihre Literaturagentur erfolgreich entwickelt, und sie leidet heute unter Schuldgefühlen, weil sie wegen ihres beruflichen Engagements ihrem zweitgeborenen Sohn in den ersten Lebensjahren nicht soviel Aufmerksamkeit widmen konnte wie ihrer Tochter. »Er hat viel weniger von mir gehabt als Polly. Er hatte zwar ein sehr gutes Kindermädchen, aber seine Erfahrungen sind völlig anders, und das beunruhigt mich. Polly und ich waren oft in aller Ruhe zusammen, so daß die Nabelschnur zwischen uns immer noch existiert, während ich eine solche Verbindung zu Adam nicht habe. Viel Zuwendung hat er von mir nicht erfahren, aber auch nicht erdrückende Besorgnis, und er mußte nicht mit mir konkurrieren, wie meine Tochter es tun mußte, als sie größer wurde und sich veränderte, und darum glaube ich, daß Adam eines Tages völlig anders auf seine Kindheit zurückblicken wird als Polly.«

Wenn unsere Kinder heranwachsen, wird die emotionale Landschaft des Familienlebens komplizierter, weil nun die Emotionen der Kinder und ihre eigenen Auffassungen von Liebe und Gleichheit zur Geltung kommen. Während sie sich zu ausgeprägten Individuen entwickeln, werden Mütter mit Aspekten ihrer Persönlichkeit konfrontiert, die sie möglicherweise ablehnen. Daß ein Kind bevorzugt wird, kommt häufig vor, und sosehr eine Mutter auch ihre entsprechenden Gefühle zu verbergen sucht, entwickeln Kinder mit zunehmendem Alter einen siebten Sinn für das emotionale Netzwerk innerhalb der Familie und bringen ihre Wahrnehmungen auch zum Ausdruck. Heutzutage erwartet man von Müttern, daß sie gerecht sind und ihre Kinder gleich behandeln, obwohl dies nicht immer menschenmöglich ist.

Manche Mütter ziehen ihre Töchter den Söhnen vor, weil sie ihnen ähnlicher sind, andere bevorzugen ein stärkeres Kind gegenüber dem schwächeren. Lydia P.s Söhne sind zwischen fünf und zwölf Jahre alt, und sie hat sie als Babys und Kleinkinder alle gleichermaßen geliebt, doch als sie größer wurden und ihre eigenen emotionalen Anforderungen stellten, registrierte sie, daß einer ihrer Söhne immer schwerer zufriedenzustellen war. »Man soll sie alle gleichermaßen lieben, aber sie sind nun einmal verschiedene Individuen, und mitunter geraten zwei Persönlichkeiten so heftig aneinander, daß Gefühle in uns hervorbrechen, die mit den immer wieder beschriebenen mütterlichen Empfindungen überhaupt nichts zu tun haben. Das ist erschreckend, aber wahr, nur wird darüber kaum gesprochen, und viele Frauen leiden im stillen darunter.«

Lydia weiß, daß einer ihrer Söhne Eigenschaften besitzt, die ihm als Erwachsenem gewiß gut zustatten kommen werden: immensen Charme, strahlende Augen und die Entschlossenheit, stets zu bekommen, was er haben will. Doch als Kind weckt er Gefühle in ihr, die ihr nicht gefallen. »Es kommt mir dann wie eine Beleidigung meiner Liebe zu ihm vor, als ob er mich zurückweise. Wenn ich über der Sache stehe, überkompensiere ich, indem ich ihn zum Mittelpunkt meiner Aufmerksamkeit mache, aber es gibt Momente, da bringt er mich so weit, daß ich ihm hart zusetzen, ihm sogar physisch sehr weh tun möchte.« Lydia fand heraus, daß der Junge gelauscht hatte, als sie in einer Unterredung mit einer Freundin auf die Schwierigkeiten mit ihm zu sprechen gekommen war. »Ich wußte nicht, daß er gelauscht hatte, doch als wir zwei Wochen später eine Auseinandersetzung über irgend etwas hatten, zahlte er es mir heim. Er sagte: ›Wie würde es dir gefallen, wenn du deine Mutter sagen hörtest, du seist das schwierigste Kind von allen?‹ Und ich dachte: Er hat recht, es würde mir nicht gefallen, aber andererseits kann ich mir schließlich nicht ständig den Mund zuknöpfen. Er ist sehr scharfsinnig, er durchschaut das alles, und ich fühle mich dabei schrecklich. So manchen Abend bin ich ins Bett gegangen und habe gedacht: O Gott, diese Auseinandersetzung war wieder mal verheerend, die Kinder werden sich daran erinnern, wenn sie eines Tages zum Psychiater müssen.«

Bestimmte moderne Zwänge machen den Umgang mit den emotionalen Aspekten der Mutterschaft zwangsläufig schwieriger. Die Möglichkeit, sich für Kinder zu entscheiden und ihre Zahl selbst zu bestimmen, verstärkt unweigerlich die Sorge um ihr Wohl und das Gefühl des Verlustes, wenn sie älter werden. Unser Widerstreben, sie loszulassen, ist größer geworden – unsere Fähigkeit, darauf zu vertrauen, daß ihnen bei unserer Abwesenheit keine Gefahr droht, hat dagegen abgenommen. Im

Jahr 1990 gingen in Großbritannien nur 9 Prozent der Sieben- bis Achtjährigen allein in die Schule, 1971 waren es noch 80 Prozent (gemäß Policy Studies Institute). Wir sind also möglichst immer in ihrer Nähe, lassen sie nie aus den Augen, weil sie ja entführt oder überfallen werden könnten, obwohl die statistische Wahrscheinlichkeit dafür so gering ist wie eh und je.

Doch die schlimmsten Gefühle der Sorge und des Verlustes werden von den Konflikten und der Trennung während der Adoleszenz heraufbeschworen: Wenn Ihre vierzehnjährige Tochter auf der Straße zwanzig Meter hinter Ihnen spaziert, weil sie Ihre Gegenwart als unerträglich peinlich empfindet, wenn die Kinder nicht mehr mit Ihnen ausgehen oder in die Ferien fahren wollen, wenn sie Ihnen nichts mehr anvertrauen oder Sie zur Badezeit nicht mehr ins Bad lassen; wenn sie schreien: ›Ich kann dich nicht ausstehen!‹ oder ›Du kannst mich nicht ausstehen!‹ oder ›Du hast mich nie verstanden!‹ und Sie ihren Freunden gar als ihre Großmutter vorstellen – dann begreifen Sie, daß die Kinder Ihren Einflußbereich endgültig verlassen und die Definition des Mutterseins eine andere Dimension erhält. Eines Tages blicken wir unsere Kinder an und sehen plötzlich ein, daß ihr Leben nicht mehr eng mit dem unseren verknüpft ist, und das kann sehr schmerzlich sein. »Wie die meisten heutigen Mütter war ich froh, daß ich mich nun mehr auf meine Arbeit konzentrieren konnte«, schreibt Anne Roiphe in ihrem Buch *Fruitful*.

> Froh, nicht mehr soviel Zeit damit verbringen zu müssen, für die Kinder zu planen, auf sie aufzupassen, über sie nachzudenken. Doch das Loslassen fiel mir immer noch schwer. Eben noch war ich der Mittelpunkt ihres Lebens gewesen, jetzt war ich diejenige, die alles als letzte erfuhr, die an den Rand geschoben wurde – diese Umstellung war schwierig, schmerzlich und alles andere als eine Erleichterung. Hätte ich damals, als ihr Leben zu ihrem eigenen wurde, in mich hineingehorcht, dann hätte ich in meinem Innersten wohl das Geräusch eines ständigen Reißens, Zerrens und Wetzens vernommen.[24]

6
Erschöpfung

Leute, die behaupten, sie schliefen »tief und fest wie ein Baby«, haben in der Regel keines. Zwar werden wir von jungen Eltern vorgewarnt, daß die permanent gestörten Nächte die Hölle seien, doch alle Warnungen der Welt können uns auch nicht annähernd auf die unsägliche Tortur vorbereiten, die wir erdulden, wenn wir Nacht für Nacht ohne tiefen, anhaltenden Schlaf auskommen müssen. Kaum vorstellbar, daß man sich jemals so rundherum kaputt fühlen kann. Die Erschöpfung durch die Mutterschaft kann so groß sein, daß sie uns für die anderen nach der Entbindung häufig auftretenden Probleme – beispielsweise Kränklichkeit, Depressionen, Mangel an Selbstbewußtsein, Wutausbrüche, Beeinträchtigung sozialer und sexueller Beziehungen – um so anfälliger macht. Diese unendliche Müdigkeit rührt nicht nur von schlaflosen Nächten her. Hinzu kommt die nach der Entbindung häufige Entkräftung, die mit Gesundheitsproblemen und dem Gefühl einhergeht, überfordert zu sein. Auch die emotionale Erschöpfung spielt eine Rolle: Sie ist auf die völlige Hingabe, die Selbstaufopferung in der Mutterschaft, auf die fortwährende Befriedigung der Bedürfnisse auch der älteren Kinder zurückzuführen, ebenso auf die körperlichen Belastungen während der Schwangerschaft, das Hochnehmen und Tragen des Neugeborenen, die täglichen familiären Auseinandersetzungen um die Erledigung irgendwelcher Arbeiten. Zwar wird endlich der Tag heraufdämmern, an dem Sie aufwachen und denken: Ich bin nicht mehr so *schrecklich* müde – doch seien Sie nicht überrascht, wenn sich das Blatt erst zwei bis drei Jahre nach der Entbindung wendet und nicht schon nach zwei bis drei Monaten, wie man Sie glauben gemacht hat.

Schlafstörungen stellen sich bereits während der Schwangerschaft ein. Einige Medizinwissenschaftler sind der Meinung, daß die Müdigkeit in den ersten drei Monaten von der einschläfernden Wirkung der hohen Progesteronausschüttung aus der Plazenta verursacht wird. Andere glauben, daß sie von physiologischen Veränderungen durch die Schwangerschaft herrührt. Wegen der enormen Steigerung des Sauerstoffverbrauchs, der Herzleistung, der Blutmenge und des Sauerstofftransports muß der Körper viel schwerer arbeiten, so daß wir zwangsläufig leichter müde werden.[1] Auch die rasche Entwicklung des Fötus im Uterus der Mutter fordert ihren Tribut.

Während die Schwangerschaft fortschreitet und unser Körpergewicht zunimmt, verbrauchen wir mehr Energie, wenn wir uns bewegen. Viele Frauen haben in den letzten drei Monaten Schwierigkeiten, im Bett bequem zu liegen. Flach auf dem Rükken zu liegen tut weh, die Bauchlage kommt nicht in Frage, und unsere Seiten werden wund, weil zwei von vier möglichen Schlafpositionen nicht eingenommen werden können. Jedesmal, wenn wir uns im Schlaf umdrehen, weckt uns die Anstrengung, unseren dicken, geschwollenen Bauch dazu zu bringen, daß er der Bewegung folgt. Wir müssen ohnehin öfter Wasser lassen, weil die Blase während der Schwangerschaft vom vergrößerten Uterus zusammengedrückt wird, und im Liegen verstärkt sich der Druck auf die Blase. Viele Schwangere müssen deshalb in der Nacht zwei- bis dreimal auf die Toilette. Eine Befragung von 100 schwangeren Frauen ergab, daß 68 über Schlafstörungen wegen körperlicher Schwangerschaftsbeschwerden wie Gebärmutterkrämpfe, Verstopfung, Hämorrhoiden und Atemnot klagten; bis zu 70 Prozent der Schwangeren wurden von Alpträumen heimgesucht.[2]

Überzeugende Indizien stützen die Vermutung, daß die hormonellen Veränderungen während der Schwangerschaft das Schlafmuster beeinflussen, wobei in den letzten drei Monaten hohe Östrogen- und Progesteronspiegel den Tiefschlaf der Phase 4 unterdrücken. Viele Frauen fühlen sich so müde, daß sie tagsüber häufiger ein Nickerchen machen oder früh ins Bett gehen müssen; trotzdem sind sie müde, soviel sie auch ruhen.

Diese Müdigkeit kann eine schwangere Frau in ihrer Arbeitsfähigkeit wie in ihren persönlichen und sozialen Aktivitäten natürlich mehr oder weniger stark beeinträchtigen.

Es sind vor allem die physiologischen und hormonellen Veränderungen durch die Schwangerschaft, die Frauen leichter ermüden lassen. Untersuchungen haben bis jetzt ergeben, daß dagegen äußere Faktoren wie die Zahl der Arbeitsstunden oder die Zahl der zu betreuenden Kinder den allgemeinen Müdigkeits-Level kaum beeinflussen.[3] So naheliegend es auch sein mag, den vielen »Wenn ich bloß« die Schuld an Ihrer Müdigkeit zu geben – »Wenn ich bloß nicht arbeiten müßte/tagsüber ein bißchen mehr schlafen könnte/Hilfe bei der Zweijährigen hätte« –, Sie wären ohne sie vermutlich genauso müde.

Vielleicht bereiten die Schlafstörungen während der Schwangerschaft die werdenden Mütter auf das Kommende vor. Wenn sich bei der Entbindung die Eröffnungsperiode über mehr als 24 Stunden hinzieht, kann es vor der anstrengenden Austreibungsperiode zu völligem Schlafentzug kommen. Und wenn das Baby geboren ist, fühlen sich manche Frauen so euphorisch, daß sie auch dann nicht schlafen können. In den ersten Tagen und Wochen der Mutterschaft wird die Fähigkeit der Mutter, in den Tiefschlaf der Phase 4 überzugehen, weiterhin von Hormonen beeinträchtigt, besonders wenn sie stillt. Neugeborene haben ein unregelmäßiges Schlafmuster und schlafen nur etwa zwei bis drei Stunden hintereinander. Da bei ihnen bis zum Alter von einigen Monaten die Tiefschlafdauer kürzer ist als bei größeren Kindern, wachen sie auch leichter auf. Sie bewegen sich im Schlaf sehr viel, wobei sie ihre Träume in ihrem Gesichtsausdruck ausagieren; ihre Muskeln sind noch nicht so weit entwickelt, daß sie diese Bewegungen verhindern können, von denen sie schließlich aufwachen.

Während wir schlafen, durchlaufen wir 90-Minuten-Zyklen, beginnend mit Phase 1, leichtem Schlaf, der über Phase 2 und 3 schließlich in den Tiefschlaf der Phase 4 mündet. Nur wenn wir alle vier Phasen durchlaufen haben, schließt sich der REM-Schlaf bzw. Traumschlaf an, von dem Wissenschaftler annehmen, daß er zur Verarbeitung der geistigen Reize des Tages für das Gehirn unerläßlich ist. Um uns gesund zu fühlen, müssen wir pro Nacht vier bis fünf Zyklen durchlaufen, wobei mit jedem Zyklus der Anteil des REM-Schlafs zunimmt.

Es kommt auf den zusammenhängenden, ununterbrochenen Schlaf, nicht auf die Zahl der Stunden an, die man schläft. Der größte Anteil des Tiefschlafs der Phase 4 findet in der frühen Nacht statt: In dieser Phase erholt sich der Körper, und die Hypophyse schüttet Wachstumshormone aus. Der wertvolle REM-Schlaf aber findet überwiegend in den späteren Zyklen statt, und wenn ein Mensch in irgendeiner Phase des Schlafzyklus geweckt wird, beginnt der Zyklus wieder von vorn. Das bedeutet, daß eine Mutter, die zwei- bis dreimal pro Nacht von ihrem Baby geweckt wird, durch den Mangel an REM-Schlaf einen extremen Schlafentzug erleidet, auch wenn sie innerhalb von 24 Stunden genauso viele Stunden schläft wie vor der Geburt ihres Kindes.

Schlafentzug ist als eine Form der Folter bekannt. Er kann auch taktisch eingesetzt werden, beispielsweise um in schwierigen und langwierigen Verhandlungen andere Teilnehmer zu zermürben. Tiere, die man in wissenschaftlichen Labors am Schlafen hindert, verenden meist sehr schnell. Unser Immunsystem ist aktiver, wenn wir schlafen, und deshalb müssen wir auch sehr viel mehr schlafen, wenn wir krank sind, während Schlaflosigkeit uns für Erkrankungen anfälliger macht. Ratten, denen man den Schlaf entzog, starben an Infektionen durch Mikroorganismen in ihrer Umgebung, gegen die sie eigentlich resistent waren.[4]

Wenn wir regelmäßig von Babys geweckt und vor allem am REM-Schlaf gehindert werden, bauen wir rasch ein Schlafdefizit auf. Menschen mit einem geringen Schlafdefizit von nur sieben oder acht Stunden pro Woche können an Symptomen wie juckenden oder brennenden Augen, unscharfem Sehen, Kältegefühl, Heißhunger auf fettes Essen oder Kohlenhydrate sowie an anfallartiger Müdigkeit leiden. Sie haben weniger Energie, sind träge, reizbar und schlechter Laune. Nimmt das Schlafdefizit zu, verstärken sich auch die Symptome. Es wird immer schwieriger, selbst einfache Aufgaben zu bewältigen oder neue Informationen aufzunehmen, was für die Mutter eines Neugeborenen, die abrupt mit einer ganzen Palette neuer Aufgaben und Pflichten konfrontiert ist, heikel sein kann. Die Ängstlichkeit wird größer, und aufgrund von Konzentrationsschwächen kommt es zu einer Verlangsamung des Denkprozesses. Das Kurzzeitgedächtnis ist beeinträchtigt, Wutanfälle, Sinnestäuschungen und sogar Halluzinationen können auftreten.

Untersuchungen haben ergeben, daß schlechte Schläfer mit sechsmal höherer Wahrscheinlichkeit von Gesundheitsproblemen berichten als gute Schläfer.[5] Schlafmangel verzögert nach der Entbindung nicht nur die körperliche Erholung einschließlich der Wundheilung, sondern er beeinflußt auch ganz direkt jeden Aspekt des Lebens einer jungen Mutter. Er ist möglicherweise der Hauptauslöser der postnatalen Depression und der Probleme, mit denen eine Frau bei der Anpassung an die Mutterschaft konfrontiert sein kann, wenngleich sich nur wenige Wissenschaftler darauf konzentriert haben, den Einfluß von Schlafmangel auf den Gesundheitszustand junger Mütter einzuschätzen. Die umfangreichste Studie über postnatale Gesundheit in Großbritannien ergab immerhin eine enge Verbindung zwischen Übermüdung und Depression. »Es ist nicht leicht zu sagen, welche dieser Symptomformen zuerst auftritt, aber es muß Situationen geben, in denen weitgehende Erschöpfung depressiv macht«, schreibt Christine MacArthur, Mitautorin des Untersuchungsberichts.[6]

Mütter und Väter von Säuglingen wandern in einem Nebel von Müdigkeit umher und träumen von nichts anderem, als eine einzige Nacht mal durchzuschlafen. Hannah B.s Tochter ist heute sechs: »Sie wachte nachts drei- bis viermal zum Stillen auf, und ich war so müde, daß ich tagsüber immer wieder einschlief. Man lebt in dieser sonderbaren Halbwelt und schwankt zwischen ihr und der realen Welt hin und her.«

Kate L.s sieben Wochen alter Sohn wacht seit seiner Geburt mindestens dreimal pro Nacht zum Stillen auf. »Die Hälfte der

Zeit habe ich das Gefühl, als ob alles ineinander verschwimmt. Wenn mich jemand fragt: ›Was hast du heute gemacht – oder in dieser Woche?‹ habe ich keine Ahnung. Die Müdigkeit beherrscht alles andere. Auch wenn man müde ist, kann man nie einfach aufhören, man muß weitermachen. Es geht ja nicht, daß man das Baby einfach nicht stillt, es nicht auf den Rücken klopft, damit es sein Bäuerchen macht. Egal, wie müde man ist, man darf einfach nicht zusammenklappen.« Kate hat festgestellt, daß sie sich an Tagen übergroßer Müdigkeit wenigstens ein bißchen erholen kann, wenn sie sich für eine oder zwei Stunden hinlegt und gar nichts tut.

Wenn man freilich mehr als ein Kind hat, ist es in der Regel völlig ausgeschlossen, tagsüber zu schlafen, es sei denn, jemand anders paßt auf das Baby auf. Mütter eines Einzelkindes stellen oft fest, daß sie tagsüber keinen Schlaf finden, weil sie wissen, daß ihr Baby jeden Augenblick aufwachen kann. Catherine A.s 13 Monate alter Sohn schläft nachts immer noch nicht durch. »Ich habe mich sehr über die Bücher geärgert, in denen es heißt: ›Schlafen Sie, wenn Ihr Baby schläft‹, weil es Babys gibt, die am Tag überhaupt nicht schlafen oder immer nur so kurz, daß man nie genug Zeit findet, sich so weit zu entspannen, um einschlafen zu können.«

Wenn Babys größer werden, verlängern sich die Abstände zwischen den Mahlzeiten, und zahlreiche Frauen stellen fest, daß es sehr viel ausmacht, nachts nur noch ein- oder zweimal statt drei- bis viermal aufstehen zu müssen. Wenn Ihr Baby in seinem Bettchen direkt neben Ihrem Bett oder bei Ihnen schläft, können Sie halb schlafen, während das Baby trinkt. Bei einem Flaschenkind ist ein Flaschenwärmer neben dem Bett unverzichtbar, weil Sie dösen können, während die Flasche warm wird; ein zusätzlicher Vorteil ist, daß Sie und Ihr Partner sich mit dem Flaschegeben abwechseln können.

Das Wachsein mitten in der Nacht ist jedoch mitunter auch sehr schön. Ich habe mit meiner zweiten Tochter Nächte erlebt, in denen es so still war, daß ich das Gefühl hatte, wir beide seien allein auf der Welt, während mich ihr sinnliches Saugen langsam wieder einschläferte. Als sie, schon vierzehn Monate alt, einmal mitten in der Nacht aufwachte, nahm ich sie hoch, als sei sie wieder ein neugeborenes Baby und schaukelte sie sanft hin und her. Während ich sie so hielt, erwachten jene schönen Augenblicke der Intimität zu neuem Leben. Wir wurden beide von einer tief empfundenen physischen Erinnerung an unsere frühe innige Beziehung beruhigt, die sich nicht in Worte fassen läßt und weit über bewußtes Erinnern hinausgeht.

Selbstverständlich gab es auch Nächte, in denen ihr durchdringendes Schreien nach Nahrung mein Unterbewußtsein aufscheuchte und mit häßlichen Gedanken füllte. Wenn Säuglinge ihre Mütter nachts zum Stillen wecken, liegen manche Mütter, wie es Helen Simpson in ihrer Kurzgeschichte *Heavy Weather* beschreibt, in den ersten Augenblicken »wie ein zu Boden gegangener Boxer im Ring, der aufzustehen versucht, während er ausgezählt wird«. Meine Tochter zog wie ein Puppenspieler an meinen Fäden, und ich mußte zu ihr gehen, obwohl mir wegen der wiederholten Unterbrechungen meines Schlafs eher danach zumute war, sie zu ersticken, statt sie zu stillen. Wenn Ihnen alles zuviel wird, wenn Sie tagsüber vor Erschöpfung in Tränen ausbrechen, wenn Sie sich aus Schlafmangel nicht imstande fühlen, noch weiter und weiter zu machen, bestehen Sie darauf, daß der Vater Ihnen das Kind eine Weile abnimmt – oder engagieren Sie jemanden, der sich einen Nachmittag um das Baby kümmert, damit Sie mal schlafen können, und sagen Sie den begeisterten Großeltern, sie seien herzlich willkommen, falls sie sich verpflichten, das Kind im Kinderwagen zu einem dreistündigen Spaziergang mitzunehmen.

Penny W. arbeitet bei einem Wohlfahrtsverband. Ihre Tochter Catherine hatte in den ersten Monaten schlimme Koliken und schrie unaufhörlich von neun Uhr morgens bis Mitternacht oder von Mitternacht bis drei Uhr morgens. Penny schlief kaum noch mit ihrem Partner zusammen, weil er wieder arbeitete und ungestörten Schlaf brauchte, doch es gab Zeiten, in denen sie ihm ihre Tochter überlassen mußte, um nicht den Verstand zu verlieren. »Wir hatten ein paar Nächte, in denen Nigel unten das Baby schreien und dann mich weinen hörte. Da kam er zu uns nach oben und nahm mir das Kind ab.« Nicht alle Männer sind so hilfsbereit. Caitlin S. ist nicht berufstätig und hat zwei Kinder im Alter von drei Jahren und 16 Monaten. Das kleinere Kind wacht immer noch nachts auf. »Ich bin nun schon so lange so schrecklich müde. Gestern nacht war ich bis um halb eins wach, bis die Kleine wieder eingeschlafen war. Als ich das nächste Mal aufwachte, war es fünf, und ich legte sie wieder in ihr Bettchen und schlief dann bis sieben. Als ich zum zweitenmal wach wurde und meinen Mann bat, sich doch auch mal um sie zu kümmern, wurde er ärgerlich, weil ich ihn geweckt hatte, aber ich fand halt, das wäre nur recht und billig, weil ich ja schon mehrmals aufgestanden war.«

Wie zahlreiche andere Mütter ist Caitlin zu erschöpft, um sich im Interesse des langfristigen Ziels, wieder ausreichend Schlaf zu finden, gegen die unnötigen nächtlichen Ansprüche ihres Kindes zur Wehr zu setzen, da ja die kurzfristige Lösung, es wieder in den Schlaf zu wiegen oder ihm die Flasche zu geben, wenigstens sofortige Erleichterung bringt. Doch ab etwa einem halben Jahr wachen Babys nicht mehr auf, weil sie hungrig sind, sondern weil sie nach Zuwendung verlangen. Wenn Ihr Kind nicht wieder einschlafen kann, ohne von Ihnen getröstet zu werden, entwickelt es ein Verhaltensmuster, das Sie immer schwerer durchbrechen können, je größer das Baby wird.

Caitlin ist unschlüssig, was sie tun soll. Sie weiß, daß sie ihre sechs Monate alte Tochter durchaus schreien lassen kann, bis sie wieder einschläft. Doch sie schreit, bis sie die Kräfte verlassen, und weckt damit auch ihren dreijährigen Bruder und ihren Vater, der die Familie als Selbständiger ernährt. »Wenn man für jemand anderen arbeitet, strengt man sich halt mal weniger an, falls man müde ist, aber wenn man selbständig arbeitet, ist der Tag leicht verloren.« Statt sich mit dem Gedanken an etliche stark gestörte Nächte anzufreunden, in denen sie ihre Tochter einfach mal schreien läßt, bis sie sich daran gewöhnt, ohne Zuwendung wieder einzuschlafen, holt Caitlin das Baby doch lieber zu sich ins Bett, damit die anderen Familienmitglieder rasch wieder einschlafen können. Penny A. hat sechs Kinder und ist zu dem Schluß gekommen, daß sie am ehesten zur Ruhe kommt, wenn sie die Kinder über das ganze Haus verteilt schlafen läßt. »Manchmal lasse ich sie morgens in meinem Schlafzimmer auf dem Boden schlafen, damit ich sie nicht in ihre Betten zurückbringen muß, weil ich sonst die ganze Nacht auf wäre, um das eine Kind hierhin und das andere dahin zu schleppen.«

Das nächtliche Aufwachen ist bei Babys und Kleinkindern sehr weit verbreitet. Untersuchungen haben ergeben, daß zwei Drittel aller Babys zwischen sechs und zwölf Monaten und 20 bis 30 Prozent aller Kinder im Alter von ein bis drei Jahren Schwierigkeiten haben, nachts durchzuschlafen.[7] Wissenschaftler des Institute of Education and Child Health an der Universität London beschäftigten sich mit der Frage, ab welchem Alter damit gerechnet werden kann, daß Babys nachts durchschlafen. Sie kamen zu dem Ergebnis, daß 70 Prozent der Untersuchten mit drei Monaten und weitere 13 Prozent mit sechs Monaten nachts durchschliefen (entsprechend der von ihnen vorgegebenen Definition von Mitternacht bis etwa fünf Uhr morgens, ohne aufzuwachen).

Angesichts der widersprüchlichen Ratschläge von Experten für Kinderbetreuung haben Eltern begreiflicherweise Schwierigkeiten, zu entscheiden, wie sie nun mit ihrem schlecht schlafenden Kind verfahren sollen. Bevor sich in den sechziger Jahren die liberaleren Ansichten von Penelope Leach und Hugh Jolly durchsetzten, galten für Babys und Kleinkinder feste Schlafenszeiten, und zahlreiche Eltern erwarteten, daß ihre Kinder bis morgens durchschliefen beziehungsweise sich nach dem Aufwachen wieder in den Schlaf weinten. Heute, da sich die Kinderbetreuung unter dem starken Einfluß der Psychologie mehr auf die Bedürfnisse des Kindes konzentriert, wollen wir unser möglichstes tun, um den Kummer unseres Kindes auf ein Mindestmaß zu beschränken, und uns quält der Gedanke, es beharrlich in das dunkle, einsame Kinderzimmer zu verbannen, wo es sich weinend der nächtlichen Finsternis unterwirft, obwohl doch die natürlichere Auffassung des Mutterseins bedeutet, das Baby stets bei sich zu haben. Das Kind, das sich, allein gelassen, wieder in den Schlaf weint, lernt, sich in seine Ohnmacht zu fügen. »Es hat die erste und grausamste Lektion des Lebens gelernt: daß es keinen Sinn hat, irgend etwas verbessern zu wollen. Die meisten dieser Kleinkinder werden als Erwachsene dasselbe glauben – Leiden ist eben die Grundbedingung des Menschseins, und man kann nichts dagegen tun«, schreibt Deborah Jackson in ihrem Buch *Drei in einem Bett*, in dem sie dafür plädiert, daß Kinder bei ihren Eltern schlafen sollen.[8]

Aber müssen wir die Bedürfnisse unseres Kindes immer an die erste Stelle setzen – zum Nachteil unserer eigenen Bedürfnisse, da doch ungestörter Schlaf so wichtig für unsere Gesundheit und unsere Leistungsfähigkeit ist? Babys lernen bestimmte Verhaltensweisen von uns, und wir können ihnen auch das Wiedereinschlafen beibringen, so wie wir ihnen beibringen, feste Nahrung von einem Löffel zu essen oder erste Schritte zu machen, indem wir sie an den Händen halten. Wir müssen nur darauf bestehen, daß die Nacht zum Schlafen da ist und nicht zum Spielen, Gewiegt- und Gefüttertwerden oder – später – zum Angucken von Videos. Eine 1994 von der Universität Leeds durchgeführte Untersuchung ergab, daß Brustkinder schon mit acht Wochen dazu erzogen werden konnten, nachts in längeren Phasen zu schlafen, indem man die Abstände zwischen dem nächtlichen Stillen durch andere Aktivitäten wie Windelwechsel und Aufundabgehen allmählich verlängerte, so daß das Baby zwischen Nacht und Tag zu unterscheiden lernte, weil es tagsüber häufiger trinken durfte.[9]

Ab etwa einem halben Jahr wachen viele Babys, die zuvor schon durchschliefen, nachts wieder auf und bleiben dabei, wenn Eltern sie in dieser Gewohnheit bestärken, indem sie das Baby aus dem Bett nehmen, ihm die Flasche oder die Brust geben oder es in den Schlaf wiegen. Babys lernen rasch, ihre Mutter oder ihren Vater in Anspruch zu nehmen, die sie füttern oder hin und her schaukeln, damit sie wieder einschlafen – und die Eltern werden müder und müder. Eltern rechtfertigen die Änderung ihres Verhaltensmusters mit Erklärungen wie »Ich mußte ihm bloß seinen Schnuller wieder reinschieben« oder »Sie hat nur die Flasche bekommen und schläft sofort wieder ein«. Natürlich bietet sich auch immer die eine Entschuldigung an, der nur wenige widerstehen können: Das geliebte Baby ist eben so aufgeweckt, daß es wenig Schlaf zu brauchen scheint.

Viele der täglichen Mutterpflichten sind schon von Natur aus so anstrengend und ermüdend, daß wir uns nicht auch noch die Last des nächtlichen Wachens zumuten müssen. Nur zwei oder drei Nächte ungestörten Schlafs können die bereits beschriebenen Symptome des Schlafentzugs kurieren und die Erfüllung der zahlreichen mütterlichen Aufgaben erleichtern. Kinder müssen in der realen Welt aufwachsen, in der die Menschen nachts halt schlafen, und nicht in einer Wunschwelt, in der sie nur dann schlafen, wenn sie gerade müde sind. »Wenn man Kinder sich selbst überlassen könnte und sie die Aufmerksamkeit Erwachsener nicht brauchten, würde niemand einen Gedanken daran verschwenden, ob sie nun schlafen oder nicht«, schreibt David Haslam in seinem Buch *Schlaflose Kinder.*[10] Doch es ist nun einmal eine Realität des Lebens, daß Kinder auf die Energiereserven und die Antriebskraft Erwachsener angewiesen sind, die ihren Schlaf brauchen.

Man macht es sich allzu einfach, wenn man die heute in den westlichen Industrienationen üblichen Methoden der Babybetreuung und Schlafgewohnheiten mit denen von Familien in der dritten Welt oder auch denen der europäischen Geschichte vergleicht. Viele arme Familien der dritten Welt schlafen zusammen in einem Bett, weil sie eben nur eines haben, und sie schlafen deshalb nicht unbedingt besser. Man kann daraus nicht einfach schließen, daß sich das gemeinsame Schlafen in einem Bett auf die Entwicklung eines Babys und den Schlaf aller Familienmitglieder positiv auswirkt, wie es Deborah Jackson in ihrem Buch *Drei in einem Bett* tut. Früher blieb armen Familien gar nichts anderes übrig, als zusammen zu schlafen, weil Kinderbetten teuer waren, so daß Babys mitunter Gefahr liefen, im Bett ihrer Mutter im Schlaf erstickt zu werden. Infektionskrankheiten breiteten sich schneller aus, wenn alle zusammen schliefen, und prinzipiell schläft wohl kaum jemand gut, wenn er auf engstem Raum zusammengepfercht liegt und regelmäßig von Kinderfüßen in den Bauch getreten wird. Margery Spring Rice kam Ende der dreißiger Jahre in ihrer Befragung von 1200 Frauen der Arbeiterschicht zu dem Schluß, daß »Schlaflosigkeit in dieser Untersuchung nicht oft erwähnt wird, weil sie nicht als Leiden gilt, aber es ist ganz klar, daß ausreichender Nachtschlaf in einem gut gelüfteten Zimmer und einem bequemen, gut ausgestatteten Bett der Mehrzahl dieser Mütter unbekannt ist«.[11]

Wenn Sie die Hand aufs Herz legen und ehrlich beteuern können, die von Ihrem Baby erzwungenen nächtlichen Rituale machten Ihnen nichts aus, besteht kein Grund, daran etwas zu ändern. Erfreulicherweise gibt es keine definitiv richtige oder falsche Methode, mit dem nächtlichen Aufwachen unserer Babys umzugehen, und so können wir sie – entsprechend unseren eigenen Bedürfnissen und den individuellen Bedürfnissen der Kinder – schreien lassen oder aber zu uns ins Bett holen. Freilich sollten Sie bedenken, daß Ihre Gesundheit, Ihre Kraft und Ihr psychisches Wohlbefinden wahrlich wichtig sind und daß Kinder zumindest teilweise früh sozialisiert werden sollten, damit sie sich unserem Rhythmus anpassen und es uns leichter machen, ihnen tagsüber eine leistungsfähige Mutter zu sein.

Bei allen Kindern treten dann und wann triftige Gründe dafür auf, daß sie nicht schlafen können. Es wird naturgemäß schwer sein, mit Fieber einzuschlafen, während bei Erkältungen Husten und Atemnot den Schlaf stören können. Alpträume und Schlafwandeln kommen bei kleinen Kindern häufig vor, und wenn Kinder daheim übermäßigem Streß ausgesetzt sind, weil ihre Eltern beispielsweise Ehe- oder Geldprobleme haben, wird dies ihren Schlaf unweigerlich beeinträchtigen. Sheila Kitzinger ist der Meinung, daß zu früh oder nach einer künstlichen Einleitung der Geburt auf die Welt gekommene Babys nach einer schweren Entbindung und Babys von Müttern mit Präeklampsie zu Schlafproblemen neigen. Nur eine sehr geringe Zahl von Kindern braucht wirklich nicht viel Schlaf, doch die meisten

Kinder sollten früher oder später imstande sein, nachts durchzuschlafen; sie sollten einfach lernen, daß sie darauf vertrauen können, allein wieder einzuschlafen, wenn sie, wie wir alle, nachts auf ganz natürliche Weise aus leichtem Schlaf erwachen.

Nachts sind alle Empfindungen ausgeprägter. Sorgen und Ängste verstärken sich bei den Eltern wie bei den Kindern. Wenn wir wegen einer beruflichen Fehlleistung oder wegen einer Auseinandersetzung ein schlechtes Gewissen haben, wenn es uns leid tut, daß wir zu unseren Kindern nicht liebevoll genug waren oder ihnen etwas abgeschlagen haben, können solche Schuldgefühle unser Verhalten gegenüber unseren Kindern beeinflussen, sobald sie mitten in der Nacht aufwachen. Manchen Müttern fällt es schwer, abends ihre Hand von ihrem Kind zu lösen und sich am Ende des Tages von dem so geliebten Geschöpf zu trennen. Andere, in der Regel Frauen, die den ganzen Tag mit ihren Kindern zusammen waren, können den Augenblick der Erlösung kaum erwarten. Das jüngste von Charlotte S.s Kindern ist 18 Monate alt und muß immer noch ins Bett getragen werden. »Von hier bis zu Mattys Zimmer sind es 33 Stufen. Ich weiß es, weil ich sie jeden Abend zähle.«

Wir müssen verstehen, daß unsere gemischten Gefühle in bezug auf Mutterschaft und Trennung natürlich Einfluß darauf haben, wie wir unsere Kinder ins Bett bringen oder auf sie reagieren, wenn sie nachts wach werden. Erst als ich eines Nachts meiner zweieinhalbjährigen Erstgeborenen um drei Uhr morgens im Bett aus einem Buch vorlas, wurde mir klar, wie absurd das war, und ich beschloß endlich, ihr das nächtliche Aufwachen abzugewöhnen. Wir mußten beide durchschlafen, und zwar jede Nacht. Es war mein Schuldgefühl, ihr wegen meiner Berufstätigkeit tagsüber keine »gute« Mutter zu sein, das uns alle drei nachts wach hielt. Mein Mann und ich suchten Rat in einer Schlafklinik im Londoner Stadtteil Hackney, und dort sagte man uns, was wir eigentlich nicht hören wollten – daß wir unsere Tochter allein wieder einschlafen lassen sollten, auch wenn sie zunächst sehr wütend reagieren würde. Mein Mann und ich durchlitten danach etliche qualvolle Nächte, in denen wir uns die Kissen über die Köpfe zogen und trotzdem hörten, wie sie gegen die Kinderzimmertür bummerte und schrie, wir sollten doch lieb zu ihr sein. Aber nach einer Woche schlief sie dann jede Nacht durch und war tagsüber fröhlicher und aktiver. Da nahmen meine Schuldgefühle noch zu, weil ich ihr die größere Vitalität vorenthalten hatte, an der sie zweifellos schon früher Gefallen gefunden hätte, wenn ich hinsichtlich des Schlafens unerbittlich geblieben wäre. Wer weiß, vielleicht hatte ich auch ihre Fähigkeit beschnitten, sich durch Tagesreize psychisch und intellektuell zu entwickeln, denn sie war zuvor genauso müde gewesen wie ich. Und mir wurde fast körperlich schlecht bei dem Gedanken daran, wieviel besser wir alle in den letzten beiden Jahren hätten schlafen können, wenn ich wegen unserer Nächte nicht so zimperlich gewesen wäre.

Kinder brauchen tiefen, ungestörten Schlaf genauso notwendig wie wir Erwachsenen und können an Entzugssymptomen leiden, wenn sie nicht ausreichend schlafen. Statt tagsüber schläfrig zu sein, können sie hyperaktiv und manisch werden. Sie können Erregbarkeit und starke Stimmungsschwankungen an den Tag legen, reizbar oder aggressiv sein. Wenn Sie Ihr Kind morgens wachrütteln müssen, ist das – ebenso wie morgendliches Herumtrödeln, Augenreiben und Gähnen beim Frühstück – ein Zeichen dafür, daß es nicht genug Schlaf bekommt. Wenn Sie und Ihr Partner entschlossen sind, Ihrem Kind das nächtliche Aufwachen abzugewöhnen, ziehen Sie Fachleute und Bücher zu Rate. Besonders Schlafkliniken können Ihnen helfen, und Bücher wie *Schlaf, Kindlein, schlaf. Schlafprobleme bei Kindern* von Richard Ferber[12] oder *Schlaflose Kinder – unruhige Nächte* von David Haslam[13] werden Ihnen die notwendige Sicherheit vermitteln.

Nach der Geburt des zweiten Kindes wird es noch schwerer, mit der Erschöpfung durch Schlafentzug fertig zu werden, weil es unmöglich ist, tagsüber stundenweise zu schlafen, wenn auch das Neugeborene schläft: Gerade jetzt braucht unser erstgeborenes Kind sehr viel mehr emotionale Zuwendung. Anne T. hat ihren Beruf aufgegeben und konnte nach der Geburt ihres ersten Babys tagsüber stundenweise schlafen, wenn auch das Neugeborene schlief, doch nach der Geburt des zweiten Kindes machten äußere Bedingungen das Ausruhen am Tage nahezu unmöglich. »Ich mußte damals meinen Vater begraben, und Polly war in der Schule sehr schlecht; ich mußte einfach für sie dasein. Das forderte seinen Tribut, und ich war das ganze Jahr sehr erschöpft.« Wenn Sie Ihr Neugeborenes morgens um fünf gestillt haben und wissen, daß es nun wahrscheinlich zwei bis drei Stunden schlafen wird, können Sie selbst nicht bis acht Uhr schlafen, weil Ihr zweijähriges Kind um halb sieben aufwacht. Doch wir lernen immerhin, beim zweiten Kind nicht mehr so besorgt auf Schlafstörungen zu reagieren. Gemma S. hat zwei Kinder im Alter von vier und eins. »Statt gleich aus dem Bett zu springen, wenn es ein bißchen wimmert, läßt man's beim zweiten einfach laufen. Der Himmel weiß, was man mit dem fünften macht.«

Regelmäßiger tiefer Schlaf ist ein unverzichtbarer Teil unseres 24-Stunden-Rhythmus. Ohne ihn sind wir alles andere als glücklich und zufrieden, und Kinder müssen nicht nur das verstehen, sondern auch begreifen, daß Schlaf zur Erhaltung ihrer eigenen Gesundheit und Kraft unerläßlich ist. Eltern sollten sich jedoch darüber klar sein, daß sie niemals ganz zu ihrem früheren friedlichen Schlaf zurückfinden, wenn es erst einmal zu permanenten Schlafstörungen durch die Schwangerschaftsbeschwerden, durch das Stillen und das nächtliche Aufwachen des Babys gekommen ist. »Man gewöhnt sich daran«, bemerkt Kate L., »und irgendwann fangen sie ja an, durchzuschlafen. Aber wenn sie krank sind und man ihretwegen oft aufstehen muß, macht einen das völlig fertig.«

»Meine beiden Geburten waren leicht, und ich habe mich überhaupt nicht traumatisiert gefühlt. Das schlimmste war für mich der Schlafmangel. Diese Müdigkeit war quälender als alles, was ich je durchgemacht hatte, und obwohl ich jetzt nicht mehr müde bin« – Anne T.s Kinder sind sieben und vier Jahre alt –, »bin ich nicht mehr die alte.«

Der Preis, den Sie für das Vergnügen Ihrer Kinder zahlen,

wenn sie morgens um halb sieben auf Ihrem Bett auf und ab hüpfen, sich an ihrer eigenen unerschöpflichen Vitalität begeistern, Ihnen die Füße kitzeln, Sie auf die Augenlider küssen und Ihnen Kinderverse ins Ohr krähen, ist hoch: Es ist Ihnen fast nie vergönnt, sich nach den nächtlichen Störungen durch die Kinder morgens einmal richtig auszuschlafen. Wir verbringen einen so großen Teil ihrer frühen Kindheit damit, allein ihrem Schreien zu lauschen, daß wir nicht einmal dann imstande sind, sorglos und tief zu schlafen, wenn der liebe Nachwuchs von den Aktivitäten des Tages nahezu bewußtlos ist. Auf die Erschöpfung vorbereitet zu sein und rechtzeitig abzuschalten, um auszuruhen, hilft sicherlich ein bißchen weiter, aber letztlich ist die beste Lösung wohl die, den neuen Status quo zu akzeptieren und sich ihm zu unterwerfen. Dann brauchen wir wenigstens keine wertvolle Kraft für den Widerstand gegen das am Ende doch Unvermeidliche zu verschwenden.

Die Entbindung ist Schwerstarbeit, die den Körper viel Kraft kostet, und es versteht sich von selbst, daß die Mutter danach erschöpft ist. Doch anhaltende, lähmende Müdigkeit könnte ein Zeichen dafür sein, daß Sie an einer Krankheit leiden, die behandelt werden sollte. Die körperliche Belastung durch Schwangerschaft und Entbindung kann nämlich jede bestehende oder latente Krankheit verschlimmern. Ärzte freilich lassen sich bekanntermaßen viel Zeit, bei Wöchnerinnen eine genaue Diagnose zu stellen, weil es ja als normal gilt, daß sie erschöpft sind. Kate L. stellte nach der Geburt ihres ersten Sohns fest, daß sie immer schwächer wurde und schließlich nicht einmal mehr imstande war, bis zum Briefkasten an der Ecke zu gehen, ohne sich zwischendurch auf den Bürgersteig zu setzen, weil ihr übel wurde. »Ich glaube, ich hatte das schon vor der Schwangerschaft ein bißchen, weil ich immer sehr schnell müde wurde. Aber was mir eigentlich fehlte, fanden die Ärzte erst heraus, als sich meine Haut sehr dunkel verfärbte – dazu kommt es im letzten Stadium –, und sie diagnostizierten die Addison-Krankheit.«

Anämie – Blutarmut – ist unter Frauen weit verbreitet. Schwangerschaft und der Blutverlust während der Entbindung verringern bekanntlich den ohnehin niedrigen Eisengehalt im Blut von Frauen noch weiter. Zu den Symptomen der Blutarmut gehören eine blasse, kränkliche Hautfarbe, große Müdigkeit, Anfälligkeit für Infektionen, Unruhe, Atemnot, Reizbarkeit und ein allgemeines Gefühl der Schwäche und Überforderung. Diese Symptome, die häufig von der Müdigkeit durch gestörten Nachtschlaf und das Chaos der jungen Mutterschaft überlagert werden, sind jedoch leicht zu heilen (siehe Anhang). Wenn ein Arzt Ihren Hämoglobingehalt untersucht, sollten Sie auch bedenken, daß er ihn mit einer ganzen Skala als normal geltender Eisenwerte vergleicht. Es könnte sein, daß Ihre Werte im unteren Viertel dieser Skala liegen, Sie aber trotzdem unter den Symptomen der Anämie leiden, die auf eine Behandlung ansprechen würden, obwohl Sie im engeren medizinischen Sinne nicht blutarm sind.

Unzulängliche Ernährung mit wenig frischem Obst und Gemüse und viel Fett ist bei Familien, die von niedrigem Einkommen oder Sozialhilfe leben, leider weit verbreitet.[14] Weil in sozial schwachen Familien die Eltern ihren Kindern beim Essen den Vorrang geben, stellt man bei ihnen oft einen Mangel an Grundnährstoffen wie Eisen, Vitamin C, Faserstoffen und Folsäure fest, der zu Gesundheitsproblemen und extremer Müdigkeit führt. »Mit Essen gebe ich mich nicht ab«, sagt Cynthia P., Mutter von drei Kindern. »Ich fühle mich so klapperig, todmüde und schwach, daß es mich ankotzt.« Eine andere Mutter, die von Sozialhilfe lebt, bemerkt: »Als ich mit seinem [ihres Sohnes] Vater zusammenlebte, habe ich besser gegessen. Das Essen war eben von besserer Qualität. Das hat sich nun wirklich geändert. Es kommt immer öfter vor, daß ich es mir nicht leisten kann, frisches Obst und Gemüse zu kaufen.«

Wenn Sie feststellen, daß Sie tagsüber ständig einschlafen, daß Ihr Haar struppig ist und zum Ausfallen neigt und ihre Haut sich spröde anfühlt, könnten Sie an einer Schilddrüsenunterfunktion leiden. Ein zu niedriger Kaliumspiegel kann ebenfalls extreme Müdigkeit verursachen. Anhaltende Erschöpfung ist auch ein medizinisch geläufiges Symptom postnataler Depression, wenngleich es erstaunlicherweise nur selten als deren Ursache erwähnt wird. Katharina Dalton, nach deren Theorie die postnatale Depression von Progesteronmangel verursacht wird, vertritt die Meinung: Wenn Müdigkeit mit hochgradiger geistiger Trägheit und körperlicher Entkräftung einhergehe, leide eine Frau an »postnataler Erschöpfung«, die biochemisch behandelt werden könne. Das wird allerdings von anderen Wissenschaftlern wie John Studd bestritten, die Östrogenmangel für die Ursache halten.

Mit zwei kleinen Kindern hatte ich tagsüber nie genug Zeit, mich richtig auszuruhen und zu erholen. Als die Anforderungen noch zunahmen, glitt ich immer tiefer in einen wahren Abgrund der Erschöpfung, in dem mir der simpelste Anspruch eines meiner Kinder wie ein gewaltiges Hindernis vorkam. Ich empfand die körperlichen und die widersprüchlichen emotionalen Ansprüche, die mit der Betreuung zweier Kleinkinder unterschiedlichen Alters verbunden waren, als so anstrengend, daß ich ständig den Tränen nahe war. Farben begannen um mich zu verschwimmen. Ich konnte den Blick nicht mehr konzentrieren, entfernte Gegenstände nicht mehr deutlich wahrnehmen. Der ständige Lärm, das Scharren von Stühlen, das Geschrei, das Debattieren, das Weinen und Wimmern der Kinder, zerrte an meinen letzten intakten Nerven, und die kurzen Ruhepausen, zu denen mir mein Mann verhalf, wenn er sich ab und zu um die Kinder kümmerte, reichten nie aus. Ich brauchte mehr als ein paar Stunden zum Ausruhen, ja ich brauchte Tage für mich allein, an denen mich niemand anrührte, niemand mit mir sprach oder Ansprüche an mich stellte, die ich zu erfüllen hatte. Ich mußte in einem Zimmer allein sein und blicklos aus dem Fenster starren, damit ich wieder anfangen konnte, klar zu denken. Ich fühlte mich wie ein ausgedrückter Schwamm: Drei Grippeanfälle hintereinander und der graue Februarregen, dazu Schlafmangel und die Befriedigung der physischen und emotionalen Bedürfnisse meiner Kinder rund um die Uhr hatten mich völlig ausgelaugt. Ich fühlte mich, um es mit Enid Bagnolds Worten zu beschreiben, »zuweilen wie Gulliver, der von Zwergen niedergedrückt wird ... Ich bin eine Bienenkönigin, die keinen Muskel mehr rühren kann. Ich bin der Mittelpunkt eines schwarzen, tropfenden, saugenden, an mir klebenden Schwarms. Sie beteuern, daß sie ohne mich nicht auskommen, doch wenn ich morgen stürbe, würden sie sich an jemand anders klammern.«[15]

Ich hatte eine leichte Anämie, so leicht, daß mein Hämoglobinspiegel medizinisch noch normal war. Nachdem ich einige Monate Eisenpräparate genommen hatte, fühlte ich mich viel besser und nicht mehr so überfordert. Mehr Energie bedeutete, daß ich Zeit für körperliche Bewegung und gesündere Ernährung erübrigen konnte, und obwohl die unvermeidbaren Belastungen der Mutterschaft natürlich weitergingen, fühlte ich mich den Stürmen besser gewachsen und konnte mich zwischendurch an meinen Kindern freuen. Damals begriff ich, wie wichtig es ist, krankhafte Formen der Müdigkeit unbedingt auszuschalten, damit man als Mutter eine Chance hat, sich in den ersten Lebensjahren eines Kindes halbwegs über Wasser zu halten.

Wenn Sie glauben, daß Ihre Müdigkeit einen medizinischen Grund haben könnte, bleiben Sie Ihrem Arzt gegenüber hartnäckig, oder holen Sie weitere Meinungen ein. Die generelle Definition »junge Mutter gleich erschöpfte Frau« verschleiert die Tatsache, daß es verschiedene Arten von Müdigkeit gibt, die zahlreiche verschiedene Ursachen haben.

Kinder haben eine unbegrenzte Fähigkeit, Ansprüche zu stellen. Vom Augenblick ihres Aufwachens an verlangen sie, daß wir etwas für sie tun. Als Neugeborene müssen sie im Arm gehalten, gestillt, gebadet und gewickelt werden, und obwohl jede dieser Aufgaben ganz leicht zu sein scheint und nur wenig Anstrengung erfordert, wirkt sie nachgerade geisttötend ermüdend, wenn man sie Hunderte von Malen wiederholt hat. »Es ist eine verdammt schwere Arbeit.« Juliet R., die Theaterwissenschaft lehrt, hat ein drei Monate altes Baby adoptiert und braucht sich also nicht von den physischen und psychischen Folgen einer Schwangerschaft und Entbindung zu erholen. Dennoch: »Ich glaube, ich bin noch nie so unausgesetzt beschäftigt gewesen, nicht einmal beruflich, obwohl ich da manchmal keine Zeit für die Mittagspause habe. Es ist einfach nicht dasselbe.«

Babys herumzutragen, sie richtig zu windeln oder wieder auszupacken, sie in Jäckchen, Strampelhosen, Schneeanzüge und Buggys zu praktizieren ist für junge Mütter aufgrund ihrer psychischen und physischen Verfassung sehr anstrengend. Wenn die Mutter auch nur eine Spur in Sorge um das Wohl ihres Babys ist, verkrampfen sich ihre Schultern, während sie es im Arm hält, und schmerzen vor Erschöpfung, lange bevor das Kind soweit ist, daß es zum Einschlafen wieder ins Bettchen gelegt werden kann. Wenn Ihr Baby weint und Sie nicht wissen, warum, oder wenn es Ihnen einfach nicht gelingt, seine Tränen wegzutrösten, raubt Ihnen die zunehmende Angst jede Kraft. »Von Schmerz gepeinigt, schwindelig, matt und erschöpft vom Leiden, von Hunger und Schlaflosigkeit, ist es schrecklich, mit einem weinenden Kind im Zimmer hin und her laufen zu müssen«, schrieb beispielsweise die amerikanische Lehrerin Elizabeth Prentiss in den vierziger Jahren des 19. Jahrhunderts nach der Geburt ihres ersten Kindes.[16]

Die Ansprüche des Babys wachsen, wenn es größer wird, und füllen nun auch die Pausen zwischen Füttern und Windelwechsel, die Sie früher zum Schlafen oder zum Abwaschen genutzt haben. Wenn Babys zu krabbeln lernen, kennt ihr Erkundungsdrang keine Grenzen. Eben haben Sie sich am Fuß der Treppe hingesetzt, um sich die Schuhe anzuziehen – und noch bevor Sie den ersten Schnürsenkel zugebunden haben, ist das Baby hinter Ihnen die Treppe hinaufgekrabbelt und hampelt oben bedenklich herum. Kugelschreiber werden in den Mund gesteckt oder auf Möbeln ausprobiert, Haferflockentüten auf den Fußboden geleert, Bücher aus den Regalen gerissen, und noch der harmloseste Stuhl wird zur Gefahr, sobald das Kind ihn erklommen hat und herunterzufallen droht.

Die körperlichen Anforderungen wachsen weiter, wenn das Baby eine der bewundernswertesten menschlichen Eigenschaften entwickelt – die Fähigkeit zum Widerstand. Das Kleinkind muß nach wie vor getragen, in Buggys, ins Auto, in den Bus gehoben und wieder herausgehoben werden. Es muß immer noch angezogen und gefüttert werden, doch wenn Sie Ihr Ziel auch nur annähernd erreichen wollen, brauchen Sie jetzt die Kraft eines Berufsringers, die fromme Geduld einer Mutter Teresa und ein Verhandlungsgeschick, mit dem Sie in der UNO reüssieren könnten.

Aus einem ganz einfachen Grund ist nichts auf der Welt so anstrengend wie die Mutterschaft: Eine Mutter hat nie genug Zeit zum Träumen, zum Nachdenken, nie genug Zeit, sich für einen Moment mit irgend etwas zu beschäftigen, ohne unterbrochen zu werden. Nie hat sie genug Muße, einen Gedankengang zu vollenden und zu einem anderen überzugehen, solange sie Kinder betreuen muß. Mit geschärften Sinnen wittert sie drohende Gefahren. Mütter denken immer an die Bedürfnisse ihrer Kinder oder überlegen sich, wie sie die tägliche Arbeit organisieren können, damit sie auch ein bißchen kostbare Zeit für sich abzweigen können. Aber es gibt leider immer wieder etwas zu waschen, zu kochen oder aufzuräumen. Und dabei kann man leicht in ein zunehmendes Gefühl des Unbehagens, der Unzufriedenheit abgleiten, weil man seinen Arbeitstag einfach nicht gut genug bewältigt.

»Mir ist schon klar, daß ich mich wirklich sehr gut organisieren muß, um mit der Erschöpfung fertig zu werden«, sagt Helen S., Illustratorin und Mutter einer fünf Monate alten Tochter. »Die einzige Möglichkeit, abends ein bißchen Zeit für mich zu erübrigen, besteht darin, daß ich vorkoche – dann springen mal ein oder zwei Abende für meine eigene Arbeit heraus.« Keelie P., nicht berufstätig, hat neun Monate alte Zwillinge und einen achtjährigen Sohn. »Ich muß Zeit für meinen Mann aufbringen, für meinen Ältesten und für diese beiden, und sie nehmen mich so in Anspruch, daß ich abends bloß noch dasitze und denke: Nur fünf Minuten für mich allein wären schön. Manchmal, wenn ich einen schweren Tag hatte, mag ich einfach nicht mehr reden, sondern will bloß dasitzen und still sein, nur Stille. Wenn dann mein Mann nach Hause kommt und ich kaum den Mund aufmache, heißt es: ›Was ist denn mit dir los? Du hast wohl schlechte Laune. Seit ich nach Hause gekommen bin, hast du kein einziges Wort zu mir gesagt.‹«

Auch wenn die Kinder größer werden, hat die Mutter kaum jemals genug Zeit, abzuschalten, sich ein bißchen treiben zu lassen, einfach nur dazusein. »Obwohl ich jetzt hier sitze und mich mit Ihnen unterhalte, denke ich schon daran, daß ich um halb vier die Kinder aus der Schule abholen muß. Und danach müssen wir los und uns das Spielprogramm ansehen, das wir vielleicht in den Ferien nutzen wollen, und dann kommt gottlob ein Babysitter, weil mein Mann und ich ausgehen wollen. Man denkt ständig voraus, man muß es einfach. Deshalb hat man kaum eine Chance, mal abzuschalten«, so erzählte mir Charlotte S.

»Manchmal schlafe ich schon, sobald mein Kopf auf dem Kopfkissen landet«, sagt Trudi S., die drei Kinder hat. »Edwards Gerede macht mich richtig fertig, weil er nie den Mund halten kann, und ich denke oft: Warum liest er nicht endlich mal die Zeitung? Er stellt so überflüssige Fragen und provoziert Harriet, so daß sie anfängt zu weinen. Ohne Edward wäre mein Leben viel leichter.«

Das endlose Überreden, psychologische Taktieren und Löwenbändigen macht die Mutterschaft so anstrengend, daß es mitunter schwer ist, ihr Freude abzugewinnen. Als meine beiden Töchter noch klein waren, gab es oft Tage, an denen ich fürchtete, in die Rolle der reizbaren, ewig nörgelnden Mutter zu verfallen (die nie zu werden ich mir geschworen hatte), weil die einzigen Worte, die ich hervorzubringen schien, Kommandos waren: Heb das bitte auf, tritt nicht gegen den Stuhl, laß sie in Ruhe ... Anstrengend ist auch das endlose Kochen, das Füttern, das Wäschewaschen, damit die Kinder für den Tag versorgt sind, das endlose Aufräumen und Putzen, damit man ungefähr weiß, wo alles aufgehoben ist, damit niemand sich die

Beine bricht, weil er über Spielzeug stolpert oder gar wegen unhygienischer Küchenverhältnisse krank wird. Emotional äußerst anstrengend sind die Irrationalität der Ansprüche eines Kleinkindes und die Intensität seiner Leidenschaft oder seiner Enttäuschung.

Dabei sind unsere Liebe und unsere Hingabe so groß, daß wir die Ängste und Enttäuschungen unserer Kinder verinnerlichen und als unsere eigenen empfinden. Wenn wir erschöpft sind, können uns die Ansprüche eines Kindes unsinnig vorkommen, so daß wir gereizt reagieren. Unseren Ärger zum Ausdruck zu bringen kostet freilich wertvolle Energie: Wir fühlen uns dann noch erschöpfter, so daß rasch ein schädlicher Kreislauf entsteht. Gerade das sich ständig wiederholende Einerlei des Mutterseins empfinden viele Frauen als so belastend, daß sie sich häufig depressiv und gereizt fühlen, denn Erschöpfung verzerrt den Blick für die Realität. Es gibt kein Entkommen – doch selbst wenn man uns einen Ausweg für immer böte, würden sich zweifellos nur wenige von uns für ihn entscheiden.

Heute können wir der Erschöpfung durch häufige Geburten vorbeugen, unter der Frauen in der Vergangenheit so stark zu leiden hatten. Eine Frau, die 1915 einen Brief an die Women's Co-operative Guild schrieb, schildert, wie eine dichte Geburtenfolge in Verbindung mit den täglichen Mutterpflichten die Liebe zu ihren Kindern allmählich untergrub. Nach dem ersten Baby: »Ich wurde gut betreut, und die Mutterschaft rührte an den Kern meines Wesens. Das Entzücken, ein Baby im Arm zu halten, das Nahrung aus mir sog, erfüllte mich mit höchstem Stolz ...« Sie erkrankte dann an einem Ekzem, bekam 15 Monate nach dem ersten Kind ein zweites und 16 Monate nach diesem ein drittes: »Die Mutterschaft hörte auf, mich stolz zu machen, ja verwandelte sich in etwas Schreckliches, das ich fürchten und vermeiden mußte ... Oft saß ich in Papas großem Lehnsessel, ein zweieinhalbjähriges Kleinkind in meinem Nakken, ein sechzehn Monate altes Baby und einen Säugling von vier Wochen auf meinen Knien, und weinte vor Schwäche und Hoffnungslosigkeit.«[17]

Dora Wright wurde 1908 in Stockport geboren. Ihre Mutter hatte acht Kinder geboren, und Dora nahm sich vor, selber nur ein Kind zu kriegen. »Meine Mutter war einfach aufgerieben, ihr allgemeiner Gesundheitszustand schrecklich. Auch ihre Nerven waren angegriffen, und ich erinnere mich daran, daß sie zu meiner Teenagerzeit ständig kränkelte, viel weinte und sehr erschöpft aussah. Ich aber wollte mich an meinem Baby freuen, viel Zeit für das Kind aufbringen und viel mit ihm und meinem Mann zusammensein. Ich wollte auch nicht dauernd knausern und jeden Penny dreimal umdrehen müssen.«[18]

Viele sozial schwache Mütter leben nach wie vor unter Bedingungen, die der Gesundheit abträglich sind und zur Erschöpfung führen. Der 1996 von der Joseph Rowntree Foundation veröffentlichte Bericht *Life on a Low Income* stellt fest, daß in Großbritannien viele Mütter warme Mahlzeiten auslassen oder fast ausschließlich von Toast leben, im Winter früh ins Bett gehen oder sich in Decken hüllen und im Dunkeln hausen, um Heizungs- und Stromkosten zu sparen. Eltern wollen stets das Beste für ihre Kinder, und Mütter in sozial schwachen Familien schrauben ihre eigenen Bedürfnisse zurück, wenn sie dadurch mehr für ihre Kinder sorgen können. Sie wollen ihre Kinder auch nicht mit dem Stigma der Armut belasten und tragen selbst bereitwillig Kleider aus Ramschverkäufen, um ihren Kindern neue Sachen kaufen zu können. Häufig verzichten sie auf eigene Mahlzeiten, damit sie das Mittagessen in der Schule bezahlen und so vermeiden können, daß ihre Kinder durch die Befreiung von den Kosten als bedürftig etikettiert werden.

Auch schlechte Wohnverhältnisse tragen natürlich zu Kränklichkeit und größerer Erschöpfung bei. Räumliche Beengtheit bedeutet, daß es kaum einen ruhigen Winkel gibt, in den man sich mal zurückziehen kann, und nur wenige Hochhäuser haben angemessene und sichere Spielflächen vor der Tür. Wohnquartiere in der Innenstadt, wo mit Drogen gehandelt wird, Jugendbanden einander bekriegen und Injektionsspritzen in den Rinnsteinen liegen, sind wahrlich nicht die beste Umgebung, in der man kleine Kinder frei herumstreifen lassen kann.

Sonya Q. ist Ägypterin. Sie und ihr Mann leben zusammen mit ihrem zweijährigen Sohn und ihrer neun Monate alten Tochter in einem Wohnschlafzimmer in London. In der engen Behausung werden sie von Mäusen und Küchenschaben heimgesucht, und der Sohn leidet ständig an Durchfall. Kein Wunder, daß Sonya kaum schlafen kann. »Mein Sohn ist sehr unruhig, und ich kann nicht schlafen, weil wir alle zusammen nur ein Bett haben, und manchmal weint er die ganze Nacht. Was soll ich bloß machen?«

Ann C., eine mittlerweile alleinerziehende Mutter, die von Sozialhilfe lebt, wohnte während ihrer Schwangerschaft und in den ersten Lebensjahren ihres Sohnes in einer rattenverseuchten Kellerwohnung zur Miete. Der Vater begann eine Affäre, als der Sohn sechs Monate alt war, und zog bald aus. Ann findet begreiflicherweise, diese widrigen Umstände hätten sie »gesundheitlich stark mitgenommen. Ich wurde plötzlich grau, und all die Sorgen und Probleme wirkten sich offenbar auf meine Eierstöcke und Hormone aus, denn ich hatte Stimmungsschwankungen und entweder ständig Blutungen oder überhaupt keine. Ich litt auch an chronischer Migräne, die früher nie aufgetreten war. Ich hatte manchmal große Angst, daß ich die Beherrschung verlieren und dem Baby etwas antun könnte, weil die Kopfschmerzen so schlimm wurden, daß ich sein Schreien nicht ertragen konnte. Ich hoffte, daß sich das ändern würde, wenn sich die äußeren Bedingungen bessern würden und wir endlich eine anständige Wohnung bekämen. Denn vor unserer Kellerwohnung stapelte sich Abfall und wimmelte es von Ratten; sogar tagsüber habe ich sie gesehen. Alles war Kampf und noch mal Kampf, und nach drei Jahren wurde ich ernstlich krank und war völlig kaputt.« Ann gelang es gottlob schließlich, in eine andere Wohnung umzuziehen – im dreißigsten Stock eines riesigen Hochhauses im Londoner Stadtteil Notting Hill.

Berufstätige Mütter sind sehr viel erschöpfter als berufstätige Väter, erschöpfter auch als Mütter, die sich ausschließlich ihren Kindern widmen, wenngleich die Erforschung postnataler Depression ergeben hat, daß sie weniger anfällig für Depressionen sind als Hausfrauen und ein höheres Selbstwertgefühl besitzen. Berufstätigkeit kann auch eine Entlastung von den täglichen Haushaltsarbeiten und Anforderungen der Mutterschaft darstellen. Doch eine berufstätige Mutter fühlt sich oft in ihrer Identität als Mutter bedroht, wenn es ihr nicht gelingt, die Zeit der unmittelbaren, intensiven Gemeinsamkeit mit ihren Kindern, also die Freuden der »guten« Mutterschaft, auf die wenigen Stunden zu konzentrieren, in denen sie nicht arbeitet. Aber dann braucht sie eine Haushaltshilfe, die ihr das Waschen, Kochen, Einkaufen, Saubermachen, Bügeln und Wäscheaufhängen abnimmt ...

»Warum bist du bloß immer so müde?« lautete jahrelang die fast allabendliche Frage meines Mannes, der dann der typisch männliche Refrain folgte: »Irgend etwas muß mit dir nicht in Ordnung sein.« Für eine Erklärung war ich meist viel zu müde, und ich hätte mehr Zeit gebraucht, als mir zur Verfügung stand, um für ihn die Liste der diversen, aber nicht eben weltbewegenden Leistungen der letzten Tage und der für die nächsten vierundzwanzig Stunden anstehenden Arbeiten durchzugehen. In den zwei Stunden zwischen dem Aufwachen und dem Aufbruch der Kinder in die Kindertagesstätte beziehungsweise in die Schule habe ich an einem Durchschnittstag folgendes zu tun: die Waschmaschine füllen und die letzte nasse Ladung zum Trocknen aufhängen; die Kinder zum Frühstücken überreden; hastig meinen Tee schlürfen; auf irgendeine Weise mit den Wesen kommunizieren, die ich am meisten liebe, gestern aber kaum gesehen habe; der Großen sagen, sie solle den Fernseher ausmachen; auf dem ganzen Fußboden und dem Tisch verschüttete Cornflakes und Milch beseitigen; Blumenkohl und Käsesoße für das Abendessen vorkochen, weil die Kinder völlig ausgehungert sein werden, wenn sie nach Hause kommen; der Großen noch einmal sagen, sie solle den Fernseher ausmachen; nach frischen Sachen für die Zweijährige suchen und sie dazu bringen, sie sich anziehen zu lassen; die Treppe hinunterrufen: »Mach endlich den Fernseher aus!«; alle Kleidungsstücke, die meine Siebenjährige bei ihren Bemühungen um ihr heutiges Image im Kinderzimmer verstreut hat, wieder in den Schrank räumen; ihr versichern, sie sehe fabelhaft aus; mit der Kleinen darüber debattieren, daß ein gemustertes T-Shirt nicht gut zu anders gemusterten Shorts paßt, und ihr dann doch ihren Willen lassen; sie dazu bewegen, daß sie wieder in die gemusterten Shorts steigt, nachdem sie sie schon ausgezogen hat; mich selbst in ein x-beliebiges Kleidungsstück werfen, das mir gerade in die Hände kommt; die Kinder zum Zähneputzen und Kämmen ins Bad geleiten; beide Programmpunkte lösen einen regelrechten Familienkrach aus (äußerer sozialer Zwang bedeutet für mich, daß mir immerhin daran liegt, meine Kinder nicht ungekämmt in die Schule zu schicken); mir selbst die Zähne putzen; die eingedickte Käsesoße vom Boden der Pfanne kratzen und über den tropfenden Blumenkohl verteilen; das Haus nach den Schuhen der beiden und einem bestimmten Bleistift absuchen, für den meine Jüngste plötzlich eine Leidenschaft entwickelt hat; den Briefkasten öffnen; einen Blick auf die Schlagzeilen der Zeitung werfen; jeden Gedanken an Dinge unterdrücken, die ich erledigen muß, wenn die Kinder aus dem Haus sind, weil es doch bloß entmutigend wäre; ein paar frische Sachen für die Kleine in eine Tasche packen für den Fall, daß sie sich in die Hose macht; einen Badeanzug und ein Handtuch für die Große in eine andere Tasche stopfen; die Haustür aufschließen; die Kleine im Buggy festschnallen und mir von der Großen sagen lassen, daß sie übrigens bis Freitag ein Waldtier-Kostüm braucht …

Ich will Sie nicht mit einer weiteren Liste von Dingen langweilen, die ich nach der Arbeit erledigen muß, oder gar mit denen, die ich mir in der Mittagspause schnell noch abringe, beispielsweise Lebensmittel oder ein paar unerläßliche Kleidungsstücke und dazu den grünen Filz für das Waldtier-Kostüm einkaufen.

Nein, ich will mich nicht beklagen. Ich habe mir ja Kinder gewünscht, und ich liebe sie mehr als mein Leben – nur dürfen wir auf keinen Fall laut sagen, daß Kinder uns anstrengen und ermüden. »Ich muß sagen«, schrieb eine berufstätige Mutter 1915, »daß Frauen in dieser Zeit schrecklich leiden, und doch ist es eine Zeit, in der sie kaum Mitleid erfahren, weil man dieses Leiden für einen ganz normalen Zustand hält.«[19] In dieser Beziehung hat sich kaum etwas verändert. Verbesserungen der sozialen und medizinischen Bedingungen haben zweifellos bestimmte Aspekte der Mutterschaft leichter gemacht, aber wir leiden nach wie vor unter Erschöpfung und erfahren nach wie vor kaum Mitleid. Da Mutterschaft heute vermieden werden kann, haben wir kein Recht, uns über ihre Schattenseiten zu beklagen. »Jammern dürfen wir darüber nicht, weil wir sie ja so sehr gewollt haben«, sagt Jane und schaut zu ihrer drei Monate alten Adoptivtochter.

Camilla S. bekam ihr erstes Baby unter der Bedingung, daß sie für das Kind die volle Verantwortung übernehmen würde, weil ihr Partner bereits zwei erwachsene Kinder aus seiner ersten Ehe hatte. Er betet seine kleine Tochter mittlerweile an und hilft auch bei ihrer Betreuung, doch Camilla weiß, daß sie sich nie beklagen darf. »Ich mußte eine wunderbare Schwangerschaft haben. Ich mußte eine wunderbare Geburt haben. Ich mußte gleich wieder arbeiten, ohne zu jammern. Ich muß nachts aufstehen, und ich darf nicht müde sein. Natürlich bin ich mir darüber klar, daß ich allein dafür sorgen muß, daß alles funktioniert, aber das ist es mir wert. Unbedingt.«

Ich weiß, daß ich nicht allein bin. Zahllose berufstätige Mütter sagen, daß sie noch nie so erschöpft waren, und viele von ihnen haben es wesentlich schlechter als ich. Grace P., die als Verwaltungsangestellte bei einer städtischen Behörde arbeitet, muß »um sechs aufstehen, waschen, baden, aufräumen, Malcolm für die Schule fertig machen und dann zur Arbeit gehen. Um fünf habe ich Schluß, hetze nach Hause, damit Malcolm sein Essen bekommt, bringe ihn um halb neun oder neun ins Bett, und dann falle ich selber auch ins Bett. Samstags mache ich meine Einkäufe und putze die Wohnung. Ja, ich bin erschöpft, völlig fertig, aber was soll ich machen? Wie käme er ohne mich zurecht? Wen würde er umarmen?«

Viele ganztags arbeitende Mütter verlassen überfüllte, laute Büros, um in überfüllten, lauten öffentlichen Verkehrsmitteln zu ihren lauten Kindern heimzukehren, die miteinander um die wichtige mütterliche Aufmerksamkeit konkurrieren. Obwohl sie müde ist, will die durchschnittliche Mittelschichtmutter durchaus mit ihren Kindern zusammensein und fühlt sich durch die modernen Theorien der intensiven Zuwendung dazu verpflichtet, ihren Kindern liebevolle Aufmerksamkeit zu schenken, noch bevor sie zu Hause den Mantel ausgezogen hat. Selbständig arbeitende Frauen bewältigen ihren Full-time-Job während der Schulzeit und in den Abendstunden, wenn die Kinder im Bett sind; wenn es sein muß, etwa bei wichtigen Telefongesprächen, stellen sie sie mit Süßigkeiten oder Fernsehen ruhig.

Berufstätigen Müttern gelingt es so gerade eben, Arbeit, Mutterschaft und die Beziehung zum Partner auszujonglieren, vorausgesetzt, es passiert nichts Unvorhergesehenes. Sobald jedoch jemand krank wird oder besondere berufliche Probleme auftreten – beispielsweise eine wichtige Sitzung plötzlich auf 17 Uhr des nächsten Tages verlegt wird –, muß eine berufstätige Mutter zwischen allen drei wirbelnden Tellern hin und her springen, damit sie nicht zu Boden fallen. Michelle R. hat eine einjährige Tochter: »Niemand sagt einem, wie man das bewältigen soll. Im Ratgeber des Gesundheitsamtes heißt es: ›Wenn Sie krank sind, sorgen Sie dafür, daß eine Freundin einspringt‹, aber was machen Sie, wenn es etwas Ansteckendes ist und Sie diese Aufgabe niemandem zumuten können?« Wenn Mütter nicht selber so hohes Fieber haben, daß sie nicht aus dem Bett kommen, bleibt ihnen nichts anderes übrig, als sich weiter abzuquälen, so miserabel sie sich auch fühlen mögen.

Wir müssen arbeiten, wir wollen passable Mütter sein, und wir wollen natürlich auch, daß »er« bei uns bleibt. Wir wollen kein Element dieses Dreiecks missen (es sei denn, »er« macht mehr Ungelegenheiten, als er wert ist), und deshalb bleibt uns gar nichts anderes übrig, als uns mit unserer chronischen Ausgelaugtheit abzufinden. Daß Mütter resignieren, weil sie gar keine Wahl haben, ist nicht neu. Margery Spring Rice kam in den dreißiger Jahren in ihrer Befragung von Frauen der Arbeiterschicht zu dem Schluß, daß »Erschöpfung und Überanstrengung als unvermeidbare Folgen der Heirat und der wachsenden Familie gelten und mit derselben Resignation wie das Altern hingenommen werden müssen«. Sie stellte fest, daß die Hälfte der von ihr befragten Frauen morgens um halb sieben aufstand und abends um halb elf bis elf ins Bett ging, also über zwölf Stunden am Tag auf den Beinen war. Dürftige Wohnverhältnisse bedeuteten für viele von ihnen vermehrte körperliche Anstrengungen, und ihre Wäsche konnten sie damals nicht einfach in eine Maschine stopfen.

Viele arme Familien in Städten wie London oder Liverpool wohnten in ein oder zwei Zimmern größerer Häuser zur Miete und mußten sich die sanitären Einrichtungen mit anderen Familien teilen. Diese Häuser waren ursprünglich jeweils für eine Mittelschichtfamilie gebaut worden, deren Dienstboten das Wasser holten und Eimer leerten. Jede Arbeiterfrau mußte aber nun selbst sauberes Wasser aus dem Keller heraufschleppen und das Schmutzwasser zum Ausleeren wieder nach unten tragen. Das Nutzwasser wurde auf offenem Feuer oder einem Gaskocher erhitzt.

Eine durchschnittliche Kleinstwohnung in solchen Mietshäusern hatte keine Speisekammer, Kohle mußte im Wohnzimmer aufbewahrt werden, und es gab weder Garten noch Hof, wo man Wäsche zum Trocknen aufhängen konnte. »Man ist versucht zu fragen, warum nach jedem Essen abgewaschen wird, wenn das Wasser von unten heraufgeschleppt und in einem Kessel erhitzt werden muß«, schreibt Margery Spring Rice.

> Oder warum wird jeden Tag gekocht, statt dies auf zwei oder drei Tage zu beschränken, da doch die Kochmöglichkeiten bescheiden sind, Brennmaterial teuer und andere Arbeit überreichlich zu erledigen ist? Die Antworten auf solche Fragen liefern diese Frauen selbst in den Beschreibungen ihrer schwierigen Haushaltsarbeit. Ihr Geschirr und Besteck reichen selten für mehr als eine Mahlzeit und müssen deshalb für die nächste gleich wieder gespült werden. Da außerdem die Küche zugleich das Wohnzimmer ist, würden der Anblick und der Geruch schmut-

zigen Geschirrs die Hausfrau in den nächsten zwei bis drei Arbeitsstunden sehr stören.[20]

Vielleicht belasten wir uns heute, da sich die meisten Mütter der Mittelschicht und viele Mütter der Arbeiterschicht besserer Gesundheit und besserer Lebensbedingungen erfreuen, mit größerer *emotionaler* Erschöpfung. Vielleicht haben wir aber auch die Zeit, die uns durch Waschmaschinen und Spülklosetts beschert worden ist, mit zusätzlichen Beschäftigungen ausgefüllt, beispielsweise bunte Knetmasse zu mischen, aus Eierkartons Adventskalender zu basteln oder neuen Theorien über »gute« Mutterschaft auf den Leim zu gehen? So etwa der von Jean Liedloff in *Auf der Suche nach dem verlorenen Glück* vertretenen, die uns rät, unsere Kinder unermüdlich mit uns herumzuschleppen, bis sie drei Jahre alt sind. Mütter früherer Zeiten, die nach häufigen Geburten und dem endlosen Bemühen, ihre vielen Kinder halbwegs sauberzuhalten, zu kleiden und zu ernähren, nur allzu mitgenommen waren, würden uns wahrlich um unsere Privilegien beneiden und sich vermutlich über unsere fixen Ideen wie etwa »häufiger Blickkontakt« und »interaktives Spielen« lustig machen.

Allem Anschein nach haben Mittelschichtmütter die unvermeidbare Entkräftung durch zu viele Kinder und ungünstige ökonomische Bedingungen durch eine neue Erschöpfung ersetzt, die Erschöpfung durch endlose emotionale Überanstrengung: Wir sorgen uns um die Sicherheit und das Wohl unserer Kinder, um die Auswirkungen, die unsere täglichen Gewohnheiten, Handlungen und Verhaltensweisen auf die Psyche unseres Nachwuchses haben könnten. Und wir sind keineswegs sicher, daß unser Verzicht auf eine gewisse Disziplin, die uns das Leben immerhin erleichtern würde, nicht doch eher schädlich für unsere Kinder ist. Vielleicht haben wir uns auch – zu unserem eigenen Schaden – den auf das Kind konzentrierten Theorien »guter« Mutterschaft allzu bereitwillig unterworfen. Vielleicht ist es auch so, daß wir uns heute, da Kinder in der Regel als Wunschkinder gelten, ganz unnötig überanstrengen, weil wir dem Irrglauben anhängen, wir müßten für unsere Kinder alles in unserer Macht Stehende tun, ihnen alles, alles geben und nichts versagen – damit sie Vertrauen entwickeln und sich bestätigt fühlen, statt auch einmal enttäuscht zu werden. Vielleicht bin ich mit diesem Anspruch selbst meine schlimmste Feindin.

Kleinkinder können völlig irrational sein, und ich muß in meiner Unfähigkeit, zu unsinnigen Forderungen einfach nein zu sagen, manchmal wohl ziemlich kläglich gewesen sein. Als meine beiden Kinder noch klein waren, kam es beim Essen regelmäßig zu Szenen ähnlich der folgenden:

Kind: »Ich will Saft.«

Ich: »*Bitte*, kann ich ein bißchen Saft haben?«

»Nich *den* Becher ... den da.« Von ihrem thronartigen hohen Kinderstuhl aus fuchtelt die Kleine mit der Hand in Richtung Spüle, ohne mir den geringsten Hinweis zu geben, welchen Becher sie meint, doch mit der Intuition einer geistig noch Beschränkten weiß sie genau, daß ich sogleich nach dem Becher Ausschau halte. Sie beginnt quengelig zu werden, und ich verliere allmählich die Geduld. Warum tue ich das? Das ist absolut unsinnig, denke ich, während ich den Saft in einen anderen Becher gieße und hoffe, daß es der ist, den sie zu meinen glaubt.

»Nich *den* Becher!« Sie plärrt jetzt, und die Worte lösen sich in ein klagendes Wimmern auf, während ich mich mit der Frage abquäle: Welchen kann sie bloß meinen? Ich baue alle verfügbaren Plastikbecher vor ihr auf dem Tisch auf und versuche meinen aufsteigenden Ärger zu beherrschen.

»Welchen möchtest du haben?« frage ich zähneknirschend mit fester Stimme. »Was gefällt dir denn an dem hier nicht, er ist so schön rot, und eine Mickymaus ist auch drauf. An dem kleinen Henkel da kannst du ihn festhalten.«

Ich weiß natürlich, daß jeder Versuch, einem 18 Monate alten Kleinkind mit dem gesunden Menschenverstand eines Erwachsenen zu begegnen, so sinnlos ist wie Obstanbau in der Sahara, aber ich tue es doch. Mittlerweile hat Babylein vergessen, was es eigentlich wollte, und sich vor lauter Enttäuschung, von mir nicht verstanden zu werden, in Tränen aufgelöst. Und ich fühle mich schuldig, weil ich die Bedürfnisse meiner Tochter nicht zu verstehen vermag, weil ich laut und ungeduldig geworden bin, und leide an meiner Unfähigkeit, mich gelassen über die Situation hinwegzusetzen: »Mach dir nichts draus, Schatz, so ein dummer Becher.« Statt dessen bemühe ich mich, ihr zu geben, was sie haben will, obwohl sie selbst nicht genau weiß, was es eigentlich ist, und am Ende bin ich diejenige, die emotional erschöpft ist und sich untauglich fühlt.

Wenn es nicht der richtige Becher ist, sind es Teller, Löffel, Bücher, Spielsachen ... so daß wir bald in einem Meer von Unordnung ertrinken und nicht imstande sind, Irrationalität durch Ordnung zu bändigen. Es ist, als ob sich der chaotische, noch unentwickelte Geist eines Kindes wie ein Virus bei den Eltern festsetzt und ausbreitet. Aus all dem habe ich zumindest eine wichtige Lektion gelernt: Irrationale Kleinkinder haben kein Kurzzeitgedächtnis. Wenn man nur ein paar Minuten wartet, bevor man ihnen einen Wunsch erfüllt, haben sie in der Regel schon vergessen, was sie wollten, und sich anderen Dingen zugewandt. Als Mütter noch keine Zeit hatten, ihren Kindern zu dienen wie kleinen Königen, weil sie viel zu sehr damit beschäftigt waren, Wäsche auf Waschbrettern zu rubbeln, kamen sie ganz von selbst zu dieser Einsicht.

Daß sich die Erfahrung der Mutterschaft so radikal verändert hat und die Ansprüche an die Mütter so viel größer geworden sind, ist jedoch auch auf historische Gründe zurückzuführen, denen gegenüber wir individuell nichts ausrichten können. Wie wir in Kapitel 4 gesehen haben, galt das Muttersein erst ab dem Ende des 19. Jahrhunderts als Vollzeitbeschäftigung. Bis dahin wurden Babys nach der Entwöhnung nicht nur von der Mutter, sondern häufig auch von anderen Mitgliedern des Haushalts oder der Großfamilie betreut, und Kinder wurden schon frühzeitig dazu angehalten, sich allein durchs Leben zu schlagen.

Mütter waren zunächst nur für die ganz elementaren Aspekte der Betreuung und des Wohlbefindens ihrer Kinder zuständig.

Erst mit der Renaissance und dann mit der Entwicklung der Psychologie im späten 19. und frühen 20. Jahrhundert wurden der immer länger werdenden Liste mütterlicher Pflichten die Erziehung zur Sittlichkeit und die Rolle der Heimpsychologin hinzugefügt. Als die Wissenschaft die Wichtigkeit »guter« Mutterschaft entdeckte, wurden Mütter paradoxerweise zunehmend für die Handlungen und die Defekte ihrer Kinder verantwortlich gemacht. Es wurde nun schwerer für Mütter, sich selbst gute Arbeit zuzubilligen, wenn sie nicht dem Beispiel zahlloser Frauen folgten, die dem neuen Trend entsprechend eine Fülle zusätzlicher Aufgaben übernahmen.

»Zu Hause in Kenia brauchte eine Mutter für ihr Baby nichts weiter zu tun, als es zu waschen und zu stillen, und wenn es unruhig war, band sie es sich in einem Tuch auf den Rücken und fuhr mit ihrer Arbeit fort, während das Baby schlief«, schreibt Buchi Emecheta in ihrem Roman *Second-Class Citizen*. »Doch in England mußte sie stapelweise Windeln waschen, das Kind bei Sonnenschein herumfahren, ihm regelmäßig mit Mahlzeiten aufwarten, als ob es sich um einen hohen Herrn handelte, und mit dem Kind reden, auch wenn es erst einen Tag alt war!«

Aus der Arbeit von Kinderpsychologen wissen wir heute, daß wir für ein Kind unter fünf Jahren natürlich mehr tun müssen, als nur für seine Sicherheit und seine Ernährung zu sorgen. Frühere Müttergenerationen vermieden oft den Blickkontakt mit ihren Kindern, damit sie nicht in ein Gespräch gezogen wurden und ungestört mit ihrer Haushaltsarbeit fortfahren konnten. Heute werden Mütter darin bestärkt, jede freie Minute ihres Tages dem anregenden, »strukturierten« Spiel mit ihren Kindern zu widmen, damit diese von den Vorteilen einer frühen Erziehung profitieren. Viele Mütter schwärmen für diese Aspekte moderner Mutterschaft. Es war für mich der Höhepunkt eines Wochenendes, auf dem Fußboden des *China Room* im Victoria and Albert Museum zu sitzen und meiner Jüngsten den Umgang mit einer Schere beizubringen, während meine Große die Replik einer Maske aus einem alten chinesischen Grab anmalte. Der springende Punkt ist jedoch: Man erwartet heute von Müttern, daß sie alles irgend Mögliche für ihre Kinder tun, unabhängig davon, ob Mütter dies akut wollen oder nicht, unabhängig davon, ob ihnen mit einer Ruhepause nicht besser gedient wäre.

Heute wird es zur Norm erhoben, daß Babys auf Verlangen – im Grunde also ständig – gestillt werden sollen, und das Stillen kann naturgemäß anstrengend sein. Wir schleppen sie in Tragetüchern mit uns herum, damit sie nahe bei uns sind, und weil wir wissen, daß Babys sich geborgener fühlen, wenn sie ihre Mutter spüren und riechen; vielen Müttern widerstrebt es, ihre Babys überhaupt einmal hinzulegen, selbst wenn sie es müssen. Frederick Truby King hingegen empfahl Müttern, ihr Kind draußen im Kinderwagen sich selbst zu überlassen, damit sie sich ungestört ihrer Haushaltsarbeit widmen konnten. Jahrhundertelang ließ man Babys schreien, weil man glaubte, daß dies ein unerläßliches Training für ihre Lungen sei. Heute müssen Mütter ihre weinenden Babys so rasch wie möglich trösten, weil Babys nur durch Weinen mitteilen können, daß ihnen etwas fehlt. Die modernen, auf das Kind konzentrierten Theorien erlauben Müttern nicht mehr, ihre Babys schreien zu lassen, bis sie einschlafen – auch wenn sie selbst vor Müdigkeit fast zusammenklappen.

»Ich habe einfach das Gefühl, ich müßte perfekt sein. Ich bin mir selbst gegenüber wirklich ziemlich hart, aber ich glaube, ich sollte der Kleinen noch mehr Aufmerksamkeit widmen. Wenn sie schläft, habe ich schon ein schlechtes Gewissen, weil ich dann lieber etwas für mich tue ... Ich habe ein schlechtes Gewissen, wenn ich in der Zeitung blättere, während sie auf ihrem Hochstuhl sitzt, und ich denke: Mein Gott, ich ignoriere ja mein Kind, was die Leute wohl von mir halten? Auch wenn ich mein Bestes tue, läuft es bei mir immer wieder auf das Gefühl hinaus, ich sollte noch mehr tun«, bekennt Juliet R.

Das ganz auf die kindlichen Bedürfnisse konzentrierte Verhalten Kindern gegenüber läßt heute manche Mütter leicht vergessen, daß sie schließlich auch Erziehungsaufgaben haben. In modernen Ratgebern wie Deborah Jacksons *Drei in einem Bett* heißt es: »Je mehr wir uns einmischen und unseren Nachwuchs erziehen, desto mehr mischen wir uns in Dinge ein, die wir nicht ganz verstehen. Wir sollten die Erwartungen unserer Babys an uns erfüllen und nicht selbst Erwartungen an sie richten.« Altmodische Methoden der Disziplinierung mögen für Kinder hart gewesen sein, doch sie machten es der Mutter leichter, das Kind, das traditionell möglichst nur gesehen, aber nicht gehört werden sollte, zur Unterwerfung zu zwingen. Ein Kind in seinem Selbstbewußtsein zu stärken und es zu ermutigen, seine Meinungen und Bedürfnisse zum Ausdruck zu bringen, kann schwierige Situationen heraufbeschwören. Wie sollen Sie sich verhalten, wenn Ihre Sechsjährige sich umdreht und Ihnen vorhält: »Du gehst ins Bett, wann du willst, du tust, was du willst – warum darf ich das nicht?«

Die heutige Abneigung gegen das Schlagen und die Einsicht, daß es ebenso häßlich wie wirkungslos ist, Kinder anzuschreien, zwingt Mütter zu subtileren Formen der Erziehung, die einen beträchtlichen Aufwand an Geduld und Kraft erfordern – und gerade daran fehlt es den meisten. Einem dreijährigen Jungen in für ihn verständlichen Begriffen erklären zu können, warum Autos gefährlich sind oder warum er andere Kinder nicht schlagen darf, ist eine Fähigkeit, die wir heute bei Müttern voraussetzen, während die Mütter früherer Generationen ihre Kinder mit einem festen Nein oder einem kurzen Klaps auf die Hand zurechtwiesen, so daß die Kleinen wußten, daß sie dies oder jenes nicht durften, bevor sie verstanden, warum.

Die modernen Disziplintheorien wirken so zwingend, daß zahlreiche Mütter all ihre Energie investieren, um den natürlichen Impuls zu unterdrücken, ihre Kinder in der Öffentlichkeit mal zu schelten oder anzuschreien. Man kann die Anspannung in Stimmen von Müttern förmlich spüren, wenn sie in Parks, auf Spielplätzen und in Supermärkten immer wieder versuchen, ihre gegen Regeln verstoßenden Kleinkinder zu sozial angemessenem Verhalten zu bewegen, statt sie anzuschreien oder zu schlagen (wie es andere Mütter tun, die sie natürlich verachten). In meinem Mütter-und-Kinder-Treff bricht kollektives Entsetzen aus, wann immer eine Mutter ihr Kind ankeift. Natürlich ist es schrecklich, mit ansehen zu müssen, wenn Kinder Opfer unausgesetzter verbaler Mißhandlung sind, ständig gescholten, herumkommandiert und kaum wie Menschen angesprochen werden; viele heutige Mütter aber haben eine so große Angst davor, die Grenze zu überschreiten und in einem Abgrund von Zorn und Haß zu versinken, aus dem sie dann nur schwer wieder herauskommen, daß es ihnen widerstrebt, überhaupt einmal zu schelten, was ihren Alltag als Mutter um so anstrengender macht.

Ein Vorfall aus meinem Mütter-und-Kinder-Treff illustriert dies sehr bezeichnend. Im Garten gab es eine kleine Rutsche für Babys und Kleinkinder. Ich half meinem Kind hinter einem noch kleineren die vier Sprossen der Leiter an der Rückseite der Rutsche hinauf. Oben auf dem Plastikdach der Rutsche saß ein etwa vierjähriges Mädchen, das seine Füße so hin und her stieß, daß die Absätze ihrer Schuhe die Gesichter der Kleinen trafen, während sie die Leiter hinaufkletterten. Statt aber die Vierjährige zu tadeln und sie von der Rutsche zu nehmen, die ohnehin viel zu klein für sie war, hielt die Mutter die Füße ihrer Tochter nach vorn ausgestreckt lediglich fest, damit sie den kleineren Kindern nicht weh tat, die unter ihr vorbeikletterten. In den Augen des Mädchens zeigte sich ein triumphierendes Funkeln. Es wußte, daß es einen kleinen, aber wichtigen Sieg errungen hatte und bei der nächsten Konfrontation nur wieder ihr Selbstbewußtsein einzusetzen brauchte.

Auch die ständige Sorge um das Wohlbefinden unserer Kinder kostet uns viel Kraft. Zur Ausschaltung etwaiger Infektionsquellen plagen wir uns noch mehr, um unsere Wohnungen sauberzuhalten, und wenn unsere Kinder trotzdem krank werden, machen wir uns Vorwürfe. »Als ich mit den Zwillingen aus der Klinik nach Hause kam, hatte der Junge ein tränendes Auge, und zuerst habe ich mir Vorwürfe gemacht, weil ich dachte, das kommt vielleicht davon, daß ich die beiden angehaucht habe. Dann hatten sie beide Verstopfung, und ich fürchtete, mit der Milch etwas falsch zu machen, sie nicht richtig zu sterilisieren.

Aber man muß aufhören, so zu denken, sonst dreht man durch – ach, ich darf ihnen die Schnuller nicht in den Mund schieben, weil sie schon ein paar Minuten der Luft ausgesetzt waren!« sagt mir Keelie P. Unsere Kinder sind uns so teuer, daß wir kaum wagen, sie allein nach draußen zum Spielen zu schicken oder allein zur Schule gehen zu lassen – dabei hätte vor hundert Jahren die Mehrheit unserer Kinder längst durch eigene Arbeit zum Familieneinkommen beitragen müssen.

Die modernen Belastungen durch die Mutterschaft bedeuten, daß das Muttersein trotz der großen Fortschritte im Gesundheitswesen und im allgemeinen Lebensstandard nach wie vor mit Erschöpfung verbunden ist. Ständige Erschöpfung ist ein Warnzeichen dafür, daß Sie psychisch und körperlich überfordert sind und potentiell Ihre Gesundheit gefährden, wenn Sie sich weiterhin dem neumodischen Zwang unterwerfen, alles gleichermaßen gut zu bewältigen und »alles haben« zu wollen. Sie müssen auch Abstriche machen können. Sie müssen entweder im Beruf oder als Mutter etwas zurückstecken. Statt Ihrer Kinder wegen Ihre eigenen Bedürfnisse zu verleugnen, müssen Sie in Ihrem Leben wieder Platz schaffen auch für egoistische Freuden und für Stunden, in denen Sie sich auch einmal gehenlassen können.

Kinder entschädigen uns für unsere Bemühungen mit den Freuden, die uns von ihnen zuteil werden. Ein Strand ohne das eigene im Sand buddelnde Kind ist nur halb so schön. Parks werden lebendig, wenn wir zusammen Eicheln untersuchen oder Enten füttern. Wenn unsere Kinder größer werden, entwickeln sich gewisse Familienjokes, die bei jeder passenden Gelegenheit angebracht werden, und sie lernen, uns zu necken und auch mal auf den Boden der Wirklichkeit zurückzuholen, genauso wie wir es bei ihnen tun. Die Freude, die uns ihre körperliche Zärtlichkeit bereitet, heilt Wunden innerhalb von Sekunden und kann Kräfte erneuern, die uns die Kinder wenige Stunden zuvor geraubt haben. Dazu kommt die Freude an ihren Fortschritten, die uns soviel markanter und bewundernswerter erscheinen als alles, was wir selbst je zustande gebracht haben:

die Freude an der ersten Tasse schwachen, süßen Tees, von der Tochter selbst gekocht und sorgfältig umgerührt; das Staunen darüber, daß die Kinder überhaupt schon schwimmen können, ganz zu schweigen dann von dem Stolz auf die Anmut und den Stil ihres Kraulens … Wahr bleibt jedoch: Soviel unsere Kinder uns auch zurückgeben mögen, müssen wir ihnen doch stets weit mehr geben, und darum sind wir oft so ausgelaugt. Das Geben nämlich hat nie wirklich ein Ende, sondern wechselt wie Ebbe und Flut mit den wechselnden Bedürfnissen unserer Kinder.

Wenn Ihr jüngstes Kind vier oder fünf Jahre alt geworden ist, wird es vernünftiger, will mehr Zeit allein verbringen und kann unbeaufsichtigt fröhlich mit Freunden spielen. Ab vier Jahren können Kinder schon allerlei selbständig tun, beispielsweise auf die Toilette gehen oder den Fernseher bedienen. Und Sie als Mutter fühlen sich dann auch erheblich weniger erschöpft.

Die Erschöpfung freilich, die aus unserem emotionalen Einsatz erwächst, scheint im Lauf der Jahre eher zuzunehmen, wenn sich unsere Kinder immer weniger leicht beeinflussen lassen. Ein Kind stündlich daran zu erinnern, daß es Klavier üben oder Schularbeiten machen muß, es immer wieder zu ermahnen, sich nicht allein von Süßigkeiten zu ernähren, den Nachwuchs anzuflehen, doch endlich mal den Computer auszumachen, sind besonders frustrierende Bemühungen, da sie nur selten von Erfolg gekrönt sind. Auseinandersetzungen werden nun erbitterter und verletzender, sind schwerer zu gewinnen, wenn die Kinder älter und größer werden, sich besser ausdrücken und besser kontern können. Unsere Kinder kennen uns mittlerweile so gut, daß sie unsere Achillesferse finden und uns sehr weh tun können – doch wenn wir bei ihnen dieselbe Taktik anwenden würden, müßten wir damit rechnen, daß sie uns mit einem Anruf beim Kinderschutzbund drohen. Die schlaflosen Nächte, in denen wir Säuglinge stillten und aus Alpträumen aufgeschreckte Kleinkinder trösteten, werden nur zu bald von Nächten abgelöst, in denen wir starr vor Sorge im Bett liegen und auf das Schlagen der Haustür warten, wenn unser Nachwuchs endlich heimzukommen geruht.

Es gibt Möglichkeiten, die Erschöpfung zumindest teilweise zu begrenzen. Wenn Sie das nächtliche Aufwachen Ihres Kindes regelmäßig mit unglaubwürdigen Entschuldigungen verteidigen – »Er will nur seine Flasche, ich mache sie eben warm, und dann schläft er gleich wieder ein« –, selbst aber nichts sehnlicher wünschen als ungestörten Schlaf, dann sollten Sie endlich selbst über Ihre Nächte bestimmen: Bleiben Sie beharrlich und ignorieren Sie das Aufwachen Ihres Kindes, bis es damit aufhört. Machen Sie Ihrem Kind beispielsweise eine Art Adventskalender mit täglichen kleinen Überraschungen, sprechen Sie immer wieder von der schönen Belohnung für eine Reihe durchgeschlafener Nächte und weigern Sie sich, irgendwelchen auch nur vage berechtigt anmutenden nächtlichen Forderungen nachzugeben, bis das Aufwachmuster endlich durchbrochen ist.

Wenn Sie nicht mehr stillen, Ihr Kind durchschläft und Sie trotzdem noch Tag für Tag chronisch müde sind, suchen Sie Ihren Hausarzt auf, damit die Möglichkeit einer medizinischen Ursache durch Untersuchungen ausgeschlossen werden kann. Erübrigen Sie Zeit, damit sie sich zwei- bis dreimal in der Woche persönlichen Dingen widmen können, auch wenn Sie ganztags berufstätig sind. Und wenn Sie das Gefühl haben, daß Sie Ihrem Kind mehr geben, als sie physisch und emotional zu leisten vermögen, nehmen Sie sich eine Weile zurück, bis Sie wieder Kraftreserven aufgebaut haben. Widerstehen Sie der Versuchung, jederzeit eine Supermutter sein zu wollen. Von heutigen Müttern wird so viel verlangt, daß es für die Durchschnittsfrau völlig unmöglich ist, alles gleichermaßen gut zu können. Nutzen Sie Ihre Stärken und überspielen Sie Ihre Schwächen. Wenn es Ihnen zum Beispiel Freude macht, Ihrem Kind vorzulesen und mit ihm zu malen, Spiel- und Rummelplätze Ihnen dagegen ein Greuel sind, meiden Sie letztere, oder lassen Sie gelegentlich andere Familienmitglieder mit Ihrem Kind dorthin gehen.

Vor allem jedoch sollten Sie sich davor hüten, sich ständig über mögliche negative Wirkungen Ihres täglichen Handelns auf die künftige Entwicklung Ihres Kindes den Kopf zu zerbrechen. Wir alle machen Fehler, doch wenn sie nicht absichtlich aus Bosheit geschehen oder auf totaler Lieblosigkeit beruhen, werden unsere Kinder durch sie keinen Schaden erleiden. Während sie heranwachsen, werden sie von der Kultur geprägt und beeinflußt, in der sie leben, von der Schule, von Freundschaften mit anderen Kindern und anderen Erwachsenen, und wenn sie wissen, daß sie geliebt werden, können sie auch verzeihen. Wir dürfen niemals so anmaßend sein, uns beim Aufziehen unserer Kinder für allmächtig zu halten. Sie haben ihren eigenen Charakter, ein Eigenleben, das sich vom Augenblick ihrer Geburt an unserem Einfluß entzieht. Wenn wir imstande wären, nur einige der vielen unsinnigen Konzessionen zu vermeiden, die wir in dem Irrglauben machen, künftigem psychischem Schaden bei unseren Kindern vorzubeugen, bliebe uns vielleicht genug Kraft für die unvermeidlichen Anstrengungen des Mutterseins, das wir dann auch mehr genießen könnten.

7
Beziehungen zum Partner

Für die große Mehrheit der Eltern ist die Ankunft eines Kindes die Erfüllung eines Traums, das wunderbarste Ergebnis einer großen Liebe, das sie sich vorstellen können. Wenn wir wenige Augenblicke nach der Geburt das Baby im Arm halten, sehen wir uns gerade in ihm mit dem Vater vereint und blicken einem gemeinsamen Leben entgegen, dessen genetisches Bindeglied dieses Kind ist. Aber es kann einige Zeit dauern, bis dieser Traum von einer tieferen, engeren Beziehung Wirklichkeit wird. In den ersten Monaten seines Lebens scheint ein Baby oft eher das Gegenteil zu bewirken und seine Eltern einander zu entfremden, Gegensätze zwischen ihnen bloßzulegen, die bisher unbemerkt blieben.

In der Liebe sind wir als Partner gleich. Doch vom Augenblick der Empfängnis an verändert sich das Gleichgewicht, weil für beide Partner eine Übergangsphase der Anpassung an die Elternschaft beginnt, und sie verändern sich dabei nicht unbedingt in derselben Weise und rücken auch nicht immer näher zusammen. Die Aufmerksamkeit jedes Elternteils gilt jetzt eher dem Baby als dem Partner. Als Liebende haben junge Eltern weniger Zeit füreinander, diskutieren dafür aber um so mehr über die Verteilung der neuen Pflichten und Verantwortungen. Die Geburt eines Kindes weckt in jedem Elternteil Kindheitserinnerungen, die sich zwangsläufig voneinander unterscheiden. Ein Elternteil mag eine glückliche Kindheit gehabt haben und möchte sie für das eigene Kind wiederholen. Der andere hat seine Kindheit in weniger guter Erinnerung und will alles anders angehen. Es ist fast unvermeidlich, daß solche Erfahrungen miteinander kollidieren und beide Partner unterschiedliche Vorstellungen entwickeln, wie sie als Eltern sein und agieren wollen.

Ein Paar braucht Zeit, um sich in sein neues Dasein hineinzufinden. »Seine« Anpassung, »ihre« Anpassung und die »gemeinsame« Anpassung vollziehen sich zwar gleichzeitig, verlaufen aber nicht unbedingt synchron. Doch die meisten Paare gehen aus dieser Verpuppungsphase der Veränderung, die durch die Geburt des ersten, zweiten und auch dritten Kindes hervorgerufen wird, stärker, emotional bereichert und glücklicher hervor. Die Freude, Kinder zu haben, wiegt die Opfer mehr als auf. Kinder festigen letztlich Partnerschaften, sie erst machen die Familie aus und sind zudem für Eltern oft auch ein Grund, auftretende Eheprobleme zu bewältigen. Obwohl die Medien immer wieder auf die steigenden Scheidungsziffern hinweisen, zeigen Statistiken, daß Eltern in der Regel um der Kinder willen den Stürmen in ihrer Beziehung standhalten und zusammenbleiben: In Großbritannien beispielsweise leben 85 Prozent aller unmündigen Kinder bei ihren leiblichen Eltern.[1]

Wenn Beziehungen freilich bereits gestört sind, können sie sich nach der Geburt eines Kindes schneller verschlechtern als zu jeder anderen Zeit. Eine umfassende, in Amerika über sieben Jahre hinweg durchgeführte Befragung ergab, daß sich die Partnerbeziehungen nach der Geburt eines Kindes auf vierfache grundlegende Weise verändern können: 12 bis 13 Prozent der befragten Paare stellten fest, daß sich ihre Beziehungen in einem solchen Maß verschlechterten, daß die Gefahr einer Trennung drohte; 38 Prozent der Paare erlebten eine weniger dramatische Verschlechterung ihrer Beziehungen, doch ihr Verhältnis zueinander war unbestreitbar distanzierter als vor der Schwangerschaft; 30 Prozent der Paare gelang es, die Situation zu stabilisieren, so daß es in ihren Beziehungen keine Verschlechterung, aber auch kein neues Gefühl der Nähe gab, und 19 Prozent der Paare konnten ihre Schwierigkeiten überwinden und fanden, daß sich ihre Beziehungen verbessert hatten.[2] Die meisten jungen Mütter legen ihre Beziehungen zum Partner für eine Weile auf Eis, bis sie die Zeit und die Kraft haben, sie wieder zu intensivieren.

Die Schwangerschaft kann für Paare eine sehr romantische,

innige Zeit sein. Wenn Männer glücklich darüber sind, daß sie Vater werden, stellen Frauen häufig fest, daß der Vater ihres Kindes während der Schwangerschaft ihre Hauptquelle emotionaler Unterstützung ist, weil sie sich Ärzten und Hebammen weniger gern anvertrauen und in aller Regel keine enge Freundin haben, die auch gerade schwanger ist.

Doch schon früh zeichnen sich dann geschlechtsbedingte Unterschiede der Einstellung und des Verhaltens ab. Im Idealfall wünschen sich beide Partner mit derselben Intensität ein Kind und planen es gemeinsam. In der Realität jedoch fühlen sich nur wenige Männer im dritten oder frühen vierten Lebensjahrzehnt zur Vaterschaft bereit. Es sind in der Regel die Frauen, die, von ihrer biologischen Uhr angetrieben, den ersten Schritt tun und auf Empfängnisverhütung verzichten, und dies kann das Gleichgewicht einer Beziehung bis lange nach der Geburt des Kindes verändern. Manche Frauen glauben, ihrem Partner die eher lästigen Seiten der Babybetreuung ersparen zu müssen, weil sie es waren, die die Entscheidung getroffen haben.

Es ist die Frau, die die körperliche Erfahrung der Schwangerschaft durchlebt, zu den Untersuchungen geht, Vorbereitungskurse besucht, Bücher über Babypflege liest, die Babyausstattung kauft und das Kind zur Welt bringt. Eine Frau beginnt sich psychisch darauf einzustellen, ein Kind zu bekommen, wenn sie spürt, wie sich das Kind in ihr bewegt, aber ein Mann durchlebt keine physische Veränderung, die ihn mit der neuen Realität verwachsen ließe, und muß sich der Mutter des Kindes ganz bewußt zuwenden. Viele Männer – etwa 50 Prozent – zeigen ein starkes Interesse an der Schwangerschaft ihrer Partnerin und berichten von einer wachsenden Bindung an den Fötus, wenn sie dessen Strampeln ertasten, durch die Bauchdecke zu ihm sprechen und der Vaterschaft freudig entgegensehen. Die anderen 50 Prozent sind entweder distanzierter und spielen die Rolle der starken, verläßlichen Eiche, an die sich die Frau anlehnen kann, oder sie stehen dem Geschehen so fern, daß sie es kaum wahrzunehmen vermögen. Untersuchungen zeigen, daß Frauen sich zumeist viele Gedanken machen, in welcher Weise das

Kind das Verhältnis zwischen den Partnern beeinflussen wird, während Männer sich in der Regel häufiger fragen, in welchem Maße ihr Leben durch ein Baby eingeschränkt werden wird.[3] Nicht selten platzen Männer vor Stolz auf ihre Virilität, wenn sie von der Schwangerschaft ihrer Partnerin erfahren, und legen kurzfristig eine leidenschaftliche sexuelle Aktivität an den Tag, der dann bald das Bedürfnis folgt, sich rund um die Uhr in Arbeit und Hobbys zu vertiefen.

Auch das emotionale Gleichgewicht einer Beziehung kann durch die Schwangerschaft destabilisiert werden. Eine Frau kann sich während der Schwangerschaft anlehnungsbedürftiger, reizbarer, oft den Tränen nahe und verletzlicher fühlen, doch Männer scheinen unverändert zu bleiben. Manche Männer sind von der neuen Abhängigkeit ihrer Partnerin sehr angetan und fühlen sich selbst wegen der stärkeren Bindung durch die Schwangerschaft in ihrer Beziehung sicherer. Ihre Partnerin ist nun an sie gekettet und kann sich nicht so leicht einem anderen Mann zuwenden. Es kann auch sein, daß sie die Partnerin während der Schwangerschaft schöner finden oder aber ein schlechtes Gewissen haben, weil sie dann und wann auch negative Gefühle hegen, beispielsweise die Schwangerschaft als häßlich oder sexuell hinderlich empfinden und sich Phantasien über andere Frauen hingeben. Sie können sich über die Stimmungsschwankungen und die Abhängigkeit ihrer Partnerin ärgern und einen spontanen Zornesausbruch für grundsätzliche Kritik halten. Wenn es ganz schlimm kommt, sind Männer sogar imstande, ihre Vaterschaft anzuzweifeln und eine Affäre mit einer anderen Frau anzufangen, damit sie das Gefühl loswerden, in die Falle gegangen zu sein, oder sie verlassen gar ihre Partnerin vollends, weil sie die neue Verantwortung scheuen und sich fürchten, endgültig an die Mutter gebunden zu sein.

Frauen dagegen fühlen sich häufig auf einmal wehrlos und von einem Mann abhängig, dem sie vielleicht nicht ganz vertrauen. Die altmodische Geschlechtsrolle des Mannes, der die schwache Frau schützt, tritt wieder in Erscheinung, und dieses plötzliche emotionale Ungleichgewicht in einer Partnerschaft, in der bislang das Gleichheitsprinzip galt, kann wie ein Schock wirken. Er geht genauso zur Arbeit, wie er es immer getan hat; sie tut es auch, würde jedoch die Nachmittage lieber im Bett verbringen. Er möchte abends ausgehen, in der Kneipe mit Freunden zusammentreffen oder sich anderen Freizeitbeschäftigungen widmen; sie dagegen will um neun im Bett liegen, vor dem Fernseher Mars-Riegel essen, das Kinderzimmer herrichten und die schon angeschaffte Babyausstattung neu zusammenfalten.

Während sich der werdende Vater vielleicht verstärkt Gedanken darüber macht, ob sein Einkommen ausreicht, um seine Familie ernähren zu können, sieht sich die Frau, die ihren Lebensunterhalt bisher selbst verdient hat, finanziell wie emotional von einem Mann abhängig, der möglicherweise doch nicht ganz verläßlich ist, und sie quält sich mit der Frage, wie sie gegebenenfalls allein für sich und das Kind sorgen könnte. Eine schwangere Frau kann sich sexuell verletzlich fühlen, weil sie sich nicht attraktiv oder sexy vorkommt und deshalb fürchtet, ihren Partner an eine andere Frau zu verlieren. Ich erinnere mich daran, daß während meiner beiden Schwangerschaften der Refrain »Geh bloß nicht fremd« in unserem Hause an der Tagesordnung war, weil mir in meiner physischen, emotionalen und sexuellen Verletzlichkeit der bloße Gedanke daran als äußerster Verrat erschien.

Mit fortschreitender Schwangerschaft fühlen sich manche Frauen in einem solchen Maße ihren Beschwerden und ihrer Schwerfälligkeit ausgeliefert, daß sich ihr Ego von ihrem Körper lossagt. Es ist schwer, sich auch nur vorzustellen, daß ein Mann eine Zeit vergleichbarer emotionaler oder psychischer Turbulenzen durchmachen könnte, da ihm in seiner Privilegiertheit die körperlichen Beschwerden der Schwangerschaft und der Entbindung erspart bleiben. Auf den Gedanken, daß auch mein Mann eine schwere Zeit durchmachen könnte, kam ich erst im neunten Schwangerschaftsmonat, als er anfing, in jeder freien Minute ein höchst aufwendiges dreidimensionales Pappmodell eines römischen Amphitheaters zu basteln. Während meine Hormone mir befahlen, sechzehnmal den Küchenfußboden aufzuwischen, bereitete er sich auf die Entbindung vor, indem er sich von dem bevorstehenden Ereignis gezielt ablenkte und einem Hobby widmete, das äußerste Konzentration und Präzision erforderte.

Manche werdende Väter empfinden die Schwangerschaft und die Aussicht auf die Geburt psychisch als so belastend, daß sie ihre Ängste in körperliche Symptome kanalisieren und quasi den Schwangeren mimen. Es handelt sich um das sogenannte Couvade-Syndrom: Während der Schwangerschaft der Frau entwickeln Männer Symptome wie Gewichtszunahme, Zahnschmerzen und Magen-Darm-Beschwerden. Untersuchungen lassen vermuten, daß etwa 20 bis 25 Prozent aller werdenden Väter unter Symptomen leiden, deren Bezug zur Schwangerschaft der Frau oft nicht erkannt wird. Anthropologen haben auch die rituelle Couvade beschrieben, bei der Männer die Geburt mimen oder eine strenge Diät befolgen und während der Schwangerschaft ihrer Frau auf die Benutzung von Waffen verzichten, um Mutter und Kind vor bösen Geistern zu schützen. Eine schwedische Studie zur Couvade stellte fest, daß ältere Männer eher zum Couvade-Syndrom neigen, und kam zu dem Schluß, daß ältere Männer mit der Vaterschaft wohl größere Veränderungen erwarten und durchmachen.[4] Ob es sich nun um Empathie, Angst oder das öffentliche Bekenntnis zur Vaterschaft handelt, das Auftreten von Schwangerschaftssymptomen bei Männern zeigt, daß für viele Männer Geburt und Vaterschaft mit beträchtlichen psychischen Problemen und Ängsten verbunden sind.

Wenn es zur Entbindung kommt, treten die Unterschiede zwischen den physischen und emotionalen Bedürfnissen von Mann und Frau noch deutlicher hervor. Die Mühsal des Gebärens hat die Frau, doch sie kann auf die emotionale Unterstützung durch ihren Partner bauen. Der Mann steht in der Regel hilflos neben ihr und kann sich nur begrenzt nützlich machen. Manche Männer investieren jedes Quentchen verfügbarer Kraft in heftige Massagen und energische Befehle, zu »atmen« und zu

»pressen«. Andere lesen zwischen den Wehen in Büchern und interessieren sich mehr für den wissenschaftlichen Hokuspokus auf dem Monitor als für die Mutter selbst. Es ist schwer zu sagen, wie sich gerade Ihr Mann verhalten wird, bevor Sie beide im Kreißsaal sind ...

Die Anwesenheit des Vaters bei der Geburt war in der Geschichte kaum üblich, aber auch nicht ganz unbekannt. Im 19. Jahrhundert beispielsweise waren französische Könige und viele Väter aus der Oberschicht bei der Niederkunft ihrer Frauen zugegen. In abgelegenen ländlichen Gebieten gar war der Vater bei der Geburt unverzichtbar und oft sogar der einzige Helfer. In der gesamten Geschichte jedoch haben alle Kulturen, die Männer von der Präsenz bei der Entbindung ausschlossen, dies schlicht deshalb getan, weil es dabei in der Tat für Männer kaum etwas zu tun gibt. In Kulturen allerdings, in denen man von Vätern eine Beteiligung erwartete, wurden ihnen ganz spezifische Aufgaben zugewiesen, beispielsweise die Ausübung vorgeschriebener Jagdrituale oder das Simulieren des Geburtsschmerzes, doch beim eigentlichen Geburtsvorgang waren sie nur selten zugelassen.[5]

In den letzten Jahren hat sich jedoch in vielen westlichen Industrieländern bezüglich der Niederkunft eine kulturelle Revolution vollzogen. 1970 waren in Großbritannien nur 15 Prozent der Väter bei einer Geburt anwesend, bis 1990 jedoch war die Zahl sprunghaft auf 92 Prozent angestiegen.[6] Die meisten Ehepaare wollen während der Geburt zusammensein, sie wollen das Erlebnis miteinander teilen, so wie sie das Erlebnis der Elternschaft miteinander teilen werden – eine Veränderung, die viele Frauen in der Vergangenheit begrüßt hätten. Heute hält man es für nahezu selbstverständlich, daß der Vater dabeisein soll, doch die Erforschung der positiven und negativen Wirkungen hat bisher wenig überzeugende beziehungsweise widersprüchliche Ergebnisse erbracht.[7] Einige Untersuchungen haben gezeigt, daß Frauen eine positivere Einstellung zum Geburtserlebnis entwickelten, weniger unter Schmerzen und Komplikationen litten und das Gefühl hatten, in ihrem Partner einen guten Beistand zu haben, so daß ihnen der Geburtsvorgang wie ein Familienereignis erschien. Andere Untersuchungen allerdings haben das Gegenteil ergeben – daß es keine meßbaren Unterschiede im Schmerzpegel, in der Geburtsdauer oder der geburtshilflichen Intervention gibt. Und daß der Vater zusätzliche Ängste, Erwartungen und sogar Gefühle des Versagens auf die Gebärende übertragen kann, wenn es nicht möglich ist, den Geburtsplan einzuhalten – Zumutungen, die eine in den Wehen liegende Frau wirklich nicht gebrauchen kann.

Wenn man sich in der Geburtsklinik allzusehr auf den Vater als unbezahlten Beistand verläßt, etwa um Personalmangel auszugleichen, kann sich dies für die Gebärende nachteilig auswirken, weil sie dadurch möglicherweise weniger professionellen Rat und Beistand erhält. Erhebungen in Amerika und Südafrika haben gezeigt, daß es gebärenden Frauen bessergeht, wenn ihnen statt des Vaters eine erfahrene *Doula* zu Seite steht – eine Frau, die zwar keine ausgebildete Hebamme ist und nur die Aufgabe hat, der Gebärenden zu helfen und dafür zu sorgen, daß sie alles bekommt, was sie braucht.[8] *Doulas* kennen sich mit Wehen und dem Geburtsschmerz aus, und da sie der Gebärenden lediglich beistehen sollen, sind Emotionen und Ängste bei ihnen nicht zu erwarten; zudem ist ihnen die Krankenhausumgebung vertraut. Die in Ohio durchgeführte Untersuchung ergab, daß die verbale und physische Interaktion zwischen *Doulas* und Müttern sehr viel intensiver war und sich die *Doulas* die ganze Zeit – besonders während der Austreibungsperiode – näher bei den Gebärenden aufhielten als die Väter.

Es ist für Paare mitunter schwer zu glauben, daß sie wirklich allein zu entscheiden haben, ob der Vater bei der Geburt dabeisein soll oder nicht, wenn sie unter einem gewissen Druck der Familie, der Freunde und sogar des medizinischen Personals stehen, die einfach voraussetzen, daß er zugegen sein wird. Das Dabeisein kann für den Mann wie für das künftige Familienleben durchaus ein Gewinn sein. Für die große Mehrheit der Männer ist die Geburt ein starkes emotionales Erlebnis, und sie fühlen sich dem Baby und der Mutter nicht nur sofort näher, sondern empfinden eine ungeheure Achtung, sogar Ehrfurcht vor der Leistung ihrer Partnerin. Eine Minderheit jedoch ist von dem Erlebnis schockiert, und einige Wissenschaftler nehmen an, daß solche Männer später unter psychosexuellen Problemen leiden.

Manche Männer fühlen sich in der Krankenhausumgebung, die normalerweise mit Krankheit und Tod in Verbindung gebracht wird, fehl am Platze und unfähig, ihrer Frau zu helfen. Einen geliebten Menschen in großen Schmerzen zu sehen ist ja auch zutiefst verstörend. Wenn Komplikationen auftreten und die Gesundheit oder das Leben des Kindes oder der Mutter bedroht sind, können Männer ein schweres Trauma erleiden. Im Gesicht des Arztes den Schweiß und die Anstrengung wahrzunehmen, wenn er den Kopf des Kindes mit der Zange herauszieht, ist wahrhaft schockierend. Ebenso wie Frauen stellen viele Männer überrascht fest, daß sie eher überwältigende Erleichterung als ein freudiges Hochgefühl empfinden, wenn das Baby endlich geboren ist. Der Kreißsaal ist nicht unbedingt der richtige Ort für *jeden* Mann. Jedes Paar muß letztlich selbst entscheiden, was richtig ist – für die Frau, für den Mann, für beide.

Im Idealfall ist das Zusammenbleiben der Partner bei der Geburt ein einzigartig verbindendes Erlebnis, das eine große Intimität zwischen zwei Menschen verstärkt, die einander schon nahe sind, und ein Potential enger emotionaler Bindungen zwischen Vater und Mutter und Vater und Baby entstehen läßt. Viele Frauen berichten, daß ihr Partner, nachdem er Zeuge der ungeheuren Anstrengungen und der Freude der Geburt war, ihnen in den folgenden Wochen und Monaten der frühen Mutterschaft eine große Stütze gewesen sei. Eine Untersuchung läßt darauf schließen, daß Väter durchaus imstande sind, nach einer schweren Entbindung oder einem Kaiserschnitt dem Kind zeitweilig die Mutter zu ersetzen, wenn sie sogleich einen engen körperlichen und emotionalen Kontakt zu dem Neugeborenen aufnehmen.[9] Doch auch wenn der Vater Ihres Kindes bei der Geburt nicht anwesend ist, kann er eine genauso enge Beziehung zu Ihrem Neugeborenen herstellen, indem er es so oft wie möglich in den Arm nimmt und diese ersten kostbaren Tage mit Ihnen beiden zusammen verbringt.

Wenn wir uns wünschen, daß unsere Männer engagierte Väter werden, spricht einiges dafür, daß sie bei der Geburt anwesend sind, so schwer und so verstörend das auch sein mag. Ich selbst brauchte meinen Mann an meiner Seite, obwohl wir beide wußten, daß er mir kaum helfen konnte. Ich brauchte ihn, damit er das Erlebnis der Geburten unserer beiden Kinder mit mir teilte, so schwer sie auch sein mochten. Mein Trauma sollte auch sein Trauma sein, und ich sah nicht ein, daß ich ihn davor bewahren sollte, da das Ergebnis doch unser beider Kind sein würde. Bei der Geburt unseres zweiten Kindes verlor er die Fassung – er sah mich von Schmerzen gepeinigt und hielt nach der Geburt das Baby eine halbe Stunde lang im Arm, während man versuchte, mich nach schwerem Blutverlust und einem zweiten Kaiserschnitt zu stabilisieren. Doch der wohl verstörendste Augenblick kam am Ende des Tages, als mein Mann unsere ältere Tochter von meinem Bett forttragen mußte, nachdem sie zum erstenmal ihr Schwesterchen hatte im Arm halten dürfen. Als sie begriff, daß ich nicht mit ihnen nach Hause kommen würde, schrie sie auf dem Krankenhausflur immer wieder: »Ich brauch doch meine Mama auch!« Später am Abend kam mein Mann noch einmal ins Krankenhaus und zog schweigend die Bettvorhänge zu. Dann legte er seine Arme um mich, und wir schluchzten beide hemmungslos, schluchzten wegen unserer Erstgeborenen, schluchzten unseretwegen, und wir schluchzten vor Erleichterung. Es war ein Augenblick großer Intimität, den ich niemals vergessen werde, denn nach jahrelanger Ehe hatte ich meinen Mann zum erstenmal weinen sehen.

Die biologischen Unterschiede zwischen Mann und Frau treten während der Schwangerschaft und der Geburt besonders kraß hervor, und es kann Zeiten geben, in denen das, was einmal eine enge Beziehung war, in der man sich gegenseitig unterstützte, unaufhaltsam auseinanderdriftet. Doch wenn Sie Ihr erstes Kind erwarten, haben Sie mit Ihrem Mann eines gemeinsam: Schwangerschaft, Geburt und Elternschaft sind für Sie beide unbekanntes Terrain. Sie wissen beide nicht, was auf Sie zukommt oder was bei der Entbindung geschehen wird. Höchstwahrscheinlich erfüllt Sie beide der Gedanke daran, was Sie wohl für Eltern sein werden oder wie sich Ihre Beziehungen verändern könnten, mit untergründiger Sorge, Angst oder gar Schrecken. Eltern zu werden – das ist eine Erfahrung, die verbindet, aber auch trennen kann. Der Beweis für die Verbindung stellt sich mit der Ankunft des Kindes ein, einer einzigartigen genetischen Verschmelzung, zur Welt gebracht durch eine ganz individuelle Entbindung nach einer ganz individuellen Schwangerschaft: eine Erlebnisfolge, die nur Sie beide miteinander teilen.

Als berufstätige Männer und Frauen mit gemeinsamen und persönlichen Interessen stehen wir Seite an Seite, sind mehr als je zuvor in der Geschichte gleichgestellt. Doch mit der Geburt des ersten Kindes löst sich das Gleichheitsprinzip zwischen den Geschlechtern in deutlich ausgeprägte altmodische Geschlechtsrollen auf: Die Mutter übernimmt sehr bald den Löwenanteil der häuslichen Angelegenheiten und der Babybetreuung, während sie die physischen und emotionalen Wunden der Entbindung auskuriert – und der Mann rasch wieder an seinen Arbeitsplatz zurückkehrt, um für den Unterhalt seiner Familie zu sorgen. Alle Untersuchungen zeigen, daß Paarbeziehungen nach der Geburt eines Kindes patriarchalischer werden. Viele Frauen wünschen es sich auch gar nicht anders. Sie wollen nicht nur mit ihren Babys zusammensein, sondern auch in den ersten Lebensjahren ihrer Kinder als deren Hauptbetreuerin zu Hause bleiben.

Doch für die Mutter, die vorhat, nach dem Mutterschaftsurlaub ihre Ganztagsbeschäftigung wiederaufzunehmen, und hofft, daß sich ihr Partner an der Betreuung des Kindes beteiligen werde, wird das Leben entschieden komplizierter. Plötzlich ist sie allein zu Hause, fühlt sich emotional vereinsamt und abhängig, während ihr Partner seine Verbindungen zur Außenwelt unverändert aufrechterhält. Sie hat die ungewohnte totale

Verantwortung für das Neugeborene, spielt die Hausfrau und versucht, sich in der neuen Welt der Mutterpflichten zurechtzufinden, während er in die ihm vertraute Welt zurückkehrt. Es kann zu Auseinandersetzungen kommen: um Geld, wofür es ausgegeben wird, wer was im Haushalt tut und wie das Kind aufgezogen werden soll. Und mitunter, wenn die Elternschaft Einstellungen oder Verhaltensweisen zutage treten läßt, die wir zuvor nie wahrgenommen haben, starren wir den Mann, den wir so gut zu kennen glaubten, ungläubig an: Wir wundern uns über die verstohlene Liebe und Zärtlichkeit, die nur ein Baby hervorrufen kann, oder fühlen uns von dem Mann enttäuscht, der sich an der Betreuung des Kindes nicht beteiligen will oder dessen Bedürfnisse nicht so versteht wie wir.

Zwangsläufig fühlen wir uns plötzlich abhängiger von unserem Partner, da er die einzige Person ist, die uns in den ersten Monaten der Mutterschaft ein bißchen Freizeit verschaffen kann. Ich habe tüchtige, selbstbewußte Frauen interviewt, die überrascht waren, in welchem Maße sie das Heimkommen ihres Partners herbeisehnten, wenn sie den ganzen Tag mit ihrem Baby allein zu Hause waren. Und während sie sich hingebungsvoll ihrem Haus oder ihrer Wohnung widmen, weil sie ihr anderes Arbeitsterrain verloren haben, rücken irgendwelche Aspekte der Haushaltsarbeit, die sie früher nie für besonders wichtig gehalten haben, in den Vordergrund.

»In den ersten Monaten konnte ich es gar nicht abwarten, daß er nach Hause kam, aber wenn er schließlich da war, hat er mich schrecklich irritiert«, sagt Hannah B. »Er war in meinem Revier, und im Unterschied zu ihm hatte ich kein eigenes anderes. Ich erinnere mich daran, daß ich ihn eines Abends angefahren habe: ›Du hast eben deine Aktentasche einfach da hingeworfen, dabei habe ich gerade das ganze Haus aufgeräumt!‹ Ich kann gar nicht glauben, daß ich das wirklich gesagt habe.«

Keelie P. hat sich immer für selbständig und tüchtig gehalten und konnte sich stets gegen Sticheleien oder Sarkasmen ihres Mannes zur Wehr setzen. Doch jetzt, nachdem sie gerade Zwillinge geboren hat, fühlt sie sich besonders verletzlich. »Wenn mein Mann sarkastisch wird, verliere ich wirklich die Fassung und breche in Tränen aus – dabei will ich doch gar nicht so sein. Ich versuche, dagegen anzugehen, aber es ist schrecklich, sich so emotional und so abhängig zu fühlen. Er fährt mit dem Auto zur Arbeit, und ich bin praktisch ans Haus gefesselt.« Wenn Keelie die Zwillinge gefüttert und zum Ausgehen fertig gemacht hat, bleiben ihr eine oder zwei Stunden, bis sie nach Hause zurück muß, um ihnen wieder die Flasche zu geben, und mitunter stellt sie fest, daß sie Dinge zu kaufen vergessen hat, für die sie sich eigentlich auf den Weg gemacht hat. »Dann muß ich meinen Mann anrufen und ihn bitten, dieses oder jenes mitzubringen. Ich fühle mich einfach schrecklich, weil ich doch wirklich imstande sein sollte, das selber zu schaffen. Aber ich packe es nicht immer, und wir haben uns deshalb auch schon gestritten, weil er beispielsweise nicht versteht, wieso ich vergessen kann, Windeln zu kaufen, wenn ich ohnehin in die Drogerie gehe – aber ich vergesse es eben. Allmählich gewöhnt er sich daran. Es ist ja auch für ihn neu, und ich habe mich schließlich mit ihm zusammengesetzt und ihn gefragt: ›Wie kommst du denn mit der Situation klar?‹ Das konnte er mir nicht so recht beantworten. Aber er erwartet, daß ich mit allem zurechtkomme.«

Die Hausfrauen- und die Mutterrolle scheinen vom Tag der Geburt an vollkommen zusammenzupassen. Die Zeit reicht eben aus, um die täglichen Haushaltsarbeiten zu bewältigen, wenn man sich gerade nicht um die Bedürfnisse des Babys kümmern muß. Selbst das winzigste Baby durchschaut den Unterschied zwischen unerläßlichen Haushaltsarbeiten und Augenblicken der Muße ganz genau: Wenn Sie den Küchenfußboden scheuern, gurgelt es zufrieden vor sich hin, aber wenn Sie nach einem Buch greifen oder mit einer Freundin telefonieren, schreit es sich die Seele aus dem Hals.

Männer dagegen lernen die volle Belastung durch die Vaterschaft in der Regel erst kennen, wenn ihr Baby sechs bis zwölf Monate alt und entwöhnt ist.[10] Partner, die während der Schwangerschaft noch sehr hilfsbereit waren, kehren nach der Geburt häufig zu klischeehaften Ansichten über die Mutterschaft zurück, um mit dem Gefühl ins reine zu kommen, daß sie für die Betreuung eines Säuglings eben nicht geeignet sind. Etliche Befragungen haben gezeigt, daß sich viele Väter nach der Geburt eines Kindes weniger an der Haushaltsarbeit beteiligen als während der Schwangerschaft ihrer Partnerin, weil sie voraussetzen, daß sie das Putzen und Kochen problemlos einschieben kann, da sie doch den ganzen Tag zu Hause ist, während der Mann den Lebensunterhalt für die Familie verdient.[11] Wenn eine Mutter stillt, bleibt ihr eben gar nichts anderes übrig, als nachts aufzustehen. Dieses Muster verfestigt sich rasch, so daß die Mutter auch lange nach der Entwöhnung des Kindes diejenige ist, die nachts, falls nötig, immer aufsteht.

Ein Vater kann sein Baby mit der Entschuldigung rasch wieder hinlegen, er habe Angst, es fallen zu lassen, doch eine Mutter darf solche Angst nicht zum Ausdruck bringen, weil dies ein schlechtes Licht auf ihre mütterlichen Fähigkeiten werfen würde. Ein Mann »vergißt«, die Windel zu wechseln, und zieht dem Baby das Erstbeste an, das ihm in der Schublade unter die Finger kommt. Oder er gibt es auf, ein eben entwöhntes Kind mit dem Löffel zu füttern, weil er alsbald zu dem Schluß kommt, daß er es ja doch nicht so gut könne wie die Mutter. In den Wochen nach der Geburt ihres ersten Kindes empfand es Natasha S. als unmöglich, sich auszuruhen, wenn ihr Mann sie zu entlasten versuchte, weil er ihr den kleinen Sohn ins Schlafzimmer brachte, sobald er schrie, und darauf beharrte, daß er Hunger habe. »Das machte mich bloß verrückt, weil ich ihm ja doch nicht entrinnen konnte. Ich hörte ihn von weitem schreien und wußte, daß mein Mann ihn mir über kurz oder lang bringen würde, und wenn er ihn dann brachte und ich dem Kleinen die Brust gab, trank er natürlich auch.«

Natasha und William sind in London lebende Rechtsanwälte, deren jahrelange Beziehung auf dem Gleichheitsprinzip beruhte. Heute jedoch, nach der Geburt ihres Sohnes, müssen sie ihre Beziehung neu arrangieren, um gemeinsam für ihn sorgen zu können. Sie wollten da »ganz modern sein und die Verantwortung miteinander teilen«, stellten jedoch fest, daß dies komplizierter war, als sie es sich vorgestellt hatten. Zwei Wochen nach der Entbindung begann Natasha ihre Milch abzupumpen, so daß William dem Baby nachts die Flasche geben konnte, und morgens ging er dann zur Arbeit. »Ich wußte wohl, daß die meisten Männer das nicht tun, aber ich ließ ihn glauben, das sei ganz normal. Um so empörter war er, als er erfuhr, daß dies nicht stimmte. Wir waren beide sehr erschöpft, und jeder von uns fand insgeheim, er habe den schwereren Job. Er hatte das Gefühl, praktisch die ganze Nacht auf zu sein und das Kind zu betreuen, um dann noch den lieben langen Tag arbeiten zu müssen; aber ich dachte, auch wenn er müde ist und den ganzen Tag arbeiten muß, kommt er wenigstens zeitweilig von dem schreienden Baby weg, während ich vierundzwanzig Stunden am Tag mit ihm zusammen bin. Ich war mir durchaus darüber klar, daß er eine Menge tat, hatte aber stets das Gefühl, noch mehr gefordert zu sein als er. Ich glaube, das ist eine der schrecklichen Ungerechtigkeiten des Zusammenlebens, denn es ist so unglaublich anstrengend, ständig mit einem Neugeborenen zusammenzusein, und Väter werden das nie ganz realisieren.«

Innerhalb weniger Tage nach der Entbindung wird die Mutter zur Hauptbetreuerin des Neugeborenen, die angeblich instinktiv weiß, was für das Baby richtig ist. Dem Vater fällt es von vornherein schwer, sich um das Baby zu kümmern, ohne die Mutter um Rat zu bitten, und was er ohne ihre Hilfe tut, gilt bloß als eine Art Gefälligkeit. Väter, so haben Befragungen ergeben, sind zwar fast immer der Meinung, daß sie ihren Partnerinnen bei der Baby- und Kinderbetreuung helfen, sehen sich jedoch weniger in der Rolle des tagtäglich geforderten Elternteils.

Männern fällt es ungeheuer leicht, fernzusehen oder die Zeitung zu lesen, während sie auf ihr Baby aufpassen. Mütter staunen immer wieder darüber, wie ihre Partner die Frage eines kleinen Kindes gut ein dutzendmal ignorieren können, bevor sie sich ihm endlich zuwenden und antworten. Die meisten Mütter dagegen empfinden es als unmöglich, ihre Kinder derartig zu überhören, selbst wenn sie es sich einmal vornehmen. Die Zeit einer Mutter gehört eben ihrem Kind, sofern sie es nicht jemand anderem anvertraut hat, während die Zeit des Vaters ihm prinzipiell selbst gehört, es sei denn, ihm wird das Baby entschlossen in den Arm geschoben, oder in seinem Terminkalender wird der definitive Auftrag notiert, das Kind aus dem Kindergarten abzuholen.

Es kann rasch zu Auseinandersetzungen kommen, weil es noch sehr viel mehr gibt, worüber unterschiedliche Meinungen möglich sind, und beide Partner im Zweifelsfall unter Erschöpfung und Streß leiden. Es mag einem engherzig oder kleinkariert vorkommen, darüber zu debattieren, wer welche Haushaltsarbeit übernehmen soll. Schließlich ist es keine schwere Arbeit, die Waschmaschine zu füllen, Babymilchpulver zu mischen, Windeln zu wechseln oder Karotten zu pürieren – aber wenn man dies Dutzende von Malen in der Woche tun muß, fängt man schließlich doch zu addieren an.

Außerdem kommt es zu Meinungsverschiedenheiten darüber, *wie* etwas getan werden soll, nicht nur darum, ob es überhaupt getan wird. Mary E. ist Lehrerin und bekam im Alter von 36 Jahren ihr erstes Kind. Sie kann sich nicht daran erinnern, daß sie früher im Haushalt besonders viel getan hätte oder daß dies bis zur Geburt ihrer mittlerweile zwölf Monate alten Tochter zwischen ihr und ihrem Mann ein Thema gewesen wäre. Sie waren beide berufstätig und teilten sich die Hausarbeit. Jetzt ist sie meistens zu Hause und oft »verärgert, obwohl das sicher nicht ganz gerecht ist. Ich tue die Arbeit, weil sie notwendig ist, während Paul ein großes Getöse macht, wenn er mal putzen soll, obwohl er doch die meiste Zeit nicht zu Hause ist. Aber mich verstimmt das. Wenn er sich um die Kleine kümmert, wirft er mir vor, mich einzumischen, und behauptet, ich demotiviere ihn, wenn ich beispielsweise vorschlage, die Kleine solle etwas anderes zu essen kriegen ... Ich wollte, ich könnte ihn einfach nur machen lassen.«

Auseinandersetzungen um die Babybetreuung können besonders heftig werden, wenn beide Eltern ihr Kind leidenschaftlich lieben und beide ihre eigenen Vorstellungen von Kindererziehung einbringen, die auf Erfahrungen ihrer Kinderzeit zurückgehen. Viele familiäre Einflüsse, die uns als Individuum geprägt haben, werden wieder lebendig, wenn wir Eltern geworden sind, und können sich kritisch auf unser eigenes Familienleben auswirken. Ein Vater, der seine strenge Erziehung zu Gehorsam und Ordnung in schlechter Erinnerung hat, möchte mit seinem Kind vielleicht lockerer umgehen, während seine Partnerin die eigene liberale Erziehung ablehnt und für ihr Kind ein eher konventionelles Umfeld schaffen will. Andererseits kann ein Elternteil, der mit seiner eigenen Erziehung im Rückblick sehr zufrieden ist, sein Kind in derselben Weise erziehen wollen. In jedem Fall ist es unwahrscheinlich, daß das Muster genau mit dem des Partners übereinstimmt, was zu einer Fülle von heftigen Debatten führen kann.

»Wir haben uns nie soviel gestritten wie nach der Geburt unseres Kindes«, berichtet Natasha S. »Wir haben grundverschiedene Ansichten darüber, wie wir unseren Sohn aufziehen wollen; es ist für jeden von uns das Wichtigste auf der Welt, aber wir haben so etwas eben vorher noch nie gemeinsam tun müssen. Ich glaube, wir paßten eigentlich sehr gut zusammen und haben uns zunächst nur über Haushaltsdinge gekabbelt – doch das Baby ist nun tausendmal wichtiger, es geht jetzt wirklich um mehr. Weil unser Sohn schließlich in mir gewachsen ist und ich ihn stille, glaube ich, daß er mich wirklich braucht und daß er nicht okay ist, wenn ich mich nicht um alles kümmere. William dagegen meint, der Kleine sei ein robustes, gesundes Geschöpf und auch ohne meine Vorsorge völlig in Ordnung. Ich bin ständig hinterher, daß er richtig angezogen und beispielsweise nicht direktem Sonnenschein ausgesetzt ist, aber William findet bloß, ich nörgele dauernd an ihm herum. Nie bedenkt er etwa im voraus, was wir zu essen im Hause haben oder was es zum Abendbrot geben soll – warum sollte ausgerechnet er dann für das Baby alles richtig machen? Ich bin schließlich diejenige, die immer Süßkartoffeln püriert und rechtzeitig daran denkt, Bananen und Zwieback zu kaufen. Mittlerweile habe ich mich zwar mit dem Hickhack abgefunden, denn das Aufziehen des

Kindes macht mir wirklich Freude, aber ich vermute, diese Differenzen sind Teil des ganzen grundsätzlichen Hin und Her zwischen Mann und Frau: Männer fühlen sich in ihrer Männlichkeit gekränkt, wenn man ihnen sagt, was sie tun sollen, während es den Frauen bloß um konstruktive Kritik geht.«

Wenn Frauen rasch den Löwenanteil der Kinderbetreuung und der häuslichen Pflichten übernehmen, setzen sie Maßstäbe, wie sie die Dinge getan haben wollen, und es fällt ihnen schwer, Männer auf ihre Weise Väter sein zu lassen. Eine Frau mißt das, was der Mann im Haushalt und für das Baby tut, an dem, was sie selbst tut, während ein Mann seine Beteiligung an den oft minimalen Bemühungen seines eigenen Vaters mißt und sogleich Lob erwartet. Wenn sie ihn kritisiert, weil er die Dinge nicht so tut, wie sie es haben möchte, ärgert er sich, fühlt sich verkannt und wird dazu neigen, seine Pflichten zu vernachlässigen.

Wenn eine Frau, die stets selbst für ihren Lebensunterhalt aufgekommen ist, plötzlich den Vater ihres Kindes um Geld bitten muß, kann das für sie sehr demütigend sein und ihr Selbstbewußtsein noch mehr beschädigen, da ihre neue Abhängigkeit auch auf noch eine andere, quälendere Weise deutlich wird. Keelie P.s Mann weigert sich, ein gemeinsames Konto zu eröffnen oder ihr eine Scheckkarte für sein Konto zu geben. Nein, sein Verhalten ist durchaus nicht böse gemeint: Wenn sie Geld braucht, muß sie ihn halt nur darum bitten. Keelie aber meint, daß dies den altmodischen patriarchalischen Anstrich ihres häuslichen Lebens noch verstärke. »Er ist nicht geizig oder so, aber es deprimiert mich, weil ich ihn immer darum bitten muß. Er denkt, ich würde das alles für mich ausgeben, was er selber vielleicht tun würde, aber ich habe mir nichts mehr gekauft, seit die Zwillinge da sind. Ich denke immer zuerst an ihre Bedürfnisse, nicht an meine.«

Ein Baby zu haben ist eine ziemlich teure Angelegenheit. Ob eine Frau nun ihren Beruf aufgegeben oder nur einen kurzen bezahlten Mutterschaftsurlaub hat, das Ungleichgewicht der Beziehung zum Partner wird noch verstärkt. Dies kann zu einer zusätzlichen Belastung werden und zutage treten lassen, was viele Menschen heute für eine überholte Auffassung der Ehe halten. Die Frau fühlt sich immer weniger imstande, für sich selbst und ihr Kind zu sorgen, und kann deshalb auch immer weniger bestimmen, wofür die Mittel ausgegeben werden sollen. Der Mann dagegen fühlt sich unter noch größerem Zwang, mehr Geld für den Familienunterhalt zu verdienen, und hält es deshalb vielleicht für sein gutes Recht, die gemeinsamen Ausgaben auch zu kontrollieren.

Wenn Paare ihre finanziellen Angelegenheiten stets getrennt gehalten haben – ein halbherziges Arrangement vor der Elternschaft –, kann es eine schwierige Zäsur sein, wenn ihnen nun kaum etwas anderes übrigbleibt, als gemeinsame Kasse zu machen. Eine von mir befragte Frau, Mutter einer vierjährigen Tochter, hatte ihr Mutterschaftsgeld bereits ausgegeben und mußte ihren Partner bitten, ihr mit seinen Ersparnissen auszuhelfen, damit sie ihre Daueraufträge abdecken konnte, bis sie wieder arbeitete. Er aber sträubte sich heftig dagegen – was wohl ein Symptom dafür war, daß er mit seiner Verantwortung und dem Vatersein noch nicht zurechtkam.

Bei einem anderen Paar, das nach mehreren fehlgeschlagenen Versuchen der In-vitro-Fertilisation ein Baby adoptierte, erwies sich das finanzielle Ungleichgewicht als starkes Handikap für gute eheliche Beziehungen. »Wir hatten eine Menge Schwierigkeiten, als ich kein Geld mehr verdiente, und ich war darüber sehr erbost, denn weil ich kein Geld mehr ins Haus brachte, war ich selbst auch nichts mehr wert. Und obwohl ich wußte, daß die Gesellschaft im allgemeinen der Mutterschaft keinen besonderen Wert beimißt, hatte ich doch damit gerechnet, daß mein Partner es tun würde. Eine gute Mutter zu sein bedeutete für mich auch, daß die Kleine alles haben sollte; beispielsweise verglich ich ihr Spielzeug mit dem Spielzeug der Kinder meiner Freundinnen. Da ich kein eigenes Geld habe, wollte ich, daß John dafür einspringt, aber in seiner Haltung – seine Eltern trennten sich, als er dreizehn war, und er meint, sein Vater habe sein Leben lang für seine Familie ohne Anerkennung geschuftet – ist es ihm unmöglich, das Widerstreben zu überwinden, in seine neue Familie einiges zu investieren. Als wir bloß zu zweit waren, konnten wir uns vormachen, als Individuen eben auch getrennte Kassen führen zu müssen, aber jetzt haben wir für unsere Tochter zu sorgen, und ich möchte, daß wir eine Grundlage der Gleichheit schaffen. Ich verlange, daß wir ein gemeinsames Bankkonto eröffnen und unsere finanziellen Angelegenheiten nun neu und anders regeln, aber John ist darauf überhaupt nicht erpicht. Ich glaube, er hat Angst, wie einst sein Vater unterschätzt zu werden, wenn er bereitwillig zuviel hergibt.«

Paare, die immer schon eine gemeinsame Kasse hatten und Zeiten guten wie schlechten Einkommens erlebt haben, weil einer von beiden arbeitslos war oder studierte, kommen in der Regel mit dem Umbruch besser zurecht, weil sie den Schritt von der persönlichen Unabhängigkeit zur gegenseitigen Abhängigkeit bereits vollzogen haben. Da jedoch die meisten von uns finanziell unabhängig sind, bevor sie Kinder bekommen, ist dieser Umbruch im Regelfall weniger leicht zu bewältigen. Werdende Eltern sollten also offen über ihre finanziellen Angelegenheiten sprechen und sich vor der Geburt des Kindes gemeinsam überlegen, wie sie ihre Geldmittel aufteilen. Sie müssen auch bereit sein, regelmäßig über Finanzen zu diskutieren, wenn sich ihre Bedürfnisse – und die Bedürfnisse der Familie im ganzen – ändern.

Wenn junge Mütter feststellen, daß sie gern zu Hause bei ihrem Baby sind, kann die Aussicht, wieder arbeiten zu müssen, weil sie eben das Geld brauchen, eine Quelle großen Kummers sein. Die Notwendigkeit, wieder arbeiten zu müssen, kann auch Spannungen im Verhältnis zum Partner hervorrufen, wenn die Frau ihm zum Beispiel übelnimmt, daß er nicht genug verdient und sie deshalb nicht zu Hause bleiben kann. Penny S. hat eine sechs Monate alte Tochter und will ihre Arbeit als Lehrerin eigentlich nicht wiederaufnehmen, aber ihr Mann möchte von seiner Verantwortung als Alleinverdiener entlastet werden, weil sein Einkommen für die dreiköpfige Familie nicht ausreicht.

»Es kommt mir so unnatürlich vor, wieder zu arbeiten. Ich würde immerhin mehr verdienen, als wir für die Betreuung der Kleinen ausgeben müßten, und allmählich könnten wir dieses zusätzliche Einkommen ja auch gut gebrauchen, weil ich schon ziemlich lange nichts verdient habe. Das Geldproblem ist eine Quelle der Spannung zwischen uns. Wir versuchen, wie Erwachsene damit umzugehen, aber das alles bedeutet auch, daß viele Themen für uns tabu geworden sind, weil sie mit Geld zu tun haben, mit Überlegungen, was wir tun würden, wenn wir ein bißchen mehr hätten. Ich habe das Gefühl, er drängt mich zu vermehrten Ausgaben, damit ich nicht daran vorbeikomme, wieder zu arbeiten, und er argwöhnt, daß ich zu sparen versuche, um ihm zu beweisen, daß wir allein von seinem Einkommen leben können, damit ich zu Hause bleiben kann.«

Paula B. verdient als Gesundheitsinspektorin mehr als ihr Mann, der ein Reformhaus betreibt, und zahlt die Hypothek für das Eigenheim ab. Es hat sie überrascht, wie gern sie mit ihrer Tochter allein zu Hause ist, und sie möchte nicht wieder arbeiten, weiß jedoch, daß ihr nichts anderes übrigbleibt. »An sechs von zehn Tagen unterstütze ich meinen Mann, weil ich will, daß er genug Zeit hat, um mit seinem Geschäft voranzukommen, aber dann denke ich öfter: Warum kannst du nicht wie Millionen andere Männer losgehen und so viel Geld verdienen, daß ich zu Hause bleiben und das Baby betreuen kann?«

Kate R.s Mann ist arbeitslos und kümmert sich um den zehn Monate alten Sohn, während sie in der Verwaltung eines Krankenhauses arbeitet. Sie weiß, daß sie keine andere Wahl hat, als auf diese Weise ihre Familie zu ernähren, doch sie wäre viel lieber zu Hause bei ihrem Sohn. Sie findet auch, wenn ihr Mann der Verdiener wäre, hätte sie den Haushalt viel besser im Griff als er. »Ein Mann ist im Kopf irgendwie einspurig: Er kann sich um das Baby kümmern, aber nebenher auch mal zu putzen und aufzuräumen, das scheint bei ihm nicht drin zu sein. Dadurch bin ich wohl, ohne es zu wollen, so etwas wie eine Nörglerin geworden. Ich komme nach Hause und mache mich an die von ihm versäumte Arbeit, was auf die Dauer einfach nicht geht. Er versucht seine Haltung damit zu begründen, daß er mit dem Baby schließlich genug zu tun habe. Natürlich weiß ich, daß man mit einem Baby den ganzen Tag sehr beschäftigt sein kann, aber es fällt mir schwer, diese Erklärung zu akzeptieren, denn es ist ja genau das, was ich selber gern tun würde. Dieses Problem hat unsere Beziehung sehr verändert, und wir schlagen uns immer noch damit herum, es zu lösen.«

Wenn Eltern ein so niedriges Einkommen haben, daß sie unter die Armutsgrenze sinken, wirkt sich der Geldmangel zwangsläufig belastend auf ihre Beziehung aus. Je weniger Geld da ist, desto eher streitet sich ein Paar, sofern die Beziehung nicht ungewöhnlich stark ist. Eltern, die ihre Kinder lieben, wollen nicht, daß ihre Kinder Mangel leiden. Wenn ihre Kinder Kleider und Schuhe brauchen, kaufen sie oft auf Kredit und begleichen die Rechnungen nicht. Viele Eltern wollen ihre Kinder nicht mit dem gesellschaftlichen Stigma der Armut belasten und bezahlen deren Schulmahlzeiten selbst, statt sich von den Kosten befreien zu lassen. Folglich bleibt so gut wie kein Geld für ihre persönlichen Bedürfnisse und kleine Freuden übrig. Geselligkeit können sie sich nicht leisten, und das verstärkt das Empfinden der Isolation und gegenseitigen Abhängigkeit, das dem Selbstwertgefühl so abträglich ist.

Das Bild vom Vater als Alleinverdiener kommt in Großbritannien immer mehr aus der Mode. 1992 paßten sich von 19,5 Millionen Haushalten nur noch 7 Prozent dieser konventionellen Form des Familienlebens an, in dem die Mutter ständig zu Hause und finanziell völlig abhängig ist.[12] Obwohl Familien heute überwiegend auf den Verdienst der Frauen nicht mehr verzichten können, sind die traditionellen Geschlechtsrollen immer noch deutlich ausgeprägt und nur schwer zu verändern. Wenn junge Mütter an ihren Arbeitsplatz zurückkehren, werden die überkommenen Geschlechtsrollen durch ungleiche Bezahlung und geringeren Verdienst noch stärker betont. In Großbritannien verdienen Männer auch nach über zwanzig Jahren Gleichberechtigung in jedem Beruf immer noch erheblich mehr als Frauen. Deshalb müssen Männer in der

Regel ihrem Beruf ungehindert nachgehen können, um den Lebensunterhalt für die Familie zu verdienen, während die Mutter neben ihrer eigenen Berufstätigkeit noch den Löwenanteil der Kinderbetreuung übernimmt.

Viele Mütter in schlechtbezahlten Berufen stellen fest, daß die Kosten der Kinderbetreuung einen so großen Teil ihres Verdienstes verschlingen, daß sich das Arbeiten kaum lohnt. Sie finden sich deshalb einstweilen mit Teilzeitjobs oder flexiblen Arbeitszeiten ab, bis ihre Kinder das Schulalter erreicht haben. Es sind in der Regel die Mütter, die entscheiden, wem sie ihre Kinder zur Betreuung anvertrauen, nicht die Väter, und fast immer wird die Betreuung von den Müttern finanziert. Dahinter steckt die unausgesprochene Begründung, daß eine Tagesmutter oder ein Kindermädchen natürlich die Mutter ersetzt, nicht den Vater oder beide Eltern.

Das Elternwerden wirkt sich auf den Alltag einer Frau sehr viel stärker aus als auf den des Mannes. Ganztags arbeitende Frauen verbringen täglich etwa 1,6 Stunden mehr mit ihren Kindern als ihr Partner.[13] Mütter bringen ihre Kinder in der Regel in den Kindergarten oder zur Tagesmutter, nehmen sich eher frei, wenn das Kind oder die Tagesmutter krank ist, und gehen mit den Kindern zum Arzt. Mütter prägen den Lebensstil ihrer Kinder, indem sie ihre Garderobe und ihre Nahrung einkaufen, neue Kochrezepte ersinnen und entscheiden, welche Fernsehprogramme die Kinder sehen oder nicht sehen dürfen. Und indem sie dafür sorgen, daß sie im richtigen Alter das richtige – pädagogisch wertvolle – Spielzeug bekommen, indem sie ihr soziales Leben organisieren und sie überall hinfahren, mit ihren Lehrern sprechen, ein Auge auf ihre Hausaufgaben haben (und Spaß an ihren schon mehrfach erzählten Witzen vortäuschen). Väter lassen sich allenfalls für eine dieser Aktivitäten einspannen, wenn sie von ihrem Kind oder seiner Mutter darum gebeten werden. Aus eigenem Antrieb stellen sie sich selten zur Verfügung, so daß Mütter allzuoft von dem Gefühl überwältigt werden, die volle Verantwortung allein zu tragen.

Wenn eine Mutter alles im Griff hat, wenn sie sieht, daß ihre Anstrengungen durch das Gedeihen ihrer Kinder belohnt werden, und sie nicht unter allzu großer Erschöpfung leidet, ist diese Leistungskraft, verbunden mit der Gewißheit, eine liebevolle, gute Mutter zu sein, eine Quelle großer Freude. Für berufstätige Mütter kommen jedoch mitunter auch Zeiten, in denen es ihnen an Selbstvertrauen und Energie mangelt: Dann erbost es sie, daß sie ihren Partner tagtäglich bedrängen und bearbeiten müssen, damit er ihnen wenigstens ein bißchen Verantwortung abnimmt.

Für diese neuen und problematischen Ungerechtigkeiten in unserer Beziehung zu unserem Partner werden wir durch die überwältigende emotionale Bereicherung entschädigt, die aus der Liebe zu unserem Kind erwächst. »Das Herzklopfen, das ich früher spürte, wenn ich Dan wiedersah, empfinde ich heute, wenn Joe ins Zimmer tapst«, sagt Sue P. über ihren 18 Monate alten Sohn. Es ist so viel leichter, ein kleines, hilfloses Baby zu lieben, das in unserem Leib herangewachsen ist, wenn sein winziges Gesicht sich verändert und von Tag zu Tag interessanter wird, wenn es so freudig reagiert und uns so innig für unsere Bemühungen belohnt. Ausgewachsene Männer sind da entschieden komplizierter.

Viele Frauen stellen fest, daß sie von der körperlichen Nähe ihres Babys so hingerissen und von der Intensität ihrer eigenen Emotionen und dem Aufwand der Betreuung so erschöpft sind, daß ihnen wenig Gefühlskraft für ihren Partner bleibt. »Man gibt seinem Kind so viel körperliche Zuwendung, die man dem Ehemann nicht zu geben vermag«, sagt Camilla S. »Ich will ihn nicht ausschließen, aber es ist leichter, sie einem Kind zu geben. Babys sind so empfänglich, und die Liebe zu ihnen ist einfach überwältigend.«

Junge Eltern berühren ihr Baby viel häufiger, als sie einander berühren, und können daher mit Eifersucht reagieren oder unter dem Verlust der emotionalen Intensität in ihrer Partnerbeziehung leiden. Manchmal ist es die Mutter: »Wir waren seit zwölf Jahren zusammen, als unsere Tochter geboren wurde, und unsere Beziehung bedeutete mir sehr viel. Sie war das erste wirklich Gute, das mir in meinem Leben widerfahren war – und dann kam die Kleine, und ich hatte zuerst das Gefühl, als hätte sie unsere Beziehung in tausend Stücke zerschlagen. Als sie dann aber drei Monate alt war, begannen wir sie früher schlafen zu legen, und plötzlich hatten wir wieder gemeinsame Abende – es war wunderschön. Es kam mir vor, als hätte ich wieder ein Stück von meinem alten Leben zurückgewonnen«, erzählt Imogen A.

Häufiger ist es freilich der Vater, der sich emotional im Stich gelassen fühlt. Wenn Sie feststellen, daß er Sie ungewöhnlich oft darum bittet, ihm die Brille zu putzen oder einen Kaffee oder Tee zu machen, obwohl er diese schwierigen Aufgaben früher allein bewältigt hat, ist er möglicherweise eifersüchtig oder braucht emotionale Zuwendung. Die Intensität der Liebe, die viele Frauen für ihr Kind empfinden, ist viel stärker als alles, was sie je für ihren Partner empfunden haben. Man glaubt, jemanden zu lieben, und entdeckt dann, wieviel größer die Liebe zum eigenen Kind ist. Sobald sich allerdings beide Elternteile ganz an die Elternschaft angepaßt haben und ihr gemeinsames Leben als Paar zumindest teilweise wiederaufgenommen haben, entdecken sie, daß sie durch das gemeinsame Band der Liebe zu ihrem Kind auch mehr Liebe zueinander empfinden. Wenn Ihr Partner eifersüchtig ist, bitten Sie ihn, das Maß an Aufmerksamkeit und Liebe, das Sie dem Baby schenken, mit dem Minimum an Zeit und Aufmerksamkeit zu vergleichen, das Sie sich selbst gönnen, viel weniger also als ihm.

Wenn beide Partner akzeptieren können, daß sie ihre Beziehung ruhen lassen müssen, bis sie wieder genug Kraft, Zeit und Leidenschaft füreinander haben, werden sie eher imstande sein, einander so viel Abstand zu gewähren, daß sie sich der grundlegenden Veränderung ihres Lebens durch die Elternschaft anpassen können. Die Zeit des ausschließlichen Miteinander, in der es nur um Sie beide ging, kehrt nicht zurück, doch Sie können sehr wohl kleine Fenster der Zweisamkeit öffnen, um ihre Beziehung in der neuen familiären Dreiecksituation aufzufrischen, die Sie selbst geschaffen haben. Nur wenige Stunden zu zweit außer Haus werden Sie daran erinnern, daß Ihre Liebe zueinander ja lange vor der Liebe zu Ihrem Kind da war. Nur wenige intensive Stunden eines vertrauten Miteinander vermitteln Eltern neue Vorstellungen der Gemeinsamkeit, an denen sie sich dann im Alltag festhalten können. Penny W. überließ ihr sechs Monate altes Kind zum erstenmal einem Babysitter, um zusammen mit ihrem Mann einen Center Park zu besuchen. »Wir gingen in den Swimmingpool und tauchten einander zwischen den Beinen hindurch, wir spielten richtig miteinander wie damals, als wir frisch verliebt waren. Es war herrlich, und wann immer wir jetzt das Gefühl haben, daß wir diese glücklichen, überschwenglichen früheren Zeiten nie wieder erleben werden, denken wir an diesen Nachmittag zurück und wissen, daß wir ihn wiederholen können. Es geht nur darum, daß wir uns die Zeit dafür nehmen.«

Häufig sind es gerade die alten geschlechtsspezifischen Definitionen, die uns in den ersten Monaten nach der Entbindung helfen. Wir versinken gleichsam im Nest unserer jungen Mutterschaft und könnten uns nicht von unserem Baby trennen, wenn uns der nüchternere und weltläufigere Mann da nicht herauszerren würde. Junge Mütter sind oft zu erschöpft und gehen zu sehr in ihren Babys auf, als daß sie sich noch dazu aufraffen könnten, von sich aus eine gemeinsame Unternehmung mit dem Partner zu organisieren. Dafür brauchen wir dann den Mann. »Geschlechterrollen kamen mir plötzlich ganz plausibel vor«, sagt Wendy R., eine entschiedene Feministin, Hochschuldozentin und Mutter zweier Kinder. »Der Vater muß die Aufgabe übernehmen, die Frau wieder in die reale Welt zurückzuholen, und manchmal muß er in dieser Rolle sehr hartnäckig sein. Ich hatte nicht gedacht, daß es so kommen würde, weil es zu einem Bündel von Ansichten über Frauen und Männer gehört, die ich bis vor kurzem nicht akzeptiert habe. Ich hatte die emotionale Zurückhaltung der Männer, ihre Bindung an die Außenwelt immer für eine Art Unzulänglichkeit gehalten, doch jetzt erscheinen mir diese Eigenschaften durchaus zweckmäßig, weil sie die Mutter aus ihrem Nest herauszwingen. Allerdings muß man Männern dann zugestehen, sich auch bei anderen Gelegenheiten so zu verhalten.«

Männer können sich radikal verändern, wenn sie Vater werden. Die starken Emotionen, der psychische Umbruch und die Erschöpfung, die in den vorigen Kapiteln beschrieben wurden, können auch bei Männern auftreten, und viele Frauen entdekken jetzt in ihrem Partner verborgene Reserven der Liebe und Zärtlichkeit. »Vor dem Baby war seine Persönlichkeit von Zurückhaltung, Verschlossenheit und einer bedenklichen Kontaktschwäche anderen Menschen gegenüber geprägt«, berichtet Sue P., deren Mann Romane schreibt. »Zu erleben, wie er unseren John ganz und gar akzeptiert und Gefühle an den Tag legt, die ich vorher bei ihm nicht kannte, ist wirklich schön. Nur wünsche ich mir jetzt, daß solche Gefühle auch wieder mir gelten, denn ich glaube nicht, daß wir schon wieder soweit sind, einander als Ehepartner anzusehen. Er sieht mich als Mutter, und ich sehe ihn als Vater ... Und das hat natürlich auch etwas sehr Schönes.«

Wenn ein zweites Kind kommt, bevor es für die Eltern in der Zwischenzeit neue Phasen der Zweisamkeit gegeben hat, kann die Distanz zwischen ihnen noch größer werden. Plötzlich bleibt ihnen sogar noch weniger gemeinsame »Wohnzimmerzeit«, weil der Vater sich nun häufiger um das ältere Kind kümmern und sich deshalb um eine engere Beziehung zu ihm bemühen muß, während die Mutter das Baby betreut. Es ist schwerer, gemeinsam zu ruhen oder sich ein bißchen freizunehmen, wenn das Baby schläft, weil diese Zeit meist von den Bedürfnissen des größeren Kindes in Anspruch genommen wird. Wenn dieses Kind immer noch Schwierigkeiten hat, nachts durchzuschlafen oder ohne den einen oder anderen Elternteil nicht einschlafen kann, vergehen mitunter Tage und Nächte, ohne daß die Eltern länger miteinander sprechen oder einander berühren.

»Wir taugen einfach nicht dazu, die Kinder ins Bett zu kriegen«, klagt Wendy R. Ihre Kinder sind drei Jahre und achtzehn Monate alt. »Als ich mit Joe schwanger war, mußte Maya immer noch auf dem Arm hin und her getragen werden, damit sie einschlief, aber ich war so erschöpft, daß ich das nicht mehr konnte, und deshalb schlief sie während der ganzen Schwangerschaft bei mir. Und seit Joe da ist, haben Pete und ich schon lange nicht mehr im selben Bett geschlafen, weil er sich nachts um Joe kümmert und Maya zu mir ins Bett kommt. Ich erinnere mich daran, daß wir einen traurigen Artikel über eine Frau gelesen haben, die nach Fertilitätsbehandlungen drei Geburten hatte. Ein Kind war im Mutterleib gestorben, eines starb als Säugling, nur das dritte überlebte, und die Spannungen in der Ehe wurden so groß, daß sich die Frau schließlich von ihrem Mann trennte. Pete fragte mich, welches von den drei Ereignissen ich am traurigsten fände, aber ich sah nicht drei, sondern nur zwei Ereignisse, ich sah nur, daß zwei Kinder der Frau gestorben waren – doch für Pete war das Traurigste, daß die Beziehung zerbrochen war. Das war mir nicht einmal aufgefallen ... Die Dinge zwischen uns kommen allmählich wieder ins Gleichgewicht, aber so ganz im Lot sind sie wegen der Kinder immer noch nicht.«

Der Übergang zur Elternschaft ist heute für Paare in vieler Hinsicht schwerer, da es in der Paarbeziehung keine festgelegten Rollen mehr gibt. Im Gebetbuch der anglikanischen Kirche von 1662 heißt es, der Hauptzweck der Ehe sei das Zeugen von Kindern. Heute, da wir eher romantische Vorstellungen von der ehelichen Gemeinschaft hegen, in der trotz Kindern die Beziehungen weiterhin gepflegt werden müssen und gedeihen sollen, ist es für Männer und Frauen möglicherweise schwieriger, ihre Bedürfnisse als Paar mit den Bedürfnissen der Eltern zu vereinen. Jahrhundertelang waren materielle Überlegungen wie die Verbindung von Vermögen und Familien, das Fortbestehen des Geschlechts oder des Unternehmens durch das Zeugen von Kindern ausschlaggebend, keineswegs unsere romantische Liebe. Familien brauchten Kinder, die durch eigene Arbeit zum Haushaltseinkommen beitrugen und für die Eltern so etwas wie eine Altersversorgung darstellten, wenn sie selbst nicht mehr arbeitsfähig waren. Heute suchen wir in der Partnerbeziehung die vollkommene persönliche, sexuelle, emotionale und sogar intellektuelle Erfüllung und erwarten, daß wir dieses Gleichgewicht auch unter der Belastung von Kindern bewahren können.

In der Geschichte haben sich Mütter immer auf die Hilfe von anderen verlassen können – beispielsweise von Mitgliedern der Großfamilie, die im selben Haus oder in der Nähe lebte, oder von zahlreichen Dienstboten. Heute sind Mütter meist vollständig auf den Vater ihrer Kinder angewiesen, wenn sie einmal ein paar Stunden frei haben wollen. Niemals zuvor waren Mütter in einem solchen Maße von der praktischen und emotionalen Unterstützung durch den Vater ihrer Kinder abhängig wie heute; es kann also gar nicht ausbleiben, daß diese Abhängigkeit eine Beziehung belastet.

Als auch in Mittelschichtfamilien die Kinderbetreuung noch weitgehend Sache von Dienstboten war, wurden beide Eltern als Erzieher, Berater und Autoritätsfiguren gesehen, die sich gelegentlich zu einem Späßchen mit dem Nachwuchs herbeiließen. Mutter und Vater waren verbündet, und die Teilung der elterlichen Pflichten mag weniger deutlich gewesen sein, doch ihre Rollen innerhalb der Ehe waren präziser definiert: Der Mann war der Ernährer, und die Frau stand dem Haushalt vor. Heute jedoch müssen wir uns die Aufteilung der häuslichen Pflichten selbst erarbeiten, bis wir durch Versuch und Irrtum zu einer Art Kompromiß gelangen, wenn wir uns nicht dem traditionellen Klischee Vater=Ernährer/Mutter=Hausfrau unterwerfen wollen.

Es ist unwahrscheinlich, daß sich heute ein Mann und eine Frau in ihrer Beziehung exakt an derselben Stelle zwischen völligem Traditionalismus und völliger Gleichheit befinden; oft stellen sie fest, daß sie als Eltern die Bedingungen ihrer Beziehung neu aushandeln müssen, und dies zu einer Zeit, in der sie vermutlich beide erschöpft, leicht erregbar und besorgt sind. Wahrlich keine idealen Voraussetzungen. Wenn sie mit den neuen Pflichten der Elternschaft und mit dem plötzlichen Mangel an Freizeit konfrontiert sind, können beide Partner jeweils das Gefühl entwickeln, mehr aufzugeben als der andere, und es ist unvermeidlich, daß dann das Neuaushandeln der Bedingungen zu Auseinandersetzungen führt.

Befragungen weisen darauf hin, daß junge Romantiker eher dazu neigen, die Elternschaft zu idealisieren und nach der Geburt eines Kindes desillusioniert zu reagieren, als Paare, denen die freundschaftlichen und partnerschaftlichen Aspekte ihrer Beziehung mehr bedeuten.[14] Daß man sich in einer Phase tiefgreifender Veränderungen streitet, ist normal und nicht unbedingt ein Anzeichen dafür, daß man auf den Weg zur Scheidung gerät. Wenn Eltern konstruktiv miteinander debattieren, können sie die Gründe für ihre Klagen vorbringen und so Gelegenheiten für Kompromisse schaffen, die schließlich eine Versöhnung ermöglichen und zum Glück der Beziehung beitragen. Auf Kinder wirken sich solche Meinungsverschiedenheiten nicht nachteilig aus, weil sie ja erleben, daß ihre Eltern den Konflikt am Ende positiv lösen.

Doch wenn das Streiten kein Ende nimmt und eher ein Anzeichen für Abneigung als für eine Anpassung an veränderte Verhältnisse ist, können Kinder in der Tat Schaden nehmen. Psychologen haben ermittelt, daß Paare deutliche Warnsignale aussenden, wenn sie sich in einem Streit heftig angegriffen fühlen. Männer gehen in die Defensive, flüchten sich dann in Ausreden, während Frauen mit Traurigkeit und Angst reagieren. Wenn Paare bei der Suche nach Lösungen in Streit geraten, werden sie miteinander rechten, bis sie diese Warnsignale wahrnehmen und dann den Rückzug antreten, indem sie Konzessionen und Kompromisse anbieten, weil einem liebenden Paar das gemeinsame Glück wichtiger ist als das Gewinnen des Streits per se.

Wenn Paare sich freilich in ihrer Beziehung so wenig ermutigt fühlen, daß sie an deren Fortbestand zweifeln, neigen sie eher dazu, die Warnsignale zu ignorieren. Sie legen es darauf an, den Partner über diese Grenzen hinauszutreiben, und empfinden Genugtuung, wenn sie den anderen leiden lassen. Kinder aus Ehen, die durch ständiges Kritisieren, durch Abwehr und Mißachtung gekennzeichnet sind, haben eher Probleme in der Schule und legen ihren Klassenkameraden gegenüber aggressives und unsoziales Verhalten an den Tag. Es fällt ihnen schwer, sich zu konzentrieren oder sich wieder zu beruhigen, wenn sie aufgebracht sind; sie sind gesundheitlich anfälliger, beispielsweise für Infektionen, und können allgemein höhere Streßhormonspiegel im Urin aufweisen. Wenn die ehelichen Beziehungen den Punkt erreicht haben, an dem es kein Zurück mehr gibt, weil die Partner eher von Haß als von Liebe beherrscht sind, ist es für Kinder zweifellos besser, nur mit einem Elternteil zusammenzuleben.

Bedenken sollte man jedoch stets, daß Kinder nichts dafür können, wenn Paarbeziehungen die frühe Elternschaft nicht überleben. Ihre Ankunft hat lediglich die Risse in einer bereits brüchigen Verbindung ans Licht gebracht. Und obwohl es nach der Trennung weniger Konflikte gibt, leben alleinerziehende Elternteile letztlich mit dem größeren Verlust: dem Verlust von Einkünften, Freunden, Familie, Besitz, nicht selten auch der Wohnung oder des Hauses. Es kann auch zum Verlust von Identität, Selbstvertrauen und Sicherheit kommen, und die schwerste Einbuße überhaupt ist der Verlust des gemeinsamen Elternseins. Nach der Trennung oder Scheidung können alleinerziehende Elternteile von starken Emotionen überwältigt werden – sie fühlen sich verstoßen, empfinden Zorn und Eifersucht, wenn sie verlassen worden sind, oder entwickeln Schuldgefühle und machen sich Sorgen wegen der Kinder, wenn sie glauben, sie hätten mehr tun sollen, um die Beziehung zum Partner zu retten. Da sie niemanden haben, der in die Bresche springt, wenn sie krank, erschöpft oder niedergeschlagen sind, niemanden, der am Abend die Höhen und Tiefen des Elternseins mit ihnen teilt, fühlen sich Alleinerziehende häufig isoliert. »Manchmal denke ich, daß wir uns zu sehr aneinanderklammern«, sagt Grace P. über ihren sechsjährigen Sohn. »Er klammert sich an mich, weil er nicht weiß, wer sein Vater ist, und ich mache mir Sorgen, was aus ihm werden soll, wenn mir etwas zustößt.«

Wir leben heute in bewegten, aufregenden Zeiten, in denen

die Regeln der Beziehungen zwischen Mann und Frau veränderlicher und unkonventioneller sind als je zuvor und eher von den Betroffenen individuell als von gesellschaftlichen Zwängen bestimmt werden. Väter nehmen neuerdings sehr viel mehr Anteil an persönlichen Details im Leben ihrer Kinder und sind in aller Regel nicht mehr die distanzierten Ernährer und Zuchtmeister des 19. und frühen 20. Jahrhunderts. Wir erwarten so viel mehr von ihnen, weil wir uns wünschen, daß unsere Kinder eine starke Beziehung zu ihnen haben, und weil bei Berufstätigkeit beider Eltern das Gleichheitsprinzip gebietet, daß beide sich um die Kinder kümmern.

Frauen haben diesen Wandel ganz erheblich mitbestimmt; dennoch müssen wir unsere Partner weiterhin drängen, mehr Verantwortung für ihre Kinder zu übernehmen. Im Idealfall sollten Kinder zu ihrem Vater eine ebenso starke Beziehung haben wie zu ihrer Mutter, denn Untersuchungen weisen darauf hin, daß sich diejenigen Familien als die »gesündesten« erweisen, in denen die Zuständigkeiten auf Mutter und Vater verteilt sind.[15] Wenn Eltern zusammenwirken und bewußt entscheiden, wer was übernimmt, erhalten die heranwachsenden Kinder wertvolle Lektionen über Kompromisse und Kooperation. Sie lernen auch die Variabilität des Lebens richtig einzuschätzen, wenn sie sehen, daß jeder Elternteil etwas anderes anzubieten hat und anders auf Ereignisse reagiert.

Der Einfluß des Vaters ist für die Erziehung eines Kindes von entscheidender Bedeutung. Forschungen zeigen, daß eine stetige Beschäftigung des Vaters mit dem Kind, besonders im Alter von elf bis 16 Jahren, die Ausbildungs- und Berufschancen des Kindes erhöht und ein intensiver väterlicher Umgang mit Kindern von sieben bis elf Jahren zum Beispiel auch die Straffälligkeitsrate senkt.[16] Väter vom Typ A – überlastete, erfolgreiche Geschäftsleute, die sich kaum zu Hause blicken lassen – sind für ihre Kinder potentiell ebenso schädlich wie Väter, die ihre Familie verlassen, auch wenn sie weiterhin materiell gut für ihre Kinder sorgen. Wenn Sie Ihren Partner ermutigen, von Anfang an eine aktive Rolle zu übernehmen, ihm das Baby anvertrauen und ihm klarmachen, daß Babypflege für Sie ja genauso neu ist wie für ihn und Sie deshalb nicht geschickter sind als er, oder darauf bestehen, daß er möglichst zur Badezeit nach Hause kommt, werden Sie die Bindung zwischen ihm und dem Kind sehr viel früher festigen. Sie werden so auch Zeit zum Ausruhen und Erholen gewinnen; Zeit, zu spüren, wie Ihr eigenes Leben wieder anfängt, was nicht so selbstsüchtig ist, wie es sich anhört.

Die von jungen Müttern stets an erster Stelle genannte Ursache für Eheprobleme ist das Gefühl, von ihrem Mann nicht unterstützt und nicht verstanden zu werden. Wenn der Vater stärker in die tägliche Betreuung seiner Kinder eingebunden ist, wird er Ihre Erschöpfung leichter verstehen; Sie ermüden dann weniger schnell, und das Verhältnis zwischen Ihnen beiden ist ausgewogener. Wenn Sie sich die Kinderbetreuung teilen und eine harmonische Beziehung zueinander pflegen, sind Sie ganz einfach bessere Eltern, denn Sie werden kaum unbefriedigte emotionale Bedürfnisse haben, deren Erfüllung Sie dann unbewußt von Ihren Kindern erwarten würden. Speziellere Studien zeigen, daß Mütter in Gegenwart des Vaters liebevoller zu ihren Kindern sind, öfter lächeln und ihnen mehr Aufmerksamkeit schenken.[17] Und wenn Kinder in einer stabilen familiären Umgebung aufwachsen, wird ihnen mehr Freiheit eingeräumt, ihre Welt zu erkunden und den Rhythmus für Interaktionen mit den Erwachsenen selbst zu bestimmen. Eine Untersuchung in Ohio hat festgestellt, daß die Erziehung durch nur einen Elternteil eine Atmosphäre der Überbehütung erzeugen kann. Alleinerziehende neigen stark dazu, ihre Kinder stets in ihrer Nähe zu halten, weil sie die alleinige Verantwortung für deren Wohl tragen. Sie tendieren ebenso dazu, eigene Ambitionen und Ziele auf ihre Kinder zu übertragen.[18]

Männer werden naturgemäß mehr als nur unsere Geliebten, wenn wir ihre Kinder großziehen. Wir sind stärker auf sie angewiesen als je zuvor zur Zeit der Kinderlosigkeit. Ihre Verdienstmöglichkeiten, ihre Fähigkeit, emotional aufgeladene Situationen durch ein bißchen mehr rationale Distanz zu entschärfen, ihre unterschiedliche Einstellung zum Leben und zur Lebensgestaltung ermöglichen uns, bessere Mütter zu sein. Väter sind für das gesunde Aufwachsen unserer Kinder genauso wichtig wie wir selbst. Doch wir müssen darauf vorbereitet sein, mehr von unserem mütterlichen Terrain an sie abzutreten, wenn wir das beste ihrer Vaterschaft aktivieren wollen. Und – wichtiger noch – wir müssen ihnen zugestehen, die übernommenen väterlichen Pflichten auf ihre eigene Weise zu erfüllen, indem wir sie aus ihren Fehlern lernen lassen, statt von ihnen zu erwarten, daß sie alles genauso machen wie wir.

Als unsere Kinder noch klein waren, hätte ich mir viele Szenen ehelicher Zwietracht ersparen können, wenn ich dem Drang hätte widerstehen können, mich einzumischen, sobald mein Mann mir ein bißchen Ruhe zu verschaffen suchte. Doch es gelang mir fast nie, Sonntag morgens im Bett liegen zu bleiben, wenn ich das Baby unten unerbittlich schreien hörte. Ich registrierte nervös, wie er die Kleine zu füttern, mit der Quietschpuppe abzulenken und ihr Geschrei sogar mit Radiomusik zu übertönen versuchte. Ich weiß nicht mehr, wie oft ich dann aus dem Bett stieg, um einzugreifen. Wenn ich meine Tochter aus dem Kinderstuhl hob, verstummte sie in der Regel, vielleicht weil sie von meinem plötzlichen Auftauchen überrascht war. Doch die Stimmung zwischen meinem Mann und mir war sofort gespannt: Ich war in sein Terrain eingedrungen und konnte es nicht lassen, seiner Fähigkeit, das Kind zu betreuen, zu mißtrauen und sein Selbstverständnis zu untergraben; es ärgerte mich eben, auf meine Bettruhe verzichten zu müssen, weil er seine Sache einfach nicht sofort richtig machte.

Wir können nicht erwarten, ein Monopol der Mutterschaft aufrechtzuerhalten, nur weil wir unsere Kinder ausgetragen und geboren haben. »Die Macht des Mutterschoßes, so wunderbar sie auch ist, reicht nicht aus, um ein ganzes Leben zu überstrahlen«, schreibt Anne Roiphe in ihrem Buch *Fruitful*. Wenn wir den Vätern unserer Kinder die Hälfte der Betreuungspflichten überlassen, treten wir auch die Hälfte der Schuldgefühle und Selbstvorwürfe an sie ab. Allerdings müssen wir ihnen dann auch die schönen Augenblicke gönnen, müssen imstande sein, zurückzustehen und mit anzusehen, wie sich unsere geliebten Kinder an den Vater und nicht an uns wenden, wenn sie Trost, Zärtlichkeit und Hilfe brauchen.

Wenn unsere Jüngste mitten in der Nacht nach »Papa« ruft oder mich anguckt, als wäre ich nicht ganz richtig im Kopf, während sie auf dem Klo sitzend auf das Abwischen wartet, und mir entgegenhält: »Ich hab doch gesagt, *Papa*«, macht mir das keine Schwierigkeiten. Es ist mir im Gegenteil eine große Erleichterung, zu wissen, daß meine Töchter bei ihrem Vater genauso gut aufgehoben und genauso glücklich sind wie bei mir. Wenn ich meinen Mann in seiner Vaterrolle beobachte, tauchen Erinnerungen an meine eigene Kindheit wieder auf, in der ich auf den täglichen Kontakt mit meinem Vater verzichten mußte, nachdem meine Eltern geschieden worden waren. Meinen Kindern einen liebevollen Vater gegeben zu haben, der sie niemals im Stich lassen wird, erscheint mir deshalb als meine vielleicht größte Lebensleistung.

Akzeptanz, Kompromißbereitschaft und Verständnis sind die Schlüsselwörter: Die meisten Ehen und Paarbeziehungen, in denen die Partner viel miteinander gemeinsam haben und fähig sind, sich Veränderungen anzupassen, überstehen erfolgreich Konflikte um Geld, Verantwortungen und Pflichtenverteilung. Erhebungen belegen, daß das totale Scheitern einer Beziehung nach der Geburt eines Kindes in der großen Mehrheit der Fälle durchaus unwahrscheinlich ist. Den meisten Paaren gelingt es, die Veränderung aufzufangen und mit ihr fertig zu werden, und sie leben in dem Gefühl, daß die Bereicherung durch das Kind alle Opfer bei weitem überwiegt. Die Ankunft eines Kindes zerstört eine Ehe nicht, und sie bringt – andererseits – bereits unglückliche Partner einander auch kaum wieder näher. Doch Paare, die sich auf das Verbindende konzentrieren und zu akzeptieren lernen, daß die Lebensweise ihrer kinderlosen Zeit ein für allemal hinter ihnen liegt, sind in der Regel glücklicher.[19]

Alle Liebesbeziehungen wandeln sich mit der Zeit, und im Lauf der ersten fünfzehn Jahre nehmen – unabhängig davon, ob

Kinder da sind oder nicht – Erfüllung und Befriedigung allmählich ab. Der Glückstaumel der jungen Flitterwochenliebe hält natürlich nicht ein Leben lang an. Langeweile kann sich einschleichen, Gereiztheit und das Verlangen nach sexueller Abwechslung. Doch wenn wir uns als Eltern an das neue Gleichgewicht gewöhnt haben, stellen wir fest, daß Kinder unser Verhältnis nicht beeinträchtigen, sondern es im Überfluß bereichern. Kinder geben einer Beziehung, die sich ja ohnehin verändern wird, feste Ecken und Kanten, Bindung und Stabilität. Falls ein Paar nur wenige gemeinsame Interessengebiete durch Beruf oder Hobbys hat, werden Kinder zum Brennpunkt ihres gemeinsamen Lebens. Suzanne K., deren Töchter sieben und vier Jahre alt sind, resümiert: »Wenn man die Kinder nicht hätte, über die man miteinander redet, würden die Jahre vergehen, und irgendwann würde man kaum noch ein Wort miteinander sprechen, denn im Grunde redet man ja bloß über die Kinder, wenn es nicht gerade heißt: ›Verdammt noch mal! Schau dir die Telefonrechnung an!‹ Man müßte sich neue gemeinsame Interessen zulegen – worüber sollte man sonst reden? Womöglich wäre man nach fünf Jahren geschieden.«

Kinder geben einer Beziehung Raum zum Atmen und zum Wachsen, weil die Partner weniger aufeinander fixiert sind. Und während sich beide Partner durch das Elternwerden verändern, kann sich die Beziehung auf unvorhergesehene und sehr positive Weise wandeln. »Seit wir Kinder haben, sind wir füreinander viel aufgeschlossener geworden und wissen das, was wir in unserer freien Zeit gemeinsam tun, viel mehr zu schätzen. Da wir so viel weniger gemeinsame freie Zeit haben, gehen wir damit fröhlicher und spontaner um.« Gemma S. arbeitet ganztags beim Fernsehen und hat zwei Kinder unter fünf Jahren. Ihr Mann konnte endlich mit der eigenen unglücklichen Kindheit Frieden schließen, als er Vater wurde. »Früher war ich die Überlegene, aber nachdem er sich mit dem Menschen, der er einmal war, gründlich auseinandergesetzt hat, ist er nun der Stärkere. Er hat sich mit sich selbst ausgesöhnt, und das Verhältnis zwischen uns ist viel ausgewogener. Obwohl in unserem

Alltag hin und wieder noch akute Spannungen auftreten, haben die Kinder uns einander nähergebracht.«

Wenn Kinder größer werden, ihre eigenen Freundschaften haben und ihren eigenen Neigungen nachgehen, entsteht im Leben der Eltern mehr Raum füreinander. Wir entdecken, daß wir eine gemeinsame Front bilden müssen, um mit den neu auftretenden Fragen der Disziplin und Moral zurechtzukommen. Und wir brauchen einen Verbündeten, mit dem wir uns zurückziehen können, wenn wir uns nicht imstande sehen, mit einem widerspenstigen Kleinkind oder Teenager fertig zu werden. Vor allem aber müssen wir unsere Sorgen und unsere Freude über die Fortschritte und Leistungen unserer Kinder mit dem einzigen Menschen auf der Welt teilen können, der dasselbe rechtmäßige Interesse an ihrem Wohl hat wie wir Mütter. Mit den Augen unserer Kinder sehen wir die Welt neu, und wir fühlen uns mit der eigenen größeren Familie und der Umwelt, in der wir leben, enger verwachsen. Unsere Kinder sind nicht nur das biologische Bindeglied zur Zukunft, sondern auch die Verbindung zwischen Mutter und Vater. Wendy R. sieht sogar noch umfassendere Zusammenhänge: »Kinder lehren uns, die Freude gleichermaßen am ganz Alltäglichen wie am Universalen zu entdecken. Da praktisch alle früher oder später Eltern werden und sich dann bei ihren Kindern über dasselbe freuen wie andere Eltern auch, hat man das Gefühl, mit der ganzen Welt verbunden zu sein, nicht nur mit den Menschen, sondern mit allem Lebendigen. Wenn wir Eltern geworden sind, lassen wir gleichsam mit einem letzten Schritt die Adoleszenz hinter uns und stellen mit Erleichterung fest, daß wir ganz normale Menschen sind.«

8
Sex und Sinnlichkeit

Die Auswirkungen von Schwangerschaft und Entbindung auf unser Sexualleben sind so tiefgreifend, daß sie in der Regel länger anhalten. Alle Körperpartien einer Frau, die wir normalerweise mit sexueller Lust in Verbindung bringen, verändern sich oder dienen anderen Zwecken. Während der Entbindung ist das Gefühl des Ausgeliefertseins und der Verlegenheit über den eigenen Körper und seine Funktionen gravierender als alles, was wir je zuvor erlebt haben. Wir können unsere Genitalien nicht sehen, doch alle anderen an der Entbindung Beteiligten können es, während sie nach dem Fötus stochern und bohren, um seine Position festzustellen und die Erweiterung unseres Gebärmutterhalses zu messen, wobei es ihnen stets gelingt, ihren Daumen auf unserer Klitoris ruhen zu lassen.

Viele Frauen berichten, daß ihre Sexualität und ihr sexuelles Selbstwertgefühl schließlich doch wieder aufgeblüht seien. Ebenso brachten zahlreiche Männer und Frauen zum Ausdruck, daß sie erst nach dem Wunder von Schwangerschaft und Geburt wirklich Achtung vor dem weiblichen Körper empfunden hätten, so schlaff und unattraktiv er in dieser Phase auch sein mochte. Nach einem so intensiven gemeinsamen Erlebnis wird die sexuelle Beziehung in den folgenden Jahren inniger und reicher. Doch bevor dieser sexuelle Zukunftstraum Wirklichkeit werden kann, müssen junge Mütter und ihre Partner einen langen, mitunter schmerzlichen Heilungsprozeß durchmachen – physisch, psychisch und emotional.

Untersuchungen zeigen übereinstimmend, daß die meisten Frauen während der Schwangerschaft insgesamt immer weniger Sex und immer weniger Freude daran haben. Wenn ein Paar sein erstes Kind bekommt, liegt die Vermutung nahe, daß es bald nach der Geburt des Babys »zur Normalität zurückkehrt«.

Doch die große Mehrzahl aller Paare nimmt die sexuelle Aktivität nicht sofort, sondern erst allmählich wieder auf, wenn sich beide Partner der Elternschaft angepaßt haben und sie Zeit für Sex erübrigen können. Über 50 Prozent aller Paare sind auch ein Jahr nach der Geburt ihres Kindes sexuell noch nicht wieder so aktiv wie vor der Schwangerschaft.[1]

Wir bemühen uns, die Verbindung zwischen Sex und Schwangerschaft zu trennen, wenn unsere Lust am Sex einzig der Entspannung gilt. Doch wenn ein Paar sich entschließt, auf Empfängnisverhütung zu verzichten, und ein Kind zu zeugen versucht, erhält der Geschlechtsakt eine ganz neue, umfassende Bedeutung. Lust und Leidenschaft können ohne die Vorkehrungen zur Empfängnisverhütung sehr viel intensiver sein, wenn nach jahrelanger Vermeidung einer Schwangerschaft ein nahezu elementarer Drang zur Fortpflanzung den Vorrang erhält. Wenn dann die Schwangerschaft auf sich warten läßt, kann der Wunsch, zu empfangen, die Liebeslust freilich verringern, weil nun die spontane Leidenschaft von Temperaturtabellen und dem planmäßigen Sex zum richtigen Zeitpunkt gedämpft wird.

Wenn eine Frau schwanger ist, kann sie diese Zeit zunächst als ungeheuer sexy empfinden. Die Vorkehrungen zur Empfängnisverhütung sind überflüssig geworden, das Paar hat ein romantisches Ziel erreicht und plötzlich die Aussicht auf eine Zukunft, in der beide Partner einander noch näher sein werden. Der Blutandrang im Genitalbereich nimmt während der Schwangerschaft zu, was den sexuellen Reiz erhöht und die Frau leichter einen intensiveren Orgasmus erreichen läßt, und die Vagina wird aufgrund des gestiegenen Östrogen- und Progesteronspiegels feuchter. Die Frau fühlt sich befriedigt und großartig, der Mann wegen seines Zeugungserfolgs besonders viril, stolz und verliebt.

Doch für viele, wenn nicht die meisten Paare ist dieses romantische Glück nur von kurzer Dauer. Wenn die Schwangerschaft fortschreitet, sind die Beschwerden der Frau oft so groß, daß sie sich beim bloßen Gedanken an Sex noch schlechter fühlt. Übelkeit, Müdigkeit, Blähungen, empfindliche Brüste, häufiger Harndrang, Verstopfung und Sodbrennen, sobald sie sich hinlegt, gelten ja nicht unbedingt als Empfindungen, die mit sinnlicher Begierde einhergehen. Auch die hormonellen Veränderungen durch die Schwangerschaft können die Libido einer Frau beträchtlich vermindern, und sie scheint eher mehr Schlaf als Sex zu brauchen. Das schwerer werdende Baby drückt auf den Gebärmutterhals und kann penetrativen Sex unangenehm machen, weil der Penis gegen den Gebärmutterhals stößt (der während der Schwangerschaft direkt nach unten zeigt) statt an ihm vorbei. Schwitzen, Atemnot, Müdigkeit und Schmerzen nehmen in den letzten drei Monaten erheblich zu. Druck- und Schwellungsgefühle im Genitalbereich treten vermehrt auf, Hämorrhoiden können hinzukommen, und sexuelle Erregung kann das Gefühl der Schwere verstärken und einen Orgasmus verhindern.

Auch wenn die körperlichen Schwangerschaftssymptome an sich kein Hindernis für Geschlechtsverkehr sind, können der psychische Umbruch und die Unsicherheit bei der Frau – und mitunter auch beim Mann – jeden Hauch von sinnlicher Begierde ersticken. Die Fähigkeit, sich unbeschwert sexueller Aktivität hinzugeben, entsteht nicht in einem Vakuum, sondern sie hängt vom Gleichgewicht zwischen den Partnern und einem gewissen Maß an Ruhe in unserem übrigen Leben ab. Wenn der Körper einer Schwangeren so sehr auf Fortpflanzung ausgerichtet ist, muß sich auch ihr Geist auf die sich verändernde Identität ausrichten. Während sie für die Zukunft plant, vielleicht auch Angst vor ihr hat, bleibt es kaum aus, daß sie sich um das Wohl des Kindes sorgt und die Entbindung fürchtet. Die große Ambivalenz der Schwangerschaft – siehe Kapitel 5 –, die viele Frauen auch bei *geplanten* Schwangerschaften empfinden, kann sexuelle Gefühle hemmen.

Die Schwangerschaftshormone können eine Frau vor Gesundheit strahlen lassen, doch das Erscheinungsbild einer Schwangeren bringen wir normalerweise nicht unbedingt mit Sex-Appeal in Verbindung. Mutterflecken (Chloasmen), Gewichtszunahme, Schwangerschaftsstreifen und Watschelgang heben nicht unbedingt das Selbstbewußtsein einer Frau, wenn es darum geht, dem Geliebten ihren Körper zu zeigen, und es ist ziemlich unmöglich, sich in einem großen, panzerartigen BH oder einem geblümten, zeltförmigen Kleid sexuell attraktiv zu fühlen. Eine Frau mit dickem schwangerem Bauch signalisiert deutlich, daß sie sexuell nicht mehr verfügbar und gleichsam schon »bedient« ist. Männer fühlen sich in der Tat von ihrer schwangeren Partnerin sexuell oft abgestoßen und reden sich dann etwa damit heraus, sie hätten Angst, dem Baby durch Geschlechtsverkehr zu schaden, oder fühlten sich gar durch die Vorstellung gehemmt, vom Baby »beobachtet« zu werden.

In den letzten Jahren ist viel von der sexuellen Lust des Gebärens die Rede gewesen. Grantly Dick-Read, der Vater der »natürlichen Geburt«, hat in den vierziger Jahren das Schlagwort »ekstatische Geburt« geprägt, und Sheila Kitzinger ist eine nachdrückliche und überzeugende Verfechterin der potentiellen sexuellen Lust des Gebärens gewesen. »Die Entbindung kann mit unvergleichlichem Genuß verbunden sein«, schreibt sie in *The Experience of Childbirth*, »der die Empfindungen des Gebärens eher dämpft, während sich intensive sexuelle Lust aufbaut, um sich im Orgasmus zu entladen, auch dann, wenn er mit Schmerzen verbunden ist.«[2]

In ihrem Bestseller wimmelt es von sexuellen Anspielungen, die dem Erlebnis der Geburt einen romantischen Touch verleihen sollen. Sie vergleicht »das allmähliche Sich-Öffnen der Vagina« mit den »sich entfaltenden Blütenblättern einer Rose« und die Lust der Austreibungsphase mit der Freude des Kindes über die Fähigkeit seines Körpers, den Darm zu entleeren. Sie zitiert ausschließlich Frauen, die behaupten, sie hätten die Entbindung als angenehm und lustvoll empfunden, und geht über die Schrecken von Geburtskomplikationen geschickt hinweg, als ob mit ihnen nicht zu rechnen wäre.

Obwohl auch ich davon träume, daß eines Tages alle Frauen ihren Körper völlig unter Kontrolle haben und das Erlebnis der Geburt werden genießen können, ist es eine Tatsache, daß nur eine winzige Minderheit von Frauen das Gebären als sexuell erregend empfindet. Nur sehr wenige Frauen haben die Entbindung als so lustvoll erlebt, daß sie zum Orgasmus kamen oder die Hebamme baten, sie zu masturbieren. Doch für die meisten von uns ist das Kinderkriegen nicht dasselbe wie Sex haben, und obwohl es durchaus Ähnlichkeiten gibt, sind diese weder erotisch noch besonders angenehm.

Physiologisch ähnelt das Gebären in vieler Hinsicht der sexuellen Erregung. In der Eröffnungsphase der Geburt können Blutdruck und Puls ansteigen. Wehenhormone sind Geschlechtshormone. Oxytozin, von dem wir wissen, daß es in Reaktion auf eine Stimulation der Brustwarzen erzeugt wird, verursacht auch die Zusammenziehung der Gebärmuttermuskulatur sowohl beim Orgasmus als auch bei den Wehen und Nachwehen. Das rhythmische Crescendo der Kontraktionen, das Stöhnen, Ächzen und Keuchen, die Wärme der Körperflüssigkeiten, wenn die Eihäute bluten oder springen, erinnern sehr an Sex. Die Frau empfindet gesteigerte Erwartung, da ihr nichts anderes übrigbleibt, als sich vom körperlichen Aufruhr der Wehen überwältigen zu lassen. Das Gebären ist genital konzentriert und eine Phase intensiver emotionaler Erregung. Während der Austreibungsperiode erinnern die Entbindungspositionen stark an Stellungen beim Geschlechtsverkehr, besonders wenn die Frau auf dem Rücken liegt und ihre Beine auf Bügeln hochgelagert sind. Der Gesichtsausdruck einer Frau, die ihr Baby herauspreßt, ähnelt bemerkenswert dem beim Orgasmus, und wenn das Kind geboren ist, stößt sie vielleicht einen mehrfach wiederholten ekstatischen Ruf aus, beispielsweise »O mein Baby, mein Baby«, empfindet überwältigende Freude, spürt Tränen der Erleichterung und Erschöpfung, ganz wie Frauen nach dem Liebesakt. Das Gebären löst zwangsläufig starke und häufig verstörende Assoziationen mit Sex aus, und das kann für Frauen, die vergewaltigt oder als Kind sexuell mißbraucht wurden, zutiefst traumatisch sein.

Es gibt auch psychologische Parallelen: Eine in den Wehen liegende Frau muß scheinbar gegensätzliche Fähigkeiten miteinander in Einklang bringen – die Hingabe an den physischen

Geburtsprozeß und ein Fünkchen Kontrolle. Anne T. hatte zwei gute Geburtserlebnisse, und meint, daß es große Ähnlichkeiten zwischen Sex und Reiten und Sex und Gebären gebe. »Es geht um Macht, es geht darum, das starke Tier eher psychisch als physisch zu zähmen. Man beherrscht das Pferd, aber tatsächlich könnte es auch seinen eigenen Weg gehen. Wenn man galoppiert, kann man nicht einfach anhalten, und darum macht es auch so viel Spaß.«

Das Bedenkliche aber, Sex mit dem Gebären in Verbindung zu bringen, besteht darin, daß Frauen vor der Geburt ihres ersten Kindes nur ihre weitgehend angenehmen sexuellen Erfahrungen zum Vergleich haben. Das Gebären mag erregend, intensiv und unvergleichlich sein, doch für die meisten Frauen ist es von sexueller Lust weit entfernt. Meg Southern, eine Hebamme, die selbst Kinder geboren hat, faßt die Unterschiede zusammen:

> Es ist ein sexueller Vorgang, nicht weil die Empfindungen denen ähnlich wären, die ich beim Liebesakt habe – das Gebären war zu heftig, zu wild für jeden Vergleich. Aber es gab Ähnlichkeiten insofern, als sich meine Prioritäten änderten, um sich ganz auf die akute Aufgabe zu konzentrieren, ich wurde von rhythmischen Wellen der Empfindung überwältigt, auf die es nur eine Reaktion gab: sich ihnen zu öffnen und ihnen nachzugeben.[3]

Es ist auch eine ärgerliche Verbindung zwischen dem stoischen Ertragen der Geburt ohne Betäubungsmittel und dem Mythos vom weiblichen Masochismus beim Geschlechtsverkehr hergestellt worden. »Der Schrei der kreißenden Frau ist ein Gemeinplatz der Literatur geworden«, schrieb Margaret Llewelyn Davies 1915, »und die Vorstellung, Schmerz und Mutterschaft gehörten naturgemäß zusammen, hat sich so verfestigt, daß alle Welt schockiert ist, wenn eine Frau den Schmerz – im Unterschied zur Mutterschaft – nicht unbedingt für ein Privileg hält.«[4] Sigmund Freud hat mit seiner Theorie der Psychoanalyse dazu beigetragen, daß sich die Verbindung zwischen weiblichem Masochismus, Mutterschaft und Sex in den Köpfen festsetzte.

Freud verstand weibliche Sexualität und Mutterschaft in phallozentrischem Sinn: Frauen bekommen Kinder, weil sie keinen Penis haben, und die Selbstverleugnung und Passivität der Mutterschaft sei naturgegeben. Die Entwicklung der Frau zu reifer weiblicher Sexualität gehe Hand in Hand mit der Mutterschaft. Die Frau müsse zugunsten der Vagina auf klitorale Lust verzichten und die Unterwerfung unter den Penis und die Passivität beim Geschlechtsverkehr akzeptieren, so wie sie die Passivität und den Masochismus der Mutterschaft zu akzeptieren habe. »Die einzige logische Möglichkeit, die Hingabe der Frau an den Schmerz mit der allgemeinen kulturellen Hingabe an die Lust zu vereinbaren, bestand in der Behauptung, daß Leiden für Frauen Lust sei«, schreiben Barbara Ehrenreich und Deirdre English in ihrer Untersuchung *For Her Own Good*, in der sie sich mit Ratgebern für Frauen aus der Feder von Experten befassen. »Die psychoanalytische Interpretation der weiblichen Persönlichkeit fand ab den dreißiger Jahren zunehmende kulturelle Akzeptanz, und in den vierziger und fünfziger Jahren – dem Höhepunkt der permissiven Ära – war der Freudsche Glaube an den weiblichen Masochismus nahezu unbestritten.«[5]

Der medizinische Fortschritt eröffnete den Frauen bei der Entbindung neue Möglichkeiten und Hilfen. Sie mußten sich nicht mehr damit abfinden, daß heftigster Schmerz und größtes Leiden unvermeidlich seien. Frauen hatten früher längere Geburten und litten oft zusätzliche Schmerzen aufgrund medizinischer Komplikationen wie Harnverhaltung und Beckenverformung durch mangelhafte Ernährung und Rachitis, die in der modernen Welt eliminiert worden sind. Chloroform war im späten 19. Jahrhundert ein wirksames neues Betäubungsmittel, aber es ließ sich schwer dosieren und konnte tödlich sein. Doch Ärzten blieb meist gar nichts anderes übrig, als dem Drängen der Frauen nachzugeben, weil sie ihre Patientinnen an einen anderen Arzt verloren, wenn sie ihnen Chloroform verweigerten. »Ich bin stolz darauf, die Pionierin der Schmerzlinderung für das arme, schwache weibliche Geschlecht zu sein«, schrieb Fanny Longfellow 1847 nach der Geburt ihres dritten Kindes an ihre Schwägerin. Sie war die erste Frau in Amerika, die unter der Einwirkung von Äther entbunden hatte. »Äther ist sicherlich der größte Segen dieses Zeitalters, und ich bin froh, in der Zeit seiner Entdeckung und in dem Land zu leben, das der Welt dieses Mittel geschenkt hat.«[6]

Erst heute, da wir so gut wie sicher sein dürfen, daß wir mit unserem Kind die Entbindung überleben und bei Bedarf eine Epiduralanästhesie bekommen, macht man sich Gedanken darüber, ob die Entbindung sexuell befriedigend sein könnte. Der Rückgang der Müttersterblichkeit und damit auch der Todesangst sowie die Verbreitung relativ sicherer Methoden der Schmerzlinderung ermöglichen uns den Luxus, darüber nachzudenken, *wie* wir entbinden wollen, statt nur um unser Überleben zu beten. Aber das heißt nun keineswegs, daß wir die Entbindung genießen müssen oder es als Zumutung zu betrachten haben, wenn wir dabei keine sexuelle Lust empfinden.

Sechsunddreißig Stunden nachdem ich mein erstes Kind mit Kaiserschnitt – der qualvolle Versuch einer natürlichen Geburt war gescheitert – zur Welt gebracht hatte, ließ sich ein Assistenzarzt zu einem vertraulichen Gespräch auf dem Stuhl neben meinem Bett nieder.

»Und wie werden wir es nun mit der Empfängnisverhütung halten?« fragte er munter, während er zur moralischen Unterstützung sein Clipboard fest an sich drückte.

Ich konnte mich kaum rühren, hatte immer noch einen Katheter, und alles tat mir weh, sogar das Atmen. In meinen Brüsten pochte es, und meine Brustwarzen brannten. Infolge des Schlafentzugs hatte ich bereits Halluzinationen, und ich war entschlossen, nie wieder einen Penis an mich heranzulassen. Ich wollte dem jungen Mann eigentlich sagen, er solle mich in Ruhe lassen und verschwinden. Statt dessen starrte ich ihn ungläubig an und fragte: »Wie bitte?«

Als mir klar wurde, daß er nicht gehen würde, bevor er neben meinem Namen eine befriedigende Auskunft notieren konnte, murmelte ich »Kondome«, um ihn loszuwerden, und beobachtete, wie er zu einer Frau hinüberging, die sich vor Schmerzen stöhnend zu ihrem Baby schleppte, um es aufzunehmen.

»Lassen Sie mich Ruhe und verschwinden Sie«, sagte sie, als er ihr dieselbe Frage stellte. »Wenn Sie glauben, daß ich jemals wieder einen Penis an mich heranlasse, sind Sie nicht ganz richtig im Kopf.«

Frisch entbundene Frauen haben zahlreiche triftige Gründe für den Verlust des Sexualtriebs. Alle in den vorangegangenen Kapiteln beschriebenen Veränderungen der frühen Elternschaft beeinträchtigen die Libido einer Frau: die aus Schwangerschaft und Entbindung resultierenden physischen, hormonellen und gesundheitlichen Probleme, eine leichte Depression und die Schwierigkeiten, mit dem winzigen Baby zurechtzukommen; dazu der Konflikt, ob sie in den Beruf zurückkehren oder ausschließlich Mutter sein will, die starke Emotionalität, Angst und Erschöpfung, die mit dem plötzlichen Muttersein einhergehen, die Verschiebung des Gleichgewichts in der Partnerbeziehung und der Verlust an Selbstwertgefühl oder Identität. Schon eines dieser Probleme reicht aus, um den Sexualtrieb einer Frau auf Null sinken zu lassen. Da die meisten jungen Mütter jedoch unter etlichen dieser Beeinträchtigungen leiden, ist es eigentlich überraschend, daß es im ersten Jahr der Mutterschaft überhaupt wieder zu sexueller Aktivität kommt.

Schwangerschaftshandbücher und Mediziner deuten an, daß innerhalb von sechs Wochen nach der Geburt »normale« sexuelle Beziehungen wiederaufgenommen werden, doch das ist weitgehend Fiktion. Viele Paare haben nach der Geburt monatelang keinen Geschlechtsverkehr, und die meisten Paare stellen fest, daß die Häufigkeit sexueller Aktivität auf Jahre hinaus, wenn nicht für immer, reduziert ist. Untersuchungen zeigen, daß 30 bis 60 Prozent der Paare den Geschlechtsverkehr nach sechs Wochen »wiederaufnahmen«, doch vermutlich taten sie es nur einmal, und das war dann höchstwahrscheinlich eine unbefriedigende oder gar verpatzte Angelegenheit. Eine Befragung von 1200 Frauen in Birmingham ergab, daß nur ein Drittel von ihnen beim ersten Geschlechtsverkehr nach der Entbindung keine Probleme hatte.[7] Tun Sie, was Sie als Paar für richtig halten, seien Sie in bezug auf Ihre Gefühle ehrlich und offen miteinander, um Mißverständnisse zu vermeiden, und bedenken Sie, daß die Wiederaufnahme sexueller Beziehungen nach der Entbindung stets ein langwieriger Prozeß ist.

Körperliche Beschwerden und Schmerzen infolge der Geburt halten an. Zwei Drittel aller Gebärenden erleiden einen Dammriß oder Dammschnitt, und bis zu 15 Prozent dieser Frauen haben noch drei Jahre nach der Entbindung ein schmerzendes Perineum. 10 bis 15 Prozent der Frauen müssen sich von einem Kaiserschnitt erholen. Deshalb empfinden viele Frauen in den Wochen und Monaten nach der Geburt penetrativen Sex als schmerzhaft und fürchten sich davor, wenn die Erinnerung an die Geburt noch so frisch ist. Nach einem Dammschnitt oder -riß schwillt das umliegende Gewebe an und kann an den Nähten ziehen, was beträchtliche Schmerzen verursacht, wenn die Wunde zu fest genäht worden ist. Wenn der Arzt sechs Wochen nach der Entbindung einer Wöchnerin bei der Kontrolluntersuchung verkündet, alles sei »schön abgeheilt«, hört sich das ziemlich absurd an, wenn sie immer noch Beschwerden hat.

Wenn Sie länger als sechs Monate nach der Entbindung während des Geschlechtsverkehrs Schmerzen haben, die in diesem Zeitraum nicht geringer geworden zu sein scheinen, sollten sie einen Arzt konsultieren, denn es kann dafür einen triftigen medizinischen Grund geben. Wenn Ihre Narbe sehr gerötet ist oder eitert und Sie eine übelriechende Absonderung wahrnehmen, haben Sie eine Infektion, die behandelt werden muß. Eine schlechte Wundnaht kann zu knotigem oder faltigem Narbengewebe führen, einen dünnen Hautkranz direkt hinter der Scheide hervorrufen, der sich anfühlt, als könne er leicht reißen, oder eine Verengung des Scheideneingangs bewirken.

Mit einer speziellen Physiotherapie wie etwa Ultraschall können verhärtete, unelastische Narben gedehnt werden, doch muß das Problem früh erkannt werden, denn diese Behandlung verspricht nur in den ersten sechs Monaten Erfolg. Oder Sie müssen in Erwägung ziehen, sich noch einmal schneiden und neu nähen zu lassen, ein verständlicherweise unangenehmer Gedanke. Doch sollten Sie bedenken, daß es sich nur um eine kleine Operation handelt, die das Problem schon für viele Frauen gelöst hat.

Wenn Sie eine genau umrissene schmerzende Stelle lokalisieren können, haben Sie möglicherweise ein spezifisches Problem. Läßt der Schmerz nach, wenn Sie mit dem Finger neben die empfindliche Stelle tasten, handelt es sich um eine eingeklemmte Nervenendigung. Granulome sind kleine, nicht richtig verheilte Narbenbereiche, die rot und empfindlich sind; sie können von selbst abheilen, doch kann auch eine Kauterisation mit Silbernitrat erforderlich sein. Sehr selten geraten während der Menstruation Partikel der Gebärmutterschleimhaut in die Narbe, die dann sehr empfindlich ist.[8] Wenn Ihr Hausarzt Ihnen nicht helfen kann, lassen Sie sich an einen Facharzt überweisen – schließlich machen Sie keinen Elefanten aus einer Mücke. Möglicherweise hat Ihr Hausarzt die eigentliche Ursache Ihrer Beschwerden nicht gefunden; deshalb müssen Sie hartnäckig sein, wenn Sie wollen, daß Ihre Symptome wirksam behandelt werden.

Nach der Geburt treten noch weitere physiologische Veränderungen auf, die den Geschlechtsverkehr schmerzhaft machen oder Frauen ganz davon abhalten. Aufgrund der hormonellen Veränderungen (hoher Prolaktinspiegel, niedriger Östrogenspiegel), die bei stillenden Müttern zwangsläufig ausgeprägter sind und länger anhalten, ist die Vagina oft trocken. Forschungen zeigen, daß die Libido und die sexuelle Aktivität bei stillenden Müttern geringer sind als bei Müttern von Flaschenkindern, weil ihr Hormonhaushalt wesentlich anders ist.[9] Zudem können stillende Mütter erschöpfter sein, weil sie das Baby nachts häufiger trinken lassen müssen und durch das Nähren des wachsenden Geschöpfs körperlich stark beansprucht werden.

Fast ein Drittel der Frauen leidet nach der Entbindung unter Hämorrhoiden, die jucken, brennen oder bluten können. Auch Pilzinfektionen sind nach der Entbindung häufig, weil Pilze in der Vagina gedeihen, wenn der pH-Wert verändert ist oder Antibiotika eingesetzt werden. Zahlreiche Frauen erhalten heute nach der Entbindung routinemäßig Antibiotika, um gefährlichen Infektionen vorzubeugen. Allerdings zerstören Antibiotika auch nützliche Bakterien, die dazu beitragen, solche Pilzinfektionen zu unterdrücken. Wegen des unangenehmen, juckenden Pilzes fühlt sich die Frau nicht auf der Höhe, sexuell nicht attraktiv, so daß der Geschlechtsverkehr alles andere als lustvoll ist. Auch wenn Frauen bei der Geburt keinen Dammriß erleiden, kommt es zu beträchtlichen inneren Quetschungen und Wunden, besonders wenn die Eihäute schon früh gerissen sind und deshalb in der Austreibungsperiode die Scheidenwand nicht mehr gleitfähig machen konnten. Die Benutzung der Geburtszange oder der Saugglocke kann zu erheblichen Quetschungen führen, die noch wochen- oder sogar monatelang empfindlich sind.

Außer den körperlichen Entbindungssymptomen gibt es zahlreiche psychische Gründe dafür, daß eine Frau sich in dieser Phase vor Sex fürchtet oder zumindest kein Interesse daran hat. Zum einen hat sich ihre gesamte sexuelle Anatomie verändert, und es braucht seine Zeit, bis sie sich daran gewöhnt hat, daß ihre Vagina nicht mehr so fest und elastisch ist. »Ich habe nicht das Gefühl, als ob das noch meine Scheide wäre«, sagt Emily C., die vor sieben Monaten ihren Sohn geboren hat. »Sie ist nicht wieder so geworden, wie sie war, und ich weiß nicht, ob sie es je wieder werden wird. Sie ist kein so intimer Körperteil mehr – ich frage mich halt, wie viele Leute sich da wohl zu schaffen gemacht haben.«

Bei Karen B. wurde nach ihrer ersten Entbindung der Dammschnitt zu fest genäht. »Mein Körper kam mir so fremd vor. Neununddreißig Jahre hatte ich ein bestimmtes Körpergefühl, und dann war es auf einmal anders. Zuerst war ich darüber sehr wütend, aber nachdem ich mich langsam daran gewöhnt habe, macht es mir nicht mehr so viel aus.« Die Schlaffheit der Vagina kann zu deren Aufblähung beim Sex führen, was bedeutet, daß Luft eingesogen wird und auf peinlich geräuschvolle Weise entweicht.

Manche Frauen fühlen sich durch die medizinische Intervention während der Entbindung zutiefst gehemmt. Bei anderen kann sich der Geburtsschmerz auf ihre Sexualität auswirken und später den Geschlechtsverkehr schmerzhaft machen. Zwischen Sex und Schmerz ist eine unbewußte Verbindung hergestellt worden, so daß penetrativer Sex Schmerzen verursacht. Wenn der Schmerz, den Sie empfinden, deutlich an einer bestimmten Stelle Ihrer Anatomie lokalisiert ist, hat er vermutlich eine physiologische Ursache. Wenn Sie jedoch eine allgemeinere Schmerzempfindung haben, ist sie vermutlich psychisch bedingt. Ihr Unbewußtes kann durchaus beschlossen haben, daß Sie für Sex noch nicht wieder bereit sind – in welchem Falle seine Macht über ihren Körper schwächer wird, während Sie psychisch und physisch genesen.

Viele Männer zögern die Wiederaufnahme sexueller Beziehungen hinaus, nachdem sie ihre Partnerin bei der Entbindung in qualvollen Schmerzen gesehen haben. Sie haben möglicherweise Angst, ihr weh zu tun, oder fürchten eine neue Schwangerschaft, denn die Geburt des Kindes lenkt die Aufmerksamkeit auf die Folgen auch der beiläufigsten lustvollen sexuellen Begegnung. Die meisten Männer finden Schwangerschaft und Geburt nicht eben erotisch und ziehen sich sexuell zurück, bis sie den Eindruck haben, daß ihre Partnerin weniger wie eine Mutter, sondern wieder mehr wie eine Geliebte aussieht und empfindet. Doch wenn die Erinnerungen an die Geburt langsam verblassen und die Frau körperlich allmählich wieder ihrem früheren Ich ähnelt, lassen diese Ängste und Hemmungen schließlich nach.

Viele Paare spüren nach allem, was sie gemeinsam durchgemacht haben, das Verlangen, noch ehrlicher und vertrauensvoller miteinander umzugehen, was wiederum zu größerer sexueller Intimität führt. »Ich glaube, Kevin hat das Bild der Geburt sehr stark im Gedächtnis behalten«, sagt Hannah B. »Ich frage mich, wie sehr sich das Geschlechtsleben von Frauen nach der Geburt ändert, weil das Geburtserlebnis der Männer einen Einfluß darauf hat, wie sie Frauen sehen. Zwangsläufig ist der weibliche Körper für Männer nicht mehr so erregend, nachdem sie ihn bei der Entbindung gesehen haben. Sie haben etwas so Intensives erlebt, daß es sich auf ihre Beziehung zu ihrer Partnerin deutlich auswirken muß.«

Viele Paare empfinden die Brüste der Frau nicht mehr als erotisch, wenn sie sehr groß und empfindlich sind und bei der leichtesten Berührung Milch absondern. Frauen, die sexuell in einer Weise mißbraucht wurden, bei der es auch zu regelmäßigem Brustkontakt kam, stellen mitunter fest, daß das Stillen traumatische Erinnerungen weckt, die den Sexualtrieb zwangsläufig dämpfen, bis diese Gefühle abklingen oder das Stillen aufgegeben wird. Die Brust übernimmt nach der Geburt die natürliche Aufgabe des Nährens, so daß sich Männer daran gehindert fühlen, einen Bereich des weiblichen Körpers zu berühren, der nach ihrem Empfinden nun dem Baby gehört. Manche Männer sind der Meinung, das Stillen der Partnerin dämpfe deren eigenen Sexualtrieb, obgleich sich nach Monaten herausstellt, daß es eigentlich die Psyche des Mannes ist, die den Geschlechtsverkehr verhindert. Michelle R., eine in London lebende amerikanische Journalistin, stillte ihr Kind über ein Jahr lang. Als sie und ihr Partner schließlich über ihr Sex-Defizit sprachen, beklagte er sich: »Dein Körper gehört ja dem Baby.«

»Heute holen wir die verlorene Zeit nach, aber ich werde ernsthaft darüber nachdenken müssen, ob ich noch einmal so lange stille, wenn wir ein zweites Kind bekommen. Ich werde mich fragen müssen: Will ich wirklich ein Jahr lang keinen Sex haben?«

Zahlreiche andere Aspekte der jungen Mutterschaft können sich auf die Libido einer Frau auswirken. Schon die leichteste Depression verringert bei Männern wie bei Frauen das Interesse an Sex. Antidepressiva heben zwar die Stimmung ein wenig, doch ersticken sie bekanntlich auch jeden Hauch sexuellen Verlangens. Der Verlust der Libido ist oft das zuletzt abklingende Symptom, wenn die Depression nachläßt. Akute Erschöpfung ist natürlich ein weiterer Lustkiller. Erschöpfte Liebende brauchen länger, um in Erregung zu geraten, und kommen schwerer zum Orgasmus.

»Sex war unmöglich, weil ich immer einschlief. Im Alter von siebzehn oder achtzehn Jahren ist Sex ja sehr wichtig, aber wenn man ein Kind gekriegt hat, fragt man sich, ob es wirklich so darauf ankommt. John war beruflich total gestreßt und ich so erschöpft, daß die Vorstellung, wir könnten beide zur selben Zeit Lust auf Sex haben, uns genauso absurd vorkam wie ein gleichzeitiger Orgasmus, und deshalb haben wir uns eher darüber lustig gemacht, statt es zu tun. Was hat man denn davon? Sicher, man fühlt sich gut dabei, aber es gibt schließlich auch andere Möglichkeiten, sich wohl zu fühlen«, erzählt Charlotte S., Mutter dreier Kinder.

Wenn das Körpergefühl einer Frau wegen der Entstellungen durch Schwangerschaft und Entbindung auf Null gesunken ist, wird es ihr schwerfallen, sich ihrem Partner ungeniert zu zeigen oder sich von ihm berühren zu lassen. Josie T. hat einen fünf Monate alten Sohn. »Mein Körper ist nicht mehr das, was er mal war, und ich habe Hemmungen, mich meinem Mann zu zeigen. Ich will keinen Sex, der sich daraus ergibt, daß wir einander betrachten – das Aneinanderschmiegen ist mir lieber. Ich habe große Hemmungen, mich ganz auszuziehen. Petes Sexualtrieb ist nicht so stark wie meiner, so daß wir uns jetzt einander mehr angeglichen haben. Ich bin deshalb nicht frustriert und habe auch nicht das Gefühl, das sei eine schreckliche Situation – weil wir einander so viel näher sind als vor Johns Geburt.«

Sue P. war sich ihrer Sexualität stets sehr bewußt, bevor sie ihr erstes Kind bekam, das mittlerweile 18 Monate alt ist. »Sex gehörte für mich zum Allerwichtigsten überhaupt. Dafür schien ich dazusein, doch dann mußte ich mich selbst völlig neu einschätzen, und deshalb ist seither alles noch im Fluß. Ich fühle mich jetzt definitiv weniger sexy. Ich war mir immer dessen bewußt, wie sehr Männer mich begehrten, doch jetzt weiß ich nicht mehr, wo ich stehe. Ich fühle mich wie eine Mutter und körperlich völlig anders als früher – ich habe zwölf Kilo zugenommen.«

Karen B. und ihr Partner Ben haben einen sechs Monate alten Sohn und seit seiner Geburt nicht mehr miteinander geschlafen. Karen B. sagt, sie habe in bezug auf ihren Körper nie viel Selbstbewußtsein gehabt, aber seit der Entbindung sei es »auf Null gesunken. Als ich aus der Klinik kam und in den Spiegel guckte, war ich entsetzt von dem, was ich sah, und morgens weiß ich immer noch nicht, was ich überhaupt anziehen soll. Ich bin so unglücklich über mein Aussehen.« Außerdem hat die Ankunft des Kindes die Liebesrituale des Paars durcheinandergebracht: Früher hatten die beiden früh morgens, bevor sie zur Arbeit gingen, Sex miteinander, aber das ist jetzt unmöglich, weil dann ihr Baby wach ist und Zuwendung braucht.

Männer und Frauen müssen sich als junge Eltern an so viel Neues gewöhnen, daß Sex für sie verständlicherweise nicht an erster Stelle steht. Die Sorge um das Kind und die Befriedigung seiner Bedürfnisse können die Eltern ganz ausfüllen und voneinander ablenken. Überdies müssen beide Partner mit ihrer neuen Identität als Eltern ins reine kommen, und es kann sein, daß sie sich plötzlich älter, weniger sorglos und mehr in die Pflicht genommen fühlen. Erinnerungen an die eigene Kindheit und deren Atmosphäre können wieder lebendig werden, und die meisten von uns setzen in diesen Erinnerungen Sex nicht mit Elternschaft gleich. Wir mögen zwar beim Anblick der nackten Körper unserer Eltern gekichert haben oder peinlich berührt gewesen sein, doch können wir uns kaum vorstellen, daß sie wirklich Sex miteinander hatten – aus reiner Lust.

Der lange, sinnliche Kuß wird zu einem raschen Küßchen auf die Wange, und der genüßliche beiläufige Sex am Sonntagmorgen vor oder nach dem Frühstück scheint ein unvorstellbarer Luxus zu sein, wenn das größer werdende Baby darauf wartet, daß ihm liebevoll der Brei eingelöffelt wird, oder Entenfüttern im Park auf dem Programm steht. Wenn Paaren nichts anderes übrigbleibt, als solche Dinge zu tun, dauert es nicht mehr lange, bis sie sich einreden, daß sie als verantwortungsbewußte Eltern eigentlich auch gar nichts anderes wollen, und die Hoffnung aufgeben, jemals wieder sinnliche, geschlechtliche Wesen zu werden. Und wenn Paare sich beharrlich mit »Mama« und »Papa« anreden, auch wenn sie nicht mit ihren Kindern zusammen sind, besteht noch weniger Hoffnung, daß sie sich je von den Einschränkungen durch die Elternschaft befreien können.

Wenn sich das Verhältnis zwischen Mann und Frau, wie im vorigen Kapitel beschrieben, radikal verändern kann, wirkt sich das zwangsläufig auch auf ihr Geschlechtsleben aus. Spannungen und Meinungsverschiedenheiten darüber, wer was tun soll oder wer erschöpfter ist, schaffen eine Atmosphäre, die der körperlichen Liebe nicht eben förderlich ist. »Vorausschicken muß ich, daß meine Narbe empfindlich war, John einen schlimmen Arm hatte und ich mich wegen meiner Brüste unbehaglich fühlte – aber es war das Hauptproblem, daß ich die ganze Zeit so gereizt und erschöpft war, daß ich einfach keine Lust auf Sex hatte.« Kate R.s erstes Kind wurde durch Kaiserschnitt geboren und ist mittlerweile zehn Monate alt. »Während meiner Schwangerschaft hatten wir eine schöne, sexuell aktive Zeit miteinander, aber es war schwer, da wieder anzuknüpfen, und ich komme auch schwerer zum Orgasmus, weil das Baby einen sechsten Sinn zu haben scheint und immer gerade dann aufwacht.« Kate ernährt die Familie allein, obwohl sie lieber daheim bleiben würde, und gesteht, daß sie sich über alles, was ihr Mann im Haushalt tut oder nicht tut, sehr ärgert. »Wir würden einen ganzen, rundherum harmonischen Tag miteinander brauchen, damit Sex überhaupt möglich wird und wir beide das Gefühl haben, daß wir in die richtige Stimmung dafür kommen. Aber ich habe einfach keine Kraft mehr, mich bei ihm zu entschuldigen, ihm um den Bart zu gehen oder ihn zu irgend etwas zu überreden.«

Manche Paare stellen fest, daß gerade Sex zur Hauptquelle ihrer Probleme wird. Während Frauen die ungeheuren hormonellen Umschwünge der Schwangerschaft und Geburt durchgemacht haben, sind Männer körperlich unverändert und wollen weiterhin Sex um seiner selbst willen oder um sich geliebt zu fühlen. Frauen dagegen müssen mitunter erleben, daß ihr Sexualtrieb völlig erlischt. Irene B. und ihr Partner waren sexuell sehr aktiv, bevor sie ihre beiden Töchter bekamen, und obwohl die Zweitgeborene mittlerweile vier Jahre alt ist, spürt Irene nach wie vor keinerlei Sexualtrieb. »Ich weiß nicht, ob das hormonell bedingt ist, denn im Unterschied zum ersten Jahr, in dem meine Brüste nur für das Baby da waren, bin ich ja jetzt nicht mehr erschöpft. Aber ich kann einfach keinen Sex haben, wenn ich irgend etwas sehe, das mit den Kindern zu tun hat. Mit meinem Sexualtrieb ist es wirklich vorbei, und ich weiß gar nicht, warum. Wir haben nur abends, wenn die Kinder im Bett sind, Gelegenheit für Sex, doch ich kann nicht mehr so aufreizend, so frivol sein wie früher. Wenn beispielsweise ein Spielzeug im Zimmer ist, geht bei mir überhaupt nichts. Wenn ich heute Sex haben will, dann wegen der angenehmen sexuellen Empfindungen, aber nicht, um mich geliebt zu fühlen. Er ist so geduldig mit mir, und manchmal bin ich richtig traurig darüber, weil ich spüre, daß es unsere Beziehung gefährdet. Wenn er wegen Sex fremdginge, würde ich zusammenbrechen, aber verstehen könnte ich es schon.«

Frauen haben die langsame Verführung stets als sexuell stimulierend empfunden. Wir möchten als Liebende Zeit füreinander haben, bevor sich die Frage nach Sex überhaupt stellt, und nichts hemmt eine Frau mehr als das Gefühl, zum Sex gedrängt zu werden, wenn ihr nicht genug Zeit geblieben ist, um in Stimmung zu kommen. Wenn Frauen sowohl die Betreuung ihrer Kinder, deren emotionale Bedürfnisse, als auch die Haushaltsarbeit und ihre eigene Berufstätigkeit unter einen Hut bringen müssen, sind sie zwangsläufig viel ausgelaugter als ihr Partner und brauchen deshalb Verführung mehr denn je. Wenn man morgens zwei Kinder in zwei verschiedene Schulen verfrachtet hat, bevor man die üblichen Belastungen des Arbeitstags durchsteht, nach der Arbeit die Kinder abholt, das Abendessen für sie vorbereitet, sie zwingt, ihre Hausaufgaben zu machen, Streitereien schlichtet, dafür sorgt, daß am nächsten Tag jemand anders die Kinder abholt, weil man länger im Büro bleiben muß, einen Haufen Wäsche in die Maschine stopft und sich große Mühe gibt, die eigene Mutter nicht zu kränken, weil sie gerade dann anruft, wenn beide Kinder die ganze Aufmerksamkeit in Anspruch nehmen, dann ist Sex das letzte, was man im Kopf hat.

Mütter haben Verführung sehr nötig – Blumen und liebe Worte, Abende ohne die Kinder und einen Mann, der sie dann im Bett anmacht. Männer, nehmt zur Kenntnis: Mütter haben einfach nicht die Kraft zu den erregenden Spielen der kinderlosen Zeit. Die einzige Möglichkeit, vielleicht doch in sexuelle Erregung zu geraten, besteht für sie darin, einfach nur dazuliegen und euch alles allein tun zu lassen. Nach einer halben Stunde gekonnten Cunnilingus werden sie dann sicherlich reagieren.

Clara B. ist Historikerin und hat eine vierjährige Tochter. »Was ich wirklich sexy fände, was mich wirklich stimulieren könnte, wäre, wenn er Lily von der Kindertagesstätte abholen, selbst einmal das Abendessen kochen, hinterher aufräumen, die Kleine ins Bett bringen würde – und dann mit mir ins Bett ginge. Für mich wäre das wunderbar, aber er erklärt: ›Wenn ich die ganze Hausarbeit machte, würdest du mich nicht mehr männlich genug finden.‹ Er sieht keine Verbindung zwischen Sex und dem übrigen Leben, aber für mich gehört beides zusammen.«

Mütter müssen sich in der Regel geliebt und verstanden fühlen, um Sex genießen zu können, doch sie haben oft den Eindruck, daß sich ihre Partner in ihre Probleme mit der Mutterschaft nicht hineindenken. In dieser Situation ist es besonders sexy, wenn ein Mann echtes Verständnis aufbringt und seiner Frau ohne Murren oder Selbstlob vorübergehend Pflichten abnimmt. Besonders sexy ist es auch, wenn ein Mann darauf verzichtet, seine Partnerin zum Geschlechtsverkehr zu drängen, dafür aber viele Gelegenheiten für nichtsexuelle Umarmungen schafft und sie emotional unterstützt. Das Interesse an Sex zu verlieren bedeutet nicht das Ende der Liebe: Dieser Zustand wird vorübergehen, vorausgesetzt, Männer gestehen ihren Partnerinnen Zeit für psychische und physische Genesung zu.

Die modernen westlichen Gesellschaften haben die kulturellen Tabus eingebüßt, die es einst Männern und Frauen ermöglichten, nach der Geburt eines Kindes sexuell auf Distanz zu gehen und Frauen vor unerwünschten sexuellen Annäherungen schützten. In vielen Kulturen der dritten Welt wird die Wöchnerin durch Isolierung, die bis zu vierzig Tagen dauern kann, vor sexueller Annäherung bewahrt. Die Abelam in Papua-Neuguinea beispielsweise verzichten auf den Koitus, bis das Kind laufen gelernt hat, und die Alorese in Ozeanien warten immerhin, bis sich das Baby aufsetzen kann. Den Masari ist Geschlechtsverkehr verboten, bis das Baby gezahnt hat, und hinduistische Bengalinnen, die stillen, leben mindestens drei Monate nach der Geburt enthaltsam.[10]

In früheren Jahrhunderten haben Paare auf Geschlechtsverkehr verzichtet, solange die Mutter stillte, weil man glaubte, sexuelle Aktivität lasse die Milch gerinnen, und viele Historiker sind der Meinung, daß Mütter ihre Kinder auch deshalb von Ammen stillen ließen, weil ihre Männer auf die Wiederaufnahme sexueller Beziehungen drängten. In französischen Oberschichtfamilien des 17. Jahrhunderts wurde das Zimmermädchen dazu angehalten, der Wöchnerin in ihrem Schlafzimmer Gesellschaft zu leisten, oder man richtete getrennte Schlafzimmer ein und engagierte eine Mätresse, um die Wöchnerin vor sexuellen Annäherungen des Hausherrn zu schützen.[11] Bis weit ins 20. Jahrhundert hinein schliefen die Kinder der unteren Gesellschaftsschichten in den Betten ihrer Eltern, und wenn sie älter wurden, schliefen die Jungen beim Vater und die Mädchen bei der Mutter.

Die Folgen des Geschlechtsverkehrs – Schwangerschaft und mit ihr der stets mögliche Tod – wurden sehr gefürchtet, und empfängnisverhütende Mittel waren vor den zwanziger Jahren selten und teuer. Coitus interruptus und Enthaltsamkeit waren die am weitesten verbreiteten Formen der Schwangerschaftsverhütung; die biologische Methode stand nicht zur Debatte, da man über den Menstruationszyklus der Frau, über Zeiten hohen und geringen Schwangerschaftsrisikos kaum etwas wußte. Wenngleich die Frauen über ihr Fortpflanzungssystem in Unkenntnis sein mochten, wußten sie doch genau, was sie schwanger machte, und blieben Abend für Abend lange auf und nähten oder machten sich anderweitig nützlich, bis ihre Männer eingeschlafen waren. Oder sie lebten ständig enthaltsam und riskierten damit freilich die Untreue ihrer Männer. Mary Norton Hardie bekam ihr erstes Kind 1923.

> Mein Mann war bei alldem wirklich sehr rücksichtsvoll, und ich schlief mit dem Baby in einem anderen Bett ... Es war nicht Angst, was ich empfand, sondern Entsetzen. Ich hätte das für einen Mann nicht noch einmal durchmachen wollen. Ich weigerte mich, bei ihm im Bett zu schlafen – nicht, daß er es verlangt hätte. Er verstand, daß ich panische Angst davor hatte, noch mehr Kinder zu bekommen, und war sehr lieb zu mir; trotzdem haben wir ein paarmal Geschlechtsverkehr gehabt. Aber wir waren sehr vorsichtig, und er hörte immer auf, bevor er fertig war. Ich habe siebeneinhalb Jahre nicht bei ihm im Bett geschlafen, weil ich nicht in Versuchung geraten wollte.[12]

Schließlich erlag sie der Versuchung dann doch – und bekam noch sechs weitere Kinder.

Die heutige Kultur ist so sexbesessen, daß wir uns für nicht ganz normal halten, wenn es in unserem Leben Perioden der Enthaltsamkeit gibt. Paare geraten deshalb zusätzlich unter Druck, den Geschlechtsverkehr wiederaufzunehmen, und fühlen sich oft unzulänglich, wenn sie neun Monate nach der Geburt ihres Kindes immer noch nicht wieder fröhlich kopulieren. Dabei ist das völlig normal. Vielleicht ist es vernünftiger, die Sache umgekehrt zu sehen: Es wäre doch sonderbar, wenn die meisten Paare nach all den Veränderungen durch die Geburt des Kindes gleich wieder munter und regelmäßig miteinander ins Bett stiegen. Paare müssen sich Zeit nehmen, um einander neu zu entdecken. Als Eltern fangen Sie eine ganz neue Beziehung an, weil die Geburt des Kindes Ihrer beider Leben radikal verändert hat und Sie weder sexuell noch emotional jemals wieder so sein werden wie zuvor. Sie müssen in einer modifizierten und sich weiter verändernden Beziehung neu anfangen, müssen neue Rituale und neue sexuelle Gepflogenheiten entwickeln, die diese Beziehung bereichern werden.

Irgendwann werden sich gewiß Zeiten einstellen, in denen Sie miteinander allein sein können, doch zunächst werden Sie sich Gelegenheiten schaffen oder Gelegenheiten nutzen müssen, wenn das Kind schläft. Wenn penetrativer Sex Schmerzen verursacht, erforschen Sie einander auf andere Weise und entwikkeln Sie neue Formen der Intimität durch Berührungen und Worte. Wenn Sie jeden sexuellen Kontakt vermeiden wollen, sprechen Sie offen über Ihre Gefühle, um Ihren Partner davon zu überzeugen, daß Sie derzeit nur Sex ablehnen, nicht etwa ihn. Sobald sich beide Eltern in ihrem neuen Leben eingerichtet haben und es als normal akzeptieren, bricht sich auch der Sex wieder Bahn (wenn auch weniger häufig), und viele Paare entdecken, daß es ein intensiveres und schöneres Erlebnis ist, gerade weil sie ein Kind bekommen haben. In einer Befragung sagte immerhin ein Viertel der Frauen, die ein Jahr nach der Entbindung interviewt wurden, daß sie jetzt mehr Freude am Sex hätten als vor der Empfängnis.[13]

Mitunter ist Sex akut genau das, was Sie brauchen, um sich wieder jung, leichtsinnig, attraktiv und entspannt zu fühlen, obwohl der Gedanke daran zunächst alles andere als verlokkend erscheint. »Manchmal werde ich ganz trübsinnig«, sagt Mary S., deren Tochter ein Jahr alt ist. »Und das führe ich dann darauf zurück, daß mich das ewige Abwaschen ärgert. Dann haben wir Sex, und ich fühle mich besser, und mir wird klar, daß ich Sex brauchte, ohne es zu wissen.«

»Daß wir das Kind bekamen, hat sich am Ende auf unser Sexualleben hervorragend ausgewirkt.« Imogen A. litt nach der Geburt ihres ersten Kindes zwar unter einer schweren postnatalen Depression, doch nun berichtet sie: »Zum Teil, weil wir den Augenblick nutzen mußten, was äußerst erotisch sein kann. Außerdem hat Sex mir etwas Wunderbares geschenkt, denn meine Tochter hat mich in einer Weise zu mir selbst gebracht, wie ich es nie zuvor erlebt habe, und mein Sexualleben ist jetzt schöner, weil ich mich mit meinem Körper mehr im Einklang fühle.«

Das Wissen, daß ihr Partner sie während der Entbindung in

der schonungslosesten Position gesehen hat und daß es keinerlei körperliche Geheimnisse mehr zwischen ihnen beiden gibt, kann einer Frau helfen, mit ihrem Partner gelassener umzugehen und in bezug auf ihren Körper weniger gehemmt zu sein. Viele Frauen stellen fest, daß sie nach der äußersten Form der körperlichen Unterwerfung – den Qualen der Geburt – den Höhepunkt leichter erreichen und intensiver erleben. Die körperliche Liebe mit dem Vater des Kindes, das ihrem Herzen so teuer ist, gewinnt an emotionaler Intensität.

Charlotte S., nichtberufstätige Mutter dreier Kinder, hat einen weiteren Vorzug entdeckt. »Ich bin jetzt viel selbstsicherer und fühle mich gerne sexy, weil ich als Mutter eine Art Schutzschild habe. Ich kann in Shorts einen Kinderwagen schieben und weiß dabei doch, daß man mich nicht für verfügbar halten wird.« Viele kinderlose Männer finden Mütter höchst attraktiv, und nicht wenige alleinstehende Mütter stellen fest, daß ihr Geschlechtsleben intensiver geworden ist, obwohl der logistische Aufwand, sich vom Kind freizunehmen, sehr groß sein kann. »Ich fühle mich jetzt mehr mit mir im reinen, selbstsicherer und sinnlicher. Heute, da ich ein Kind habe, kann ich mehr Männer haben, solche, die es ernst meinen«, stellt Grace P. fest. »Aber ich bin sehr viel entschiedener, seit ich ein Kind habe. Ich weiß, was ich will, und kann Männer richtig behandeln, weil ich keine überzogenen Erwartungen mehr habe. Ich kenne die Wirklichkeit und weiß, wie es ist, verlassen zu werden und ein Kind allein aufzuziehen.«

Kinderlose Frauen brauchen Sex, um sich geliebt und emotional bereichert zu fühlen, und der sexuelle Kontakt ist in der Regel die einzige Gelegenheit, bei der wir als Erwachsene körperlich berührt werden. Die Aufgaben einer Mutter aber sind so körperlich und so sinnlich, daß sich ihr Bedürfnis nach Sex verringern kann. Sie will Sex zwar wegen des Lustgefühls, doch das Bedürfnis, zu lieben und geliebt zu werden, wird schon von ihrem Kind vollkommen befriedigt. »Niemand hatte ihr gesagt, wie es sein würde, auf welche Weise sie ihre Kinder lieben würde. Was für ein Körper war das, physisches Ergebnis sexueller Begierde, doch ohne den Stachel der Gefahr«, schreibt Mary Gordon in ihrem Roman *Men and Angels.* »Der Drang, das eigene Kind zu berühren, dachte sie oft, war und war doch nicht wie das heftige Verlangen, einen Geliebten zu berühren: Ihm fehlten die Spannung, die Gier, die Unsicherheit und die Eitelkeit, die die Annäherung an den Geliebten so schwierig machten.«[14]

Was wir im Umgang mit unseren Babys physisch und emotional empfinden, ist nur um Haaresbreite von mancherlei Äußerungen der Sexualität Erwachsener entfernt, und doch liegen Welten dazwischen: Küssen, Umarmen, Scherzen, Kitzeln und Fangen sind instinktive Handlungen liebevoller Mutterschaft, gehören aber auch zum liebevollen Sex. Wir waschen unseren Babys die Genitalien, liebkosen ihre Körper mit Ölen und Lotionen, nicht um sie oder uns sexuell zu erregen, sondern um die besondere körperliche Verbindung zwischen uns zu stärken und zu hegen. Wir reiben ihren Mund mit unseren Brüsten, nehmen ihre Finger zwischen unsere Lippen, während wir liebevoll in ihre vertrauensvollen Augen blicken, und knabbern spielerisch an ihrem Po. Wir schmiegen ihre kleinen Körper eng an uns, umhüllen sie mit unserer Wärme wie früher, als sie noch in unserem Schoß waren.

Das sinnliche Vergnügen, das ein Baby seiner Mutter schenkt, beeinflußt unvermeidlich ihr sexuelles Verhalten dem Partner gegenüber, da viele ihrer emotionalen Bedürfnisse so vollkommen befriedigt werden. »In allen Beziehungen, die sie bisher gekannt hatte, als Kind, als Freundin, als Liebende, in der Ehe, kämpfte der Partner, um sein Leben zu leben, zu herrschen, sich loszureißen oder aufzudrängen«, schreibt Enid Bagnold in *The Squire*, einem Roman über junge Mutterschaft, der erstmals 1938 erschien. »Doch jetzt hielt sie für einige Zeit den vollkommenen Gefährten in den Armen, der aus ihrem Körper, ihrem eigenen Sein geholt worden war, sich von ihr nährte, fünfmal am Tag in ihren Armen einschlief, ihr sein Verlangen, seine Gleichgültigkeit, sein Vergnügen und seine Friedlichkeit zeigte.«[15]

»Ich spüre eine große Leidenschaft, ja, es ist wie eine leidenschaftliche Liebesaffäre.« Imogen A. hat zwei Töchter, doch sie spricht von ihrer ersten, mittlerweile sechsjährigen Tochter: »Ich bin immer noch wie besessen von ihrem Körper, ich glaube einfach, daß sie den schönsten Körper der Welt hat, und ich kann die Finger kaum von ihm lassen. Als ich mich so in sie verliebt habe, erfüllte es mich mit Staunen, wie unglaublich körperlich das Erlebnis der Mutterschaft ist – denn ich hatte keine Ahnung, daß es so sein würde. Es ist vollkommen, absolut vollkommen, und es muß an der Bereitschaft liegen, jemanden ganz und gar zu lieben und alles andere hintanzustellen.«

»Ich könnte sie den ganzen Tag lang knuddeln.« Sophie T. hat zwei Töchter im Alter von sechs und zwei Jahren. »Es ist wunderbar, wenn sie einem die Arme um den Hals schlingen oder sich einfach nur ankuscheln wollen, wenn sie müde sind. Wer sonst umarmt einen schon, wann immer man es will!«

Der augenfällige Gegensatz zwischen der Schönheit der jungen, frischen Haut eines Kindes und dem verblühenden Körper des Erwachsenen kann freilich auch schwärmerische Vorstellungen von der Attraktivität des Partners leicht zerstören. »Die glatte Haut und der liebliche Duft ihrer Kinder, die rundlichen, perlfarbenen Glieder des Babys, der frische Atem des kleinen Mädchens, wenn es gähnte«, schreibt Helen Simpson in ihrer Kurzgeschichte *Heavy Weather*, »das alles ließ die Plumpheit ihrer eigenen Körper um so stärker hervortreten. Sie musterten einander, betrachteten ihre schlaffen Erwachsenenkörper mit gegenseitigem Desinteresse – und schliefen ein.«[16]

Es gibt eine absolut eindeutige Grenze zwischen üblem sexuellem Mißbrauch und der unschuldigen körperlichen Zärtlichkeit des Bemutterns, die für die gesunde emotionale und sexuelle Entwicklung eines Kindes unentbehrlich ist. Angesichts der Aufmerksamkeit, die das häufige Vorkommen verdeckten Inzests gegenwärtig in den Medien findet, machen sich Eltern und sogar Großeltern Gedanken darüber, wo diese Grenze verlaufen könnte, und fühlen sich deshalb bei Körperkontakten mit ihren Kindern oder Enkeln unsicher. Hauptkriterium ist auf jeden Fall, daß der Erwachsene sexuelle Absichten hegt, und obwohl die meisten von uns aus dem Aufziehen von Kindern eine immense sinnliche Befriedigung beziehen, wollen wir natürlich keinen Sex mit ihnen haben. Allerdings gibt es andere, subtilere und verwerfliche Formen des Mißbrauchs, deren sich Eltern möglicherweise nicht bewußt sind. Neue Theorien über sexuellen Mißbrauch haben versucht, den Begriff – über offenkundige Scheußlichkeiten wie sexuelle Handlungen an Kindern und Vergewaltigung hinaus – weiter zu fassen. Wenn etwa ein Vater seine Tochter scherzhaft als seine »Freundin« vorstellt oder sich oft mit erotischen Anspielungen über ihr Aussehen äußert, fühlt sie sich – obwohl unberührt – als Objekt seiner sexuellen Aufmerksamkeit. Die Mutter, die nach ihrem Kind greift, um es zu umarmen, obwohl das Kind keinen Körperkontakt gesucht hat, fordert emotionale Zuwendung, die ihr vielleicht anderswo versagt wird.

»Subtiler Mißbrauch ist jedes Verhalten, das zwar seinem Wesen nach nicht bewußt sexuell sein muß, jedoch dazu dient, die emotionalen und/oder sexuellen Bedürfnisse eines Elternteils auf Kosten der emotionalen und/oder entwicklungsbedingten Bedürfnisse des Kindes zu befriedigen«, schreibt Christine Lawson in ihrem Aufsatz über sexuellen Mißbrauch durch Mütter.[17] Subtiler sexueller Mißbrauch liegt beispielsweise vor, wenn eine Frau häufig das Bett mit einem Kind teilt, wenn sie ein Kind, das aus dem Alter längst herausgewachsen ist, badet und massiert, zwanghaft seine Genitalien wäscht oder ihm häufig einen Einlauf macht. Solches Verhalten ist um Welten vom tagtäglichen körperlichen Bemuttern entfernt, obwohl ja immer wieder Assoziationen zwischen der Körperlichkeit der Mutterschaft und der Erwachsenensexualität hergestellt werden.

Das Stillen kann eine sehr intime und sinnliche Zeit für Mutter und Baby sein. Verbindungen zwischen Erwachsenensexualität und Stillen sind schon immer von Männern romantisiert worden, denen es Schwierigkeiten macht, das Saugen des Babys an der Mutterbrust mit anzusehen.

Schließ mich in deine Arme, schlag mich mit deinen Schenkeln,
Ersticke mein Herz mit deinen milchvollen Brüsten ...

dichtete im 15. Jahrhundert der Inder Vidyapati. Balzac erging sich in seinen *Mémoires de deux jeunes femmes mariées* über sexuellen Masochismus, als er Renée sagen läßt: »Wenn sie [Babys] dort saugen, bereiten sie sowohl Schmerz als auch Lust – Lust, die in Schmerz übergeht, Schmerz, der in Lust mündet. Ich kann dir das Gefühl nicht beschreiben, das von meinem Busen zur Quelle des Lebens ausstrahlt: Es scheint, als gingen tausend Strahlen von diesem Mittelpunkt aus, um mein Herz und meine Seele mit Freude zu füllen.« Balzacs Beschreibung paßt doch wohl besser zum Orgasmus als zum Stillen.

In jüngerer Zeit hat das Natural Birth Movement den erotischen Beiklang des Stillens hervorgehoben. »Wenn das Kind zu weinen aufhört, liebkost wird, ausreichend saugt, sich entspannt und dann in den Armen der Mutter einschläft, gibt es ihr die Gewißheit, daß sie das Kind richtig behandelt. Es ist wie ein Koitus, wenn die Empfindungen sich ergießen und beide Partner einen Orgasmus haben und in der Gewißheit ihrer Liebe einschlafen«, schreibt Sheila Kitzinger in ihrem Buch *Frauen als Mütter.*[18]

Die Legende, manche Mütter kämen beim Stillen zum Orgasmus, ist wegen der Inzest-Assoziationen bösartig und erschrekkend. Es gibt physiologische Ähnlichkeiten: Die Stimulierung der Brustwarzen verursacht die Ausschüttung des Hormons Oxytozin, das stimmungssteigernde und entspannende Eigenschaften hat und die Kontraktion der Gebärmuttermuskulatur bewirkt. Aber das ist auch alles – eine Kontraktion und definitiv kein Orgasmus, der in der uneingeschränkten Hingabe des Geschlechtsverkehrs zwischen zwei liebenden Erwachsenen genossen wird.

Berührung ist auch für die gesunde Entwicklung eines kleinen Kindes wesentlich. Die bereits in Kapitel 5 beschriebenen Experimente des amerikanischen Wisconsin Primate Center mit Affenbabys haben die Wichtigkeit des Körperkontakts zwischen Eltern und Nachwuchs für die sexuelle Entwicklung der Jungen akzentuiert. Sie wurden – ich rekapituliere kurz – in getrennten Käfigen gehalten, in denen einige Affenkinder Milch ausschließlich aus Metallzitzen erhielten, während andere ihre Nahrung von mit Tuch bedeckten Drahtmodellen ihrer Mütter bekamen. Zum dritten gab es weiche Mutterattrappen, die keine Nahrung boten; die Affenbabys zogen diese dennoch den Drahtattrappen mit den milchgebenden Zitzen bei weitem vor und schmiegten sich an sie. Sie klammerten sich die meiste Zeit an die Ersatzmutter aus Stoff und verließen sie nur, wenn sie hungrig waren, um aus den Metallzitzen zu trinken. Die wissenschaftlichen Untersuchungen begleiteten diese Affen bis ins Erwachsenenleben hinein und stellten bei ihnen im sexuellen Bereich deutliche Auswirkungen ihrer Aufzucht fest. Keiner der ohne Mütter aufgezogenen Affen konnte sexuell agieren. Die Männchen waren zum Geschlechtsverkehr völlig unfähig, obwohl sie reichlich Gelegenheit hatten, durch Beobachtung zu lernen, und die Weibchen – nicht imstande, auf die Männchen zu reagieren – sanken bei Begattungsversuchen hilflos auf dem Boden zusammen. Wenn diese mutterlosen Weibchen selbst – durch künstliche Befruchtung – Mütter wurden, konnten sie ihren Jungen keine emotionale Zuwendung geben, und manche mißhandelten ihren Nachwuchs sogar.[19]

Das Berühren ordnet uns in Zeit und Raum ein. Durch das Berührtwerden lernen Säuglinge die Grenzen ihres Körpers kennen und entwickeln eigene neurologische Fähigkeiten. Das Berührtwerden bereitet dem Baby Lust und löst ein Gefühl der Geborgenheit aus, besonders wenn es sicher im Arm gehalten wird. Wenn sich sein Horizont erweitert, lernt es, den eigenen Körper lustvoll zu erleben, saugt an seinen Fingern oder Zehen, genießt die Empfindungen des Urinierens und der Darmentleerung und lernt rasch, sein Genital zu reiben, damit es sich besser fühlt, wenn es ängstlich ist. In den ersten 24 Monaten eines Kinderlebens, wenn Sprachverständnis und Vernunft noch stark begrenzt sind, ist die emotionale Vergewisserung, die durch Berührung vermittelt wird, für die gesunde emotionale

Entwicklung des Kindes unverzichtbar. Kleinkinder müssen sooft wie möglich aufgenommen, herumgetragen und geknuddelt werden. Sie müssen geküßt und gekitzelt und zum Lachen gebracht werden, damit sie sich geliebt fühlen.

Gesunde Beziehungen zu Kindern sind sinnlich, nicht sexuell. Wir können ihren Köper und ihre Jugendfrische bewundern, uns emotional bereichert fühlen, wenn wir sie umarmen, doch das ist wahrlich Lichtjahre von der Absicht entfernt, Sex mit ihnen treiben zu wollen. Die erogenste Zone des menschlichen Körpers ist schließlich der Geist.

Sexuelle Aktivität bringt Kinder hervor, und das Kinderkriegen verändert die Einstellung einer Frau zur Sexualität. Der physische Tribut der Schwangerschaft und Entbindung wirkt sich auf die Körperkonturen aus und kann das sexuelle Selbstvertrauen für eine Weile beeinträchtigen. Die Erschöpfung und die Ängstlichkeit der jungen Mutterschaft können die Libido erheblich dämpfen, und die Verschiebung der Emotionen einer jungen Mutter vom Mann auf das Kind ist so tiefgreifend, daß viele Frauen in dieser Phase überhaupt kein Verlangen nach Sex verspüren. Ein Kind zu gebären wirkt sich eher lang- als kurzfristig auf unser Geschlechtsleben aus, doch nur wenige von uns sind sich darüber klar, bevor sie Mutter werden. Wenn sich die Bedürfnisse von Kleinkindern verändern und die Mütter weniger erschöpft sind, entdecken viele von ihnen allmählich eine neue Ebene sexueller Intimität mit ihrem Partner. Nachdem beide Eltern das Geburtserlebnis gemeinsam durchgestanden und sich erholt haben und nun die Liebe zum heranwachsenden Kind miteinander teilen, ist es möglich, daß sie sich sexuell einander wieder näher fühlen. Doch wird dieser Prozeß wahrscheinlich eher Jahre als Wochen dauern. Die unbeschwerte sexuelle Hingabe Ihrer kinderlosen Zeit freilich kommt nie wieder. Aber Sie können neu anfangen.

9
Freunde und Umwelt

Zwischen den Einstellungen und Lebensweisen Kinderloser auf der einen und denen junger Eltern auf der anderen Seite besteht ein gewaltiger Unterschied. Nur wenige von uns sind sich darüber klar, wie sehr die Mutterschaft unsere Beziehungen zu alten Freunden verändert und wie uns das Muttersein von den Kinderlosen entfernt und wir uns denen annähern, die auch Kinder haben. Als Mütter ändern wir unsere Prioritäten radikal: Spontaneität und Bewegungsfreiheit sind stark eingeschränkt, und wir sehen uns plötzlich in eine andere Welt geworfen, die Welt der Spielplätze, Erlebnisparks und Kinderfeste, von deren Existenz wir vor der Schwangerschaft kaum eine Ahnung hatten. Noch während der Schwangerschaft stellen wir uns vor, wir könnten auch weiterhin ein geselliges Leben führen, indem wir einen Babysitter engagieren oder das Kind einfach überallhin mitnehmen. Wenn dann jedoch das Kind da ist, begreifen wir, daß es zwei verschiedene Welten gibt, eine mit Kindern und eine ohne, die sich in entgegengesetzte Richtungen drehen und gelegentlich miteinander kollidieren – so wie es eines Tages beim sonntäglichen Mittagessen im Haus meiner kinderlosen Tante passierte.

Mein erstes Kind war zwei Jahre alt. Wir trafen um ein Uhr, schon ziemlich hungrig, ein, um festzustellen, daß der Braten eben in den Ofen geschoben wurde. Während meine Tante für jeden von uns ein Glas Wein einschenkte, erspähte ich meinen Onkel, der in der Spüle Muscheln für den ersten Gang schrubbte, neben ihm eine große Schüssel Avocadosoße und ein verlockendes Arrangement würziger Knabberhäppchen. Zögernd fragte ich, ob sie für die Kleine, deren Essenszeit längst überschritten war, nicht etwas Geeignetes zu essen da hätten, und es kam nun zu einer hektischen, verlegenen Suche in allen

Küchenschränken nach etwas Eßbarem, das weder vertrocknet oder stark gewürzt, noch scharf oder viel zu süß war und keinen Alkohol enthielt.

Wir hatten uns mit allem ausgerüstet, was junge Eltern für wichtig halten: Lätzchen, Ersatzwäsche, Lieblingsspielzeug, einem Plastiklöffel und einem Pu-der-Bär-Becher, doch was das Essen betraf, so hatte ich mich ganz auf meine Tante verlassen. Ich hatte mich schon so sehr an Makkaroni, Blumenkohl mit Käsesoße, Lasagne und gebackene Kartoffeln gewöhnt, daß mir der Gedanke, ein Mittagessen könne nicht kindgerecht sein, überhaupt nicht gekommen war. Es war mir einfach entfallen, daß die Welt der kinderlosen Erwachsenen oder auch der Eltern von größeren Kindern scharfe Gewürze, Schellfisch, Chili und Pastinaksuppe mit Curry bevorzugt. Auch die Vorstellung, in regelmäßigen Abständen zu essen, ist bei ihnen verpönt. Erwachsene können es gut verkraften, wenn das sonntägliche Mittagessen erst um vier stattfindet, doch Kleinkinder müssen alle drei Stunden gefüttert werden, was einen dazu zwingt, schon an die nächste Mahlzeit zu denken, wenn man noch mit dem Abwasch von der letzten beschäftigt ist. Während bei der Tante die Stunden vergingen und vom Mittagessen immer noch nichts zu sehen war, saßen wir herum und tranken Wein, was nicht ohne Wirkung blieb, während unsere Tochter immer unruhiger wurde.

Als wir endlich am Tisch Platz nahmen, auf dem ein gestärktes weißes Tischtuch und elegantes großes Silberbesteck prangten, war das Kind vor Hunger so quengelig, daß es nun nicht mehr essen mochte, dafür aber aufs Töpfchen mußte. Während mein Mann sich an Muscheln labte, trug ich ziemlich verärgert meine Tochter ins Bad. Der Teppich dort war so langhaarig, als sei er eben vom Rücken eines Yak-Rindes direkt auf den Fußboden gelangt; bei den Badgewohnheiten eines Durchschnittskindes hätte er innerhalb einer Woche zu stinken angefangen. Erst als ich – vom Alkohol ein bißchen benebelt – mein Kind auf das mitgebrachte Töpfchen gesetzt hatte, bemerkte ich, daß es bereits einen ersten Haufen auf den Teppich gesetzt hatte, bevor ihr Po auf dem Topf gelandet war. Während ich verzweifelt versuchte, ihn mit Klopapier vom Boden aufzunehmen, sah ich aus dem Augenwinkel einen weiteren braunen Klecks und dann noch einen, derweil meine Eleanor über den Teppich stapfte. Sie war in den ersten Haufen getapst und verteilte ihn nun überall.

Nach und nach erblickte ich Kacke in jeglicher Richtung, und während ich mich durch einen Schleier leichter Trunkenheit bemühte, sie zu beseitigen, schien ich sie nur immer weiter zu verbreiten. Ich mußte Eleanor aus dem Bad schaffen, bevor ich das Ausmaß der Verschmutzung abschätzen und mich ans Putzen machen konnte. Ich säuberte ihre Schuhe, zog sie ihr wieder an und setzte sie mit Nachdruck auf den Schoß ihres Vaters. Dann ging ich in die Küche und raffte alle Putzutensilien und Eimer an mich, deren ich habhaft werden konnte, und begann die Wände und den Fußboden des Badezimmers heftig mit unverdünntem Bleichmittel zu bearbeiten, wobei ich mich fragte, wie lange es wohl dauern würde, bis meine ungewöhnliche Abwesenheit auffiel.

Als mir klar wurde, daß sich der Hauptfleck auf dem Teppich nicht entfernen ließ, kam ich zu dem Schluß, daß es am besten sei, alles zu beichten. Während Tante und Onkel mir immerhin gutwillig versicherten, das sei doch gar nicht schlimm, ich möge mich doch bitte hinsetzen und essen, schämte ich mich entsetzlich. Später erfuhr ich, daß sie den Teppich durch einen neuen hatten ersetzen müssen. Es dauerte fünf Jahre, bis wir es wagten, uns wieder von ihnen zum Essen einladen zu lassen. Mein zweites Kind war nun im selben Alter wie mein erstes damals, doch diesmal kam es nicht zu vergleichbaren Zwischenfällen, die uns Schande gemacht hätten, und meine Tante überschlug sich, um vor zwei Uhr ein kindgerechtes Essen aufzutischen.

Sobald Sie Freunden erzählen, daß Sie schwanger sind, beginnt sich ihr Verhalten Ihnen gegenüber zu verändern. Freunde ohne Kinder können den Eindruck haben, Sie wollten Ihren Weg künftig ohne Sie gehen, und Freunde mit Kindern lächeln wissend und nehmen sich das Recht, indiskrete Fragen zu stellen: Für welche Art der Entbindung hast du dich entschieden?

Ist es ein Wunschkind? Wie hat deine Mutter es denn aufgenommen?

Wenn eine Frau feststellt, daß sie schwanger ist, sollte sie durchaus taktisch entscheiden, wem sie es wann sagt, ob sie die ersten zwölf Wochen abwarten oder riskieren soll, es gleich allen mitzuteilen. Sobald sie es allen erzählt hat, fühlt sie sich plötzlich exponiert. Ihre Lebensweise wird nun von Freunden und Verwandten genau registriert, man klassifiziert sie bereits allgemein als werdende Mutter, und es kann sein, daß sie bei der Arbeit von Kollegen und Chefs kritisch beobachtet wird. Für den Fall, daß mit der Schwangerschaft irgend etwas schiefgehen oder sich bei den Untersuchungen während der Schwangerschaft eine Anomalie herausstellen sollte, muß sie sich darauf einstellen, daß sie nicht nur mit ihrer Enttäuschung und ihrem Kummer fertig werden, sondern auch allen davon erzählen und auf ihr Mitleid reagieren muß.

Wenn eine Schwangere keine enge Freundin hat, die ungefähr zur selben Zeit schwanger ist, gerät sie in eine abgeschottete Zone zwischen den Welten der Kinderlosen und der Mütter. Der Umfang ihres Bauches macht eine Schwangere aus irgendeinem Grunde zu einer Art öffentlichem Ereignis: Wildfremde lächeln ihr zu oder nehmen sich die Freiheit, ihren Bauch zu tätscheln. Trotzdem wird sie oft weniger Menschen um sich haben, mit denen sie über ihre Schwangerschaft sprechen kann. Freundinnen, die nie schwanger waren, ahnen nicht, was sie jetzt durchlebt, und dem großen Klub alter und neuer Freunde, die schon kleine Kinder haben, gehört sie vor ihrer ersten Niederkunft ja noch nicht an. Die emotionale Dynamik zwischen ihr und kinderlosen Freundinnen verändert sich zwangsläufig, weil sie spüren, daß die Schwangere unweigerlich in die andere Welt hinübergleitet, und besonders schwierig kann es mit Freundinnen werden, die selbst gern ein Kind hätten, jedoch keinen Partner oder Fruchtbarkeitsprobleme haben.

Wenn das Baby schließlich geboren und alles gutgegangen ist, werden die glücklichen Mütter mit Glückwunschkarten, Blumen, Geschenken und Champagner überhäuft. Zehn Minuten lang geben Freunde einem das Gefühl, ein absoluter Star zu sein, aber dem folgen rasch entweder völliges Schweigen und soziale Isolierung (wenn rücksichtsvolle Menschen Sie in Ruhe lassen, damit Sie diese ersten glückseligen Tage genießen können), oder – das andere Extrem – Sie müssen beträchtliche gesellschaftliche Geschicklichkeit und Gewandtheit an den Tag legen, um die Flut von Besuchern und Telefonanrufen zu bewältigen. Ich erinnere mich daran, daß ich zwei Tage nach der Entbindung, noch immer benommen von Morphium, ans Krankenhausbett gefesselt dalag und mir den Kopf über zwei meiner Besuchergruppen zerbrach, die einander nicht kannten. Irgendwie gelang es mir, die Leute miteinander bekannt zu machen und gemeinsame Bezugspunkte anzutippen, damit sie sich gut unterhielten, während ich dalag wie ein Zombie.

Sie wünschen sich, daß Ihre engste und älteste Freundin Sie wirklich versteht und Ihnen hilft, das Geschehen zu verarbeiten, so wie sie es immer getan hat. Doch werden in unserer Gesellschaft die Freuden der jungen Mutterschaft in einem Maße überbetont, daß es kinderlosen Frauen schwerfällt, auch nur halbwegs zu begreifen, was Sie durchmachen, wenn Sie bestimmte Aspekte der jungen Mutterschaft als schwierig empfinden. In den Augen der Freundinnen und Freunde, die ihre vorgefaßten Meinungen über junge Mutterschaft auf Ihren neuen Status anwenden, wandeln sich Ihre Identität und Ihr Image über Nacht: Die junge sorglose Person mutiert zur verantwortungsbewußten Erwachsenen.

Martha J. ist erst 16 und alleinstehende Mutter eines vier Wochen alten Sohns, den sie innig liebt. Sie empfindet die Reaktionen ihrer Umwelt auf ihre Situation als die bisher größte Veränderung in ihrem Leben. »Früher unterhielten sich Erwachsene mit anderen Erwachsenen und nicht mit mir, und wenn sie doch mit mir redeten, dann meist wie mit einem Kind. Jetzt ist es völlig anders. Sie reden mit mir wie mit einer Erwachsenen, und junge Leute meines Alters wollen mit mir nicht mehr wie mit einer Gleichaltrigen sprechen.« Ihre engsten Freundinnen vertrauen ihr nichts mehr an und beziehen sie wegen des Babys nur ungern in ihre geselligen Aktivitäten ein. »Sie scheinen mich jetzt für erwachsen und unnahbar zu halten ... Sie wissen offenbar nicht, wie sie mit mir reden sollen. Ich glaube, sie haben einfach keine Ahnung, wie sie mit der Situation umgehen sollen.«

Kinderlose Freundinnen und Freunde sind nicht imstande zu begreifen, wie wenig freie Zeit Sie als junge Mutter haben und wie erschöpft Sie sind, denn sie leben immer noch in einer Welt, in der man kurz entschlossen zusammen in eine Kneipe oder ins Kino geht, wann immer man Lust dazu hat. Sie dagegen müssen Tage im voraus planen, um einen Babysitter zu organisieren, und mehrere Abende vorher früh ins Bett gehen, damit Sie das abendliche Ausgehen überhaupt durchstehen. Jetzt erscheint sogar ein Einkaufsbummel als äußerst schwierig oder unwichtig, es sei denn, Sie haben Babywäsche zu besorgen. Der Gegensatz zwischen vorrangigen Pflichten und der Möglichkeit, spontan zu handeln, kann zu Konflikten zwischen kinderlosen Freundinnen und Müttern führen. Junge Mütter können kinderlose Frauen um ihre Freiheit beneiden, wenn sie sich von ihren neuen Pflichten und Verantwortungen überwältigt fühlen, während sich Freundinnen ohne Kinder darüber mokieren, junge Mütter seien von ihren Babys besessen und langweilig.

Auch ein Kaffeeklatsch wird problematisch, weil nur die frömmste kinderlose Freundin nicht einschnappt, wenn Sie sie mitten im Satz unterbrechen müssen, um sich den Bedürfnissen Ihres Babys zu widmen. Wenn Sie dann zurückkommen und das Gespräch wiederaufnehmen wollen, hat die Runde das Thema längst gewechselt, und es gelingt Ihnen fast nie, ein Problem gründlich bis zu seiner Lösung zu diskutieren, weil Sie immer wieder unterbrochen werden. Ich habe mich nie so unverstanden und so allein gefühlt wie an jenem Nachmittag, als eine meiner ältesten Freundinnen in meiner Küche saß und mir bei einer Tasse Tee von ihrer letzten Grippe erzählte. »Wenn du einen solchen Husten kriegst, wirst du ihn nur los, wenn du drei Tage im Bett bleibst«, sagte sie ohne einen Hauch von Ironie. Ich wollte sie fragen: »Wie soll das bei mir denn wohl gehen?«, doch ich wußte, daß ich bei ihr auf keinerlei Verständnis dafür hoffen konnte, wie mein Leben jetzt aussah – mit einem Beruf, einer Vierjährigen, die eben in den Kindergarten ging, und einem sechs Monate alten Baby, das nachts noch nicht durchschlief und ständig auf meiner Hüfte hing.

Kinderlose Freundinnen beklagen sich darüber, daß Sie über nichts anderes reden als über das Baby – dabei ist es doch das einzige, worüber Sie in dieser Zeit reden können oder wollen. »Wenn sie nicht gerade in Babys vernarrt sind, wissen sie kaum je, wie sie das Kleine behandeln oder was sie mit mir anfangen sollen«, sagt Emily C., die ihre Ganztagsstellung aufgegeben hat, um ihren mittlerweile sieben Monate alten Sohn zu betreuen. »Ich habe keine Lust mehr, mal auszugehen, um ein Glas zu trinken, sondern bleibe lieber zu Hause und enthülse Erbsen.« Auch Janet S. betont, daß ihr nicht mehr viel an Geselligkeit liegt: »Ich bin jetzt lieber daheim. Früher war ich Sonntag abends oft sehr enttäuscht, wenn ich mal kein besonders aktives, ausgefülltes Wochenende gehabt hatte, aber heute trödle ich lieber zu Hause herum, denn selbst mit einem Kind *nichts* zu tun bedeutet, immer etwas zu tun.«

Wenn Mütter sich mit ihrem Baby zu Hause isoliert fühlen und seit der Entbindung noch kein einziges Mal abends ausgegangen sind, fragen sie sich häufig, wie lange es wohl dauern wird, bis sie wieder ein so geselliges Leben führen können wie früher. »Ich habe das Gefühl, daß es nie wieder so sein wird wie früher«, sagt Rachel T., die einen sieben Monate alten Sohn namens Joe hat und seit der Entbindung erst zweimal mit ihrem Mann ausgegangen ist. »Ich frage mich, wie lange das wohl dauern wird. Ich versetze mich immer wieder in die Zukunft, und dann fühle ich mich schuldig, weil ich mir wünsche, daß diese Kindheit möglichst rasch vorbeigeht ... Warum freue ich mich nur so sehr auf ein Leben ohne Joe?«

Für die meisten Mütter gilt jedoch, daß ihr soziales Leben nur selten genauso aussehen wird wie zur Zeit der Kinderlosigkeit. Das Leben geht zwar weiter, und viele Eltern finden neue Möglichkeiten, soziale Kontakte zu pflegen, was zwangsläufig bedeutet, daß sie sich anderen Paaren mit Kindern anschließen. »Ich halte mich jetzt mehr an Freunde mit Kindern und nicht an die, mit denen ich früher viel zusammen war.« Mary E.s Tochter ist ein Jahr alt. »Ich habe mich mit dem Baby in meine enge Welt zurückgezogen. Abends ist mir nicht danach, mit Leuten zu telefonieren, ich habe einfach nicht mehr die Kraft dazu. Und Leute, die ich tagsüber telefonisch nicht erreichen kann, verschwinden irgendwie aus meinem Leben. Ich habe den Kontakt zu meiner besten Freundin verloren, weil mich die Geburt meines Kindes emotional ungeheuer beschäftigt hat und ich über nichts anderes reden konnte, aber meine Freundin mochte das einfach nicht begreifen.«

Maggie M. hat einen Sohn und eine Tochter im Alter von zwei und drei Jahren, einen Teilzeitjob und einen kinderlosen Bruder, der sie immer mal wieder zu überreden versucht, mit ihm einen Schluck trinken zu gehen. »Ich wünsche mir, daß der mal Drillinge zeugt. Und ich möchte, daß alle meine Bekannten jetzt Kinder kriegen, damit sie begreifen, warum ich ständig vergesse, sie anzurufen ... Warum ich nicht stets, wenn überhaupt mal, an ihre Geburtstage denke, warum ich mich am Telefon so benommen anhöre und warum ich mich dauernd entschuldige. Ich habe das Gefühl, daß ich ständig zu irgendwelchen Leuten sage: ›Es tut mir leid, daß ich nicht angerufen habe, aber ...‹«

Die Beeinträchtigung sozialer Kontakte durch Kinder kann sich bei Einkommensschwachen noch verheerender auswirken. Es fehlen ihnen die Mittel, um sich einen Babysitter zu leisten oder Freunde zu sich einzuladen und zu bewirten. Befragungen von Familien mit niedrigem Einkommen haben ergeben, daß viele wegen finanzieller Schwierigkeiten den Kontakt zu ihren Freunden verlieren oder bewußt abbrechen, weil sie Geselligkeiten nicht ertragen, bei denen das Gespräch unweigerlich immer wieder auf ihre Geldsorgen kommt.

Wenn Eltern aus Geldmangel kaum Gelegenheit haben, ihren Kindern zu entfliehen oder einander aus dem Weg zu gehen, führt das häufig zu einer Belastung ihrer Beziehung. Auch das soziale Leben ihrer Kinder wird eingeschränkt, weil sie ihre Freunde nicht zum Essen mitbringen oder nicht an außerplanmäßigen schulischen Aktivitäten teilnehmen können. Zudem verbringen sie viel mehr Zeit vor dem Fernseher, wenn ihre Eltern ihnen nicht erlauben wollen, draußen mit anderen Kindern zu spielen, die von ihren Eltern unbeaufsichtigt sich selbst überlassen werden. Das Fernsehen hat das Gemeinschaftsleben ohnehin ungeheuer beeinträchtigt. Hilda Caldwell wohnte ab 1949 in einem neuerbauten Wohnviertel von Leeds, wo die Kinder aus der ganzen Nachbarschaft eine Clique bildeten und ständig in den diversen Elternhäusern aus und ein gingen. »Als dann jede Familie ihren eigenen Fernseher hatte, kamen die anderen Kinder nicht mehr … mein Mann und ich blieben mit unseren beiden Kindern allein. Ich fühlte mich einsam, mir fehlten die vielen Kinder um mich herum. Es war wie eine große fröhliche Kindergesellschaft gewesen.«[1]

Während sich die alten Freundinnen und Freunde immer weiter zurückzuziehen scheinen, tun sich junge Mütter mit Frauen zusammen, die sie sich vermutlich nie als Vertraute aussuchen würden, wenn sie nicht zur selben Zeit schwanger oder Mütter kleiner Kinder wären. Hannah B. hat in ihrer Mutter-und-Kind-Gruppe »soviel gelacht wie nie zuvor in meinem Leben. Wir haben zusammen ein paar verrückte Sachen angestellt, hatten das Gefühl, aufgrund derselben Erfahrungen zusammenzugehören, erlebten einander manchmal in einer schrecklichen Verfassung und konnten dann sagen: ›Ich kann einfach nicht mehr. Ich muß jetzt schlafen.‹ Und irgendeine von uns sagte dann: ›Okay. Geh nach oben und schlaf, während ich mich um dein Baby kümmere.‹«

Wenn Sie in einer Mutter-und-Kind-Gruppe oder bei der Mütterberatung eine gute Freundin finden, sieht die Sache gleich ganz anders aus. Sie müssen Ihre Erfahrungen mit denen anderer junger Mütter vergleichen, Tips austauschen und sich jemandem anvertrauen können, wenn Ihnen alles zuviel wird. »Ich habe seit der Geburt meines ersten Kindes sehr enge Freundschaften mit anderen Müttern geschlossen.« Irene B. hat zwei Töchter im Alter von sieben und vier Jahren und betreibt einen Secondhandshop für Kinderkleidung. »Die Solidarität, die ich in diesen zwei Jahren erlebt habe, war erstaunlich. Nur Mütter wissen, was Mütter alles am Hals haben. Ich kann ohne weiteres sagen: ›Ich habe völlig falsch auf Rosie eingeredet‹ oder ›Scheiße, ich hatte wirklich einen schweren Tag‹. Selbst wenn die anderen dazu nichts zu sagen haben, hilft es doch, einfach mal loswerden zu können, daß ich nicht zurechtkomme. Die Kehrseite ist, daß man sich mit Müttern anfreundet, die man sich normalerweise nicht als Freundinnen aussuchen würde, und es dauert etwa zwei Jahre, bis man sich einzugestehen traut: O Gott, eigentlich bist du eine dämliche Kuh, ich kann dich überhaupt nicht leiden ... und dann zieht man sich zurück, weil man mittlerweile gescheitere Mütter kennengelernt hat, mit denen man sich anfreunden möchte.«

Kinder verwurzeln ihre Eltern mehr als alles andere in ihrer unmittelbaren Umgebung. Ladenbesitzer und Passanten nehmen sich die Zeit, mit Ihnen zu plaudern, und allmählich werden Ihnen beim Kinderarzt, auf Spielplätzen und vor Schultoren viele Gesichter vertraut. Wenn Eltern ein zweites Kind bekommen, ist es eher unwahrscheinlich, daß sie sich sozial so isoliert fühlen wie nach der Geburt des ersten Kindes, weil sie bereits in ein umfassenderes soziales Netz eingebunden sind, in das ihr neues Baby hineinpaßt. Wenn Kinder selbst Freundschaften schließen, bleibt ihren Eltern gar nichts anderes übrig, als Kontakte zu anderen Eltern zu pflegen und sich mit ihnen gemeinsam um das Wohl ihrer Kinder zu kümmern. Das kommt von selbst und zwingt viele Frauen, weniger verschlossen zu sein.

»Ich gehe mehr aus mir heraus, seit ich Kinder habe. Man muß ja alles mögliche mit ihnen unternehmen, auf der Straße mit Leuten reden, mit ihnen zum Kinderarzt gehen«, sagt Kate L. »Früher war ich ziemlich schüchtern – ich habe lieber den Mund gehalten und die anderen reden lassen. Aber dann habe ich mich einer Musikgruppe für Mütter und Kleinkinder angeschlossen, die sich im Haus einer anderen Mutter traf, und da habe ich jede Menge Leute kennengelernt; daraus entstand dann bei mir ein ganz lebhaftes Interesse für Musik, die ich mittlerweile sehr liebe und pflege.«

Manche junge Mütter empfinden die Atmosphäre in Mutter-und-Kind-Gruppen freilich als einschüchternd. So erging es Mary E.: »Ich fühlte mich völlig isoliert. Ratgeber wie Sheila Kitzinger sagen: ›Gehen Sie in den Park und lernen Sie andere Mütter kennen.‹ Aber das funktionierte bei mir nicht, teils weil ich mich dafür ein bißchen zu alt und auch zu schüchtern fühlte. Ich bin auch mal in einen Mütter-Klub gegangen und habe gezittert, als ich durch das gräßliche Tor ging, und dann hat niemand mit mir geredet. Frauen in solchen Gruppen habe ich nie besonders freundlich gefunden.«

Gelegentlich haben Frauen den Eindruck, daß sie von anderen Müttern verurteilt werden. Kelly C. ist zwanzig und alleinerziehende Mutter eines dreijährigen Sohns, die sich mit Sozialhilfe und der Unterstützung ihrer Mutter über Wasser hält. »Ich gehe in keine Gruppe für Mütter und Kleinkinder. Es ärgert mich einfach, daß irgendwann mal das schlechte Beispiel einer alleinstehenden Mutter genügt, um alle anderen guten alleinstehenden Mütter zu deklassieren. Die Mütter mit Partnern gukken mich an, als wäre ich eine Schlampe.« Kelly wohnt in einem schäbigen Gemeindewohnhaus in Essex und fühlt sich durch ihre Umgebung noch mehr isoliert. Sie will mit den anderen Müttern im Hause nichts zu tun haben, weil »viele von ihnen so komisch sind. Hier wohnt eine Frau, die vorher in einem Obdachlosenasyl war und den ganzen Tag bloß schläft, während ihre Kinder draußen herumtoben. Die Frauen sind hier alle ziemlich merkwürdig, und mit denen will ich mich wirklich nicht anfreunden.«

Wenn sich Frauen als Mütter unsicher fühlen oder depressiv sind, fällt es ihnen oft schwer, einen Menschen zu finden, dem sie sich anvertrauen können. Für junge Mütter ist es heute offenbar besonders schwierig, mit der Familie, dem Partner und Freundinnen über ihre Probleme zu sprechen. Bei meinen Befragungen für dieses Buch wurde mir sehr rasch klar, daß ich häufig als unbezahlte Therapeutin diente. Ich habe Hunderte von vertraulichen und anstrengenden Gesprächen mit jungen Müttern über das Trauma der Entbindung geführt, den Schock des Danach, die Furcht, ihrer Aufgabe nicht gewachsen zu sein, den immensen Einfluß des Babys auf ihren emotionalen und psychischen Zustand und das Verhältnis zum Partner, weil sie nirgendwo sonst über diese Probleme offen sprechen konnten.

Imogen A. ging bald nach der Geburt ihrer zweiten Tochter in eine Mutter-und-Kind-Gruppe, weil sie unbedingt aus dem Haus kommen und einer postnatalen Depression vorbeugen wollte, unter der sie nach der Geburt ihres ersten Kindes gelitten hatte. »Ich war sehr erstaunt über all diese betuchten Frauen, die es eindeutig nicht nötig hatten, zu arbeiten, und über Babywäsche und Schulen plauderten, als hätten sie keine anderen Sorgen auf der Welt. Offenbar machten sie nicht dasselbe durch wie ich: Ich sorgte mich um Arbeit und Verdienst, um meine erste Tochter, die ich anderen überlassen mußte, als ich die zweite bekam, und außerdem war ich sehr erschöpft. Angesichts der offenkundigen Gelassenheit dieser Mütter fühlte ich mich noch schlechter, obwohl ich doch wußte, daß die Mutterschaft auch für sie nicht die reine Wonne sein konnte.«

Wenn Sie sich als Mutter unsicher fühlen, können harmlose Fragen wie »Zahnt sie/läuft sie/spricht sie/schläft sie nachts schon durch?« Ihr Selbstvertrauen noch weiter untergraben. Sofort denken Sie besorgt darüber nach, warum sie noch nicht zahnt oder läuft, spricht oder durchschläft, und Kommentare wie »Gott, für zwei Jahre ist sie aber groß (oder klein)« lösen einen Anfall von Selbstzweifeln aus. Als Mutter braucht man Selbstvertrauen, um solchen Verhören durch andere Mütter standzuhalten oder ihre oft widersprüchlichen Ratschläge zu ignorieren – Selbstvertrauen, das nur wenige Mütter besitzen.

Die Mutter, die noch herumtastet und nur vorgibt, alles im Griff zu haben, während sie sich damit plagt, die Rückkehr an den Arbeitsplatz, die Mutterpflichten und schlaflose Nächte unter einen Hut zu bringen, kann die zur Schau getragene Selbstsicherheit von Müttern, die alles zu wissen und zu können scheinen, als sehr verstörend empfinden. Mir jedenfalls ist es so ergangen. Die Mutterschaft verleiht offenbar manchen Müttern einen Freibrief, sich als Neunmalkluge anmaßend aufzuführen. Eine von mir befragte Frau, Mutter eines sieben Monate alten Jungen, ließ mich vor Erstaunen und Entsetzen verstummen, als sie kategorisch erklärte, sie würde sich nie mit einer Frau anfreunden, die ihr Baby mit der Flasche ernährt. »Das Baby tut mir leid. Auch wenn ich den Eindruck habe, daß eine Mutter ihr Baby nicht oft genug im Arm hält, kann ich mich mit ihr nicht anfreunden.« Für sie war das Muttersein zur Ideologie geworden, nach der sie alles fehlerlos machte: Sie sorgte für die richtige Ernährung und die richtigen Anregungen, und natürlich wollte sie erst wieder arbeiten gehen, wenn ihr Kind wenigstens das Schulalter erreicht hatte. Doch indem sie sich zum Musterbeispiel mütterlicher Perfektion stilisierte, hatte sie den großen Reinfall bereits vorprogrammiert, und ich reagierte nicht weniger unnachsichtig, als ich mir ausmalte, wie sie wohl mit einem widerspenstigen, irrationalen Zweijährigen fertig werden würde, der sich ihrer beherrschenden Art nicht mehr unterwarf.

Wir sehen: Alles, was mit dem Kinderhaben zusammenhängt, trennt Frauen im selben Maße, wie es sie potentiell verbindet. Wenn wir nicht schon in der Grundsatzfrage Flasche oder Brust verschiedener Meinung sind, scheiden sich die Geister in den Diskussionen darüber, ob wir wieder arbeiten gehen oder nicht, ob wir unsere Babys sich in den Schlaf weinen lassen, ob wir unsere Kinder mit Gebäck, Süßigkeiten und Fleisch statt mit Reisknusperle, Rosinen und Gemüseburger füttern, ob und wie wir unsere Kinder disziplinieren. Die meisten Leute neigen zu der Ansicht, die Erfahrung der Mutterschaft sei im wesentlichen für alle Frauen gleich, obwohl es tatsächlich – und natürlich – große Unterschiede im Verhalten und im Lebensstil gibt.

Michelle R.: »Wenn man ein Baby hat, erweitert sich der Bekanntenkreis beträchtlich. Aber die Vorstellung, weil man ein Baby hat, müsse man mit einer anderen Frau, die auch ein Baby hat, zwangsläufig viel gemeinsam haben, behagt mir nicht. Hinter all den Freundlichkeiten, die man von einer Mutter mit einem älteren Kind zu hören bekommt, steckt doch nur: Das kommt alles noch auf dich zu, und das ist kein Spaß. ›Warten Sie, bis es anfängt zu zahnen!‹ Sie wollen einem einfach die Freude nehmen.«

»Als ich Zachia bekam, hatte ich von nichts eine Ahnung.« Isis T., eine schwarzhäutige Rechtsberaterin mit einer 16 Monate alten Tochter, erwartet ihr zweites Kind. »Ich begriff – vielleicht zu spät –, daß wir selbst herausfinden mußten, wie wir mit dem Kind umgehen sollten. Beim zweiten Kind werde ich es so machen, wie ich es für richtig halte. Ich hasse zum Beispiel Schnuller, aber alle Welt sagte mir, Zachia brauche einen Schnuller, also kaufte ich einen, den ich dann doch weggeworfen habe. Es hieß, ich solle sie im Bettchen liegenlassen, aber sie war nun mal ein Baby, das ständig im Arm gehalten werden wollte. Die Leute erzählen einem so viel, daß es einen ganz verwirrt und man sich dem, was sie sagen, kaum entziehen kann, statt alles so zu machen, wie man es für richtig hält.«

Sie brauchen Mut und die Überzeugung, daß Sie stets tun, was für Sie und Ihr Kind am besten ist, wenn andere Mütter Sie leichtfertig und unbedacht in ein schiefes Licht rücken, doch über nichts erhitzen sich die Gemüter so sehr wie über das Thema Berufstätigkeit und Mutterschaft.

Wenn eine berufstätige Mutter stark überlastet ist oder ihren Job haßt, ihn aus finanziellen Gründen aber nicht aufgeben kann, ist es nur allzu verständlich, daß sie alle daheim bleibenden Mütter um den Luxus beneidet, den sie als versorgte Frauen genießen: um die viele Zeit, die sie ihren Kindern widmen können, um die größeren Energiereserven, die sie offenkundig haben (da sie ja vormittags zum Aerobic-Kurs gehen können). Ganztagsmütter wiederum kaschieren gern ihren Neid auf die Freiheit und das eigene Einkommen der berufstätigen Mutter, indem sie den Mythos nachbeten, die Berufstätigkeit der Mutter schade den Kindern.

»Ja, ich habe ein bißchen aggressive Gefühle Frauen gegenüber, die gleich wieder arbeiten gehen. Ich weiß auch nicht, aber ich halte sie einfach nicht für richtige Mütter.« Sue P. hat eine leitende Stellung im Journalismus aufgegeben, um ihren kleinen Sohn zu betreuen. »Ich kenne Frauen, die es finanziell überhaupt nicht nötig haben, aber trotzdem wieder arbeiten gehen, wenn ihre Babys drei Monate alt sind. Ich weiß nur, daß ich mit solchen Frauen eigentlich nichts zu tun haben will – ich lehne sie zwar nicht prinzipiell ab, aber ich werde mich ganz bestimmt nicht mit ihnen anfreunden.«

Ganztags arbeitenden Müttern bleibt weniger Zeit für ihre Freundinnen, vor allem die kinderlosen. Zwar haben sie Freundinnen und Kollegen am Arbeitsplatz, doch wenn sie abends und am Wochenende zu Hause sind, wollen sie in der Regel mit ihren Kindern zusammensein, um die emotionalen und körperlichen Bande zu ihnen zu pflegen, was viele von ihnen – unter Schuldgefühlen leidend – während der Arbeitswoche versäumt haben. Ganztags arbeitende Mütter gehen nicht in Mutter-und-Kind-Gruppen. Einsam und gelangweilt stehen sie am Wochenende auf Spielplätzen herum, wenn sie nicht zufällig auf andere in der Gegend wohnende berufstätige Eltern stoßen, die sie kennen. Gespräche mit Bekannten über die Kinder finden telefonisch statt, oder die Kinder sind das Thema hastiger Small talks mit anderen berufstätigen Müttern, bevor sie alle der Arbeitsplatz ganz beansprucht.

Das mütterliche Selbstvertrauen entwickelt sich mit der Zeit, und allmählich – häufig nach der Geburt des zweiten Kindes – findet jede Frau den Stil, der ihr behagt. Wenn eine Mutter Sie über die Entwicklung Ihres Kindes oder – persönlicher – über Ihr Befinden ausfragt, sollten Sie diese Fragen nicht unbedingt als anmaßend oder zudringlich empfinden, denn es ist durchaus möglich, daß sie selbst nur Ermutigung sucht und ihr eigenes Selbstvertrauen untermauern will.

Manche Gesprächsthemen werden zwischen Müttern ganz ausgespart für den Fall, daß sie kränkend sein könnten. »Wenn mir irgend jemand irgend etwas vorschlug, hatte ich stets das Gefühl, daß ich es falsch machte, aber ich wollte es doch so machen, wie ich es für richtig hielt.« Clare J. hat zwei Kinder im Alter von sechs und drei Jahren. Heute, da sie über die Schwierigkeiten der frühen Mutterschaft hinweg ist, stellt sie fest, daß sie sich, wann immer sie mit einer Schwangeren ins Gespräch kommt, jener Verschwörung des Schweigens anschließt, von der die Mutterschaft umgeben ist. »Ich hatte mir damals vorgestellt, daß es vom ersten Tag an wunderbar sein würde, und deshalb sage ich kein Wort, wenn ich nun selbst von einer Schwangeren zu hören kriege, daß alles ganz wunderbar werden würde: weil sie zu Hause arbeiten könne, während das Baby in seinem Körbchen liege und alles so weitergehe wie bisher. Ich halte lieber den Mund, weil es mich damals völlig verrückt gemacht hat, wenn mir Leute Ratschläge gaben.«

Wenn Eltern mit einem Säugling zu Ihnen zum Abendessen kommen und sich über das schwache Wimmern des Neugeborenen aufregen, wissen Sie, daß sich dieses »Schreien« für sie wie ein Nebelhorn anhört. Es wäre leicht, den Eltern zu erklären, daß das Baby bloß müde sei und schlafen müsse. Statt dessen sehen Sie zu, wie die beiden das Kind herumschaukeln oder ängstlich seine Windel untersuchen. Die Mutter gibt dem Baby die Brust, erst die eine, dann die andere, was es noch mehr schreien läßt, und dann klopft sie ihm so heftig den Rücken, daß es ihr hinten auf die Bluse spuckt. Dann murmeln die Eltern etwas von »Ansteckung« und diskutieren, ob sie den Arzt anrufen sollten. Dabei sagt Ihnen Ihre Erfahrung, daß das Baby nur vor Müdigkeit schreit, nicht vor Hunger oder Schmerz. Nach Jahren der Mutterschaft wissen Sie mittlerweile, daß Babys halt schreien und irgendwann damit aufhören. Und Sie wissen auch, daß Ihre Gäste vom ersten Augenblick der Sorge um ihr Baby an außerstande sind, noch irgend etwas zu essen, während Sie sehnlichst darauf warten, endlich den Pudding servieren zu können. Aber Sie dürfen beileibe nichts sagen, weil es als Einmischung mißverstanden werden könnte.

Die leichteste Art und Weise, in Ihrer Mutter-und-Kind-Gruppe zur Persona non grata zu werden, besteht darin, daß Sie Ihr Zweijähriges, festgeschnallt im Buggy mit heruntergeklapptem Verdeck, in einem Gartenwinkel sich selbst überlassen, wo es sich vor Übermüdung in den Schlaf weint. Es wird nicht lange dauern, bis sich eine Mutter einmischt, Ihren Nachwuchs aus dem Buggy hebt, um ihn zu trösten – oder Ihnen eine Standpauke hält, weil Sie Ihrem Kind psychischen Schaden zugefügt haben. Als ich einmal mit meiner damals achtzehn Monate alten Tochter wegen einer Impfung beim Kinderarzt war, spürte ich, wie mir die Galle hochkam: Während wir im Wartezimmer saßen, entdeckte die Kleine im Unterkorb eines anderen Buggys einen Ball und versuchte, ihn herauszuangeln. Ich ermahnte sie leise, sie solle ihn in Ruhe lassen, weil er nicht uns gehöre. Die andere Mutter aber gab ein mißbilligendes Zischen von sich und sagte: »Sie ist doch noch viel zu klein, um das zu verstehen.« Sie hätte andere, nettere Dinge sagen können, meiner Tochter den Ball zum Spielen geben oder einfach den Mund halten können.

Ihre überhebliche Selbstsicherheit war mir zuwider, und dennoch machen sich nahezu alle Mütter in gewissem Grade des gleichen Vergehens schuldig. Da wir so viel in die Mutterschaft investieren und der ständigen Sorge um das Wohl unserer Kinder nicht entrinnen können, werden wir als Mütter zwangsläufig zu hochgradigen Expertinnen. Ich selbst muß mich sehr beherrschen, wenn ich im Winter draußen ein Baby ohne Mütze sehe; wenn ich beobachte, wie man Sechsjährige in Buggys herumschiebt, statt sie laufen zu lassen; wenn ich Kleinkinder sehe, die Coca-Cola aus der Flasche nuckeln, oder Kinder, die auf dem Schulweg Süßigkeiten essen. Auch ich also fälle oft Werturteile. Wenn ich Frauen sehe, die Kinder im Auto nicht anschnallen, kann ich nicht verstehen, warum man ihnen nicht längst den Führerschein abgenommen hat; wenn ich erlebe, wie Mütter ihre Kinder hart bestrafen oder ihnen Beschimpfungen an den Kopf werfen, sind sie mir sofort unsympathisch, auch wenn ich keine Ahnung habe, wer sie sind oder wie ihr Leben aussieht.

Wenn Kinder heranwachsen, bekommen es Eltern auch mit immer komplizierteren Fragen der gesellschaftlichen Etikette zu tun. Beispielsweise werden Sie von neuen Bekannten zum Essen eingeladen, nur weil Sie Kinder in etwa demselben Alter haben. Die Kinder aber können einander vom ersten Augenblick an nicht ausstehen, sitzen mürrisch in weit voneinander entfernten Ecken und bringen ihre Langeweile mit tiefen Seufzern und der Ablehnung sogar von Süßigkeiten zum Ausdruck. Wenn meine Töchter als Gäste im Haus anderer Leute jammern und quengeln oder gar einen Wutanfall kriegen, würde ich sie am liebsten übers Knie legen. Kinder bringen andere Kinder dazu, ihnen Gegenstände zu »leihen«, von denen diese sich gar nicht trennen wollen; rasch kommt es zum Streit, und es ist nahezu unmöglich, herauszukriegen, wer ihn angefangen hat. Einem beharrlich schweigenden Kind die Floskel soufflieren zu müssen: »Vielen Dank, daß ich kommen durfte«, wenn Sie es aus dem Elternhaus eines anderen Kindes abholen, ist äußerst beschämend. Ich möchte im Boden versinken, wenn meine Tochter in Hörweite von Gastgebern ungeduldig nach ihrem Mantel verlangt. Und wenn Sie mit den Eltern der Freunde Ihrer Kinder Freundschaft schließen, zeigt sich bald, daß es eine Fülle von brisanten Themen gibt, über die man verschiedener Meinung ist: Politik, Ausländer, Schulformen und so weiter.

Kinder können alte Freundschaften mit Paaren, die bereits Kinder haben, durchaus intensivieren, weil es nun weitere Gemeinsamkeiten für Gespräche und Aktivitäten gibt. Doch finden sich auch jede Menge Anlässe für Unstimmigkeiten. Als potentielle Minenfelder für Differenzen erweisen sich oft die falsche Ernährung von Kindern und elterliche Laxheit: beispielsweise Kleinkinder mit der Flasche in der Hand herumlaufen zu lassen oder ihnen das vorzeitige Wegrennen vom Tisch zu erlauben, bevor alle anderen mit dem Essen fertig sind. Wir waren einmal bei guten Freunden zum Essen eingeladen. Das Dessert war noch nicht serviert, als eine ihrer Töchter keck verkündete: »Ich finde, der Besuch soll jetzt gehen, ich will mit meinen Puppen spielen.« Ihre Eltern empfahlen ihr weder, woanders zu spielen, noch lachten sie über ihre Äußerung, um sie locker als Spaß abzutun – so daß wir alle dasaßen, uns unbehaglich fühlten und uns fragten, ob wir überhaupt willkommen waren, wenngleich es albern gewesen wäre, der Laune ihres Kindes nachzugeben und uns zu verabschieden, bevor das Essen ganz vorüber war.

Meinungsverschiedenheiten über Disziplin oder über die Frage, ob man die Kinder anderer Leute schelten darf, führen oft zu größten Schwierigkeiten und Verärgerungen. Wenn Sie Gastgeberin sind, haben Sie meiner Meinung nach die Pflicht, die Freunde Ihrer Kinder mit derselben Aufmerksamkeit und Fürsorglichkeit zu behandeln wie ihre eigenen und sie, falls notwendig, auch zu tadeln. Doch wenn sich die Kinder von Freunden schlecht benehmen, Ihr eigenes Kind unter den Augen ihrer Eltern beleidigen oder verletzen, ohne daß diese eingreifen, dann ist guter Rat teuer. In dem Dilemma, entweder das Risiko einzugehen, die Freunde zu kränken, oder die Belange des eigenen Kindes zurückzustellen, entscheiden sich fürsorgliche Eltern notgedrungen für letzteres, und so manche alte Freundschaft bekommt einen Knacks.

Die Außenwelt scheint für eine Mutter mit einem Neugeborenen mitunter so abweisend und kompliziert zu sein, daß viele Frauen sich in die Isolation zurückziehen. Junge Mütter müssen ihre Kraft auf das Neugeborene und die eigene Genesung konzentrieren, und oft mangelt es ihnen an Energie und Selbstbewußtsein, um auch noch ihre Verbindungen zur Außenwelt zu pflegen. Rachel T. hat einen sieben Monate alten Sohn: »Im Augenblick ist alles ein bißchen verwirrend, weil ich mich außer auf ihn auf niemanden konzentrieren kann und zu wenig Kraft oder Toleranz für irgend jemand außer ihm aufbringe. Ich komme mir insofern ein bißchen unnütz vor, als ich nur für ihn und niemand sonst wichtig bin. Ich weiß im Augenblick einfach nicht, wer ich eigentlich bin und wohin das Manko bei meinen sozialen Kontakten führen soll.«

Hannah B. fühlte sich »ganz und gar aus der Welt. Die Mutterschaft macht einen emotional verletzlich, weil man sich ständig um dieses kleine Geschöpf sorgt, das einem so viel bedeutet.

Ich erinnere mich daran, wie ich zum erstenmal abends ausging, um einen alten Freund zu treffen, als Jill fünf Monate alt war. Als er mich fragte, wie es mir denn gehe, antwortete ich: ›Jill hat einen Zahn gekriegt.‹ Er sagte: ›Großartig, aber wie geht es dir?‹ Ich erwiderte: ›Na ja, eigentlich ist es schon ihr zweiter Zahn.‹ Erst als er endlich zu mir durchdrang, wurde mir klar, daß ich wirklich nicht sagen konnte, wie es mir ging.«

Dieses unter jungen Müttern verbreitete Gefühl, sozial isoliert zu sein, ist ein Charakteristikum der modernen westlichen Industrieländer. Bis zum Ende des 17. Jahrhunderts genossen nur wenige Menschen den Luxus, jemals länger allein sein zu können. Die Häuser waren so gebaut, daß Schlafen, Essen und alltägliche Verrichtungen meist in ein und demselben Raum stattfanden, den zahlreiche Mitglieder der Großfamilie miteinander teilten. Der Hausbau des 18. Jahrhunderts gestand Familien ein bißchen mehr privaten Raum zu, beispielsweise separate Schlafzimmer, doch das soziale Leben spielte sich weitgehend in der Öffentlichkeit, auf Straßen und Märkten ab.

Im viktorianischen England fühlten sich ärmere Familien eng mit den in ihrer Straße wohnenden Menschen verbunden: Nachbarn gingen in Nachbarhäusern ein und aus und halfen sich gegenseitig. Frauen der Arbeiterschaft mögen zwar kaum Kontakt zur Außenwelt gehabt haben, doch waren sie stark auf ihre Nachbarn und ihre naturgemäß ganz in der Nähe wohnende Verwandtschaft angewiesen. Es galt als selbstverständlich, daß die Armen einander aushalfen, und die enge Nachbarschaft bedeutete, daß es nur wenig Geheimnisse gab; die meisten wußten, wo es bei anderen fehlte. Wenn eine Frau krank war, kümmerte sich eine Nachbarin um die Wäsche oder nahm sich ihres Kindes an. Man bemühte sich tatkräftig, Waisen vor dem Armenhaus zu bewahren, und es ist sogar überliefert, daß einmal eine Straße eine Abordnung bildete, die einen Schürzenjäger davon abbringen sollte, seine Ehe und seine Familie zu zerstören.

Heute wohnen Mitglieder ein und derselben Familie nur selten ein paar Gehminuten voneinander entfernt. Zudem ziehen wir häufiger um als Menschen früherer Generationen, nicht zuletzt wenn ein Kind erwartet wird oder geboren worden ist, und entfernen uns von alten Freunden und Nachbarn. Mit einem Baby irgendwohin zu fahren, kann zu einem Ganztagsunternehmen werden, und deshalb neigen Mütter häufig dazu, allein zu Hause zu bleiben, solange ihre Kinder noch sehr klein sind.

Der Schock der jungen Mutterschaft besteht zum Teil auch darin, daß selbst ganz normale Vorhaben wie eine kurze Fahrt mit öffentlichen Verkehrsmitteln sich als unerhört schwierig erweisen, wenn man mit dem Baby oder Kleinkind unterwegs ist. Fahren Sie mit dem Bus, müssen Sie an der Haltestelle das Baby, Ihre Tasche und den zusammengeklappten Buggy halten und heben, damit Sie einsteigen können, bevor sich die Bustüren wieder schließen. Fahrende Busse können für Kleinkinder gefährlich sein. In Londoner Bussen bestehen gestrenge Schaffner darauf, daß Buggys nur im Gepäckabteil transportiert werden dürfen, und so wanken Sie mit dem Baby auf der Hüfte, dem Buggy und der Tasche in der Hand nach hinten, wobei Sie nicht imstande sind, Ihr älteres kleines Kind festzuhalten, das im fahrenden Bus unweigerlich hin und her gestoßen wird. Sie können fast hören, wie die anderen Fahrgäste denken: Wenn sie mit ihren zwei Kindern nicht zurechtkommt, soll sie doch lieber zu Hause bleiben.

Man braucht Mut, wenn man es zur Hauptverkehrszeit in einer Londoner U-Bahn-Station mit einer Rolltreppe aufnehmen will, wo Kleinkinder leicht übersehen und erdrückt werden können. Mit dem Auto irgendwohin zu fahren, bedeutet Streß innerhalb des Wagens und Streß durch andere Autos im Verkehr. Wenn das Baby schreit und nicht beruhigt werden kann, wenn es keine Möglichkeit zum Anhalten gibt, um es zu stillen oder die Windeln zu wechseln, wenn ein Kleinkind krank oder auch nur weinerlich ist, scheinen Autofahrten kein Ende nehmen zu wollen. Als ich Kate L. kennenlernte, mußte sie nachts ihr sieben Wochen altes Baby drei- bis viermal stillen und außerdem mit ihrem fünfjährigen sehr eifersüchtigen Erstgeborenen fertig werden, der Schwierigkeiten hatte, sich in seiner neuen Schule einzugewöhnen. »Man vergißt, wie schwierig es ist, mit einem kleinen Baby da draußen etwas zu unternehmen. Wir versuchen am Wochenende immer wieder, als Familie gemeinsam mal rauszufahren, aber am letzten Samstag zum Beispiel gerieten wir auf dem Weg nach Richmond in einen Stau, und das Baby fing an zu schreien. Ach, wir hatten uns eigentlich ein vergnügtes Wochenende ausgemalt ... Der Kleine hörte auf zu schreien, wenn das Auto fuhr, aber wenn es vor einer Ampel oder in der Schlange hielt, fing er sofort wieder an. Man kann ja nicht nach hinten langen, und man darf die Kinder auch nicht aus den Kindersitzen nehmen, also denkt man bloß: *Halt endlich den Mund!* Irgendwann mußten wir zum Stillen stoppen, und dann stürzte Ira vom Fahrrad, so daß wir das auch noch am Hals hatten, und als wir endlich wieder zu Hause waren, dachte ich: Was für ein beschissenes Wochenende – wären wir bloß nicht weggefahren.«

Mit fröhlichem Optimismus nehmen wir an, daß wir eines nicht zu fernen Tages mit unseren Kindern ganz alltägliche Unternehmungen wie Einkaufsbummel oder Café- und Restaurantbesuche genauso eifrig betreiben werden, wie wir es seinerzeit als Kinderlose getan haben. Wir sind fest entschlossen, unseren Kindern zu zeigen, daß es im Leben noch etwas anderes gibt als Walt Disney, indem wir sie in die Welt einführen, in der wir uns als Erwachsene gern bewegen und uns ausnahmsweise mal nicht einzig und allein mit Kinderkram beschäftigen müssen. Und dann entdecken wir, daß eine billige Mahlzeit bei McDonald's oder in einer Pizzeria, wo die Kinder zufrieden sind, entschieden bequemer ist als das Speisen in einem ausgesuchten Restaurant, wo der Nachwuchs stillsitzen muß und es ihm schwerfällt, zwanzig Minuten auf den nächsten köstlichen Gang zu warten. Wie haben wir über diese Kinderlokale die Nase gerümpft, als wir noch keine Kinder hatten! Und wie sehnen wir ihre Wickeltische herbei, wenn hinten im Auto das Baby schreit und der Dreijährige aus Langeweile Erdnußtütchen gegen die Windschutzscheibe schleudert. »Jetzt dauert's nicht mehr lange, bis wir halten, und dann gibt's Fischstäbchen und Pommes, und du darfst ein bißchen auf die Schaukel«, verkünden Sie frohlockend, während Sie eine weitere Kassette mit Kinderliedern in den Recorder schieben.

Ein leichteres Leben tut sich auf, wenn wir nach und nach in eine andere Welt gesogen werden, in der Kinder willkommen sind. Mitunter widersetze ich mich diesem Abgleiten in die Banalität und bestehe darauf, meine Kinder in die mir vertraute Welt einzuführen. Ich rede mir ein, der Typ der vielseitig interessierten, weltläufigen Mutter zu sein, die auswärts ißt und mit ihren kleinen Kindern – eines auf den Schultern, das andere an der Hand – kulturelle Einrichtungen besucht. Tatsächlich aber verbringe ich meine freie Zeit überwiegend damit, sie in Buggys auf Spielplätze zu schieben oder ihre Fahrräder nach Hause zu schleppen, wenn sie keine Lust mehr haben, mit ihnen zu fahren. Ich erinnere mich daran, daß ich einmal im Sommer unerbittlich darauf bestand, daß meine Töchter mit mir die Ausstellung »Französische Landschaften« in der Hayward Gallery besuchen sollten, weil ich die keinesfalls versäumen wollte. Es würde ihnen guttun, schöne Gemälde anzuschauen statt fernzusehen, argumentierte ich, und es wäre auch kein teures Unternehmen, weil die Kinder freien Eintritt hatten. Ich begriff auch bald, warum. Nach einer langen Debatte mit der Garderobenfrau am Tresen – der Raum dahinter war größer als mein Wohnzimmer –, die sich weigerte, den Buggy in Verwahrung zu nehmen, weil sie dafür keinen Platz habe, schob ich den Buggy mit Taschen und Kindern in die von Erwachsenen wimmelnde Galerie. Ich gab mir die größte Mühe, meine Töchter für die Bilder zu interessieren, aber meine Große strebte bloß in den Shop der Galerie. Ich wollte natürlich auch unbedingt verhindern, daß meine Kleine in der Menge untertauchte und die Erwachsenen nervte, indem sie aus vollem Halse schreiend in der riesigen Halle herumrannte. Aber alles war vergebens: Ich verbrachte mehr Zeit damit, meine Kinder zu bändigen, als die Bilder anzusehen.

Wir müssen unsere Kinder durch das Leben steuern, wie es nun einmal ist, nicht durch die idyllische, kinderfreundliche

Welt, die wir gern hätten. Doch die Bemühungen, Kinder nach und nach in die Erwachsenenwelt zu integrieren, erfordern so viel Anstrengung und Diplomatie – nur damit wir unsere Freizeit ein bißchen nach unserer Neigung verbringen können –, daß es am Ende entschieden leichter ist, entweder gleich zu Hause zu bleiben oder sich von den Kindern auf den Spielplatz und in den Video-Verleih führen zu lassen. Unser Bedürfnis nach Geselligkeit und Kultur fällt ihren Bedürfnissen zum Opfer, wenn wir für sie nach neuen Spielplätzen suchen oder bis zum Oberschenkel in Swimmingpools stehen und die Kleinen über Wasser halten, statt selbst zu schwimmen; wenn wir ihnen eine ausgewogene Kritik des neuesten Disney-Films liefern oder die Geburtstagspartys unseres Nachwuchses organisieren, auf denen wir uns dann mit den Eltern der Freunde unserer Kinder zusammentun, während wir unsere eigenen Freunde nie sehen. Eltern gehen allenfalls gelegentlich tagsüber zum Vergnügen aus, oft gleich morgens, und überlassen die launigen Abende den Kinderlosen.

Eltern werden zwangsläufig in die Freuden der Erlebnisparks, Rummelplätze und Zoos hineingesogen, in denen es von Kindern wimmelt und wo sie – trostreich – alle anderen Eltern mit genau denselben Problemen kämpfen sehen: quengelnden Kindern gut zureden, Süßigkeiten und Getränke rationieren, Schlange stehen vorm WC und den Abstecher in den Shop so lange wie möglich hinauszögern. Eines Tages ertappte ich mich dabei, wie ich einer Freundin gegenüber ein Loblied auf »Legoland« sang, mich über die geschmackvolle Anlage und die überraschende Qualität des Essens im Restaurant erging; dabei wäre mein vormütterliches Ich Hals über Kopf vor dieser geistigen Selbstverstümmelung geflohen. Die Maßstäbe sinken also, weil man nirgendwoanders mehr hinkommt und sich schließlich ganz wie ein Kind von den glitzernden Reizen angezogen fühlt.

In Großbritannien entstehen gegenwärtig überall bürokratisch geführte, institutionalisierte Scheußlichkeiten, die als »Hallen-Kleinkinderland« und »Hallen-Abenteuerspielplätze« angepriesen werden – für Kinder so attraktiv, daß sie sich den

Besuch erquengeln. Wenn man die große, fensterlose, lärmende Halle mit fluoreszierendem Licht betritt, muß man erst einmal seinen Buggy gegen einen vorgeschriebenen betriebseigenen austauschen, die Schuhe ausziehen und numerieren lassen, und das Kind bekommt ein Namensschild, damit man am Ende nicht mit einem falschen Kind nach Hause geht. Klaustrophobische Erwachsene fühlen sich hier in die gräßlichste Folterkammer der Welt versetzt, während ihre Kinder es nicht abwarten können, in dieses phantastische, vielfarbige, immer dichter werdende Gewühl von Hunderten anderer kreischender Kinder mit glühenden Gesichtern einzutauchen.

Begreiflicherweise macht das den Kindern Spaß, aber warum unterscheidet sich ihre Vorstellung vom Spaßhaben so kraß von der unseren? Und warum nur werden Eltern heute von solchen »kindgemäßen« Veranstaltungen ausgeschlossen, denen sie allenfalls vom Rande her zusehen dürfen? Wie konnten wir nur so rasch von der einst idyllischen, ruhigen Kindheit mit *Mensch ärgere dich nicht* und *Pu der Bär* in diesen Trubel abgleiten? Gemäß dem französischen Historiker Philippe Ariès[2] haben Kinder seit dem 16. Jahrhundert zumeist dieselben Spiele gespielt wie die Erwachsenen: etwa Kegeln, Kartenspiele, Glücksspiele und Frühformen des Tennis. Feste waren viel wichtiger als heute, und Menschen jeden Alters nahmen an ihnen teil. Die Trennung zwischen der Welt der Kinderlosen und der Welt der Familie, wie wir sie heute kennen, gab es noch nicht. Doch in diesen modernen Kinderspielzentren können Sie als Mutter nicht einmal mit Ihrem Kind interagieren und an dem Spaß teilhaben, weil das Konzept vorsieht, daß Ihr Kind in einer abgeschlossenen, relativ sicheren Umgebung ganz ohne Sie zurechtkommt. Sie können es freilich auch nicht einfach seinem Vergnügen überlassen, weil es für Sie hier sonst nichts zu tun gibt. Sie bemühen sich also, Ihr Kind im Auge zu behalten, während es herumtollt und beispielsweise mit Hunderten von anderen Kindern in riesige Bottiche voll bunter Bälle springt – und hoffen dabei, daß die Kleinen sich nicht weh tun, derweil Sie selber herumstehen wie ein Ölgötze.

Ich verfolge heute im Fernsehen mehr Sendungen für Kinder als für Erwachsene. *Blue Peter* hilft meiner Bildung auf, und bei der *Sesamstraße* stimme ich in das Geschrei meiner Kinder mit ein. Ich habe meine Liebe zum Basteln wiederentdeckt, forme Kugeln aus Pappmaché oder Figuren aus Salzteig, und nichts ist so schön, wie mit meinen Töchtern im Bad lauthals *alle* Lieder aus *The Sound of Music* zu singen.

Es bereitet mir unendliche Freude, im Leuchten und Flackern von Zirkuslichtern die gebannten Gesichter meiner Kinder zu beobachten, wenn sie zu geschmeidigen, beneidenswert schwerelosen Körpern hinaufstarren, die vom Trapez in ausgestreckte Hände wirbeln, oder über die Possen der Clowns lachen und ihnen mit Zurufen aus der Patsche helfen wollen. Abendliches Feuerwerk begeistert mich viel mehr, wenn ich ihre erregten Wangen an den meinen spüre, und Weihnachten wäre ohne sie natürlich überhaupt nichts. Weihnachtslieder und die weihnachtliche Frömmigkeit bewegen mich heute als Mutter mehr als je zuvor, weil mir die Bedeutung des Festes zu Herzen geht: Es feiert die Geburt eines Kindes, eines besonderen Kindes – und auch meine Kinder sind ja etwas Besonderes.

Eltern stellen mithin sehr oft fest, daß sich ihre Werte und Prioritäten nach der Ankunft ihres kostbaren Erstgeborenen radikal verändern. Viele reagieren sensibler auf Probleme – beispielsweise Bildungsfragen oder Sicherheit im Straßenverkehr –, die für das künftige Wohl ihres Kindes von Belang sind. Manche geraten über örtliche Mißstände in Zorn, die sich direkt auf den Alltag ihrer Familie auswirken. Eine von mir befragte Frau beispielsweise schrieb erboste Briefe an die örtlichen Behörden, weil es sie empörte, daß Frauen, die zu Hause bei ihren Kindern bleiben und keine Sozialhilfe beziehen, ohne Anspruch auf eine kostenlose Freizeitkarte seien. »Ich hätte mich früher mit so etwas natürlich überhaupt nicht befaßt«, sagte sie mir.

Andere wiederum ziehen sich zurück, um ihre Familie zusammenzuhalten und zu versorgen, und interessieren sich nicht mehr für umfassendere Fragen wie Emanzipation oder die Ungerechtigkeiten der leidenden Welt – sofern derartige Probleme sich nicht direkt auf das Wohl ihres Kindes auswirken. Penny W., die für eine ökologische Stiftung arbeitet, stellte fest, daß sich ihre Überzeugungen nach der Geburt ihres Kindes drastisch verändert haben. Sie denke seither weniger politisch: »Wenn ich heute etwas über akute Luftverschmutzung höre, sage ich nicht: ›Verdammte Regierung und verdammte Autos‹ – sondern vielmehr: ›Was soll ich tun? Rebecca drinnen lassen? Die Fenster ständig geschlossen halten?‹ Langfristige oder auch kurzfristige politische Lösungen interessieren mich nicht – nein, ich will nur wissen, was ich tun muß, um Rebecca vor dieser Bedrohung zu schützen.«

Noch mehr liegt uns das zukünftige Wohl unserer geliebten Kinder am Herzen. Wir machen uns frühzeitig Gedanken über ihre Ausbildung und fragen uns, wie sie wohl in dieser sich so rasch verändernden Welt zurechtkommen werden. Und über das Geld, das wir verdienen und das wir für ihr Wohl ausgeben werden, nicht für unser eigenes. Die seit Jahrzehnten florierende Produktion von Baby- und Kinderpflegemitteln bedeutet, daß es heute sehr viel mehr gibt, was ein geliebtes Kind unbedingt braucht. Unter dem Einfluß anderer Eltern, ihrer Kinder und der intensiven Fernsehwerbung halten wir es heute für unerläßlich, daß unsere Kinder über Spielzeug, Musikkassetten und Videos in Hülle und Fülle verfügen, außerdem die neuesten Pflegemittel, stapelweise Bücher und einen überquellenden Kleiderschrank haben. Die armen Kinder, die Maud Pember Reeves in ihrem klassischen Bericht über Kindheit in der Arbeiterschicht vor dem Ersten Weltkrieg *Round About a Pound a Week* beschreibt, besaßen nichts von alldem: »Sie haben keine Bücher, keine Spiele und nicht einmal ausreichend Platz, um die Spiele zu spielen, wenn sie welche hätten. Verregnete Ferien bedeuten nichts als Streit und Unfug und eine strapazierte Mutter.«[3]

Wenn Kinder größer werden, nehmen der Druck der Gleichaltrigengruppe und der finanzielle Aufwand noch zu: Auf dem durchschnittlichen weihnachtlichen Wunschzettel stehen nun elektronisches Spielzeug, Gameboys, Computer und Inline-Skates. Shopping mag für Kinderlose ein Erlebnis und eine unentbehrliche Entspannungstherapie sein, aber wenn es darum geht, wieder einmal neue Schuhe für die Schule, einen modischen Trainingsanzug oder den dritten Mantel in einem Winter zu kaufen, weil die beiden ersten Mäntel auf dem Spielplatz verlorengegangen sind, tut es wahrhaftig weh, so wahnsinnig viel Geld ausgeben zu müssen.

Auch die Urlaubsgestaltung verändert sich radikal, sobald ein Kind alt genug ist, um zwischen einem Ausflug in die Stadt und dem Buddeln am Strand unterscheiden zu können. Das Fliegen erscheint ja auf den ersten Blick verlockend billig, weil Kinder unter zwei Jahren umsonst reisen, so daß wir leicht darauf hereinfallen und hoffen, weitgehend so kostengünstig Urlaub machen zu können wie früher. Doch wenn wir dann zum erstenmal mit einem Baby in den Urlaub fliegen, wird uns klar, warum Babys umsonst reisen dürfen: Sie bekommen keinen eigenen Sitzplatz. Während Kinderlose im Flugzeug Zeitungen und Bücher lesen, schlafen und kalten Braten von ihren Plastiktabletts vertilgen, schaukeln junge Eltern ihren Nachwuchs auf dem Schoß und bemühen sich, ihn auf einem eben 45 mal 45 Zentimeter großen Platz halbwegs bei Laune zu halten. Sie schieben ihren Babys Schnuller in den Mund oder geben ihnen die Flasche, damit sie beim unbehaglichen Starten und Landen nicht schreien, gehen mit ihnen im Gang hinter dem Wagen der Stewardeß auf und ab und können ihnen nur mit Mühe die Windeln wechseln, weil es in einem Flugzeug-WC nie genug Platz gibt, um ein Baby hinzulegen. Die Veränderung des Luftdrucks im Flugzeug führt bei Kleinkindern zu stark beschleunigtem Stuhlgang, und deshalb sieht man junge Eltern kurz nach dem Start mit ihrem Nachwuchs sogleich zum Ende der Kabine streben. Kleinkinder, die umsonst fliegen, haben bei den meisten Fluggesellschaften nicht automatisch auch Anspruch auf einen kostenlosen Imbiß, weil sie eben keinen Sitzplatz einnehmen, aber das ist ohnehin egal. Ihre Eltern haben sowieso nicht genug Platz, um die kleine Tischplatte für ihr Essenstablett herunterzuklappen, also verfüttern sie ihren Imbiß an ihr Kind und knabbern zwischendurch selber ein bißchen mit.

Wenn dann jedoch für Kinder im Alter von zwei Jahren der volle Flugpreis bezahlt werden muß, revidieren Eltern ihre Urlaubspläne und begnügen sich mit Ferien an der See im Heimatland; später schieben sie gelegentlich einen Pauschalurlaub im Ausland ein, wenn die Kinder groß genug sind, um ein solches Unternehmen zu würdigen, und sich im Flugzeug beschäftigen können. Ferien mit Kleinkindern sind für die Erwachsenen meist nicht besonders erholsam: Mit schlechtem Gewissen wünschen sie sich bald sogar an ihren ruhigen Arbeitsplatz zurück. Als meine Kinder noch sehr klein waren, habe ich sehnsüchtig in den Prospekten von Center Parks und Club Med geblättert, einfach weil diese Einrichtungen mit ihren kindzentrierten Aktivitäten und der Kinderbetreuung rund um die Uhr uns strapazierten Erwachsenen ein bißchen Zeit zur Erholung verhießen.

Aber seit meine Kinder größer geworden sind und ich mich an das Muttersein gewöhnt habe, erscheint mir die Aussicht auf einen Urlaub ohne sie immer weniger verlockend. Gemeinsam Sandburgen bauen, am Strand spielen, einen Drachen steigen lassen und Muscheln sammeln; an einem verregneten Nachmittag fröhlich durch Pfützen platschen oder bei Dauerregen ins nächste Stadtkino fahren, um eine Matinéevorstellung anzuschauen, sind wunderbare gemeinsame Erlebnisse für Eltern und ihre Kinder. Vor allem an solche Ferien erinnern Kinder sich nämlich später, an Zeiten, in denen die Familie als Einheit zusammen ist und niemand durch Telefonanrufe, Haushaltspflichten oder Kaffeegäste abgelenkt wird. Wir sind mit unseren Kindern durch lange, nasse Alleen gewandert und haben Schnecken vor herankommenden Autos gerettet. Wir sind querfeldein einem davongeflogenen Drachen hinterhergejagt. Wir sind zusammen am Strand auf Pferden geritten und haben am Rand einer stillen Landstraße Fisch und Chips gegessen, während die Sonne hinter den Hügeln von Dorset versank.

Kinder bestimmen die Ferien, die gewiß völlig anders sind als unsere schönen Urlaube vor ihrer Zeit, aber dennoch kostbar und unwiederbringlich. Im Urlaub haben wir Zeit und Raum für Gemeinsamkeit, können uns auf das langsamere Zeiterleben unserer Kinder einstellen, sind von der strengen Ordnung des Alltags befreit, müssen unseren Nachwuchs nicht dazu überreden, drängen oder beschwatzen, in die Schule, den Kindergarten oder ins Bett zu gehen. Und obwohl ich mich gelegentlich noch immer nach einem romantischen Wochenende in Paris, nach langem Ausschlafen und Siestas im warmen Hügelland der Toskana sehne, kann ich mir kaum vorstellen, so viel von unserer knappen Freizeit ohne meine geliebten Töchter zu verbringen (die ja vielleicht in einigen wenigen Jahren überhaupt nicht mehr mit uns in Urlaub fahren wollen).

Gelegentlich brauchen wir ein Fenster zur Welt der Kinderlosen, um uns daran zu erinnern, wie das Leben früher war – und wie reich und wunderbar es heute ist. »Mir fehlt wirklich etwas, wenn ich nicht eines von den Kindern dabeihabe«, sagt Maggie M., die einen Sohn und eine Tochter im Alter von drei und zwei Jahren hat. »Gestern bin ich allein mit dem Zug nach Derby gefahren; normalerweise habe ich die Kinder bei mir, wenn ich mit dem Zug fahre. Es war wirklich merkwürdig, weil ich völlig anonym war. Wenn man aber mit Kindern Zug fährt, sitzen sie da und starren die Mitreisenden an oder bewerfen sie mit Papierschwalben, und plötzlich reden die Leute mit einem, und man hat heiteren Kontakt zu ihnen.«

Als unsere Zweijährige zum erstenmal außer Haus – bei ihrer Großmutter – übernachtete und mein Mann und ich zum erstenmal seit langer Zeit eine Nacht und einen Tag allein miteinander verbrachten, gingen wir bummeln, zunächst in eine Kneipe in der Nachbarschaft und dann in ein Restaurant, wo wir beisammensaßen; wir waren ganz betäubt von der Aussicht auf vierundzwanzig Stunden Freiheit, in denen wir morgens im Bett bleiben konnten, so lange wir wollten, uns vor dem Frühstück lieben, danach gemächlich die Zeitungen lesen und beschließen würden, was wir mit dem Rest des Tages anfangen wollten. Dann musterten wir verstohlen die anderen Leute im Restaurant, und es dämmerte uns, daß die meisten von ihnen vermutlich keine kleinen Kinder hatten und allwöchentlich einem ganzen Wochenende entgegensahen, das sie für sich allein hatten. Wir lachten und gestanden uns ein, daß wir sie um diesen Luxus, so viel Freiheit und Freizeit beneideten. Und versuchten uns daran zu erinnern, wie wir die Wochenenden verbracht hatten, bevor wir Eltern wurden. Doch als wir uns dann auf den Weg machten, um unsere geliebte erste Tochter abzuholen, verlangte ich nach ihr, als ob mir ein wichtiger Teil meines Körpers gefehlt hätte. Als ich sie in die Arme schloß, hatte ich das glückselige Gefühl, wieder komplett zu sein, und ich staunte darüber, wie sie sich in diesen vierundzwanzig Stunden verändert zu haben schien. Ich konnte mir nicht vorstellen, daß ich mich jemals wieder von ihr trennen würde.

Unsere Wahrnehmung der Welt und unsere Freundschaften können sich – wie gezeigt – nach der Geburt eines Kindes radikal verändern. Wir treten einem Klub bei, von dessen Existenz wir zuvor kaum etwas wußten, schließen neue Freundschaften mit anderen Eltern und stellen mitunter fest, daß die Gemeinsamkeiten zwischen uns und alten Freunden schwinden. Zunächst hat es den Anschein, als ob unser soziales Leben durch die Elternschaft erheblich beeinträchtigt sei, aber wenn wir uns erst daran gewöhnt haben, nahezu ständig mit kleinen Kindern zusammenzusein, entwickelt sich eine befreiende neue Wahrnehmung der Welt. Kinder ermöglichen uns, die Dinge wieder mit ihren unbefangenen Augen zu sehen. Wir können zu manchen Freuden der Kindheit zurückkehren und sie mit unseren Kindern zusammen erneut genießen. Wir nehmen Unscheinbares wahr, die einfachen Wunder des Lebens, betrachten einen Regenbogen, den Vollmond oder feine Spinnweben und entdekken das Staunen wieder.

»Das Alltagsleben bereitet mir nachgerade absurdes Vergnügen«, sagt Sue P. »Ich nehme meine unmittelbare Umgebung sehr viel deutlicher wahr. Ich habe schon zwölf Jahre in dieser Gegend gewohnt, sie aber nie wirklich wahrgenommen, bevor ich meinen Sohn bekam, weil ich ja immer auf dem Sprung in die Außenwelt war, um meinem Beruf nachzugehen. Ich kannte weder meine Nachbarschaft noch die Ladenbesitzer hier. Jetzt kenne ich sie alle. Ich bin in einer Spielgruppe, in der ich die verschiedensten Frauentypen kennengelernt habe, und gehe oft spazieren. Ich habe das Sehen wiederentdeckt, und ich freue mich an Dingen, die ich früher für langweilig gehalten habe. Mit meinem kleinen Joe macht sogar das Busfahren Spaß.«

Hannah B. drückt es so aus: »Erwachsene sagen Kindern ständig, was sie nicht dürfen. Wir begrenzen ihre Welt, obwohl sie doch grenzenlos ist. Sie sagen: ›Man kann auf einem Besenstiel zum Mond fliegen‹, und wir entgegnen: ›Nein, das kann man leider nicht.‹ Meine Tochter erinnert mich daran, daß ich beispielsweise fragen kann: ›Woher wissen wir eigentlich, daß das Jetzt, das Heute anderer Menschen dasselbe ist wie unseres?‹ In der Welt der Kinder haben Möglichkeiten keine Grenzen. Wenn man Kinder heranwachsen sieht, begreift man, daß sie wahrlich alles können – sich wandeln, sich anpassen, sich rasch entwickeln und reifen, und so habe ich aus der Beobachtung meiner Tochter unendlich viel gelernt. Heute kommt es mir überhaupt nicht mehr in den Sinn, daß ich irgend etwas nicht bewältigen könnte.«

10
Familienleben

»Nach wie vor ist es die Familie – in welcher Form auch immer, so unsicher, so enttäuschend sie auch sein mag, so viele falsche Hoffnungen und Illusionen sie auch in sich trägt … –, die uns in der Welt verwurzelt und uns vor den Schrecken der Isolation bewahrt«, schreibt Anne Roiphe.[1] Wir wenden uns von der Familie ab, wenn wir als junge Erwachsene das Elternhaus verlassen und unseren eigenen Weg zu gehen glauben. Doch sobald wir Eltern werden, stellen wir fest, daß dies nur eine kurze Zwischenphase war. Denn durch unsere nun zurückkehrenden lebhaften Erinnerungen an die eigene Kindheit werden wir wieder fest in die Familie eingebunden. Wir nehmen die Einflüsse der älteren Generation deutlicher wahr und geben sie nun an unser Kind weiter. Wir sind jetzt wieder stärker auf die Familienbande angewiesen, die uns emotionale, praktische und mitunter auch finanzielle Unterstützung sichern. Die Beziehung zur eigenen Mutter und zum eigenen Vater verändert sich, wenn wir selber Eltern werden; zudem haben wir es mit Schwiegereltern zu tun, die ja nun auch Großeltern unseres Kindes sind. Plötzlich liegt uns viel daran, alte Zwistigkeiten beizulegen, damit unser Kind in eine große Familie hineinwächst und Umgang mit Tanten, Onkeln und Großeltern hat. Am wichtigsten jedoch ist, daß man die Sterblichkeit der älteren Generation nun leichter erträgt. Anne T.s Vater starb kurz nach der Geburt ihres zweiten Kindes: »Auch meine Mutter dann immer schwächer werden und allmählich dahinsiechen zu sehen, war viel leichter zu verkraften, denn obwohl mit dem Tod der Mutter unsere Kindheit endgültig dahingeht, bestimmt jetzt die Kindheit der eigenen Kinder das Leben, und dieses Prinzip ist sehr wichtig.«

Seit den fünfziger Jahren hat sich ein so rapider kultureller, wissenschaftlicher und technischer Wandel vollzogen, daß heute mehr Unterschiede zwischen den Generationen bestehen als je zuvor in der Geschichte. Jahrhundertelang hatte sich die Erfahrung der Mutterschaft so gut wie nicht verändert: »In der gesamten Geschichte«, schreibt Jonathan Gathorne Hardy in seinem Buch *The Rise and Fall of the British Nanny*, »war das Aufziehen von Kindern der Bereich menschlichen Lebens, der sich am wenigsten und am langsamsten gewandelt hat. Wir ziehen kleine Kinder so auf, wie wir selbst aufgezogen wurden.«[2]

Früher, vor dem Massenansturm auf die Entbindungskliniken nach dem Zweiten Weltkrieg, waren die meisten Mütter bei der Niederkunft ihrer Töchter anwesend und trugen dazu bei, daß ein kollektives Wissen über Schwangerschaft, Geburt und Mutterschaft weitergegeben wurde, das vielen jungen Müttern heute fehlt. Eine Mutter vermittelte ihren Kindern all ihre Fertigkeiten und wußte, daß sie ihren Töchtern strenge Geschlechtsrollen- und Anstandsregeln beibringen mußte, um deren Heiratschancen zu vergrößern.

Mütter und Töchter waren eng miteinander verbunden und in Mittelschicht- und Arbeiterfamilien nur selten voneinander getrennt, während die Söhne auswärts die Schule besuchten, in die Lehre gingen oder arbeiteten. Die Beziehung zwischen Mutter und Tochter stellte damals die stärkste familiäre Bindung in der westlichen Kultur dar; die Mutter war stets die erste, die von der Tochter um Rat und Beistand gebeten wurde. Bis zum Ausbruch des Zweiten Weltkriegs, als Massenumsiedlungen in die Vororte die alten örtlichen Bindungen zerstörten, wohnten junge Paare der Arbeiterschaft nach der Geburt eines Kindes häufig bei der Mutter der Frau. Heiraten zwischen Angehörigen nahe beieinander lebender Familien waren allgemein üblich und festigten die Bindungen, so daß immer irgend jemand zur Verfügung stand, wenn Hilfe gebraucht wurde.

Die städtischen Armen lebten bis zum Ausbruch des Zweiten Weltkriegs mehr oder weniger genauso wie ihre Eltern und Großeltern, die ihnen ihre Einstellungen zum Familienleben und zur Kindererziehung vermittelt hatten. Die »verheiratete Mutter« hatte in diesen Gemeinschaften einen hohen Status.

Die Mütter waren der Dreh- und Angelpunkt: Sie fungierten als inoffizielle und unbezahlte Hebammen, wuschen die Toten und kleideten sie an, kontrollierten die Finanzen aller arbeitenden Familienmitglieder und stellten Disziplinregeln auf, die alle zu befolgen hatten. Die in der Nähe wohnende Großmutter spielte meist eine Schlüsselrolle. Manche Enkel aßen und schliefen regelmäßig in ihrem Haus, und in sehr großen Familien wohnten ein oder zwei Kinder ständig bei der Großmutter, weil es zu Hause für sie keinen Platz mehr gab. Uneheliche Kinder wurden oft von der Großmutter aufgezogen, die sie lange für ihre Mutter hielten.

Kleine Inseln solcher Beziehungen zwischen Mutter und Tochter haben sich bis nach dem Zweiten Weltkrieg erhalten. Eine in den fünfziger Jahren im Londoner Verwaltungsbezirk Bethnal Green durchgeführte Befragung von Frauen ergab, daß viele Mütter nach der Hochzeit ihrer Töchter weiterhin in deren Nähe, oft in derselben Straße wohnten. Mindestens die Hälfte dieser Mütter und Töchter sahen einander täglich, viele gingen zusammen einkaufen, halfen einander aus und unterstützten sich im allgemeinen gegenseitig sehr viel mehr als heute.[3] Gegenwärtig wohnen nur wenige junge Mütter so nahe bei ihren Müttern, daß sie deren Hilfe in Anspruch nehmen können. Eine Untersuchung des sozialen Wandels unter jungen Müttern in Aberdeen, die die Lebensbedingungen in den Jahren 1951 und 1985 miteinander vergleicht, zeigt eine deutliche Abnahme der Unterstützung durch die Familie: 1951 lebten 39 Prozent aller jungen Mütter mit Verwandten zusammen, und fast 50 Prozent von ihnen konnten die Hilfe ihrer Mütter in Anspruch nehmen. 1985 jedoch erhielten nur noch 25 Prozent der jungen Mütter Hilfe von ihren Müttern, während zwei Drittel ihren Ehemann als Hauptquelle der Unterstützung bezeichneten.[4]

Wir haben einige der vielen offenkundigen Vorteile eingebüßt, die eine in der Nähe oder sogar im selben Haus wohnende Großfamilie bietet. Viele Schwierigkeiten der ersten Monate der Mutterschaft, darunter vor allem das Gefühl, allein zu

Hause wie in einer Falle zu sitzen, würden gemildert, wenn man die Mutter oder andere Familienmitglieder in der Nähe hätte. In anderen Kulturen, in denen junge Mütter sehr nahe bei ihren eigenen Müttern leben, wird die schwere Aufgabe der Anpassung an die Mutterschaft noch immer zwischen Mutter und Tochter geteilt. Die Navajos in Nordarizona zum Beispiel teilen sich die Verantwortung für die Kinder in der Großfamilie, und die Komantschen und Hopi-Indianer – wie auch viele afrikanische Stämme – nennen alle Tanten mütterlicherseits sehr bezeichnend »Mutter«. Eine von ihnen ist immer da, die sich um das Baby kümmert.

Doch unsere moderne, kleinere »Kernfamilie« bietet auch große Vorteile. Ohne eine eng verbundene Großfamilie in unmittelbarer Nachbarschaft steht es uns frei, unsere Kinder so aufzuziehen, wie wir es für richtig halten; wir können uns über negative Auswirkungen unserer eigenen Kindheit hinwegsetzen und positive für die Erziehung nutzen. Wir fühlen uns in der ersten Zeit der Mutterschaft zwar weniger unterstützt, weil uns niemand das Baby abnehmen kann, aber wenn unsere Kinder größer werden, entfalten wir als Familie mehr Eigenleben. Wir haben mehr Zeit, nicht weniger, uns an unseren Kindern zu freuen und unsere ganz persönliche Familienkultur zu entwickeln. »Im vorindustriellen England mußten die Kinder fortgegeben werden – als Haushaltshilfen oder zur Kinderarbeit auf anderen Bauernhöfen«, schreibt Ferdinand Mount in *The Subversive Family.* »Heute aber können die Familien zusammenbleiben, bis die Kinder von selbst fortstreben. Kürzere Arbeitszeiten und längerer Urlaub bedeuten, daß die Familie mehr Zeit miteinander verbringen kann.«[5]

In den letzten vierzig Jahren hat sich in der Theorie der Babypflege und in der Entwicklung von Babypflegemitteln ein so rascher Wandel vollzogen, daß junge Mütter heute vor allem Literatur über Kinderpflege, Kinderärzte oder Freundinnen mit etwa gleichaltrigen Kindern zu Rate ziehen, statt sich an ihre Mütter zu wenden. In den letzten dreißig Jahren sind mehr Bücher über Kinderpflege erschienen als je zuvor, und Hugh Jolly rät in seinem Bestseller *Das gesunde Kind* Müttern sogar davon ab, ihre eigenen Mütter zu konsultieren, weil ihre Vorstellungen im Zweifelsfall veraltet seien.[6]

Nie zuvor hat es eine so große Diskrepanz zwischen den Erfahrungen und Erwartungen von Eltern aus verschiedenen Generationen gegeben. Unsere Väter neigten noch dazu, die Kinderbetreuung den Frauen zu überlassen, während wir zunehmend davon ausgehen, daß sich die Väter unserer Kinder nicht weniger engagieren als wir. Da immer mehr Frauen ihr erstes Kind erst in den Dreißigern bekommen, sind die Großmütter heutzutage meist älter. Wenn unsere Mütter uns also noch ohne den Luxus von Wegwerfwindeln und Flaschensterilisatoren aufgezogen haben, wissen sie über die praktischen Seiten moderner Babypflege genausowenig wie wir. Und die Theorien über gute Kinderbetreuung haben sich so radikal verändert, daß unsere Mütter die Dinge zwangsläufig anders gemacht haben müssen als wir heute, so daß es unvermeidlich zu Konflikten zwischen Müttern und Töchtern kommt. Meine Mutter beispielsweise kommt immer wieder darauf zurück, daß sie mich ab einem Jahr regelmäßig auf den Topf gesetzt habe, weil es Müttern damals vor allem darum gegangen sei, das Windelnwaschen zu reduzieren. Dabei besagen neue Theorien zur Kindesentwicklung, daß Kleinkinder ihr Gedärm frühestens mit zwei Jahren wirksam kontrollieren können, so daß ich es für sinnlos halte, mein Kind auf dem Topf sitzen zu lassen, bis es fertig ist.

Noch nie galten gute Beziehungen zwischen Eltern und Kindern als so wichtig wie heute, und dies – paradoxerweise – in einer Zeit, in der die Unterschiede zwischen den Generationen größer sind als je zuvor. Wenn wir unser erstes Kind bekommen, denken wie uns oft selbst wieder ins Kindsein zurück. Schwierigkeiten mit den Eltern werden wieder gegenwärtig und nun noch schmerzhafter erlebt. Eine Frau, die ihrem reservierten, allzu kritischen Vater gegenüber stets Distanz empfunden hat, mag sich noch distanzierter fühlen, wenn sich ihre Aufmerksamkeit von ihm auf das Kind verlagert. Manche Frauen stellen fest, daß es ihnen peinlich ist, ihr Kind in Gegenwart ihres Vaters zu stillen. Und wenn eine Frau emotionale Schwierigkeiten mit ihrer Mutter gehabt hat, werden diese Konflikte während der Schwangerschaft, der Entbindung und in der ersten Zeit der Mutterschaft wieder gegenwärtig.

In einer Phase so akuter Verletzlichkeit und emotionaler Empfindlichkeit stellen wir auf einmal fest, daß wir unsere Mütter wirklich brauchen oder, wenn sie nicht bei uns sein können, das Bedürfnis haben, unser Kind so zu bemuttern, wie wir es uns von ihnen gewünscht hätten. »Ich erinnere mich daran, daß ich mir während meiner Schwangerschaft eine ideale Mama wünschte, sie aber nicht bekam«, sagt Ann C., eine alleinerziehende Mutter. »Als dann mein Sohn geboren war, kam es zwischen meiner Mutter und mir zu einem kleinen Machtkampf um die Babypflege. Sie kam danach erst drei oder vier Tage später wieder – wohl weil ich sie in die Schranken gewiesen hatte –, um den Jungen zu sehen, und bald funkte es zwischen den beiden, und sie lieben sich mittlerweile innig. So wird plötzlich die Beziehung zur Mutter wichtiger, und man empfindet sie oft eher als Mit-Mutter und weniger als die eigene Mutter.«

Manche Frauen, die in besonders guten Beziehungen zu ihren Müttern leben, stellen fest, daß sie sich ihnen näher fühlen als je zuvor und daß ihre Mütter genau das sind, was sie brauchen, wenn sie ein Kind bekommen haben. »Meine Mutter ist ganz in ihrem Element und für mich einfach die nützlichste Frau der Welt«, berichtet Natasha S. Als ihr Partner drei Wochen nach der Geburt ihres Sohnes auf eine Geschäftsreise gehen mußte, zog sie mit dem Kind für eine Woche zu ihrer Mutter. »Es war ein solches Glück, weil meine Mutter nicht arbeitete, so daß sie den ganzen Tag dasein und mir helfen konnte; sie war so unglaublich gelassen und ermutigend. Wenn der Junge einen ganzen Nachmittag lang schrie, galt ihr das bloß als bemerkenswert und nicht als bedenklich. Sie war ganz für mich da. Für sie zählte vor allem, daß ich ein bißchen Ruhe hatte.«

Emilys Mutter ist Lehrerin und verbringt ihre Ferien bei ihrer

Tochter; sie scheint nichts lieber zu tun, als die Haushaltsarbeit zu übernehmen, damit sich Emily um ihr mittlerweile sieben Monate altes Baby kümmern kann. »Sie weiß, was alles zu tun ist, und sie macht es lieber selbst, als es mir aufzubürden. Wir sind einander näher als je zuvor. Ich versteh's ja selber kaum: Wir können tatsächlich eine halbe Stunde darüber reden, daß Catherine nun schon stehen und sich am Sofa festhalten kann.«

Viele junge Mütter freilich müssen sich eingestehen, daß sie zutiefst enttäuscht sind und sich in einer Zeit größter Bedrängnis von ihren Müttern im Stich gelassen fühlen – einer Zeit, in der sie gerade von ihren Müttern Verständnis erhoffen. Wir wünschen uns, daß unsere Mütter in die Bresche springen und uns ein bißchen verwöhnen, damit wir unsere Babys verwöhnen können. Wir müssen uns rundherum geliebt fühlen, damit wir uns erholen können, damit wir die physische und emotionale Kraft aufbringen, die das Muttersein erfordert. Doch leider sind unsere Mütter oft nicht so beschaffen. Es mag ihnen schwerfallen, sich damit abzufinden, daß sie nun Großmutter sind oder ihre Tochter an die Mutterschaft »verloren« haben. Sie können uns um Dinge beneiden, die wir besitzen und die ihnen fehlten – etwa ein Kind, das sie gern noch gehabt hätten, eine bessere Beziehung, einen hilfsbereiteren Partner, mehr Geld, bis zu den bequemen Wegwerfwindeln oder dem Beruf, in den wir eines Tages zurückkehren. Vielleicht sind sie auch unreif geblieben und fühlen sich unfähig, uns die Liebe zu geben, die wir brauchen, weil sie ihnen früher als Kindern oder jungen Müttern selbst gefehlt hat. Frauen mit schwierigen, instabilen Beziehungen zu ihren Müttern stellen plötzlich fest, daß diese nun eher mehr von ihnen verlangen, sich hilflos geben, kränkeln und zu unsinnigen Familienszenen neigen.

Während wir darüber nachdenken, wie wir als Mutter mit unserem Kind umgehen wollen, werden auf einmal alle guten und schlechten Seiten unserer eigenen Erfahrungen mit dem mütterlichen Verhalten wieder gegenwärtig. Forschungen zeigen, daß Frauen, die ihre Mutter schon vor der Pubertät verloren haben, als junge Mütter den Verlust und die Trauer noch einmal durchleben, weil ihnen eine Bezugsperson fehlt, an die sie sich wenden können, wenn sie Hilfe und Orientierung brauchen.[7] Man hat uns glauben gemacht, daß »gute« Mutterschaft nur positive Eigenschaften umfaßt. Man erwartet von Müttern, daß sie uneingeschränkt geben, verständnisvoll, tolerant und liebevoll sind, ihre Kinder nicht verurteilen, sie ermutigen, unterstützen und stets auf ihrer Seite stehen. In Wahrheit ist das freilich eine unsinnige Forderung, die auch die hingebungsvollste Mutter nicht erfüllen kann. Gleichwohl liegt es in der Natur jedes Kindes, all dies und noch mehr zu verlangen und sich trotzdem abgelehnt zu fühlen, denn die Ansprüche eines Kindes sind grenzenlos.

Wir fühlen uns unreif und verletzlich, wenn wir gerade ein Kind bekommen haben. Wir präsentieren unsere Babys unseren Müttern, wobei wir uns bemühen, von unserer Hilflosigkeit abzulenken und ihren neuen Status als Großmutter zu betonen. Und wir stellen dann fest, daß wir ihre Besuche mit Diplomatie dosieren müssen, um ihre Anforderungen an unsere nach wie vor geringen Kraftreserven zu begrenzen. »Gute« Mütter müssen immer geben und lieben, doch »gute« Töchter, so scheint es, müssen stets noch mehr tun und sich auch als junge Mütter ständig auf ihre Tochterpflichten besinnen.

Viele Frauen, die ich für mein Buch befragt habe, brachten Enttäuschung oder Unmut über das Verhalten ihrer Mütter zum Ausdruck. Auch bei ihren erwachsenen Kindern scheinen Mütter nie alles richtig zu machen. Viele Frauen beklagten sich darüber, daß ihre Mütter sich nie als Babysitter anboten, sondern immer eigens darum gebeten werden mußten. Und selbst dann halfen sie nur aus, wenn es ihnen zeitlich paßte, oft aber auch nicht, obwohl ihre Töchter ganz akut Hilfe brauchten. Heutigen Großmüttern widerstrebt es zumeist, sich einzumischen, und sie leben ihr eigenes Leben, in dem Berufsarbeit und gesellschaftliche Verpflichtungen die Zeit für die eigene Familie stark beschränken. Was immer der Grund dafür sein mag, daß sie nicht zur Verfügung stehen, es verstärkt jedenfalls den Konflikt zwischen den Generationen: Töchter nehmen es ihren

Müttern übel, daß diese nicht für sie da sind, während Großmütter sich darüber beklagen, daß sie ihre Enkelkinder nicht oft genug zu sehen kriegen.

»Für uns ist es in mancher Hinsicht ein Pech, daß beide Elternpaare in London ganz in der Nähe wohnen.« Clare J. hat zwei Kinder im Alter von sechs und drei Jahren, arbeitet ganztags und meint deshalb, ohnehin zu wenig Zeit für sich und ihre Familie zu haben. »Beide fragen: ›Sehen wir euch am Wochenende?‹ Aber von sich aus geben sie sich nicht weiter mit den Kindern ab. Es wäre so schön, wenn sie mal anrufen und vorschlagen würden, daß sie Jamie von der Schule abholen und für den Rest des Nachmittags mit zu sich nach Hause nehmen. Aber das kommt leider nie vor. Dabei können meine Eltern hervorragend mit kleinen Kindern umgehen, und das hat meinen Ärger über meine Mutter eher noch vergrößert. Sie scheint auch nicht zu begreifen, daß ich abends um halb sieben am Telefon keine Zeit für ein Plauderstündchen habe.«

Andere Frauen fühlen sich in ihrer Mutterrolle entmutigt oder werden überängstlich, weil ihre Mütter sich dauernd einmischen und damit ihre Tauglichkeit anzweifeln. Kritische Fragen an die junge Mutter wie: »Sollte man sie nicht wärmer einpacken, bevor wir mit ihr nach draußen gehen?« oder die Mahnung, das Baby nicht zu oft aufzunehmen, »damit es nicht verwöhnt wird«, erinnern beklemmend daran, daß die eigene Mutter ihre Tochter offenbar immer noch für ein Kind hält. »Meine Mama hatte die Chance, mich auf ihre Weise großzuziehen, und jetzt will ich die Chance haben, meinen Sohn auf meine Weise großzuziehen.« Martha J. ist eine junge alleinerziehende Mutter, die noch im Elternhaus wohnt: »Ich kann nicht tun, was ich für richtig halte, solange ich hier lebe, weil meine Mutter sich ständig einmischt. Alle scheinen zu glauben, bloß weil ich erst sechzehn bin, dürfte ich diese Chance nicht haben.« Ihr Sohn will fast immer im Arm gehalten werden, und ihre Mutter wirft Martha vor, daß sie ihn nicht dazu anhält, allein einzuschlafen, indem sie ihn von vornherein hinlegt. »Dauernd sagt sie: ›Ich hab dir doch gesagt, daß du ihn hinlegen sollst, aber du tust es einfach nicht, und jetzt siehst du, was dabei herauskommt‹, und ich antworte: ›Ich weiß, aber es stört mich nicht, warum soll es dich dann stören?‹« Marthas Mutter hat selbst noch eine fünfjährige Tochter und erzählt, daß ihr Lebensgefährte sie nachts am Aufstehen hindern muß, wenn sie ihren Enkelsohn schreien hört: Schließlich sei das nicht ihr Baby.

Vielen Frauen der Unterschicht bleibt gar nichts anderes übrig, als sich auf ihre Mütter zu stützen, weil ihnen die finanziellen Mittel fehlen, um allein zurechtzukommen. Da sie sich bezahlte Kinderbetreuung meist nicht leisten können, sind sie auf ihre Mütter und andere Familienmitglieder angewiesen, damit sie selber arbeiten gehen können. Marthas Mutter hat angeboten, sich um ihren Enkelsohn zu kümmern, damit sich Martha zur Friseuse ausbilden lassen kann, wofür sie ihr sehr dankbar ist. »Ich liebe meine Mutter, sie bedeutet mir so viel, aber es wäre wahrscheinlich besser für uns beide, wenn wir ein bißchen mehr Abstand voneinander hätten ... Doch was soll ich machen?«

Keelie P. bekam ihr erstes Kind mit zwanzig, als sie noch zu Hause wohnte. Ihr Sohn war das erste Enkelkind, und Keelie war um so mehr auf die Hilfe ihrer Mutter angewiesen, als die Beziehung zu ihrem Freund in die Brüche ging. »Ich wachte morgens immer um sechs Uhr auf, und dann war der Kleine nicht mehr da. Meine Mutter hatte ihn schon nach unten geholt und ihm die Flasche gegeben, und das machte mich wahnsinnig, obwohl ich ja wußte, daß sie mir nur helfen wollte. Aber er war schließlich mein Kind, nicht ihres.« Als ihr Sohn zehn Monate alt war, zog Keelie mit ihm in eine Pension und vermißte dann natürlich die Unterstützung durch ihre Mutter sehr. »Es war wirklich nicht weit von zu Hause, aber damals erschien es mir unendlich weit entfernt. Auf einmal mußte ich für den Kleinen alles selber tun.«

Obwohl Mutter und Tochter im wesentlichen dieselbe Erfahrung durchgemacht haben, bleiben viele Ängste und Probleme der Mutterschaft zwischen ihnen tabu. »Ich hatte gehofft, daß wir während meiner Schwangerschaft eine wunderbare Beziehung zueinander haben und über alle noch unausgesprochenen Dinge reden würden. Ich wollte von ihr wissen, wie es ist, wenn man in den Wehen liegt, und wenn man dann Babys versorgt, da sie ja selbst immerhin vier bekommen hatte«, erzählt Penny W. »Vielleicht habe ich mich nicht genau genug ausgedrückt, aber wann immer ich sie fragte, antwortete sie bloß, sie könne sich nicht mehr erinnern. Ich weiß auch nicht, warum ich damals erwartete, daß sich eine Beziehung nach achtundzwanzig Jahren noch mal ändern würde, aber ich hatte es eben gehofft.«

Manche Frauen, die ein schwieriges Verhältnis zu ihren Müttern haben, leben in der Angst, genauso zu werden wie sie. Söhnen gelingt es leichter, sich von ihren Müttern zu lösen, sobald sie ein Geschlechtsbewußtsein haben, doch Töchter müssen ungeheuer viel Kraft investieren, um die Unterschiede zwischen sich und ihren Müttern zu bestimmen und sich von ihnen abzugrenzen. Wenn wir dann selbst Mütter werden, hören wir ihre Stimme, ihre Worte, ihre Redensarten in uns widerhallen, als ob wir von ihnen besessen seien. »Ich benutze dieselben Redensarten wie meine Mutter.« Charlotte S. hat drei Kinder. »›Du tust so, als wäre das hier ein Hotel‹ oder ›Ich werde dir die Leviten lesen‹, und beim Einkaufen rede ich mit den Leuten belangloses Zeug. Meine Mutter hat sich immer beim Gemüsehändler festgeschwatzt, und ich dachte oft: Warum tut sie das bloß? Und jetzt ertappe ich mich dabei, daß ich es ganz genauso mache.«

Auch Trudi R. hat drei Kinder. »Als Teenager bin ich von meiner Mutter ständig herumkommandiert worden, und ich schwor mir damals, mit meinen Kindern nie so umzugehen. Ich dachte: Ich werde ihnen alles geben, was sie brauchen, mich nach ihnen richten, eine moderne Mutter sein und kein Dinosaurier – und ich werde immer ganz gelassen bleiben. Aber erst wenn wir selbst Kinder haben, begreifen wir, daß unsere Mütter in vielem recht hatten, und ich höre mich heute genau dasselbe sagen wie damals meine Mutter.«

Wir mögen darauf hoffen, daß wir uns von der intensiven Bindung an unsere Mutter befreien, wenn wir selbst ein Kind bekommen, doch sobald wir entbunden haben, fühlen wir uns in diese Bindung zurückgesogen, sind nun sehr viel mehr auf die Mutter angewiesen, denn sie soll uns ja bei der Betreuung des Kindes helfen, es gelegentlich hüten, uns vielleicht finanziell unterstützen, und wir sind gezwungen, häufiger mit ihr zusammenzusein. Wir müssen der Tatsache ins Auge sehen, daß manche der eher »hexenartigen« Charakterzüge, die wir als Kind gehaßt haben, auch in uns schlummern und nur darauf warten, von der Mutterschaft geweckt und aktiviert zu werden. Wenn ich mich morgens an meinen Kindern herumnörgeln höre, sie sollen sich anziehen, endlich frühstücken und sich fertig machen, dann höre ich plötzlich meine Mutter. Wenn ich meinen Töchtern modische Schuhe oder irgendwelche Kinkerlitzchen abschlage, die wir uns nicht leisten können, höre ich meine Mutter: die Mutter, die mir einst so viel abgeschlagen hat. Wenn ich an meiner nun älter werdenden Mutter auch Charakterzüge meiner Großmutter wahrnehme, frage ich mich, ob auch mir eine solche Entwicklung blüht. Sind es die schwierigen Phasen des Mutterseins, des ständigen Überredens heranwachsender Kinder, doch bitte aufzuräumen, zu essen und so weiter, die uns zu Abbildern unserer Mütter machen?

Wir mögen ein Produkt ihrer Gene und ihrer Erziehung sein, doch sind wir auch von zahlreichen anderen Faktoren geprägt worden, auf die unsere Mütter keinen Einfluß hatten. Die politischen, wirtschaftlichen und sozialen Bedingungen, die auf unsere Erziehung eingewirkt haben, unterscheiden sich erheblich von denen, die einst die Erziehung unserer Mütter prägten. Die umwälzenden sozialen Veränderungen seit dem Ende das Zweiten Weltkriegs haben zu enormen Verbesserungen im Bildungs- und Gesundheitswesen geführt und sich auf unsere Erwartungen und unser Verhalten sehr viel mehr ausgewirkt, als dies bei unseren Müttern möglich war; diese Entwicklung hat viele Frauen der älteren Generation überholt.

Zwangsläufig werden wir unsere Kinder anders erziehen, als wir selbst erzogen wurden, und erleben, daß auch wir uns Veränderungen anpassen müssen, wenn unsere Kinder uns mit ihrer Welt konfrontieren. Plötzlich belehrt Sie Ihr sechsjähriger Sohn über den Treibhauseffekt und besteht darauf, daß Sie ab sofort Ihre Zeitungen zum Recycling getrennt entsorgen – und beim nächsten Einkauf greifen Sie dann auch zum »umweltfreundlichen« Geschirrspülmittel.

Wir folgen nicht nolens volens den von unseren Eltern vorgegebenen Mustern. Natürlich gibt es Ähnlichkeiten, doch Töchter sind nicht Kopien ihrer Mütter wie bemalte russische Puppen in der Puppe. Unsere Kinder sind Individuen und anders als wir, nicht Varianten unseres Ichs, so wie wir uns ja auch von unseren Eltern abheben, und all diese Unterschiede bereichern das durchschnittliche Familienleben, beschwören allerdings auch eine Reihe von Konflikten herauf.

Penny W. mag die Sarkasmen ihrer Mutter nicht. »Sie sagt beispielsweise: ›Wenn Catherine nicht schlafen will, gib ihr doch einfach eins hinten drauf.‹ Ich weiß, daß sie es nicht ernst meint, aber ich mag solche Sprüche eben nicht. Catherine soll vegetarisch entwöhnt werden, und ich habe versucht, Milch abzupumpen, damit ich sie ihr aus der Flasche geben kann. Meine Mutter aber meint, ich solle einfach Kuhmilch mit Wasser verdünnen. Ich weiß, daß sie immer darauf hinauswill, daß ich ein bißchen gelassener reagiere und mir weniger Sorgen mache, aber der Kleinen Kuhmilch zu geben, ist wohl wirklich nicht das Richtige. Viele Ratschläge meiner Mutter widersprechen denen des Kinderarztes. Mittlerweile frage ich sie schon nicht mehr, weil es mir schwerfällt, mich bei ihr zu bedanken und dann doch ihren Rat zu ignorieren. Statt dessen wachsen sich solche Dinge zum Streitpunkt zwischen uns aus. Es ist halt sehr viel schwieriger, einen schlechten Rat meiner Mutter als den einer völlig Fremden zu ignorieren.«

Die Generation unserer Eltern meint oft, wir seien zu weich, und neigt dazu, die Vergangenheit zu verklären. Trudi R.s Mutter »behauptet zum Beispiel: ›Als du klein warst, hattest du nie einen Wutanfall, du wurdest schon vorher einfach in ein anderes Zimmer geschoben.‹« Aber auch ihre Kinder müssen Wutanfälle gehabt haben, sie war bloß nicht bereit, sie zur Kenntnis zu nehmen; die heutige Mutter mit einigen Grundkenntnissen aus modernen Handbüchern über Kindererziehung dagegen ist darüber im Bilde, daß sich ein Kleinkind bei einem Wutanfall von der Mutter verstanden fühlen und wissen muß, daß es durch seinen Zorn nicht isoliert wird. Ein Baby, das nur dann gefüttert wird, wenn seine Betreuerin meint, es sei hungrig, oder nur dann aufgenommen wird, wenn es der Betreuerin paßt, wird es – nach Ansicht heutiger Kinderpsychologen – schwer haben, ein ausreichendes Ichgefühl zu entwickeln, und sich im späteren Leben unterbewertet oder gar ohnmächtig fühlen. Menschen ohne stabile Identität fällt es oft schwer, dauerhafte, vertrauensvolle Beziehungen herzustellen, was zu Narzißmus, Egomanie oder auch Größenwahn führen kann, wenn sich das unbeachtete Kind als Erwachsener Gehör zu verschaffen sucht. Daraus ergeben sich beunruhigende Fragen nach der emotionalen Beziehung zur eigenen Mutter. Denn wenn unsere Mütter als Babys nur alle vier Stunden gefüttert wurden und man sie schreien ließ, obwohl sie doch liebevoll in den Arm genommen werden wollten – wie können sie dann genug Liebe empfangen und genug Selbstwertgefühl entwickelt haben, um wiederum uns die Liebe geben zu können, die wir als Kinder brauchten?

»Es ist mir sehr wichtig, meinen Kindern immer wieder zu zeigen, daß ich sie liebe, indem ich sie oft in den Arm nehme und küsse, weil ich das selbst nicht erfahren habe.« Charlotte S. ist Anfang Vierzig und hat drei Kinder im Schulalter. Ihre Mutter starb kurz vor der Geburt ihres jüngsten Enkelkindes. »Während meiner frühen Kindheit war sie sehr oft im Krankenhaus, und ich wurde weitgehend von meiner Großmutter aufgezogen, so daß sie mir näherstand als meine Mutter. Ich kann mich nicht daran erinnern, daß meine Mutter mich jemals in den Arm genommen hätte, und ich weiß noch, daß ich einmal zu ihr gesagt habe: ›Du nimmst mich nie in den Arm‹, und sie antwortete, so sei sie als Kind eben auch behandelt worden. Sie hat sich dann genauso verhalten, während ich mich ganz bewußt bemühe, solchem Verhalten ein Ende zu machen.«

Auch ich habe das Gefühl, daß ich meinen Kindern emotional sehr viel mehr geben will, als mir selbst je vergönnt war: eine glücklichere, spontanere, positivere Mutter und einen Vater, der seine Kinder nicht so verletzt und so hilflos zurückläßt, wie ich es war, als meine Eltern sich scheiden ließen. Meine Mutter hat einmal zu mir gesagt: »Du investierst so viel in die Mutterschaft.« Unausgesprochen schwang darin mit, daß ich sehr viel mehr in die Mutterschaft einbringe, als sie es je getan hat. Aber was besagt diese Feststellung über sie und über mich? Daß sie mir mehr hätte geben können, es aber nicht wollte, oder daß wir einfach unterschiedliche Mütter, unterschiedliche Produkte verschiedener Zeiten sind?

Wenn unsere Mütter wegen ihrer Kinder ihren Beruf aufgegeben haben, kann es zu Konflikten und Differenzen mit ihnen kommen, weil sie möglicherweise kaum verstehen können, warum wir wieder arbeiten und wie wir Mutterschaft und Beruf miteinander vereinbaren wollen. Viele Frauen wissen, daß ihre Mütter persönlich eine Menge geopfert haben, als sie ihren Beruf aufgaben, um ihre Kinder großzuziehen, und sind entschlossen, für sich die Dinge anders zu regeln. Hannah B.s Mutter war »sehr, sehr böse, als ich wieder arbeiten ging. Sie hat ihren Beruf als Krankenschwester aufgegeben, als sie mit mir schwanger war, und seitdem nicht mehr gearbeitet. Ich glaube, wenn sie sieht, daß Gill ein wohlgeratenes Kind ist, obwohl John und ich arbeiten gehen, und John sich um die Kleine kümmert und den Abwasch erledigt, wenn ich spät nach Hause komme, stellt sie ihre Entscheidungen von einst in Frage, und das macht sie so böse. Ich glaube, das war auch der Grund für ihr ständiges ›Du machst dies nicht richtig‹, ›Du machst das nicht richtig‹ nach Gills Geburt, was ich ihr sehr übelgenommen habe. Sie wollte früher die absolute, rundherum liebevolle Mutter sein, und jetzt macht es ihr zu schaffen, daß ich nicht ausschließlich Mutter bin und die Dinge trotzdem im Lot sind – und deshalb stellt sie alles in Frage, was sie mit mir gemacht hat.«

»Ich will, daß meine Töchter mich nicht nur als ihre Mutter, sondern auch als einen Menschen mit einem eigenen Leben sehen«, sagt Irene B. »Meine Mutter ging nie aus und hatte keinen Freundeskreis. Sie tat alles nur für uns. Wenn wir nach Hause kamen, tischte sie das Essen auf und läutete mit einer Glocke, damit mein Vater wußte, daß angerichtet war. Ich verachtete sie wegen dieser Sitten. Daß ich selbst jetzt abends ausgehe, gehört zu den Veränderungen, zu denen ich mich bewußt entschlossen habe, damit meine Kinder in mir nicht nur das Heimchen am Herde sehen. Meine Kindheitserinnerungen sind mehr oder weniger negativ, es gab viele Auseinandersetzungen. Wenn ich in Ruhe darüber nachdenke, ist mir schon klar, daß es auch gute Zeiten gegeben haben muß, aber ich kann mich gerade an sie nicht erinnern. Ich will, daß das bei meinen Kindern anders wird, daß sie sich später besonders an gute Zeiten erinnern.«

Die meisten Frauen söhnen sich schließlich als Mütter mit ihren Müttern aus, auch wenn das neue Band einzig durch die gemeinsame Liebe zur neuen Kindergeneration entsteht. »Wir hatten nichts miteinander gemeinsam«, schreibt Margaret Forster in ihrem Erinnerungsbuch *Familiengeheimnisse* über ihre Mutter. »In unserem Denken und Fühlen waren wir meilenweit voneinander entfernt, obwohl wir einander im Grunde zugetan waren. Wir brauchten also die Verbindung durch die Kinder, und solange sie unsere Aufmerksamkeit verlangten, vermieden wir jede echte Kommunikation.«[8] Wenn unsere Mütter Großmütter werden, sind sie oft zu alt, um sich noch ändern zu können. Und wenn wir uns über sie ärgern müssen oder das Gefühl haben, ihnen irgendwie in die Falle gegangen zu sein, sollten wir es vielleicht dabei bewenden lassen und sie nehmen, wie sie sind: als fehlbare Menschen, die wie wir alle zwangsläufig mal Fehler gemacht haben.

Die Geburt eines Kindes markiert nicht nur die Verbindung zweier Menschen, sondern auch die zweier Familien. Vier Gengruppen vererben sich über die Hauptlinien des Familienstammbaums auf das Kind, und plötzlich verschiebt sich der Status quo der Beziehungen zur größeren Familie, denn Sie haben es nun nicht nur mit den eigenen Eltern, sondern auch mit den Schwiegereltern zu tun. Sobald ein Baby da ist, stehen Sie in einem völlig anderen Verhältnis zu Ihren Schwiegereltern. Plötzlich sind Sie ihnen näher als zuvor, sind Sie in alle Vertraulichkeiten und Irritationen eines anderen Familiennetzes einbezogen, die Ihnen eben noch verborgen waren. Weil Sie ihr Enkelkind zur Welt gebracht haben, sind Sie keine Außenseiterin mehr, aber Sie werden auch nicht uneingeschränkt als Mitglied der schwiegerelterlichen Familie akzeptiert. Zudem gibt es nun ein weiteres Elternpaar, mit dem Sie bei Ihren Bemühungen, Ihr Kind nach Ihrem eigenen Gutdünken großzuziehen, in Konflikt geraten können.

»Meine Schwiegermutter hat ganz andere Vorstellungen von der Kinderpflege«, sagt Kate L. »Sie sagt mir nicht, was ich tun soll, sondern was sie selbst früher getan hat, und wenn ich damit nicht einverstanden bin, ist es das beste, den Mund zu halten – und dann sitze ich da und koche innerlich vor Wut.«

»Ihr gefielen einige der höchst bedenklichen Gewohnheiten nicht, die ich aus London mitgebracht hatte«, schreibt Maureen Freely in *What About Us?* über ihre Schwiegermutter.

> … beispielsweise, daß ich meinen Sohn zum Stillen in mein Bett holte und ihn immer aufnahm, wenn er schrie. Und sie war entsetzt darüber, daß ich bestimmte Sicherheitsmaßnahmen nicht ergreifen wollte – keine Bettklammern verwendete, die verhindern sollten, daß der Kleine seine Decke wegstrampelte, wenn er in seinem Bettchen schrie, das Haus nicht von oben bis unten mit einem Desinfektionsmittel putzte und keinen Mundschutz trug, wenn ich den Kleinen stillte. Ihrer Meinung nach war ich also der Aufgabe einfach nicht gewachsen. Morgens stand sie als erstes in der Schlafzimmertür, sah mich und das Baby an meiner Brust an, schüttelte den Kopf und sagte: »Den kriegst du nie groß.«[9]

Es kann sein, daß Ihre Schwiegermutter sich dazu berechtigt fühlt, in das Terrain Ihrer jungen Mutterschaft einzudringen und kritisch Ihre Tauglichkeit zu prüfen, nur weil Sie nicht ihr eigenes Fleisch und Blut sind. Sharon Y. litt während ihrer Schwangerschaft darunter, daß ihre Schwiegereltern, die sie ohnehin nie besonders gemocht hatten, keinerlei Mitgefühl für ihre Schwangerschaftsbeschwerden aufbrachten. Vielmehr benutzten sie Sharons Probleme, um in allen Debatten für ihren Sohn Partei zu ergreifen, und bemitleideten ihn statt sie, so daß die Schwierigkeiten in ihrer Ehe noch zunahmen. Doch als ihr Sohn geboren war, stellte Sharon fest, daß die liebevolle, starke Beziehung zu ihrem Kind sie für die Spannungen mit den Schwiegereltern mehr als entschädigte. »Er gehört mir, nicht ihnen. Ihren Sohn aber können sie meinetwegen wiederhaben.«

Emily C., die für beide Seiten der Familie das erste Enkelkind zur Welt gebracht hat, wurde schon im vierten Schwangerschaftsmonat von ihrer Schwiegermutter über die Wichtigkeit des Stillens belehrt. »Sie drang in Bereiche vor, von denen sie sich besser noch ferngehalten hätte. Sie wartete nicht darauf, daß unsere Beziehung allmählich enger wurde, sondern beschloß einfach, sie von heute auf morgen vertraulicher zu machen.« Emily war über diese Zudringlichkeit so erbost, daß sie sich vornahm, nie in Gegenwart ihrer Schwiegermutter zu stillen – nur um sie ärgern. Emily hat den Eindruck, daß ihre Schwiegereltern versuchen, das ziemlich kühle Verhältnis zu ihrem Sohn wettzumachen, indem sie einen engeren Konnex zu ihr herstellen. »Sie haben eine feste Vorstellung davon, wie eine Schwiegertochter zu sein hat, und wollen mich in dieser Rolle sehen. Sie sind nicht bereit, mir bei dem zu helfen, was ich für richtig halte, sondern nur bei dem, was sie selber für richtig halten. Sie wollen gar nicht wissen, warum ich auf meine Weise mit meinem Kind umgehe, weil damit in Frage gestellt würde, wie sie ihre eigenen Kinder aufgezogen haben. Wenn man Schwiegereltern ein Enkelkind beschert, halst man sich sehr viel mehr Ärger auf, als man ahnen konnte. Es ist ja nicht einfach so, daß sie zu Besuch kommen und dann wieder gehen. Sie wollen an allem teilhaben, und wenn man kein besonders herzliches Verhältnis zu ihnen hat, fällt es einem sehr schwer, das zuzulassen.«

Wenn unsere Kinder größer werden, kann sich das Verhältnis zu den Schwiegereltern erheblich verbessern, sobald sie nämlich sehen, daß sich ihre Besorgnis über die Erziehung ihrer Enkelkinder als unbegründet erweist. Clara B.s Schwiegermutter war nicht damit einverstanden, wie ihre Enkelin Lily aufgezogen wurde. »Sie war der Meinung, ich sei nicht streng genug mit ihr. Ich sei zu tolerant. Ich wollte sie nicht in ein anderes Zimmer schieben und schreien lassen, und ich stillte sie zu lange. Aber jetzt, da Lily vier ist und selbst eine Beziehung zu meiner Schwiegermutter entwickelt hat, meint sie, daß Lily ein ganz wunderbares Kind ist. Ja, sie hat sogar eingeräumt, daß Lily die Methode bestätige, nach der sie aufgezogen wurde, und das ist für meine Schwiegermutter ein ganz beträchtliches Zugeständnis.«

Wir werden wieder in unsere eigene Familie zurückgezwungen, wenn wir uns wünschen, daß unsere Kinder eine Beziehung zu ihren Großeltern entwickeln, sosehr wir auch deren Ansichten oder Prioritäten mißbilligen mögen. Ruth P. bekam ihr erstes Kind im Alter von vierzig Jahren durch In-vitro-Fertilisation; sie hat ein schwieriges Verhältnis zu ihrer Mutter, mit der sie nach der Geburt ihrer Tochter besonders schlecht zurechtkam. »Meine Schwiegereltern dagegen nahmen mich mit offenen Armen auf, und mittlerweile hat sich auch meine Einstellung zu meiner eigenen Familie verändert. Ich käme zwar ohne sie aus, aber wenn mir etwas passieren würde, wäre meine Schwester im Augenblick die einzige Person, der ich meine Tochter anvertrauen könnte. Ich möchte auch, daß die Kleine Vettern und Kusinen hat, die sie kennt.«

Die Allmacht unserer Eltern schwindet allmählich, wenn sie öfter »Oma« und »Opa« als »Mama« und »Papa« genannt werden und sich unser Interesse von der Familie, aus der wir gekommen sind, auf die eigene Familie verlagert, die wir nun aufbauen. Die Konflikte sind zwar nicht aus der Welt, doch stehen sie nach den Bedürfnissen unserer Kinder an zweiter Stelle. Die Verhaltensweisen der Eltern werden nun häufig als kleine Verschrobenheiten neu interpretiert und nicht mehr als schädliche Unzulänglichkeiten gesehen. Unsere Eltern haben jetzt eine neue, wichtigere Funktion als Großeltern, und wir übernehmen die Rolle der Vermittler zwischen der älteren und der jüngsten Generation. Meine Mutter freut sich zwar immer sehr, meine Kinder zu sehen, wenn sie zu uns zum Essen kommt, doch spätestens eine halbe Stunde nach ihrem Eintreffen klagt sie unweigerlich über Kopfschmerzen, bittet um ein Aspirin und muß sich hinlegen. »Ihr seid eine so laute Familie«, beklagt sie sich, ohne sich klarzumachen, in welchem Maße sie selbst zu diesem Lärm beiträgt und mich zusätzlich streßt, indem sie mir ihre Neuigkeiten justament dann erzählen muß, wenn die Kinder lautstark nach Aufmerksamkeit verlangen. Eifrig bemühe ich mich sogleich um Harmonie, indem ich die Kinder dazu bringe, mit den Spielsachen zu spielen, die Oma ihnen geschenkt hat, ihre neuesten selbstgemalten Bilder oder Kunststücke vorzuführen, als seien sie dressierte Zirkushunde – nur damit ihre Großmutter zufrieden und erheitert nach Hause gehen kann.

Unsere Kinder zwingen uns immer wieder, uns neu mit bestimmten Gefährdungen unserer eigenen Kindheit auseinanderzusetzen und alte Wunden zu heilen. Wenn sie in die Schule kommen, werden wir zum Beispiel von Erinnerungen an den Terror der Schulhofprügeleien heimgesucht. Als meine älteste Tochter eingeschult wurde, war es meine größte Sorge, daß sie keine Freundinnen finden würde; denn ich erinnere mich lebhaft daran, daß ich als Schulanfängerin in jeder Pause allein auf einer Bank im Schulhof saß, weil ich noch niemand näher kennengelernt hatte. Meine Tochter dagegen hat viele soziale Kontakte, und meine Befürchtungen waren ganz unbegründet: Ihre ausgeprägtere Soziabilität hat dazu beigetragen, daß ich die Erinnerungen an meinen eigenen unsicheren Start begraben konnte.

Als mein Vater ihren siebten Geburtstag vergaß, hat mich seine Unaufmerksamkeit genauso beschäftigt und gekränkt wie zu meiner Kinderzeit. Meine Tochter war von zu vielen Geschenken und Menschen umgeben, um zu registrieren, daß diesmal kein Päckchen und keine Karte vom Opa gekommen war. Ich aber war ihretwegen gekränkt und wurde an die nicht gehaltenen Versprechungen meiner Kindheit erinnert: an die Stunden, in denen ich mir die Nase an der Fensterscheibe plattgedrückt hatte, während ich auf meinen Vater wartete – viel zu lange oder vergeblich. Daß er sich mit der Scheidung emotional an mir versündigt hat, trage ich ihm schon lange nicht mehr nach, seit ich meine ganze Kraft auf meine Kinder konzentriere. Aber der vergessene Geburtstagsgruß signalisiert mir, wie sehr ich insgeheim gehofft hatte, er würde sich als Großvater bessern. Ich erinnere mich daran, daß mir seine Mutter zu jedem Geburtstag eine Glückwunschkarte mit einer Fünf-Pfund-Note schickte, bis ich achtzehn wurde (obwohl ich meine Großmutter fast nie sah) – aber ich erwarte von meinem Vater doch mehr als bloß eine solche Geste für meine eigenen Kinder. Einige Tage nach dem Geburtstag kamen dann doch noch eine Karte und ein Geschenk, und meine Tochter konnte sich sehr viel mehr auf die Gabe ihres Großvaters und ihrer Stiefgroßmutter konzentrieren, weil sie nicht in der Fülle der anderen Geschenke unterging. Sie kletterte auf einen Stuhl, um das Telefon zu erreichen, und tippte flink die Nummer, um sich bei ihrem Großvater zu bedanken und ein bißchen mit ihm zu plauschen. Als ich ihr zuhörte, begriff ich, daß die Beziehung zwischen den beiden gut ist, sehr viel ungezwungener als einst meine Beziehung zu den eigenen Großeltern – und daß meine emotionalen Probleme mit meinem Vater meine ganz persönliche Sache sind und meine Tochter nicht betreffen.

Wenn am Ende des Films *The Railway Children* Bobby auf dem Bahnsteig durch den Rauch rennt und »Papa, mein Papa!« ruft, kann ich vor Tränen kaum noch den Bildschirm sehen, weil eben mein eigener Papa nie mehr zu seiner Familie zurückkehrte. Währenddessen sitzt meine älteste Tochter mit trockenen Augen auf dem Schoß ihres Vaters, und angesichts ihrer emotionalen Geborgenheit fühle ich mich irgendwie besser. Auch andere Frauen stellen fest, daß manche emotionalen Wunden ihrer Kinderzeit weniger schmerzen, wenn sie selbst Kinder haben.

Imogen A., die zusammen mit einer Schwester aufgewachsen

ist, wurde immer als »die Kluge« bezeichnet, während ihre Schwester als »die Hübsche« galt. Als sie dann mit Ende Dreißig zwei Töchter bekam, wurden einstige Unsicherheiten hinsichtlich ihres Aussehens wieder gegenwärtig. »Als Beatrice geboren wurde, war ihr Gesicht ganz zerknautscht, und ich dachte: O Gott, sie sieht genauso aus wie ich. Aber fünf Tage später wurde mir beim Stillen klar, daß sie eher aussah wie Peter, und das war eine große Erleichterung für mich. Ich habe mich selbst als Kind so wenig leiden können, daß Beatrice einfach nicht so sein durfte wie ich. Als dann Laura geboren wurde und ich sie zum erstenmal zu Gesicht bekam, stellte ich sofort fest, daß sie mir sehr ähnelte. Ich quälte mich wochenlang damit herum, und Peter erklärte mich für verrückt. ›Sie ist doch erst drei Tage alt‹, konstatierte er, ›woher willst du denn wissen, wie sie mal aussehen wird?‹ Zu Hause kramte ich alle Fotos von mir als Baby hervor, auf denen ich wirklich hübsch und niedlich aussah. Ich dachte: Ja, das bin ich, das ist meine Geschichte – meine Mutter hat uns sicher sehr geliebt, aber sie war nicht imstande, mir eine positive Einstellung zu mir selbst, zu meinem Aussehen zu vermitteln. Jede Mutter kriegt letztlich das Baby, das sie haben wollte. Ein heilsamer Gedanke. Ich betrachtete die Fotos und dachte: Ich war ein niedliches Baby, und ich sehe nun, daß Laura zwar anders ist als ihre Schwester, aber überhaupt nicht so aussieht wie ich. Sie ist wunderhübsch.«

Sue P. und ihre Geschwister wurden als Kinder von ihren Eltern streng zum Lernen angehalten. »Das hat insofern durchaus zu guten Ergebnissen geführt, als wir gut in der Schule waren und alle Prüfungen bestanden, aber emotional kamen wir zu kurz. Heute halten wir es zwar für selbstverständlich, daß Kinder lernen müssen, doch liegt uns vor allem ihre emotionale Entwicklung am Herzen, ihre Fähigkeit, etwas zu empfinden und zum Ausdruck zu bringen. Das werden dann unsere Kinder später vermutlich für selbstverständlich halten und als Eltern irgendeine andere Obsession haben, aber für mich ist es so, als ob ich mit meinen Kindern emotional noch einmal aufwüchse, und das genieße ich.«

Unsere Kinder zwingen uns auch zur Auseinandersetzung mit unserer eigenen Kindheit, wenn sie Geschichten aus der Vergangenheit von uns hören wollen, Geschichten, durch die sie sich uns noch näher fühlen und begreifen, wie normal die Probleme der Kindheit sind. Moderne Prinzipien »guter« Elternschaft verlangen von uns, daß wir uns auf den Fußboden kauern und mit unseren Kindern spielen, das versonnene Vergnügen am Ausmalen von Malbüchern, die intellektuelle Herausforderung von Lego oder die Bilder aus unseren Lieblingsgeschichten wiederentdecken. Genetisch erben wir nur einen Bruchteil der Defizite unserer Eltern. Die Zwillingsforschung hat gezeigt, daß Intelligenz, Charakterzüge, Verhaltensweisen und Überzeugungen mehr von Umwelt- als von Erbfaktoren beeinflußt werden. Da diese Umwelt in der frühen Kindheit weitgehend von der Familie bestimmt wird, steht es in unserer Macht, sie umzuformen und unsere Kinder innerhalb der von uns geschaffenen Familienstruktur anders zu erziehen, die Wunden unserer eigenen Kindheit zu heilen und – vielleicht vergeblich – zu hoffen, daß wir bei unseren Kindern weniger emotionale Probleme erzeugen.

Natürlich sind wir uns auch der Notwendigkeit bewußt, genaue Informationen zur Familiengeschichte weiterzugeben und Lücken zu füllen, wenn unsere Kinder Fragen stellen, die wir zunächst nicht beantworten können. Erst wenn wir Eltern werden, erkennen wir, wie sehr Liebe und Aufmerksamkeit in der Generationenfolge eher abwärts als aufwärts gerichtet sind und daß »die große Liebe, die eine Mutter für ihr Kind empfindet, nicht unbedingt auch der Elterngeneration zuteil wird«, wie Elizabeth Jolley in ihrer Kurzgeschichte *Three Miles to One Inch* schreibt. Nur zu oft hat man dann das Gefühl, es sei zu spät, um noch etwas wiedergutzumachen.

> Erst als sie selbst Großmutter war, ließ ihre Liebe zu ihren Enkeln sie begreifen, wie sehr sie selbst als kleines Kind geliebt worden war. Wie schade, daß es nun zu spät war, dies irgend jemandem zu danken. Es war nicht mehr möglich, freiwillig einen Kuß, eine Liebkosung oder ein

paar liebevolle Worte, gleichsam über die Schulter, zurück in die Vergangenheit zu schicken.

Wenn wir auf Lücken in der Kenntnis der eigenen Familiengeschichte stoßen, erscheinen sie uns plötzlich als riesige Defizite, denn wir sind ja die Vermittler zwischen Vergangenheit und Zukunft und fühlen uns für die weitere Überlieferung der Familiengeschichte verantwortlich. Das Bewußtsein, nun der mittleren Generation anzugehören, läßt uns auch erkennen, daß nicht mehr allzuviel Zeit bleibt, unseren Eltern all die Fragen zu stellen, die zu stellen wir bisher nicht gewagt oder versäumt haben. »Man wird toleranter und interessiert sich mehr für das, was früher geschehen ist. Ich habe jetzt sehr viel mehr Sinn für die gemeinsame Familiengeschichte, und beim Ansehen von Familienfotos fällt mir sofort auf, wenn ich da jemanden nicht kenne. Dann wird mir klar, daß ich meine Mutter danach fragen muß, solange sie noch lebt, denn wenn ich es nicht tue, wird niemand mehr die Antwort kennen, und diese Menschen und Geschichten versinken für immer«, findet Anne T.

»Ich habe es noch nicht fertiggebracht, mit meinen Eltern über meine Kindheit zu sprechen, obwohl es da noch so viele Sachen gibt, die ich wissen will.« Gemma S. hatte eine jüngere Schwester, die mit zwei Jahren an Leukämie starb. Heute hat Gemma selbst zwei Kinder unter fünf Jahren, und sie weiß, daß sie ihnen eines Tages als Heranwachsenden erzählen muß, was einst ihren Seelenfrieden erschütterte. »Ich habe mich zurückgehalten, weil ich meinen Eltern nicht weh tun wollte. Meine Erinnerungen an das Ereignis sind die einer Zehnjährigen, und sie haben mir damals nur das erzählt, was sie mir zumuten zu können glaubten. Jetzt aber, mit über Dreißig, habe ich viele Fragen. Ich muß wissen, wie das alles gewesen ist, aber meine Eltern kommen nie auf dieses Thema zu sprechen, und ich weiß noch immer nicht, wie ich sie fragen soll. Man darf nicht aufhören, die Vergangenheit in die Gegenwart zu holen, und muß sich klarmachen, daß man genau das tut, wenn man die Fragen unterdrückt.«

Belinda A. wurde mit zwölf Jahren in Pflege gegeben. Sie ist Lesbierin und hat ihr Baby durch künstliche Befruchtung bekommen. Sie hat keine Ahnung, wo ihre leibliche Mutter jetzt ist. »Sie lebt sicher, und ich möchte sie gern finden. Ich möchte, daß sie Saskia kennenlernt und sie in den Arm nimmt. Meine Mutter wurde von ihrem Vater brutal behandelt, und deshalb kann ich ihr leicht und mit Liebe verzeihen, was sie mir damals angetan hat. Ich habe ihr schon lange vergeben, aber jetzt fühle ich mich ihr mehr verbunden als früher. Wenn ich um drei Uhr morgens die tausendste Windel gewechselt, wieder mal Erbrochenes aufgewischt oder so schön gestillt habe – dann denke ich an ihre Lebensbedingungen 1955, ledig mit einem Kind, sie hauste in Elendsquartieren und hielt sich mit Glücksspiel über Wasser.«

Isis T. hat ihren leiblichen Vater, der Rechtsanwalt in Trinidad war, nie kennengelernt. Ihre Mutter heiratete dessen Bruder, und Isis' Vater starb, als sie sieben Jahre alt war. Die Beziehung zu ihrer Mutter ist kühl und schwierig, doch Isis besucht sie regelmäßig, damit sie eine Beziehung zu ihrer Enkelin knüpfen kann, die mittlerweile sechzehn Monate alt ist. »Als ich klein war, verachtete ich meinen Vater und lehnte jeden Kontakt zu ihm ab, obwohl er mich kennenlernen wollte. Aber heute empfinde ich keinen Groll mehr, habe vielmehr das Gefühl, daß mir quasi eine Hälfte fehlt. Erst als ich schwanger wurde, begriff ich, wie wichtig es ist, daß man seine Eltern kennt. Ich wurde von den Ärzten zum Beispiel nach Krankheiten in der Familie gefragt, und ich wußte über die Seite meines Vaters überhaupt nichts. Es kann ja schreckliche Anomalien gegeben haben, von denen ich nichts weiß.«

Wir können der Tatsache nicht ausweichen, daß der elterlichen Vergangenheit eine große, mitunter sogar überwältigende Bedeutung zukommt, wenn wir selbst als Eltern Familientraditionen und religiöse Werte zu bewahren versuchen – dabei trotzdem entschlossen sind, unsere Kinder so aufzuziehen, wie wir es für richtig halten. Rachel T. ist Lesbierin und Mutter eines sieben Monate alten farbigen Sohns; ihre Eltern sind rechtschaffene fromme Juden. Die Vorstellung, ihre Tochter würde durch künstliche Befruchtung schwanger, schockierte sie zunächst, doch sie änderten dann ihre Meinung, als sie sich ausdachten, Rachel solle einen jüdischen Samenspender wählen, nachdem Rachels Bruder sein jüdisches Erbgut durch die Heirat mit einer Nichtjüdin »verwässert« hatte. Als ihre Tochter ihnen dann gestand, daß der Spender schwarz sei, wurde ihre Mutter »rasend« und verstieg sich zu der Behauptung, daß ihr Enkel Selbstmord begehen würde, sobald er alt genug sei, das alles zu begreifen. »Meine Mutter klagte, nun würde sie nie jüdische Enkel haben, doch ich erklärte ihr, ich sei schließlich Jüdin, also würden meine Kinder auch Juden sein; sie war jedoch der Meinung, daß meine Gene allein nicht stark genug seien. Da hielt ich ihr entgegen, sie hätten beide als Großeltern die Pflicht, das Kind zu lieben, und wenn es wirklich Probleme bekäme, wäre das ihre Schuld, weil sie ihn mit diesem Unsinn belasteten. Das brachte sie erst mal zum Schweigen.«

Rachel hatte eine schwere Entbindung, was ihre Mutter ein wenig besänftigte, und dann beschloß sie immerhin, ihren Sohn beschneiden zu lassen; nicht nur ihren Eltern zuliebe, sondern auch weil sie sich in ihrer Identität als Jüdin stark genug fühlte, um ihren Glauben weiterzugeben. »Wir suchten zusammen mit meinen Eltern und einem gemeinsamen Freund die Praxis eines Mohel auf. Mein Vater hielt den Jungen und mußte dem Mohel geloben, daß er ihn als Juden annehme. Da der Mohel durchaus nicht befand, dieses Kind könne kein Jude sein, weil es schwarz sei, konnten meine Eltern eine Beziehung zu dem Kleinen entwickeln, und es wurde alles viel besser. Ich selbst bin ganz vernarrt in meinen Sohn, aber wenn ich mit ihm bei meiner Mutter bin, gehe ich absichtlich ein bißchen schroffer mit ihm um, damit sich dann meine Mutter für ihn ins Zeug legen kann. Ich sage beispielsweise: ›Hör auf zu stöhnen‹, und dann nimmt sie ihn in den Arm und tröstet ihn: ›Ach, mein armes Kind.‹ Mein Sohn soll später wissen, daß er Jude ist, ein Bewußtsein für jüdische Kultur entwickeln und jüdische Menschen lieben, aber ich will ihn nicht dazu zwingen. Vielleicht genügt es ja, wenn er sich ein dutzendmal *Anatevka* ansieht.«

Zahlreiche verschiedene Gengruppen werden mit der Geburt eines jeden Kindes von Generation zu Generation weitergegeben. Das Erstaunliche an einer Familiengeschichte ist jedoch, wie rasch sich jede Generation ihre eigenen Lebensformen schafft, statt die ihrer Eltern und Großeltern nachzuvollziehen. Zu den Urgroßeltern meiner Kinder zählen zwei deutsche Juden, denen 1939 im letzten Augenblick die Flucht aus Berlin gelang, und ein Londoner Fensterputzer und seine Frau, die jahrelang in einer Slumwohnung gleich hinter der Tate Gallery wohnten. Wie meine geliebten Großeltern leben sie in reichen Erinnerungen fort, obwohl sie alle längst tot sind. Doch für meine Kinder sind sie bislang nur Namen im Familienstammbaum, vage Geschichten aus meiner eigenen Kindheit.

Familienleben in der postfreudianischen westlichen Welt bedeutet: Wir müssen akzeptieren, daß ein großer Teil des Textbuchs zum Familiendrama längst geschrieben worden ist, bevor wir Mutter oder Vater werden. Wenn Sie ein anderes Mädchen wären, hätte Ihre Mutter sich nicht einen Sohn gewünscht; wenn Ihr Vater Sie täglich rügte, weil er als Kind ständig kritisiert worden ist; wenn Sie als Kind im Gegensatz zu ihrer engelhaften Schwester als die böse galten; wenn Sie gar sexuell mißbraucht oder körperlich mißhandelt wurden – dann können solche diskriminierenden und schädlichen Verhaltensmuster bei Ihren eigenen Kindern nicht auszuschließen sein. Allerdings nur wenn Sie es zulassen. Wir können zwischen unserer Vergangenheit und ihrer Zukunft einen Strich ziehen.

Frühere Elterngenerationen haben sich oft in ein strenges Erziehungsregiment von Vorschriften und Pflichten geflüchtet, um sich das Leben zu erleichtern. Heute wissen wir: Wenn wir diese Familienstruktur so weit lockern, daß Kinder sich anerkannt fühlen, aber nicht so weit, daß sie sich unsicher fühlen, schaffen wir ihnen mehr Raum für ihr Anderssein. »Beinahe von Anfang an hat das Baby seine eigenen Vorstellungen«, schreibt Donald W. Winnicott, »und wenn Sie zehn Kinder haben, werden sich nicht zwei von ihnen gleichen, obwohl sie alle im selben Haus – Ihrem Haushalt – aufgewachsen sind. Zehn

Kinder werden zehn verschiedene Mütter in Ihnen sehen.«[10] Wenn wir unsere Kinder als einzigartig und zufällig begreifen, sehen wir leichter ein, daß wir selbst auch nicht exakte Kopien unserer Eltern sind. Verhaltensmuster können durchbrochen, aber auch neu geschaffen werden, denn, so schreibt Erik Erikson in *Kindheit und Gesellschaft*: »Dieses schwache und sich beständig ändernde Wesen nämlich setzt die ganze Familie in Bewegung. Kleine Kinder beherrschen und erziehen ihre Familie genauso weitgehend, wie sie von jenen erzogen wird: Wir können ruhig sagen, daß eine Familie ein Kind erzieht, indem sie von ihm erzogen wird.«[11]

Das Verstreichen der Zeit wird uns durch das Heranwachsen eines Kindes oft plötzlich und schmerzlich bewußt. Fotos fangen das Aussehen unserer Kinder ein, aber natürlich nicht ihr ganzes Sein. Ihr Geruch, der Klang ihrer Stimmen, was wir fühlen, wenn wir sie im Arm halten, die besondere Art, wie sie etwas sagen oder über den Fußboden schlurfen, werden schnell vergessen, während sie sich verändern und weiterentwickeln. »Wenn man Kinder hat, wird einem ein völlig anderes Verhältnis zur Erinnerung und zur Zeit aufgezwungen«, schreibt David Flusfeder anläßlich der Geburt seines Sohnes. »Wenn man sein Kind wachsen sieht, scheint jedes Entwicklungsstadium absolut zu sein und saugt Zeit in sich auf. Jetzt kann er den Blick fixieren. Er gibt gurrende Laute von sich. Das vorangegangene Stadium ist schon fast vergessen. Und dann beginnt wieder eine andere Zeit. Eine ständige neue Gegenwart.«[12]

»Die Liebe setzt dich in Gang wie eine große goldne Uhr«, beginnt Sylvia Plaths Gedicht *Morgenlied*, und während die Minuten verticken, werden wir in den Mahlstrom des Familienlebens zurückgesogen – der Familie, der wir entstammen, und der Familie, die wir nun bilden. Einstige emotionale Probleme mit unseren Eltern können wieder gegenwärtig werden, und die Kindheit, die wir hinter uns gelassen zu haben glaubten, kehrt zurück und quält uns, während wir unsere eigenen Kinder heranwachsen sehen. Wir rücken eine Generation vor, wir schlagen Wurzeln durch unsere Kinder und müssen über kurz oder lang akzeptieren, daß wir – wie einst unsere Eltern – durch die Verantwortung der Elternschaft zur Reife gezwungen werden. Erst wenn wir Mütter und Väter werden, wird uns klar, daß wir uns einer unendlichen Reihe von Müttern und Vätern angeschlossen haben, die weit in die Geschichte zurückreicht. In Enid Bagnolds Roman *The Squire* läßt die Heldin den Blick auf ihren fünf Kindern ruhen …

> Sie wußten noch nicht, daß sie Fleisch von ihrem Fleisch, Teil ihrer Vergangenheit und ihrer Erbmasse, Teil ihrer eigenen Mutter und ihres eigenen Vaters waren; erst später, älter geworden, würden sie begreifen, daß sie all dem, was sie ihnen vererbt hatte, nicht entgehen konnten. Und doch hatte jedes von ihnen eine Chance des Entkommens, jedes hatte eine Chance, zu sein, nicht nur Enkel, sondern eines Tages auch Großvater. In jeder Familie gibt es den Keim eines Neubeginns, etwas, das über das Familiengemisch hinausgeht, eine Explosion, eine Schöpfung, und der Phönix ist geboren.[13]

Noch zu Beginn des 20. Jahrhunderts hatten viele Frauen kaum Grundkenntnisse von Fortpflanzung und Schwangerschaft. »Ich wußte nicht, wie ein Baby geboren wurde, und als die Wehen anfingen, wußte ich nicht recht, was das war«, beginnt die Beschreibung einer Frau aus der Arbeiterschicht.

> Mein Vater sagte: »Ich glaube, du hast dich erkältet.« Also steckten sie mich ins Bett. Aber ich fühlte mich elend und hatte Schmerzen. Mein Mann aber hatte kein Mitleid mit mir. Er ging schlafen, und damit hatte sich's. Damals benutzte man einen Kübel, einen Zinkeimer, wenn man nachts mal mußte. Na ja, mir war schlecht, also saß ich auf dem Eimer und wußte nicht, was mit mir los war. Die Geburt des Babys stand unmittelbar bevor, und ich wußte noch immer nicht, was mit mir los war. Ich rief zu meinem Mann hinüber: »Wach auf, irgend was ist nicht in Ordnung, meine Blase kommt da unten raus.« Ich dachte, meine ganzen Eingeweide kämen heraus. Dann tastete ich mit der Hand unten nach und spürte das Profil des Kindes, die Nase und die Augen. Ich sagte: »Es ist das Kind, das Kind kommt.« Mein Mann murmelte: »Verschieb's auf morgen.« So habe ich gelernt, was Kinderkriegen ist. Und damit hatte ich aufgehört, ein ahnungsloses Kind zu sein.[14]

Heute sind Frauen natürlich ungleich besser informiert, doch die Mutterschaft ist nach wie vor von Mauern des Schweigens umgeben. Wir wissen mehr als je zuvor über unsere Fruchtbarkeit und haben sie unter Kontrolle. Wir können entscheiden, wann wir ein Kind haben wollen, können der Unfruchtbarkeit mit In-vitro-Fertilisation begegnen oder die Fortpflanzung durch Empfängnisverhütung, Abtreibung oder Sterilisation ganz verweigern. Wir können Handbücher zu Rate ziehen, die jedes Stadium der Schwangerschaft und Geburt beschreiben, und dennoch ist die Mutterschaft noch immer mit mancherlei Tabus belegt. In diesem Buch habe ich deshalb die radikalen Veränderungen durch die Mutterschaft darzustellen versucht, damit Frauen durch die Lektüre ein bißchen besser auf die negativen wie die positiven Seiten vorbereitet sind. Die physische, emotionale und psychische Verfassung einer Frau kann – wie gesagt – durch Schwangerschaft und Geburt eine Zeitlang stark beeinträchtigt sein. Die Existenz eines Babys verändert dann die Beziehungen einer Frau zu ihrem Freundeskreis, ihrer Familie und ihrem Partner, und es kann auch ihre Prioritäten und Einstellungen zu Beruf und Umwelt grundlegend verwandeln.

Die meisten Frauen brauchen sehr viel länger, als sie sich vorgestellt haben, um die Mutterschaft ganz zu akzeptieren und sich in ihr einzurichten; angemessene Vorbereitung und gründliche Information tragen dazu bei, daß wir dem Streß einer solchen Veränderung besser gewachsen sind. Früher hieß es, Frauen sollten vom Geburtsschmerz nichts wissen, bevor es soweit ist, weil sie sonst vor dem Kinderkriegen zurückschrecken würden. Doch das Wissen um die Schmerzen hat Frauen keineswegs massenhaft davon abgehalten, Kinder zur Welt zu bringen. Frauen brauchen ausreichende Informationen, damit sie die wichtigste und stärkste Erfahrung ihres Lebens bestehen können. Heute gibt es eine Fülle von Literatur zur psychologischen Vorbereitung auf chirurgische Eingriffe; sie zeigt, daß Patienten, die wissen, was sie erwartet, vor und nach dem Eingriff weniger Angst haben, weniger Schmerzmittel verlangen und kürzere Zeit im Krankenhaus bleiben; zudem überwog bei ihnen der Eindruck, sich selbst besser unter Kontrolle zu haben und mit ihrem Zustand besser fertig zu werden. Untersuchungen von gebärenden Frauen kamen zu sehr ähnlichen Ergebnissen.[15]

Aufklärung und Information sind nicht nur für medizinische Erfordernisse, sondern auch für das Leben allgemein unerläßlich. Denn nur die werdende und die junge Mutter sucht in Büchern Rat, um auch den belastenden Aspekten der Mutterschaft, mit denen sie konfrontiert wird, gewachsen zu sein. »Dabei sollte es Teil des Allgemeinwissens sein, damit geläufig ist, daß das Muttersein eine Zeitlang ziemlich schwer ist«, sagt Imogen A., »aber auch, daß es dann immer bessergeht und sich schließlich als das Schönste erweist, das einem je widerfahren ist.«

Wenn sich der Nebel dieser ersten Monate und Jahre lichtet, wissen Eltern kaum noch, wie sie vorher gelebt haben, und sie können sich kaum mehr vorstellen, wie ihr Leben ohne Kinder verlaufen wäre. »An manchen Tagen bin ich mir sicher, daß ich beispielsweise daran gedacht hätte, Gesichtswasser zu benutzen, meine Gymnastik zu machen oder auf der Bank Geld anzulegen, wenn ich keine Kinder hätte«, schreibt Anne Roiphe. »An anderen Tagen wiederum interessieren mich solche Dinge überhaupt nicht, und ich denke, daß ich ohne meine Kinder – was immer ich dann sein könnte – weniger wäre, vermindert, reduziert, eingesperrt in meine Haut, ein Mensch, der keine in die Zukunft gerichtete Spur hinterlassen wird; die Spur würde sich nur rückwärts verfolgen lassen.«[16]

Die guten Seiten der Mutterschaft sind reicher, als ich je für möglich gehalten habe. Mit unseren Kindern schwimmen wir durch ein Meer der Vertrautheit und Freude. Ein Kind am Ende eines Tages in ein Badetuch zu hüllen, während es auf unserem Schoß sitzt und nichts anderes will, als im Arm gehalten zu werden, schenkt uns unendliche Zufriedenheit. In Gegenwart eines Kindes haben wir ein Auge noch für den winzigsten über ein Blatt krabbelnden Marienkäfer, die Zeit steht still und verstreicht dennoch so rasch, während die Kinder herumtollen und heranwachsen und ihre Haut so strahlend und jugendfrisch ist, daß man beinahe zusehen kann, wie darauf ein Kratzer verheilt. Ich habe nicht geahnt, daß ich einmal soviel Stolz, soviel Befriedigung, soviel Freude, Vergnügen und Liebe empfinden würde. Ich wußte nicht, daß es jeden Tag soviel zu lachen gibt, weil Kinder von Natur aus so ulkig sind. Doch die schlimmen Seiten der Mutterschaft waren auch belastender, als ich je für möglich gehalten habe. Hätte ich bei meinem ersten Kind gewußt, daß jede Mutter die schlechten wie die guten Phasen durchlebt, wäre zweifellos alles leichter für mich gewesen. Doch Mütter sehen sich in einer Falle des Schweigens gefangen, wenn es hart kommt, weil sie bei jeder Klage befürchten müssen, als »selbstsüchtig«, »unreif« oder »untauglich« etikettiert zu werden.

Mitunter denke ich daran, daß meine beiden kleinen Töchter eines Tages vielleicht selbst Kinder haben werden, und die Vorstellung, einmal Großmutter zu sein, gefällt mir durchaus. Ich stelle mir vor, daß auch sie einmal die starken Gefühlsgegensätze, die Freuden und den Schmerz der Mutterschaft erleben werden, und ich beneide sie schon fast darum. Wenn dann allerdings ihre Erfahrung der Mutterschaft von Wissen statt von Tabus begleitet wäre, wenn sie mit weit geöffneten Augen der Mutterschaft entgegensähen, gäbe es wohl weit mehr Raum für die Freuden zwischen kürzeren Phasen des Schmerzes.

Anhang
Nach der Entbindung häufig auftretende Gesundheitsprobleme

Kaiserschnitt

Eine von acht Frauen in Großbritannien und eine von drei Amerikanerinnen bringen ihr Kind durch Kaiserschnitt zur Welt: Das bedeutet eine zusätzliche Komplikation, da sie sich nicht nur vom Austragen des Kindes, sondern auch von einer größeren Bauchoperation erholen müssen. Patienten, denen ein größerer chirurgischer Eingriff bevorsteht, wird in der Regel gesagt, daß es Monate dauern werde, bis sie ganz wiederhergestellt seien, und daß sie sich etliche Wochen schonen müssen, bevor sie wieder arbeiten gehen. Bei Frauen jedoch, die durch Kaiserschnitt entbunden haben, ist von Schonung und Rekonvaleszenz nicht die Rede, und sie werden wie alle anderen Wöchnerinnen dazu angehalten, ihr Baby von vornherein selbst zu versorgen. Die – bislang nicht schlüssig bewiesene – psychologische Theorie, nach der das Neugeborene ständig von der Mutter betreut werden muß, damit eine frühe enge Mutterbindung entsteht, hat sich so erfolgreich durchgesetzt, daß selbst den durch Kaiserschnitt Entbundenen kaum zugestanden wird, zur eigenen Erholung ihr Kind auch nur für ein paar Stunden der Hebamme zu überlassen.

Die durch den Kaiserschnitt hervorgerufenen Schmerzen können beträchtlich sein, und Frauen, die zuvor nie operiert worden sind, empfinden diesen Schmerz wie auch den psychischen Schock, nahezu halb durchgeschnitten worden zu sein, als sehr qualvoll. Es erfordert fast herkulische Anstrengungen, sich auch nur auf dem Ellbogen hochzustemmen, sich auf die Seite zu drehen und das Baby aus seinem Bettchen zu heben, wenn es schreit, und das Gefühl der Ohnmacht und der Unfähigkeit, das Kind richtig zu betreuen, kann bei der Mutter bald zu psychischen Problemen führen. Auch das Stillen ist schmerzhafter, weil die mit ihm verbundenen Gebärmutterkontraktionen an der inneren Wunde zerren. Es sind so viele Muskelschichten durchgeschnitten worden, daß es oft Monate dauert, bis die Beschwerden abklingen. 1986 kam eine Untersuchung von 588 Frauen, die drei Monate zuvor durch Kaiserschnitt entbunden worden waren, zu dem Ergebnis, daß sich 35 Prozent immer noch nicht erholt hatten und 28 Prozent sich weniger gesund fühlten als vor der Schwangerschaft; 18 Prozent dieser Gruppe litten nach wie vor unter Wundschmerz.[1]

Frauen verlieren bei einem Kaiserschnitt mehr Blut als bei einer vaginalen Entbindung, und deshalb ist nach einem Kaiserschnitt die Gefahr einer Anämie größer. Nach einer Schnittentbindung haben Sie das Gefühl, als sei Ihre ganze untere Körperhälfte ans Bett genäht, und Sie können sich kaum vorstellen, jemals wieder auf die Beine zu kommen. Da jedoch jeder Versuch, wenigstens ein paar Schritte zu schlurfen, den Heilungsprozeß erheblich fördert, sollten Sie sich tapfer abmühen. Frauen, denen eine zweite Schnittentbindung bevorsteht, wissen nun, was sie erwartet, sie fürchten sich weniger vor dem Öffnen der Narbe, sind vom Geschehen weniger schockiert und früher wieder auf den Beinen, was ihre Genesung beschleunigt.

Vom Kaiserschnitt werden Sie sich erholen, doch müssen Sie auf sich achtgeben. Mindestens sechs Wochen lang dürfen Sie keine schweren Lasten heben, und auf Bauchdeckengymnastik müssen Sie verzichten, bis Sie das Gefühl haben, daß die Narbe vollständig verheilt ist. Zu den häufigen Nebenwirkungen jeder Bauchoperation gehören Blähungen, so daß Sie eine Zeitlang mit einem weiteren lästigen Symptom zu kämpfen haben. Wenn Sie sich bewegen, husten, niesen oder Winde lassen müssen, sollten Sie eine Hand auf die Wunde legen: Das lindert die Beschwerden, und Sie fühlen sich sicherer. Nach und nach wird die rote Narbe rosa verblassen und schließlich weiß werden, was freilich ein bis zwei Jahre dauern kann.

Etwa zwei Drittel aller Frauen in Großbritannien müssen nach der Entbindung wegen eines Dammschnitts oder -risses genäht werden. Die Genitalien und der Unterleib sind in der Regel ebenfalls verletzt und empfindlich, und die meisten Frauen haben zumindest in den Tagen nach der Entbindung Schmerzen oder Beschwerden. Eine Vielzahl von Frauen fühlt sich noch nach Wochen nicht wohl. Untersuchungen haben gezeigt, daß Wöchnerinnen, die von einer erfahrenen Hebamme oder einem erfahrenen Arzt genäht worden sind, danach weniger unter perinealen Schmerzen leiden als andere, die mit durchgehenden statt mit unterbrochenen, transkutanen Stichen genäht wurden.

Der Damm heilt meist schnell, weil diese Körperregion reich an Blutgefäßen ist. Hebammen empfehlen, während des Urinierens warmes Wasser über den Damm zu gießen, um das Brennen zu lindern, und den Bereich strikt sauberzuhalten, um Infektionen vorzubeugen. Frauen haben nach der Entbindung oft Angst vor dem Abführen und wagen es nicht, Druck auf die Dammnaht auszuüben. Die Darmtätigkeit ist in der Regel durch die Belastung während der Entbindung und den Nahrungsentzug ausgeschaltet, und viele Frauen führen frühestens drei Tage nach der Entbindung ab. Reichliches Trinken von Wasser und eine gegen die Stiche gedrückte Binde lindern den Schmerz, doch wenn Ihnen das unangenehm ist oder die Hebamme Sie wegen des Abführens unter Druck setzt, bevor man Sie aus der Klinik entläßt, kann nur ein Zäpfchen wirklich helfen.

Frauen mit tieferem oder längerem Dammschnitt oder mit einem Dammriß dritten oder vierten Grades werden feststellen, daß die Wunde langsamer heilt. Eisbeutel und örtlich betäubende, Lidocain enthaltende Sprays oder Gels können ebenso helfen wie orale schmerzstillende Mittel mit Wirkstoffen wie Paracetamol und Mefenaminsäure.

Infektionen

Wöchnerinnen sind unmittelbar nach der Entbindung besonders anfällig für Infektionen der Harnwege, der Gebärmutter und des Damms, weil ihre Widerstandskraft durch die Belastung der Geburt herabgesetzt ist und sie offene Wunden haben. Eine Harnwegsinfektion, die in der Regel mit einem Temperaturanstieg und Schmerzen beim Urinieren verbunden ist, kann mit Antibiotika schnell geheilt werden. Das erste Symptom einer Gebärmutterentzündung ist meist eine stärkere, hellere Blutung, nachdem der Wochenfluß bereits Zeichen des Versiegens aufwies. Der Uterus kann etwas empfindlich sein; es kommt vor, daß die Schmerzempfindung auf einer Seite größer ist als auf der anderen. Eine der verbreitetsten Ursachen für die Gebärmutterentzündung ist ein zurückgebliebener Rest der Plazenta, und auch in diesem Fall müssen Antibiotika, beispielsweise Penicillin, verschrieben werden.

Infektionen der Brust

Die Entzündung der Brust darf nicht mit dem Milcheinschuß verwechselt werden, der normalerweise am dritten oder vierten Tag nach der Geburt erfolgt. In den ersten zwei bis drei Tagen trinkt das Baby die sogenannte »Vormilch«, das Kolostrum, das viele Immungluboline enthält, die das Neugeborene in den ersten Lebenstagen schützen helfen; dann werden die Brüste hart und schwellen oft schmerzhaft an. Das ist der Milcheinschuß, der mit einem leichten Temperaturanstieg verbunden sein kann. Diese Beschwerden klingen allerdings rasch ab, vorausgesetzt das Baby trinkt gut: Wenn es richtig angelegt ist, muß die Brustwarze bis zum Rachen des Babys vorgeschoben sein. Läßt man das Baby direkt an der Brustwarze nuckeln, oder gleitet die Brustwarze zu oft am Gaumen des Kindes entlang, kommt es zu einer Reizung und schließlich zum Aufspringen der Brustwarze, so daß eine Infektion der Brustdrüse eintreten kann. Stillen ist eine erworbene Fähigkeit, und es mag einem wie chronischer Masochismus vorkommen, dem Baby die quälend angeschwollene Brust in den Mund zu schieben, wobei der Schmerz noch zunimmt, wenn das Kind zu saugen beginnt und der Sekretionsreflex einsetzt. Manche Mütter haben vom ersten Stilltag an keinerlei Beschwerden, anderen aber tun die Brustdrüsen zunächst weh, wenn das Baby die Milch absaugt. Doch sobald das Stillen in Gang gekommen ist, klingen die meisten Beschwerden ab.

Nach dem Stillen durch Reiben Milch in die Brustwarzen zu drücken und sie dann an der Luft trocknen zu lassen, kann dazu beitragen, den Symptomen des Wundwerdens und Aufspringens vorzubeugen oder diese zu lindern. Untersuchungen legen die Vermutung nahe, daß die Brustwarzensalben, die seit einiger Zeit angeboten werden, wenig hilfreich und im Zweifelsfall Geldverschwendung sind. Wenn sich auf Ihrer Brust ein rötlicher, empfindlicher Fleck zeigt, haben Sie einen verstopften Milchgang, der sich in der Regel durch normales Stillen des Kindes wieder öffnet. Sanftes Massieren der Brust mit einem erwärmten Baumwolltuch in Richtung der Brustwarze trägt zur Linderung des Schmerzes und zur Beseitigung der Verstopfung bei. Wenn Sie Schmerzen in der Brust und hohes Fieber haben, sich zudem fühlen, als hätten Sie eine Grippe, leiden Sie höchstwahrscheinlich an einer Mastitis, einer Brustdrüsenentzündung, und Sie sollten Ihren Arzt konsultieren, der Ihnen Antibiotika verschreiben wird. Es ist wichtig, daß die Mastitis richtig behandelt wird, damit sich nicht ein Abszeß entwickelt, der sehr viel schmerzhafter ist und eine chirurgische Behandlung sowie das Abstillen erforderlich machen kann.

Blutungen

Nicht selten haben Frauen bis zu sechs Wochen nach der Entbindung Blutungen – das ist normal, vorausgesetzt, die Blutung wird zunehmend leichter und heller. In den ersten Tagen nach der Entbindung scheidet die Wöchnerin während der sogenannten Nachwehen, die der Rückbildung der Gebärmutter dienen, kleine Blutgerinnsel aus. Diese Gebärmutterkontraktionen, die durch das Stillen verstärkt werden, können sehr schmerzhaft sein. Es ist auch normal, daß nach längerem Ruhen der Blutverlust im Stehen stärker ist, doch wenn Sie nach den ersten 24 Stunden eine sehr schwere Blutung haben und mehr als drei Binden pro Stunde verbrauchen, sollten Sie Ihre Hebamme oder Ihren Arzt konsultieren. Eine andauernde hellrote Blutung, die mit unangenehmem Geruch und erhöhter Temperatur verbunden sein kann (aber nicht muß), könnte bedeuten, daß Reste der Plazenta in der Gebärmutter zurückgeblieben sind. Sie werden in der Regel durch eine Ausschabung entfernt.

Blutarmut (Anämie)

Durch schweren Blutverlust während der Entbindung, aber auch durch einseitige Ernährung kann es zu einer Anämie kommen, die sich über die ersten Monate der Mutterschaft hinzieht. Oft ist die Blutarmut durch die Müdigkeit kaschiert, unter der viele Wöchnerinnen wegen Schlafmangels und häufigen Stillens leiden. Sie ist eine in der ersten Zeit der Mutterschaft verbreitete Komplikation, die allzuoft unbehandelt bleibt und dazu führt, daß junge Mütter sich erschöpfter fühlen, als es sein müßte. Die Symptome der Anämie sind eine bleiche, kränkliche Gesichtsfarbe, extreme Müdigkeit, Ungeduld, Kurzatmigkeit, Reizbarkeit und ein allgemeines Gefühl des Überfordertseins. Frauen, denen schon während der Schwangerschaft ein Eisenpräparat verschrieben wurde, sollten die Tabletten noch zwei bis drei Monate nach der Entbindung nehmen, und alle jungen Mütter sollten auf eisenreiche Ernährung achten, weil Eisenmangel zu Blutarmut führt und außerdem bis zu sechs Monate nach der Entbindung die Widerstandskraft gegen Infektionen herabsetzt.

Thrombose

Krampfadern wie auch Hämorrhoiden können in den Tagen nach der Entbindung anschwellen und schmerzhafter werden. Dieser Zustand wird als oberflächliche Phlebitis oder oberflächliche Thrombose bezeichnet. Es handelt sich zwar um nichts Ernstes, und es gibt keinen Anlaß zur Beunruhigung, obwohl das Wort »Thrombose« leicht Erschrecken auslöst. Allerdings kann eine Thrombose leider nur mit Ruhigstellung und Bandagieren behandelt werden, bis die Schwellung abklingt. Eine tiefe Venenthrombose tritt aller Wahrscheinlichkeit nicht auf, sofern die Mutter schon bald nach der Entbindung aufsteht und herumgeht; wenn es jedoch zu einer tiefen Thrombose kommt, beginnt sie in der Regel am oder um den fünften Tag nach der Entbindung. In der Mitte der Wade eines Beins ist eine Verhärtung zu spüren, beim Gehen können Schmerzen auftreten, auch Schwellungen im Fußgelenk, Fuß oder Bein sind möglich. Dieser Zustand ist gefährlich, weil das Blutgerinnsel sich ablösen und mit dem Blutstrom durch das Becken ins Herz oder in die Lunge geschwemmt werden und dort steckenbleiben kann. Wenn Sie also entsprechende Symptome haben, informieren Sie sofort Ihre Hebamme oder Ihren Arzt.

Inkontinenz

Seit Beginn der überlieferten Medizingeschichte wußte man, daß während des Geburtsverlaufs der Beckenboden in Mitleidenschaft gezogen wird, was zu – heute in der westlichen Welt glücklicherweise selten gewordenen – Gesundheitsstörungen wie Fisteln (schmale, tiefe geschwürige Wunden), Inkontinenz der Blase und des Mastdarms sowie Gebärmuttervorfall führte. Ein langwieriger Geburtsverlauf, bei dem der Kopf des Babys immer wieder gegen den Beckenboden stößt, erhöht die Wahrscheinlichkeit, daß das komplizierte, die Kontinenz steuernde System miteinander verbundener Muskeln, Nerven, Bänder und

Eingeweide Schaden nimmt. Die Beharrlichkeit, mit der sich die Medizin darum bemüht hat, den Geburtsverlauf zu verkürzen, hat zweifellos vielen Frauen diese unangenehmen Nachwirkungen erspart. Untersuchungen zeigen jedoch, daß auch bei kürzerem Geburtsverlauf ohne aufwendige geburtshilfliche Interventionen das Kontraktionsvermögen des Beckenbodens durch eine vaginale Entbindung beeinträchtigt werden kann und eine erhebliche Zahl von Müttern Nervenschädigungen erleiden. Obwohl die meisten Frauen keinerlei Veränderung bemerken, ist ihr Beckenboden möglicherweise geschwächt worden; weitere Geburten und Folgeerscheinungen des Alterns können schließlich zur Inkontinenz führen.

Annähernd 15 Prozent der Frauen leiden nach der Geburt ihres ersten Kindes unter der sogenannten »Streßinkontinenz«, die als »unwillkürlicher Abgang von Urin beim Husten, Niesen und schwerem Heben« definiert wird, und bei weiteren 5 Prozent kommt es zu häufiger Harnausscheidung. Die Blase ist ein äußerst empfindliches Organ, dem bei der Entbindung heftig zugesetzt wird. Ältere Frauen, die große Babys gebären und bei denen die Austreibungsperiode über zwei Stunden dauert, sind einem besonders hohen Risiko ausgesetzt, nach der Entbindung eine Streßinkontinenz zu bekommen, die offenbar nicht so rasch zurückgeht. In der größten je in Großbritannien durchgeführten Befragung zum Thema Gesundheit nach der Entbindung gaben 75 Prozent der Frauen an, daß sie ein Jahr nach der Geburt ihres Kindes immer noch Symptome hatten, und nur wenige von ihnen ließen sich wegen ihres Zustands ärztlich beraten, obwohl er ihre Lebensweise zwangsläufig beeinträchtigte.[2]

Abdul Sultan widmet sich der Erforschung der Gesundheit von Müttern nach der Entbindung: »In allen von mir durchgeführten Befragungen hat keine einzige Frau von sich aus über Inkontinenz gesprochen. Es ist ihnen zu peinlich, darüber zu reden; dabei brauchten sie diese Probleme nicht zu haben. Im Lauf der Zeit wird es für diese Frauen noch schwieriger, darüber zu sprechen, weil sie sich sagen: ›Na ja, es wird schon besser‹, und finden sich damit ab. Dann richten sie sich darauf ein, ändern ihre Ernährung oder leeren die Blase häufiger, trinken weniger als früher und verzichten beispielsweise auf bestimmte Sportarten. Ohne sich dessen bewußt zu sein, ändern sie viel in ihrem Leben und suggerieren sich dennoch, daß ihnen nichts fehlt.«

Eine leichte Harninkontinenz nach der Entbindung sollten Sie also nicht damit abtun, daß sie eben zu den üblichen Beschwerden nach dem Kinderkriegen gehört. Alte Frauen leiden sehr viel häufiger unter totaler Harninkontinenz als alte Männer, eben weil sie Kinder geboren haben, und wenn man das Problem im Frühstadium, alsbald nach der Entbindung, angeht, läßt sich künftigen schwereren Beeinträchtigungen vorbeugen. Jede Frau, die feststellt, daß sie sich beeilen muß, um rechtzeitig aufs WC zu kommen, daß sie bereits ein paar Tropfen verliert, bevor sie dort ist, und mehr als sechsmal am Tag auf die Toilette oder nachts mehr als dreimal aufstehen muß, um Wasser zu lassen, sollte einen Arzt aufsuchen.

Beckenbodengymnastik soll nicht nur die Geburt erleichtern, sondern ist nach der Entbindung sogar noch wichtiger, und überhaupt wird jede Form regelmäßiger Gymnastik dazu beitragen, die perineale Muskelfunktion zu stärken. Wie jeder andere Muskel erschlafft auch die Beckenbodenmuskulatur, wenn sie nicht trainiert wird, und tägliches Pressen kann den Beckenboden kräftigen und vor künftiger Inkontinenz schützen helfen. Auch Scheidenkegel können zur Kräftigung des Beckenbodens beitragen. Dabei handelt es sich um einen Satz abgestufter kleiner Gewichte, die täglich für kurze Zeit in der Scheide gehalten werden. Die Erfolgsaussichten dieser Behandlung entsprechen in etwa denen der Beckenbodengymnastik; sie ist Frauen zu empfehlen, die einen chirurgischen Eingriff scheuen oder weitere Kinder planen. Wenn die Inkontinenz jedoch die Lebensweise einer Frau beeinträchtigt und sie keine Kinder mehr bekommen will, ist eine Operation des Blasenhalses die wirksamste Lösung: Die Erfolgsaussichten liegen bei 90 Prozent. Da diese Operation bei älteren Frauen schwerer durchzuführen ist, empfiehlt es sich, sie rechtzeitig in Erwägung zu ziehen.

Seltener als Harninkontinenz ist die Stuhlinkontinenz, an der etwa 5 Prozent der Frauen kurzfristig leiden, doch wenn sie auftritt, können ihre Wirkungen verheerend sein.

Sandra C. ist Ärztin und Mutter zweier Kinder; nur wenige Tage nach der Geburt ihres ersten Kindes erlitt sie eine Stuhlinkontinenz. »Als ich die Verschmutzung mühsam zu beseitigen versuchte, weinte ich und begriff, daß ich wie ein Kind bestimmte Körperfunktionen neu lernen mußte. Ich weinte. Später an diesem Tag kam der Oberarzt vorbei und verkündete mir lächelnd, ich dürfe schon am nächsten Tag nach Hause. Ich hatte immer noch Schmerzen, konnte meinen Schließmuskel nicht kontrollieren – und wir hatten ja zu Hause keine Hilfe. Zu meiner Erleichterung schlug mir dann der fachärztliche Berater vor, noch ein bißchen länger im Krankenhaus zu bleiben. Als ich dann zu Hause war, bewunderten alle unser hübsches Baby. Ach, so klein und so vollkommen – während ich mich beschmutzt und beschämt fühlte. Mein Körper hatte nicht nur ein Kind geboren, er war bei dem Vorgang auch abgenutzt und verdorben worden.«

Während Mütter immerhin gelegentlich anklingen lassen, ihre Blase sei nach der Entbindung nicht mehr die beste, ist die Stuhlinkontinenz nach wie vor ein Tabuthema, und viele Frauen stellen fest, daß ihre Klagen von Ärzten nicht ernst genommen werden, wenn sie, was selten genug vorkommt, den Mut aufbringen, das Thema zur Sprache zu bringen. Zwar ist bei der vaginalen Entbindung der Schließmuskel zwangsläufig einer großen Belastung ausgesetzt, doch scheinen die Benutzung der Zange und der Dammschnitt bei der Durchtrennung des Schließmuskels eine entscheidende Rolle zu spielen. »Die Erforschung der Stuhlinkontinenz wurde in der Mitte der achtziger Jahre vernachlässigt«, sagt Abdul Sultan, »weil man glaubte, sie beruhe auf einer Nervenschädigung, die kaum zu vermeiden sei. Dann haben wir mit Ultraschall und der Technik der Sonographie entdeckt, daß wir in Wirklichkeit den Schließmuskel durchtrennt und das nicht erkannt hatten.«

Die vollständige Stuhlinkontinenz kann nur chirurgisch behoben werden; die Erfolgsaussichten liegen bei 80 Prozent. Das Leiden kann durch eine Veränderung der Diät oder durch die Einnahme verstopfender Mittel beeinflußt werden, doch das führt wiederum zu weiteren Problemen. Flatulenz, der vermehrte Abgang von Darmwinden, kann für die betroffenen Frauen ebenso peinlich sein wie Stuhlinkontinenz; sie kann unter Kontrolle gebracht werden, indem man weniger Gas erzeugende Nahrungsmittel zu sich nimmt. »Das Spektrum beginnt mit Flatulenz«, so Abdul Sultan, »und die kann schlimmer werden, zu Verschmutzungen und schließlich zu manifester Stuhlinkontinenz führen. Frauen, die vor der Schwangerschaft ein – sagen wir – nervöses Darmsyndrom haben und dann eine Durchtrennung des Schließmuskels erleiden, laufen ein höheres Risiko, später eine Inkontinenz zu entwickeln, weil bei ihnen der Mastdarmdruck höher ist.« Sultan hat auch herausgefunden, daß die Verwendung der Saugglocke den Schließmuskel der Gebärenden weniger gefährdet als die Benutzung der Geburtszange.

Rückenschmerzen

Jüngste Forschungen haben ergeben, daß zwischen der Epiduralanästhesie während der Entbindung und späteren Rückenschmerzen, Kopfschmerzen, Gliederschmerzen und Kribbeln in Händen und Füßen ein Zusammenhang besteht.[3] Rückenschmerzen können durch eine direkte Verletzung mit der Injektionsnadel oder durch eine Reaktion auf die Medikamente verursacht werden, doch können sie auch auf die Änderung der Körperhaltung und die Lockerung der Bänder während der Schwangerschaft zurückzuführen sein; sie werden dann durch die Anstrengungen der Geburt verschlimmert, besonders wenn die Mutter durch eine Epiduralanästhesie schmerzunempfindlich ist und zu lange in einer unbequemen Position verharrt. Viele Osteopathen nehmen an, daß eine Epiduralanästhesie das Zellgewebe schädigen kann und die Narbe dann gegen die Wirbelsäule scheuert. Was immer auch die Ursache sein mag, in Christine MacArthurs Untersuchung von über 11 000 Müttern in Birmingham litten 14 Prozent der Frauen nach der Geburt ihrer Kinder langfristig unter Rückenschmerzen, und bei Müttern, die eine Epiduralanästhesie hatten, wurde ein noch höherer Prozentsatz dieser Symptome festgestellt.[4]

Bevor Joanna Trevelyan ihr erstes Kind bekam, war sie fünf Jahre lang stellvertretende Herausgeberin der Zeitschrift *Nursing Times* und glaubte deshalb über das Kinderkriegen ziemlich genau Bescheid zu wissen. »Indessen habe ich mit den langfristigen Folgen der Epiduralanästhesie und des Dammschnitts, wie wohl viele andere Frauen auch, nicht gerechnet. Sobald die Wirkung der Epiduralanästhesie nachließ, traten in dem Bereich, wo die Injektion gesetzt worden war, heftige Rükkenschmerzen auf – etwas, was ich vorher noch nie gehabt hatte.« Vier Besuche bei einem Osteopathen führten zwar zu einer Besserung, nach wie vor aber bekommt Joanna starke Rückenschmerzen, wenn sie erschöpft ist. »Sechs Monate nach der Entbindung leide ich immer noch an einer Neuralgie in beiden Füßen. Wenn ich länger als zehn Minuten gesessen habe und dann aufstehe, tun mir die Füße so weh, daß ich manchmal humple wie eine alte Frau. Mein praktischer Arzt war nicht im mindesten überrascht: Offenbar kommen Neuralgien, besonders in den Beinen, bei Frauen, die eine Epiduralanästhesie hatten, häufig vor. Man hat mir gesagt, daß die Schmerzen nach etwa einem Jahr nachlassen, aber sie können auch bis zu drei Jahren anhalten.« Bei Joanna war überdies ein langer Dammschnitt notwendig, weil der Kopf ihres Sohnes einen Durchmesser von zwölf Zentimetern hatte; zwei Wochen lang konnte sie wegen der schmerzenden Wunde ihr Baby kaum tragen. Heute wirft sie Hebammen und Autoren von Büchern über Schwangerschaft und Entbindung vor, daß sie nicht vor den potentiellen Gesundheitsrisiken des Kinderkriegens warnen, weil sie offenbar befürchten, daß dies Frauen von der Fortpflanzung abhalten würde. »Tatsache ist«, schreibt Joanna in *Nursing Times*, »daß ich mich weniger geängstigt und früher ärztliche

Hilfe gesucht hätte, wenn ich schon vorher von den potentiellen Gesundheitsproblemen gewußt hätte.«

Postnatale Depression

Bestimmte Aspekte der jungen Mutterschaft wie die körperliche Beanspruchung durch Schwangerschaft und Entbindung, der Schock und die schwere Last der Verantwortung für ein Neugeborenes rund um die Uhr sowie Erschöpfung tragen maßgeblich zur postnatalen Depression bei. Ihre Symptome sind mannigfaltig: Traurigkeit, Reizbarkeit, Gefühle der Mutlosigkeit und Unfähigkeit, Selbstanklagen, extreme Erschöpfung und Schlafstörungen. Diese Gefühle und Zustände treten mehr oder weniger intensiv bei Wöchnerinnen häufig auf. Doch wenn Sie sich von ihnen überwältigt fühlen, sollten Sie Ihren Arzt konsultieren. Der postnatalen Depression begegnet man mit Beratungen, Antidepressiva oder Psychotherapie. Manche Frauen stellen fest, daß ihnen derartige Behandlungen helfen, während andere unter Nebenwirkungen der Medikamente leiden oder den Eindruck gewinnen, daß ihr Problem nicht wirklich gelöst, sondern nur unterdrückt worden ist. Die postnatale Depression ist eine sehr reale und häufig kräftezehrende Reaktion auf die junge Mutterschaft, die von der Familie und von Freunden ernst genommen werden sollte. Emotionaler Beistand, besonders vom Vater des Kindes, ist von entscheidender Bedeutung, außerdem praktische Hilfe und Entlastung von einem Teil der Pflichten, damit sich die junge Mutter erholen kann. Im Adressenverzeichnis des Anhangs sind unter dem Abschnitt »Emotionale Probleme der Mutterschaft« Institutionen aufgelistet, die Ihnen helfen können.

Anmerkungen

1. Die Entbindung ist nur der Anfang

1 Iona und Peter Opie, *Babies: An Unsentimental Anthology*. London (John Murray) 1990
2 Enid Bagnold, *The Squire*. London (Virago) 1987
3 Rozsika Parker, *Torn in Two: The Experience of Maternal Ambivalence*. London (Virago) 1995

2. Gesundheit nach der Geburt

1 Anne Lamott, *Operating Instructions: A Journal of my Son's First Year*. London (Bloomsbury) 1994
2 *Scientific Foundations of Obstetrics and Gynaecology*, hrsg. von Elliot E. Philipp, Josephine Barnes und Michael Newton. London (Heinemann) [3]1986
3 Zitiert in: Ann Oakley, *The Captured Womb: A History of Pregnant Women*. Oxford (Blackwell) 1984
4 Ebd.
5 Edward Shorter, *Der weibliche Körper als Schicksal: Zur Sozialgeschichte der Frau*. Dt. Übersetzung München/Zürich (Piper) 1984
6 Ebd.
7 *Maternity: Letters from Working Women*, hrsg. von Margaret Llewelyn Davies. London (Virago) 1978
8 Margery Spring Rice, *Working Class Wives*. London (Virago) 1982
9 Jenni Murray, *The Woman's Hour*. London (BBC-Books) 1996
10 Spring Rice, *Working Class Wives*, a. a. O.
11 Shorter, *Der weibliche Körper als Schicksal*, a. a. O.
12 Oakley, *The Captured Womb*, a. a. O.
13 Christine MacArthur, Margo Lewis und George Knox, *Health After Childbirth*. London (HMSO) 1991
14 Ebd.
15 Derek Llewellyn Jones, *Fundamentals of Obstetrics and Gynaecology*. St. Louis (Mosby) 1994
16 Shorter, *Der weibliche Körper als Schicksal*, a. a. O.; siehe auch: *The*

Art of Midwifery. Early Modern Midwives in Europe, hrsg. von Hilary Marland. London (Routledge) 1993
17 Sheila Kitzinger, *Wenn mein Baby weint. Praktische Hilfen und Informationen für Eltern*. Dt. Übersetzung München (Kösel) 1993
18 Margarita Artschwager Kay, *Anthropology of Human Birth*. (Davis Co.) 1981
19 Ebd.
20 Ebd.
21 Ebd.
22 *Scientific Foundations of Obstetrics*, a.a.O.

3. Anpassung an die Mutterschaft

1 Howard J. Osofsky, *Transition to Parenthood: Risk Factors for Parents and Infants*. In: *Journal of Psychosomatic Obstetrics and Gynaecology* 4/1985
2 Ebd.
3 Katharina Dalton, *Mütter nach der Geburt: Wege aus der Depression*. Dt. Übersetzung Stuttgart (Klett-Cotta) 1984
4 Zitiert nach Linda Pollock, *A Lasting Relationship: Parents and Children over Three Centuries*. London (Fourth Estate) 1987
5 Zitiert in: Adrian Wilson, *Childbirth in Seventeenth and Eighteenth Century England*. Phil. Diss. 1984
6 Frances Kaplan Grossman, Lois S. Eicher und Susan A. Winickoff, *Pregnancy, Birth and Parenthood*. San Francisco (Jossey-Bass Publishers) 1980
7 Jean Ball, *Reactions to Motherhood*. Cambridge (Cambridge University Press) 1987
8 Joan Raphael Leff, *Psychological Processes of Childbearing*. London (Chapman and Hall) 1991
9 Sarah Clement, *Caesarean Blues*. In: *New Generation* 1989
10 Janet Menage, *Post-Traumatic Stress Disorder in Women who Have Undergone Obstetric and/or Gynaecological Procedures*. In: *Journal of Reproductive and Infant Psychology* 1993/II
11 Zitiert in: Linda Pollock, *Forgotten Children*. Cambridge (Cambridge University Press) 1983
12 Fiona Shaw, *Zeit der Dunkelheit. Der Weg aus einer Depression*. Dt. Übersetzung München (Kunstmann) 1998
13 Ann Shelagh Robertson, *The »Highs« and »Lows« of Maternal Mood*. Magisterarbeit (University of Surrey) 1995
14 W. F. Nash und L. Phillips, *New Mothers Have Increased Depression Risks*. In: *Nursing Times*, 7. Juli 1993

15 Louise Erdrich, *The Blue Jay's Dance*. London (Flamingo) 1996
16 Tim Lott, *The Scent of Dried Roses*. London (Penguin) 1997
17 Ebd.
18 *Midwives, Research and Childbirth*, Bd. III., hrsg. von Sarah Robinson und Ann M. Thomson. London (Chapman and Hall) 1993
19 *The Transition to Parenthood: Current Theory and Research*, hrsg. von Gerald Y. Michaels und Wendy A. Goldberg. Cambridge (Cambridge University Press) 1988
20 Shaw, *Zeit der Dunkelheit*, a. a. O.
21 Carol Dix, *Eigentlich sollte ich glücklich sein. Hilfe und Selbsthilfe für überforderte Mütter*. Dt. Übersetzung Zürich/Stuttgart (Kreuz-Verlag) 1987
22 Jane Lazarre, *The Mother Knot*. (Beacon Books) 1986

4. Berufstätigkeit und die »gute« Mutter

1 Olwen Hufton, *Frauenleben. Eine europäische Geschichte 1500–1800*. Dt. Übersetzung Frankfurt/M. (S. Fischer) 1998
2 Ebd.
3 Barbara Ehrenreich und Deirdre English, *For Her Own Good*. London (Pluto Press) 1979
4 Elisabeth Badinter, *Die Mutterliebe. Geschichte eines Gefühls vom 17. Jahrhundert bis heute*. Dt. Übersetzung München/Zürich (Piper) 1981
5 Christina Hardyment, *Perfect Parents: Baby-care Advice Past and Present*. Oxford (Oxford University Press) 1995
6 Zitiert in: Maud Pember Reeves, *Round About a Pound a Week*. London (Virago) 1979
7 Zitiert in: Steve Humphries und Pamela Gordon, *A Labour of Love: The Experience of Parenthood in Britain 1900–1950*. London (Sidgwick & Jackson) 1993
8 René Spitz, *Vom Säugling zum Kleinkind. Naturgeschichte der Mutter-Kind-Beziehungen im ersten Lebensjahr*. Dt. Stuttgart (Klett) 1969
9 Jane Lazarre, *The Mother Knot*. (Beacon Books) 1986
10 Hardyment, *Perfect Parents*, a. a. O.
11 Jean Liedloff, *Auf der Suche nach dem verlorenen Glück: Gegen die Zerstörung unserer Glücksfähigkeit in der frühen Kindheit*. Dt. Übersetzung München (Beck) 1980
12 Maureen Freely, *What About Us?* London (Bloomsbury) 1995
13 Zitiert in: Elly Singer, *Childcare and the Psychology of Development*. London (Routledge) 1992
14 Edward Shorter, *Der weibliche Körper als Schicksal: Zur Sozialgeschichte der Frau*. Dt. Übersetzung München/Zürich (Piper) 1984

15 Ann Oakley, *The Captured Womb: A History of the Medical Care of Pregnant Women*. Oxford (Blackwell) 1984
16 Shorter, *Der weibliche Körper als Schicksal*, a. a. O.
17 Margaret Hewitt, *Wives and Mothers in Victorian Industry*. (Rockliff) 1958
18 Carl Chinn, *They Worked All Their Lives: Women of the Urban Poor in England 1880–1939*. Manchester (Manchester University Press) 1988
19 Ebd.
20 Ann Dally, *Inventing Motherhood*. (Burnett Books) 1982
21 Zitiert in: Humphries und Gordon, *A Labour of Love*, a. a. O.
22 Chinn, *They Worked All Their Lives*, a. a. O.
23 Hewitt, *Wives and Mothers in Victorian Industry*, a. a. O.
24 Edward Shorter, *Die Geburt der modernen Familie*. Dt. Übersetzung Reinbek bei Hamburg (Rowohlt) 1977
25 Pember Reeves, *Round About a Pound a Week*, a. a. O.
26 Sirgay Sanger und John Kelly, *The Woman Who Works, the Parent Who Cares*. London (Transworld) 1988
27 Adrienne Katz, *The Juggling Act*. London (Bloomsbury) 1992
28 Louise Erdrich, *The Blue Jay's Dance*. London (Flamingo) 1996
29 Sanger und Kelly, *The Woman Who Works*, a. a. O.
30 Ebd.
31 Anne Roiphe, *Fruitful*. Boston (Houghton Mifflin) 1996

5. Emotionen

1 Joan Raphael Leff, *Psychological Processes of Childbearing*. London (Chapman and Hall) 1991
2 Marjorie Shostak, *Nisa erzählt. Das Leben einer Nomadenfrau in Afrika*. Dt. Übersetzung Reinbek bei Hamburg (Rowohlt) 1986
3 Louise Erdrich, *The Blue Jay's Dance*. London (Flamingo) 1996
4 Zitiert in: Linda Pollock, *A Lasting Relationship: Parents and Children over Three Centuries*. London (Fourth Estate) 1987
5 Christina Hardyment, *Perfect Parents. Baby-care Advice Past and Present*. Oxford (Oxford University Press) 1995
6 Jane Lazarre, *The Mother Knot*. (Beacon Books) 1986
7 Hardyment, *Perfect Parents*, a. a. O.
8 Zitiert in: Elaine Kempson, *Life on a Low Income*. York (Joseph Rowntree Foundation) 1996
9 Howard J. Osofsky, *Transition to Parenthood: Risk Factors for Parents and Infants*. In: *Journal of Psychosomatic Obstetrics and Gynaecology* 4/1985

10 Christine Everingham, *Motherhood and Modernity.* Buckingham (Open University Press) 1994
11 *The European Experience of Declining Fertility. A Quiet Revolution 1850–1970*, hrsg. von John R. Gillis, Louise A. Tilly und David Levine. Oxford (Blackwell) 1992
12 Zitiert in: Linda Pollock, *Forgotten Children.* Cambridge (Cambridge University Press) 1983
13 Toni Morrison, *Beloved: A Novel.* New York (Knopf) 1987
14 Ian McEwan, *Ein Kind zur Zeit.* Dt. Übersetzung Zürich (Diogenes) 1991
15 *Social Trends* 22. HMSO 1992
16 *Foetal Attraction.* BBC Horizon Programme, Sendung vom 1. 4. 1995
17 Anne Lamott, *Operating Instructions: A Journal of my Son's First Year.* London (Bloomsbury) 1994
18 Donald W. Winnicott, *Kind, Familie und Umwelt.* Dt. Übersetzung München/Basel (Reinhardt) 1969
19 Ebd.
20 Zitiert in: Barbara Ehrenreich und Deirdre English, *For Her Own Good.* London (Pluto Press) 1979
21 Erdrich, *The Blue Jay's Dance*, a.a.O.
22 Zitiert in: *Foetal Attraction*, a.a.O.
23 Fiona Shaw, *Zeit der Dunkelheit. Der Weg aus einer Depression.* Dt. Übersetzung München (Kunstmann) 1998
24 Anne Roiphe, *Fruitful.* Boston (Houghton Mifflin) 1996

6. Erschöpfung

1 Heather Shaw, *A Study on the Post-natal Sleep Patterns of Scottish Primagravid Women.* Magisterarbeit (University of Surrey) 1994
2 Kathryn A. Lee und Jeanne F. DeJoseph, *Sleep Disturbances, Vitality and Fatigue Among a Select Group of Employed Childbearing Women.* In: *Birth* 19/4, Dezember 1992
3 Nedra Reeves et al., *Fatigue in Early Pregnancy.* In: *Journal of Nurse Midwifery* Bd. 36, Nr. 5, Sept./Okt.
4 Stanley Coren, *Sleep Thieves.* New York (Simon & Schuster) 1996
5 Ebd.
6 Christine MacArthur, Margo Lewis und George Knox, *Health after Childbirth.* London (HMSO) 1991
7 Charles E. Schaefer und Michael Petronko, *Teach Your Baby to Sleep Through the Night.* Wellingborough (Thorsons) 1989
8 Deborah Jackson, *Drei in einem Bett. Schlafen mit Kind.* Dt. Übersetzung Reinbek bei Hamburg (Rowohlt) 1991

9 Cochrane Database in *British Medical Journal* 1995. Bd. 2
10 David Haslam, *Schlaflose Kinder – unruhige Nächte. Wenn Kinder nicht schlafen können.* Dt. Übersetzung München (Kösel) 1992
11 Margaret Spring Rice, *Working Class Wives.* London (Virago) 1982
12 Richard Ferber, *Schlaf, Kindlein, schlaf. Schlafprobleme bei Kindern.* Dt. Übersetzung Kehl (Editions Trobitsch) 1994
13 Haslam, *Schlaflose Kinder*, a. a. O.
14 Elaine Kempson, *Life on a Low Income.* York (Joseph Rowntree Foundation) 1996
15 Enid Bagnold, *The Squire.* London (Virago) 1987
16 Zitiert in: Linda Pollock, *Forgotten Children.* Cambridge (Cambridge University Press) 1983
17 Zitiert in: *Maternity: Letters from Working Women*, hrsg. von Margaret Llewelyn Davies (London) 1978
18 Zitiert in: Steve Humphries und Pamela Gordon, *A Labour of Love: The Experience of Parenthood in Britain 1900–1950.* London (Sidgwick & Jackson) 1993
19 Zitiert in: *Maternity*, a. a. O.
20 Zitiert in: Spring Rice, *Working Class Wives*, a. a. O.

7. Beziehungen zum Partner

1 *Social Trends* 22. HMSO 1992
2 Jay Belsky und John Kelly, *The Transition to Parenthood.* London (Vermilion) 1994
3 Charlie Lewis, *Fathers: Recent Research Perspectives.* In: *Journal of Reproductive and Infant Psychology*, Bd. 8, 1990
4 L. Y. Bogren, *Pregnancy Symptoms in the Expectant Man.* In: *Journal of Psychosometric Obstetrics and Gynaecology*, Suppl. 10, 1989
5 T. D. Bertsch, *Labour Support by First-time Fathers: Direct Observations with a Comparison to Experienced Doulas.* In: *Journal of Psychosometric Obstetrics and Gynaecology*, Bd. 11, 1990
6 Mary Gleeson, *Father's Presence at Childbirth.* Magisterarbeit (University of Surrey) 1995
7 Christin Roostan, *Father's Presence at Birth: The Expectation and Reality as Experienced by the Father.* Magisterarbeit (University of Surrey) 1995
8 B. Chalmers und W. Wolman, *Social Support in Labour. A Selective Review.* In: *Journal of Psychosometric Obstetrics and Gynaecology* 14, 1993
9 Ruta Westreich, *The Influence of Birth Setting on the Father's Behaviour Towards his Partner and Infant.* In: *Birth* 18;4, Dezember 1991

10 Robert B. Steward, *The Second Child: Family Transition at the Second Birth*. London (Sage Publications) 1991
11 *Effective Care in Pregnancy and Childbirth*, hrsg. von Iain Chalmers et al. Oxford (Oxford University Press) 1989
12 Rozsika Parker, *Torn in Two: The Experience of Maternal Ambivalence*. London (Virago) 1995
13 Charlie Lewis und Margaret O'Brien, *Reassessing Fatherhood*. London (Sage Publications) 1987
14 Belsky und Kelly, *The Transition to Fatherhood*, a. a. O.
15 Robin Skynner und John Cleese, *Families and How to Survive Them*. Hongkong (Mandarin) 1983
16 Adrienne Burgess, *Vatermythen, Vaterbilder. Die Rolle der Männer in der Erziehung*. Dt. Übersetzung München (Diana) 1998
17 Thomas Varny in Zusammenarbeit mit John Kelly, *The Secret Life of the Unborn Child*. London (Warner Books) 1981
18 Sirgay Sanger und John Kelly, *The Woman Who Works, the Parent Who Cares*. London (Transworld) 1988
19 Belsky und Kelly, *The Transition to Fatherhood*, a. a. O.

8. Sex und Sinnlichkeit

1 K. M. Robinson et al., *Maternal Sexuality During First Pregnancy and After Childbirth*. In: *British Journal of Obstetrics and Gynaecology*, September 1981
2 Sheila Kitzinger, *The Experience of Childbirth*. London (Penguin) 1984
3 Meg Southern, *Labour and Sexuality*. In: *ARM* Midwifery Matters, Sommer 1994
4 *Maternity: Letters from Working Women*, hrsg. von Margaret Llewelyn Davies. London (Virago) 1978
5 Barbara Ehrenreich und Deirdre English, *For Her Own Good*. London (Pluto Press) 1979
6 Zitiert nach: Linda Pollock, *A Lasting Relationship: Parents and Children Over Three Centuries*. London (Fourth Estate) 1987
7 Christine MacArthur, Margo Lewis und George Knox, *Health After Childbirth*. London (HMSO) 1991
8 Juliet Rix, *Von aller Lust entbunden? Sexualität nach der Schwangerschaft*. Dt. Übersetzung München (Ehrenwirth) 1996
9 Elizabeth Alder und John Bancroft, *Sexual Behaviour of Lactating Women*. In: *Journal of Reproductive and Infant Psychology* 1983;1
10 T. Hakonsson, *Sexuality and Lactation*. In: *International Journal of Prenatal and Perinatal Studies*, Bd. 4, 1992

11 Olwen Hufton, *Frauenleben. Eine europäische Geschichte 1500–1800*. Dt. Übersetzung Frankfurt/M. (S. Fischer) 1998
12 Zitiert in: Steve Humphries und Pamela Gordon, *A Labour of Love: The Experience of Parenthood in Britain 1900–1950*. London (Sidgwick & Jackson) 1993
13 Robson et al., *Maternal Sexuality*, a. a. O.
14 Mary Gordon, *Men and Angels*. New York (Random House) 1985
15 Enid Bagnold, *The Squire*. London (Virago) 1987
16 Helen Simpson, *Dear George and other Stories*. Oxford (Heinemann) 1995
17 Zitiert in: Jacqui Saradjian, *Women Who Sexually Abuse Children*. Chichester (John Wiley & Sons) 1996
18 Sheila Kitzinger, *Frauen als Mütter: Mutterschaft in verschiedenen Kulturen*. Dt. Übersetzung München (Kösel) 1980
19 David E. Scharff, *The Sexual Relationship: An Object Relations View of Sex and the Family*. London (Routledge) 1982

9. Freunde und Umwelt

1 Zitiert in: Steve Humphries und Pamela Gordon, *A Labour of Love: The Experience of Parenthood in Britain 1900–1950*. London (Sidgwick & Jackson) 1993
2 Philippe Ariès, *Geschichte der Kindheit*. Dt. Übersetzung München (Hanser) 1975
3 Maud Pember Reeves, *Round About a Pound a Week*. London (Virago) 1979

10. Familienleben

1 Anne Roiphe, *Fruitful*. Boston (Houghton Mifflin) 1996
2 Jonathan Gathorne Hardy, *The Rise and Fall of the British Nanny*. London (Hodder & Stoughton) 1972
3 Shelley Phillips, *Beyond the Myths: Mother-Daughter-Relationships in Psychology, History, Literature and Everyday Life*. London (Penguin) 1991
4 Barbara Thompson et al., *Having a First Baby: Experiences in 1951 and 1985 Compared*. Aberdeen (Aberdeen University Press) 1989
5 Ferdinand Mount, *The Subversive Family: An Alternative History of Love and Marriage*. London (Cape) 1982
6 Hugh Jolly, *Das gesunde Kind. Das große Beratungsbuch für Eltern*. Dt. Übersetzung Stuttgart (Europäische Bildungsgemeinschaft) 1976

7 Rozsika Parker, *Torn in Two: The Experience of Maternal Ambivalence*. London (Virago) 1995
8 Margaret Forster, *Familiengeheimnisse*. Dt. Übersetzung Zürich (Arche) 1997
9 Maureen Freely, *What About Us?* London (Bloomsbury) 1995
10 Donald W. Winnicott, *Kind, Familie und Umwelt*. Dt. Übersetzung München/Basel (Reinhardt) 1969
11 Erik Erikson, *Kindheit und Gesellschaft*. Dt. Übersetzung Stuttgart (Klett) 1965
12 *Fatherhood*, hrsg. von Peter Howarth. London (Victor Gollancz) 1997
13 Enid Bagnold, *The Squire*. London (Virago) 1987
14 Jeremy Seabrook, *Working Class Childhood: An Oral History*. London (Victor Gollancz) 1982
15 *Effective Care in Pregnancy and Childbirth*, hrsg. von Iain Chalmers, Murray Enkin und Marc J. N. C. Keirse. Oxford (Oxford University Press) 1989
16 Roiphe, *Fruitful*, a.a.O.

Anhang: Nach der Entbindung häufig auftretende Gesundheitsprobleme

1 Aus *Birth* 19; 4, Dezember 1992
2 Christine MacArthur, *Margo Lewis und George Knox, Health after Childbirth*. London (HMSO) 1991
3 Ebd.
4 Ebd.

Adressen

Viele regionale Zweige der folgenden Organisationen sind im örtlichen Telefon- oder Branchenbuch zu finden. Schauen Sie bitte dort zuerst nach. Fast alle Gemeinden und karitativen Verbände (wie Deutscher Caritasverband, Diakonisches Werk, Arbeiterwohlfahrt) haben soziale Dienste bzw. Beratungsstellen zum Thema Familie, Erziehung, Drogen, Alkohol, Schulden, Armut, Lebensberatung. Viele bieten oder vermitteln auch Kinderbetreuung. Eine Liste solcher Anlaufstellen finden Sie im Telefonbuch (kommunale unter Stadt- bzw. Gemeindeverwaltung) oder im Extrateil der Gelben Seiten unter »Soziale Einrichtungen«.
Eine ergiebige Quelle für wichtige nationale, internationale sowie regionale und lokale Adressen ist der »Frauenkalender«, herausgegeben von Ursula Scheu und Alice Schwarzer, zu bestellen über die Zeitschrift »Emma«, Alteburger Str. 2, 50678 Köln, Tel. 0221/316071, Fax 316163.

Gesundheit

Arbeitsgemeinschaft Freier Stillgruppen (AfS) Bundesverband e.V. vermittelt weiter an Landesverbände oder nennt Stillgruppen in Ihrer Nähe, bietet Beratung, Hilfe, Information, Seminare/Kurse, gesundheitliche Aufklärung, Kontakt zu Ärzten/Kliniken: Rüngsdorfer Str. 17, 53137 Bonn, Tel. 0228/3503871, Fax 3503872, Internet: www.afs-stillen.de

Bund Deutscher Hebammen e.V. (BDH), Postfach 1724, 76006 Karlsruhe, Tel. 0721/981890, Internet: www.bdh.de

Bund Freiberuflicher Hebammen Deutschlands e.V. nennt Ihnen freie Hebammen in Ihrer Nähe: Am Alten Nordkanal 10, 41748 Viersen, Tel. 02162/352149, Fax 358592

Gesellschaft für Geburtsvorbereitung e.V. bietet Informationsmaterial, führt Adressenlisten von Geburtshäusern und Zentren für Geburtsvorbereitung sowie Selbsthilfegruppen rund um die Geburt: Dellestr. 5, 40627 Düsseldorf, Tel. 0211/252607, Fax 202919

KARA – Kritische Beratungsstelle zur vorgeburtlichen Diagnostik e.V. bietet Information und Beratung: Große Johannisstr. 110, 28199 Bremen, Tel. 0421/591154, Fax 5978495

La Leche Liga Deutschland e.V. vermittelt weiter an Landesverbände oder nennt Kontaktadressen in Ihrer Nähe, bietet Beratung, Information, Ausbildung, verschiedene Publikationen über das Stillen, Kontakte zu Ärzten und Kliniken: Postfach 650096, 81214 München, Tel. und Fax 068 51/25 24, Internet: www.lalecheliga.de

Pro Familia Bundesverband e.V. vermittelt weiter an Landes- oder Ortsverbände, bietet Schwangerschaftsberatung, gesundheitliche Aufklärung, Therapie, Seminare/Kurse, Infomaterial, Adressenlisten: Stresemannallee 3, 60596 Frankfurt/M. Tel. 069/93 90 02, Fax 63 98 52, Internet: www.profamilia.de

Informationsmaterial über Schwangerschaft, Geburt, Ernährung, Stillen gibt es auch bei den örtlichen Familienbildungsstätten und Krankenkassen sowie den Frauengesundheitszentren.

Emotionale Probleme der Mutterschaft

Arbeitskreis Frauengesundheit in Medizin, Psychotherapie und Gesellschaft (AKF) bietet Information, gesundheitliche Aufklärung, vermittelt Kontakte zu Ärztinnen, Therapeutinnen und Kliniken: Verdener Str. 20, 28205 Bremen, Tel. und Fax 04 21/4 34 93 40, Internet: www.akf-info.de

Dachverband der Frauengesundheitszentren in Deutschland nennt lokale Frauengesundheitszentren, bietet Beratung und Information über Schwerpunktthemen, Selbsthilfegruppen, Ärztinnen, Therapeutinnen in Ihrer Gegend: Goetheallee 9, 37073 Göttingen, Tel. 05 51/48 70 25, Fax 5 21 78 36

Gesellschaft zur Erforschung des Plötzlichen Säuglingstodes (GEPS) vermittelt Kontaktadressen in Ihrer Nähe: Bundesgeschäftsstelle, Simone Beardi, Rheinstr. 26, 30519 Hannover, Tel. und Fax 05 11/8 38 62 02

Nationale Kontakt- und Informationsstelle zur Anregung und Unterstützung von Selbsthilfegruppen (NAKOS) bietet Info- und Aufklärungsmaterial über Selbsthilfegruppen und nennt örtliche Selbtshilfekontaktstellen: Albrecht-Achilles-Str. 65, 10709 Berlin, Tel. 030/8 91 40 19, Fax 8 93 40 14, Internet: www.nakos.de

Psychotherapie-Informationsdienst (PID) des Berufsverbandes Deutscher Psychologinnen und Psychologen (BDP) nennt TherapeutInnen in Ihrer Nähe: Heilsbachstr. 22–24, 53123 Bonn, Tel. 02 28/98 73 10, Fax 9 87 31-70, Internet: www. bdp-verband.org

Schatten & Licht – Krise nach der Geburt e.V. vermittelt spezialisierte Kliniken und Selbsthilfegruppen in Ihrer Nähe: c/o Sabine Surholt, Obere Weinbergstr. 3, 86465 Welden, Tel. 08293/965864, Fax 965868, Internet: www.schatten-und-licht.de

Verwaiste Eltern in Deutschland e.V., Fuhrenweg 3, 21391 Reppenstaedt, Tel. 04131/6803232, Fax 681140, Internet: www.veid.de

Kontakt- und Informationsstellen für Selbsthilfegruppen gibt es in vielen Städten. Listen solcher Gruppen haben oft auch die örtlichen Gesundheitsämter, Krankenkassen oder die Stadt- bzw. Gemeindeverwaltung. Die kommunale Frauenbeauftragte kann dabei behilflich sein, eine Therapeutin zu finden.

Berufstätigkeit und Kinderbetreuung

Mütterzentren Bundesverband e.V. vermittelt an Landesverband oder nennt ein Zentrum in Ihrer Nähe, wo Beratung, Information, Hilfe, Weiterbildung, Seminare, Kinderbetreuung und Austausch mit anderen Müttern geboten werden: Müggenkampstr. 30 a, 20257 Hamburg, Tel. 040/40170606, Fax 4903826, Internet: www.muetterzentrum-bv.de

Notmütterdienst, Familien- und Altenhilfe e.V. vermittelt in Notsituationen eine Betreuung für Ihr Kind: Bundeszentrale, Sophienstr. 28, 60487 Frankfurt/M., Tel. 069/776611, Infotelefon 069/779081

Tagesmütter – Bundesverband für Kinderbetreuung in Tagespflege nennt Tagesmütterinitiativen in Ihrer Nähe: Breite Str. 2, 40670 Meerbusch, Tel. 02159/1377, Fax 2020, Internet: www.tagesmuetter.bundesverband.de

Verein Berufstätiger Mütter (vbm) e.V. bietet Information und Beratung in Sachen Erziehungsurlaub, Kinderbetreuung, Arbeitszeitmodelle, Wiedereinstieg: Postfach 290426, 50525 Köln, Tel. 0221/326579, Internet: www.is-koeln.de/vbm

Informationen erhalten Sie auch über die örtlichen Jugendämter (siehe Telefonbuch).
Au-pair-Mädchen werden über private Agenturen vermittelt. Eine Liste können Sie bei den Landesarbeitsämtern oder der Bundesanstalt für Arbeit (Regensburger Str. 104, 90478 Nürnberg, Tel. 0911/179-0) anfordern, die auch weitere Auskünfte dazu erteilen.

Scheidung und Familienrecht

Bundes-Arbeitsgemeinschaft für Familienmediation e.V. (BAFM) nennt Ihnen MediatorInnen in der Umgebung: Tel. 030/23 62 82 66, Fax 2 14 17 57, Internet: www.bafm-meditation.de

FORTE e.V. – Frauen ohne Recht nach Trennung und Ehe bietet Beratung und Information, vermittelt an Selbsthilfegruppen: Seesener Str. 23, 10711 Berlin, Tel. und Fax 030/8 92 78 92

SelbstHILFEinitiative Alleinerziehender SHIA gibt Rechtsberatung und vermittelt örtliche Anlaufstellen: Rudolf-Schwarz-Str. 29, 10407 Berlin, Tel. 030/4 25 11 86, Fax 42 85 16 10

TuSch (Trennung / Scheidung) bietet Beratung über steuer- und familienrechtliche Fragen und Mediation an: Grimmstr. 1, 80336 München, Tel. 089/77 40 41, Fax 7 47 08 50

Verband alleinstehender Frauen, Postfach 67 03, 97017 Würzburg, Tel. 09 31/7 52 90, Fax 88 71 85

Verband alleinerziehender Mütter und Väter (VAMV) vermittelt weiter an Landes- oder Ortsverbände, wo man sich informieren und beraten lassen kann: Beethovenallee 7, 53173 Bonn, Tel. 0228/35 29 95, Fax 35 83 50, Internet: www.paritaet.org/vamv

Spezialistinnen für Familienrecht finden Sie auch über die örtlichen Frauenzentren, Frauenhäuser oder kommunalen Frauenbeauftragten.

Weiterführende Literatur

Geburt / Gesundheit / Emotionen

Colin Bowles, *Windeln, Brei und lange Nächte. Leben und Leiden eines neugeborenen Vaters.* München (Droemer Knaur) 1996

Katharina Dalton, *Mütter nach der Geburt. Wege aus der Depression.* Stuttgart (Klett-Cotta) 1984

Carol Dix, *Eigentlich sollte ich glücklich sein. Hilfe und Selbsthilfe für überforderte Mütter.* Zürich / Stuttgart (Kreuz) 1987

Murray Enkin / Marc J.N.C. Keirse / Mary Renfrew / James Neilson, *Entbindungspflege- und Hebammenbuch. Effektive Betreuung während Schwangerschaft und Geburt.* Berlin (Ullstein) 1998

Richard Ferber, *Schlaf, Kindlein, schlaf. Schlafprobleme bei Kindern.* Kehl (Editions Trobitsch) 1994

Ariel Gore, *Chaostraining rund ums Kind. Das etwas andere Mütterbuch.* Frankfurt / M. (Krüger) 1999

David Haslam, *Schlaflose Kinder – unruhige Nächte. Wenn Kinder nicht schlafen können.* München (Kösel) 1992

Christiane Hotfilter-Menzinger, *Keine Lust auf Lust. Sexualität nach der Geburt.* München (Piper) 1995

Deborah Jackson, *Drei in einem Bett. Schlafen mit Kind.* Reinbek bei Hamburg (Rowohlt) 1991

Hugh Jolly, *Das gesunde Kind. Das große Beratungsbuch für Eltern.* Stuttgart (Europäische Bildungsgemeinschaft) 1976

Theresia Maria de Jong / Gabriele Kemmler, *Kaiserschnitt – Narben an Seele und Bauch. Ein Ratgeber für Kaiserschnittmütter.* Frankfurt / M. (Fischer) 1997

Sheila Kitzinger, *Das Jahr nach der Geburt. Ein Überlebenshandbuch für Mütter.* München (Droemer Knaur) 1995

Sheila Kitzinger, *Schwangerschaft und Geburt. Das umfassende Handbuch für werdende Eltern*. München (Kösel) 1998

Sheila Kitzinger, *Schwangerschaft und Geburt bewußt und selbstbestimmt erleben*. München (dtv) 1996

Sheila Kitzinger, *Wenn mein Baby weint. Praktische Hilfen und Informationen für Eltern*. München (Kösel) 1993

Penelope Leach, *Die ersten Jahre deines Kindes. Ein Handbuch für Eltern*. München (dtv) 1993

Petra Nispel, *Depressionen nach der Geburt verstehen und überwinden*. Freiburg (Herder) 1996

Michel Odent, *Geburt und Stillen. Über die Natur elementarer Erfahrungen*. München (Beck) 1993

Libby Purves, *Die Kunst, (k)eine perfekte Mutter zu sein*. Hamburg (Kabel) 1994

Juliet Rix, *Von aller Lust entbunden? Sexualität nach der Schwangerschaft*. München (Ehrenwirth) 1996

Caren Rubenstein, *Wenn Mütter zu sehr lieben. Kinder erziehen, ohne sich selbst aufzugeben*. Frankfurt/M. (Krüger) 1999

Fiona Shaw, *Zeit der Dunkelheit. Der Weg aus einer Depression*. München (Kunstmann) 1998

Barbara Sichtermann, *Leben mit einem Neugeborenen. Ein Buch über das erste halbe Jahr*. Frankfurt/M. (Fischer) 1981

Regine Schneider, *Gute Mütter arbeiten. Ein Plädoyer für berufstätige Frauen*. Frankfurt/M. (Fischer) 1997

Gesellschaft / Familie / Kindheit

Philippe Ariès, *Geschichte der Kindheit*. München (Hanser) 1975

Isabelle Azoulay, *Die Gewalt des Gebärens. Streitschrift wider den Mythos der glücklichen Geburt*. München (List) 1998

Elisabeth Badinter, *Die Mutterliebe. Geschichte eines Gefühls vom 17. Jahrhundert bis heute*. München/Zürich (Piper) 1981

Simone de Beauvoir, *Das andere Geschlecht. Sitte und Sexus der Frau*. Reinbek bei Hamburg (Rowohlt) 1992

John Bowlby, *Bindung. Eine Analyse der Mutter-Kind-Beziehung.* Frankfurt/M. (Fischer) 1984

John Bowlby, *Trennung. Psychische Schäden als Folge der Trennung von Mutter und Kind.* Frankfurt/M. (Fischer) 1986

John Bowlby, *Mutterliebe und kindliche Entwicklung.* München/Basel (Reinhardt) 1995

Adrienne Burgess, *Vatermythen, Vaterbilder. Die Rolle der Männer in der Erziehung.* München (Diana) 1998

Erik Erikson, *Kindheit und Gesellschaft.* Stuttgart (Klett-Cotta) 1992

Margaret Forster, *Familiengeheimnisse.* Zürich (Arche) 1997

Olwen Hufton, *Frauenleben. Eine europäische Geschichte 1500–1800.* Frankfurt/M. (S. Fischer) 1998

Sheila Kitzinger, *Frauen als Mütter. Mutterschaft in verschiedenen Kulturen.* München (Kösel) 1980

Jean Liedloff, *Auf der Suche nach dem verlorenen Glück: Gegen die Zerstörung unserer Glücksfähigkeit in der frühen Kindheit.* München (Beck) 1980

Marshall H. Klaus/John H. Kennell/Phyllis H. Klaus, *Der erste Bund fürs Leben. Bonding. Die gelungene Eltern-Kind-Bindung und was Mütter und Väter dazu beitragen können.* Reinbek bei Hamburg (Rowohlt) 1997

Ian McEwan, *Ein Kind zur Zeit.* Zürich (Diogenes) 1991

Alice Miller, *Abbruch der Schweigemauer. Die Wahrheit der Fakten.* Hamburg (Hoffmann und Campe) 1990

Alice Miller, *Am Anfang war Erziehung.* Frankfurt/M. (Suhrkamp) 1980

Alice Miller, *Das Drama des begabten Kindes und die Suche nach dem wahren Selbst. Eine Um- und Fortschreibung.* Frankfurt/M. (Suhrkamp) 1994

Janet Sayers, *Mütterlichkeit in der Psychoanalyse: Helene Deutsch, Karen Horney, Anna Freud, Melanie Klein.* Stuttgart (Kohlhammer) 1994

Edward Shorter, *Die Geburt der modernen Familie.* Reinbek bei Hamburg (Rowohlt) 1977

Edward Shorter, *Der weibliche Körper als Schicksal: Zur Sozialgeschichte der Frau.* München/Zürich (Piper) 1984

Marjorie Shostak, *Nisa erzählt. Das Leben einer Nomadenfrau in Afrika.* Reinbek bei Hamburg (Rowohlt) 1986

René Spitz, *Vom Säugling zum Kleinkind. Naturgeschichte der Mutter-Kind-Beziehungen im ersten Lebensjahr.* Stuttgart (Klett-Cotta) 1996

Donald W. Winnicott, *Kind, Familie und Umwelt.* München/Basel (Reinhardt) 1969

Wendy Grant

Was wißt ihr schon vom Erwachsenwerden!

Das Elternhandbuch für die Teenagerzeit

Aus dem Englischen von Bettina Münch

Band 14640

»Laß mich in Ruhe!«, »Du verstehst überhaupt nichts!«, »Aber alle anderen dürfen das auch!« – Wenn Protestschreie dieser Art zum täglichen Leben gehören, befinden sich Eltern in der schwierigsten Phase der Erziehung – sie leben mit einem Teenager zusammen. Doch wie können und sollen Eltern mit den ihnen fremd gewordenen Wesen umgehen? Wo versuchen die »lieben Kleinen« nur zu provozieren, und wo versteckt sich hinter ihrem Verhalten ein Hilferuf? Wann müssen Eltern nein sagen, und wann dürfen sie ihrem Teenager vollstes Vertrauen schenken?
Wendy Grant hilft Eltern zu verstehen, was in ihren Kindern vorgeht, und zwar bei Mädchen *und* Jungen, wobei auch geschlechtsspezifische Besonderheiten zur Sprache kommen und rät, wie mit den Problemen der Pubertät (Eßstörungen, Lernschwierigkeiten u. a.), ersten sexuellen Erfahrungen, ersten Beziehungen sowie Drogen und Alkohol umzugehen ist und das alles mit vielen praktischen Tips und Beispielen aus eigener Erfahrung.

Fischer Taschenbuch Verlag

fi 650 / 8

Michael Hollenbach

Die unbeachteten Genies

Das Schicksal hochbegabter Kinder

Band 14086

Mit ihrem fünfjährigen Sohn Benjamin radelt Helene Wagner über den Friedhof. Die Mutter hört, wie er immer wieder Zahlen aufsagt: 86, 22, 64, 80, 3, 77 –, bis sie begreift, daß der kleine Schlauberger das Lebensalter der Verstorbenen ausrechnet. Mit einem Schlag wird ihr bewußt, daß sie ein hochbegabtes Kind hat.
Der kleine Benjamin ist kein Einzelfall: Zwei bis fünf Prozent eines jeden Jahrgangs gelten als hochbegabt. Doch bei vielen Kindern wird die überdurchschnittliche Intelligenz gar nicht erkannt. Die Konsequenz: Sie scheitern in der Schule – und oft auch im Leben. Sie sind objektiv unterfordert und ziehen sich zurück oder werden verhaltensauffällig und aggressiv. Nicht selten landen hochbegabte Kinder in der Sonderschule, weil sie in der Regelschule nicht klarkommen. Der Autor berichtet über hochbegabte Kinder, ihre außergewöhnlichen und oft kuriosen Fähigkeiten und ihre Schwierigkeiten, damit zu leben. Er setzt sich mit der Frage auseinander, wann und warum ein Kind hochbegabt ist, mit welchen Problemen die Kinder, deren Eltern, Geschwister und Lehrer zu kämpfen haben.

Fischer Taschenbuch Verlag

fi 1022 / 10